# 사회적경제와 중간조직

# 사회적경제와 중간조직

국정과제협의회 정책기획시리즈 **17**

이정현

박현수

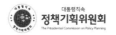

대통령직속
**정책기획위원회**
The Presidential Commission on Policy Planning

# 차 례

# 표 차례

## 그림 차례

# 국정과제협의회 정책기획시리즈
## 발간에 붙여

대통령직속 정책기획위원회

위원장 조대엽

## 1. 문재인 정부 5년, 정책기획위원회 5년을 돌아보며

문재인 정부가 출범한 지 5년차가 되었습니다. 돌이켜보면 전국의 거리를 밝힌 거대한 촛불의 물결과 전임 대통령의 탄핵, 새 정부출범에 이르는 과정은 '촛불혁명'이라고 할 만했습니다. 2016년 촛불혁명은 법과 제도의 틀에서 전개된 특별한 혁명이었습니다. 1,700만 명의 군중이 모여 촛불의 바다를 이루었지만 법의 선을 넘지 않았습니다. 전임 대통령의 탄핵과 새 대통령의 선출이 법과 정치적 절차의 훼손 없이 제도적으로 진행되었습니다. '제도혁명'이라고도 부를 수 있는 참으로 특별한 정치 과정이 아닐 수 없습니다. 세계적으로 대의 민주주의의 위기와 한계가 뚜렷한 가운데 2017년 문재인 정부의 출범 과정은 현대 민주주의의 범위와 내용을 제도적으로 확장한 정치사적 성과라고도 할 수 있습니다.

현대 민주주의의 괄목할 만한 진화를 이끌고 제도혁명으로 집권한 문재인 정부가 5년차를 맞았습니다. 선거 후 바로 대통령 취임과 함께 국정기획자문위원회가 출발해 100대 국정과제를 선별하면서 문재인 정부의 정치 일정이 시작되었습니다. 집권 5년차를 맞으며 인수위도 없이 출발한 집권 초기의 긴박한 과정을 떠올리면 문재인 정부는 임기 마지막까지 국정의 긴장을 늦출 수 없는 운명을 지녔습니다. 어쩌면 문재인 정부는 '제도혁명정부'라는 특별한 성격을 갖는다는 점에서 거의 모든 정부가 예외 없이 겪었던 임기 후반의 '레임덕'이라는 표현은 정치적 사치일 수 있습니다. 문재인 정부의 남은 시간 동안 지난 5년의 국정 성과에 이어 마지막까지 성과를 만들어냄으로써 국정의 긴장과 동력을 잃지 않는 일이 무엇보다 중요한 시점입니다. 그것이 문재인 정부의 역사적 소명이기도 합니다.

정책기획위원회는 지난 5년간 대통령 직속기구로서 폭넓은 국정자문 활동을 했습니다. 정책기획위원회의 주된 일은 국정과제 전반을 점검하고 대통령에게 필요한 내용들을 보고하는 일입니다. 지난 5년 정책기획위원회의 역할을 구분하면 정책 콘텐츠 관리와 정책 네트워크 관리, 정책소통 관리라는 세 가지로 요약할 수 있습니다.

먼저, 정책 콘텐츠 관리는 국가 중장기 발전전략 및 정책 방향 수립과 함께 100대 국정과제의 추진과 조정, 국정과제 관련 보고회의 지원, 국정분야별 정책 및 현안과제 연구, 대통령이 요구하는 국가 주요 정책 연구 등을 포괄합니다. 둘째로 정책 네트워크 관리는 청와대, 총리실, 정부부처, 정부출연 연구기관, 정당 등과의 협업 및 교류가 중요하며, 학계, 전문가 집단, 시민단체 등과의 네트워크 확장을 포함합니다. 특히 정책기획위원회는 대통령 소속 위원회를 통괄하는 기능을 갖기도 합니다.

대통령 소속의 9개 주요 위원회로 구성된 '국정과제협의회'의 의장

위원회로서 대통령 위원회의 소통과 협업의 구심 역할을 했습니다. 셋째로 정책소통 관리는 정부부처 간의 소통과 협력을 매개하는 역할이나 정책 쟁점이나 정책 성과에 대해 국민들이 공감할 수 있도록 정책 담론을 생산하고 확산하는 일을 포괄합니다. 연구용역이나 주요 정책 TF 운용의 결과를 다양한 형태의 간담회, 학술회의, 토론회, 언론 기고, 자체 온라인 방송 채널을 통해 공유하기도 했습니다.

정책기획위원회의 1기는 정부 출범 시 '국정기획자문위원회'가 만든 100대 국정과제의 관리와 '미래비전 2045'를 만드는 데 중점이 두어졌습니다. 말하자면 정책 콘텐츠 관리에 중점을 둔 셈입니다. 정책기획위원회의 2기는 위기적 정책 환경에 대응하는 정책 콘텐츠 생산과 집권 후반부의 성과관리라는 측면에서 과제가 큰 폭으로 늘었습니다. 주지하듯 문재인 정부의 후반부는 세계사적이고 문명사적인 아주 특별한 시대적 위기를 맞고 있습니다. 코로나19 팬데믹이라는 문명사적 위기는 정책기획위원회 2기의 정책 환경을 완전히 바꾸었습니다. 정책기획위원회는 코로나19 발생 이후 포스트 코로나시대에 새롭게 부가되는 국정과제를 100대 과제와 조정 보완하는 작업, 감염병 대응과 보건의료체제 혁신을 위한 종합 대책의 마련, 코로나19 이후 거대 전환의 사회변동에 대한 전망, 한국판 뉴딜의 보완과 국정자문단의 운영 등을 새로운 과제로 진행했습니다.

정책기획위원회의 2기는 코로나19 팬데믹으로 인한 방역위기와 경제위기를 뚫고 나아가는 국가 혁신전략들을 지원하는 일과 함께, 무엇보다도 문재인 정부의 국정성과를 정리하고 〈국정백서〉를 집필하는 일이 남아 있습니다. 우리 위원회는 성과관리를 단순히 정부의 치적을 정리하는 수준이 아니라 국정성과를 국민의 성과로 간주하고 국민과 공유해야 한다는 차원에서 정책 소통의 한 축으로 간주하고 있습니다.

우리 위원회는 문재인 정부가 촛불혁명의 정부로서 그리고 제도혁명의 정부로서 지향했던 비전의 진화 경로를 종합적 조감도로 그렸고 이 비전 진화의 경로를 따라 축적된 지난 5년의 성과를 포괄적으로 정리하기도 했습니다. 다양한 정책성과 관련 담론들을 세부적으로 만드는 과정이 이어지는 가운데, 우리 위원회는 그간의 위원회 활동 결과로 생산된 다양한 정책담론들을 단행본으로 만들어 대중적으로 공유하면 좋겠다는 데에 뜻을 모았습니다. 이러한 취지는 정책기획위원회뿐 아니라 국정과제협의회 소속의 다른 대통령 위원회도 공유함으로써 단행본 발간에 동참하게 되었습니다. '국정과제협의회 정책기획시리즈'가 탄생했고 각 단행본의 주제와 필진 선정, 그리고 출판은 각 위원회가 주관해서 진행하는 것으로 했습니다.

정책기획위원회가 출간하는 이번 단행본들은 정부의 중점 정책이나 대표 정책을 다루는 것이 아닙니다. 또 단행본의 주제들은 특별한 기준에 따라 선별된 것도 아닙니다. 이번에 출간하는 단행본 시리즈의 내용들은 정부 정책이나 법안에 반영된 것도 있고 그렇지 않은 것도 포함되어 있습니다. 따라서 이 책의 내용들은 정부나 정책기획위원회의 공식 입장이라고 할 수 없습니다. 정책기획위원회에서 지난 5년간 다양한 방식으로 논의된 정책담론들 가운데 비교적 단행본으로 엮어내기에 수월한 것들을 모아 필진들이 수정하는 수고를 더한 것입니다. 문재인 정부의 정책기획위원회에 모인 백여 명의 정책기획위원들이 다양한 분야에서 국가의 미래를 고민했던 흔적을 담아보자는 취지라 할 수 있습니다.

## 2. 문재인 정부 5년의 국정비전과 국정성과에 대하여

문재인 정부는 촛불시민의 염원을 담아 '나라다운 나라, 새로운 대한민국'을 약속하며 출발했습니다. 지난 5년은 우리 정부가 국민과 약속한 나라를 만들기 위해 진지하고도 일관된 노력을 기울인 시간이었습니다. 지난 5년, 국민의 눈높이에 미흡하고 부족한 부분이 있었습니다. 그러나 예상하지 못한 거대한 위기가 거듭되는 가운데서도 정부는 국민과 함께 다양한 국정성과를 만들었습니다.

어떤 정부든 공과 과가 있기 마련입니다. 한 정부의 공은 공대로 평가되어야 하고 과는 과대로 평가되어야 합니다. 아무리 미흡한 부분이 있더라도 한 정부의 국정성과는 국민이 함께 만든 것이기 때문에 국민적으로 공유되어야 하고, 국민적 자부심으로 축적되어야 합니다. 국정의 성과가 국민적 자부심과 자신감으로 축적되어야 새로운 미래가 있습니다.

정부가 국정 성과에 대해 오만하거나 공치사를 하는 것은 경계해야 할 일이지만 적어도 우리가 한 일에 대한 자신감과 자부심 없이는 대한민국의 미래 또한 밝을 수 없습니다. 정책기획위원회는 이 같은 취지로 2021년 4월, 『문재인 정부 국정비전의 진화와 국정성과』라는 제목의 보고서를 만들었고, 이 보고서를 바탕으로 5월에는 문재인 정부 4주년을 기념하는 컨퍼런스도 개최했습니다.

문재인 정부는 2017년 출범 후 '국민의 나라, 정의로운 대한민국'을 국가비전으로 제시하고 5대 국정목표, 20대 국정전략, 100대 국정과제를 제시했습니다. '국민의 나라, 정의로운 대한민국'이라는 국정의 총괄 비전은 "대한민국의 모든 권력은 국민으로부터 나온다"라고 하는 헌법 제1조의 정신입니다. 여기에 '공정'과 '정의'에 대한 문재인 대통령의 통치 철학을 담았습니다. 정의로운 질서는 사회적 기회의 윤리인 '공정', 사회적 결과의 윤리인 '책임', 사회적 통합의 윤리인 '협력'이라는 실천윤리가 어울려 완성됩니다. 문재인 정부 5년은 공정국가, 책임국가, 협력국가를 향한 일관된 여정이었습니다. 그리고 문재인 정부의 국정성과는 공정국가, 책임국가, 협력국가를 향한 일관된 정책의 효과였습니다.

돌이켜보면 문재인 정부 5년은 중첩된 위기의 시간이었습니다. 집권 초기 북핵위기에 이은 한일통상위기, 그리고 코로나19 팬데믹 위기라는 예측하지 못한 3대 위기에 문재인 정부는 놀라운 위기 대응 능력을 보였습니다. 2017년 북핵위기는 평창올림픽과 다자외교, 국방력 강화를 통한 한반도 평화 프로세스로 위기 극복의 성과를 만들었습니다. 2019년의 한일통상위기는 우리 정부와 기업이 소부장산업 글로벌 공급망을 재편하고 소부장산업 특별법 제정 등 모든 수단을 동원해 제조업의 경쟁력을 강화함으로써 위기를 극복했습니다. 일본과의 무역 마찰을 극복하는 이 과정에서 '아무도 흔들 수 없는 나라'를 만들겠다는 대통령의 약속이 있었고 마침내 우리는 일본과 경쟁할 만하다는 국민적 자신감을 갖게 되었습니다.

이제는 핵심 산업에서 한국 경제가 일본을 추월하게 되었지만 우리 국민이 갖게 된 일본에 대한 자신감이야말로 무엇보다 큰 국민적 성과가 아닐 수 없습니다.

2020년 이후의 코로나19 위기는 지구적 생명권의 위기이자 인류 삶의 근본을 뒤흔드는 문명사적 위기라 할 수 있습니다. 우리는 개방, 투명, 민주방역, 과학적이고 창의적 방역으로 전면적 봉쇄 없이 팬데믹을 억제한 유일한 나라가 되었습니다. K-방역의 성공은 K-경제의 성과로도 확인됩니다. K-경제의 주요 지표들은 우리 경제가 코로나19 이전으로 회복되었을 뿐 아니라 성공적 방역으로 우리 경제가 새롭게 도약하고 있다는 사실을 보여주고 있습니다.

문재인 정부 5년 간 겪었던 3대 거대 위기는 인류의 문명사에 대한 재러드 다이아몬드식 설명에 비유하면 '총·균·쇠'의 위기라 할 수 있습니다. 인류문명을 관통하는 총·균·쇠의 역사는 제국주의로 극대화된 정복과 침략의 문명사였습니다. 그러나 문재인 정부가 지난 5년 총·균·쇠에 대응한 방식은 평화와 협력, 상생의 패러다임으로 인류의 신문명을 선도하는 것이었습니다. 세계가 이 같은 총·균·쇠의 새로운 패러다임에 주목하고 있습니다. 문재인 정부가 총·균·쇠의 역사를 다시 쓰고 인류문명을 새롭게 이끌고 있다고 감히 말할 수 있습니다.

문재인 정부는 지난 5년, 3대 위기를 극복함으로써 '위기에 강한 정부'의 성과를 얻었습니다. 또 한국판 뉴딜과 탄소중립 선언, 4차 산업혁명과 혁신성장, 문화강국과 자치분권의 확장을 주도해 '미래를 여는 정부'의 성과를 만들었습니다. 돌봄과 무상교육, 건강공공성, 노동복지 등에서 '복지를 확장한 정부'의 성과도 주목할 만합니다. 국정원과 검찰·경찰 개혁, 공수처 출범 및 시장권력의 개혁과 같은 '권력을 개혁한 정부'의 성과에도 주목해야 합니다. 나아가 문재인 정부는 한반도 평화유지와 국방력 강화를 통해 '평화시대를 연 정부'의 성과도 거두고 있습니다.

위기대응, 미래대응, 복지확장, 권력개혁, 한반도 평화유지의 성과를 통해 강한 국가, 든든한 나라로 거듭나는 정부라는 점에 주목하면 우리는 '문재인 정부 국정성과로 보는 5대 강국론'을 강조할 수 있습니다. 이 같은 '5대 강국론'을 포함해 주요 입법성과를 중심으로 '대한민국을 바꾼 문재인 정부 100대 입법성과'를 담론화하고, 또 문재인 정부 들어 눈에 띄게 달라진 주요 국제지표를 중심으로 '세계가 주목하는 문재인 정부 20대 국제지표'도 담론화하고 있습니다.

2021년 4월 26일 국정성과를 보고하는 비공개 회의에서 문재인 대통령은 "모든 위기 극복의 성과에 국민과 기업의 참여와 협력이 있었다"는 말씀을 몇 차례 반복했습니다. 지난 5년, 국정의 성과는 오로지 국민이 만든 국민의 성과입니다. 그래서 문재인 정부 5년의 성과는 오롯이 우리 국민의 자부심의 역사이자 자신감의 역사입니다. 문재인 정부 5년의 성과는 국민과 함께 한 일관되고 연속적인 국정비전의 진화를 통해 축적되었습니다. '국민의 나라, 정의로운 대한민국'이라는 국가비전이 구체화되고 세분화되어 진화하는 과정에서 '소득주도성장·혁신성장·공정경제'의 비전이 제시되었고, 이러한 경제운용 방향은 '혁신적 포용국가'라는 국정비전으로 포괄되었습니다.

3대 위기과정을 극복하는 과정에서 문재인 정부는 '아무도 흔들 수 없는 나라', '위기에 강한 나라'라는 비전을 진화시켰고, 코로나19 팬데믹 위기에서 '포용적 회복과 도약'의 비전이 모든 국정 방향을 포괄하는 비전으로 강조되었습니다. 코로나19 팬데믹으로 인한 방역위기와 경제위기를 극복하는 과정에서 대한민국은 새로운 세계표준이 되었습니다. 또 최근 탄소중립시대와 디지털 경제로의 대전환을 준비하는 한국판 뉴딜의 국가혁신 전략은 '세계선도 국가'의 비전으로 포괄되었습니다.

이 모든 국정비전의 진화와 성과에는 국민과 기업의 기대와 참여가 있었습니다. 그러나 우리는 문재인 정부의 임기가 그리 많이 남지 않은 시점에서 국민의 기대와 애초의 약속에 미치지 못한 많은 부분들은 남겨놓고 있습니다. 혁신적이고 종합적인 새로운 그림이 필요한 부분도 있고 강력한 실천과 합의가 필요한 부분도 있습니다. 무엇보다도 민주주의에 대한 새로운 기획이 필요합니다. 문재인 정부는 촛불혁명이라는 제도혁명을 통해 민주주의를 진화시킨 정치사적 성과를 얻었으나 정작 민주주의에 대한 새로운 전망을 제시하는 데는 미치지 못했습니다. 문재인 정부는 헌법 제1조의 민주주의를 실현하고자 했으나 문재인 정부 이후의 민주주의는 국민의 행복추구와 관련된 헌법 제10조의 민주주의로 진화해야 할지 모릅니다. 민주정부 4기로 이어지는 새로운 민주주의의 디자인이 필요합니다.

둘째는 공정과 평등을 구성하는 새로운 정책비전의 제시와 합의가 요구됩니다. 오늘날 대부분의 국가는 정의로운 공동체를 추구합니다. 정의로운 질서는 불평등과 불공정, 부패를 넘어 실현됩니다. 이 같은 질서에는 공정과 책임, 협력의 실천윤리가 요구되지만 우리 시대에 들어 이러한 실천윤리에 접근하는 방식은 세대와 집단별로 큰 차이를 보입니다.

신자유주의 시대에 성장한 청년세대는 능력주의와 시장경쟁력을 공정의 근본으로 인식하는 반면 기성세대는 달리 인식합니다. 공정과 평등에 대한 '공화적 합의'가 필요합니다. 소득과 자산의 분배, 성장과 복지의 운용, 일자리와 노동을 둘러싼 공정과 평등의 가치에 합의함으로써 '공화적 협력'에 관한 새로운 그림이 제시되어야 합니다.

셋째는 지역을 살리는 그랜드 비전이 새롭게 제시되어야 합니다. 공공기관 이전을 통한 중앙정부 주도의 혁신도시 정책을 넘어 지역 주도의 메가시티 디자인과 한국판 뉴딜의 지역균형 뉴딜, 혁신도시 시즌

2 정책이 보다 큰 그림으로 결합되어 지역을 살리는 새로운 그랜드 비전으로 제시될 필요가 있습니다.

넷째는 고등교육 혁신정책과 새로운 산업 전환에 요구되는 인력양성 프로그램이 결합된 교육혁신의 그랜드 플랜이 만들어져야 합니다.

다섯째는 커뮤니티 케어에 관한 혁신적이고 복합적인 정책 디자인이 준비되어야 합니다. 지역 기반의 교육시스템과 지역거점 공공병원, 여기에 결합된 지역 돌봄 시스템이 복합적이고 혁신적으로 기획되어야 합니다.

이 같은 과제들은 더 큰 합의와 더 많은 시간이 필요합니다. 그러나 이러한 쟁점들이 다음 정부의 과제나 미래과제로 막연히 미루어져서는 안 됩니다. 문재인 정부의 국정성과들이 국민의 기대와 참여로 가능했듯이 이러한 과제들은 기존의 국정성과에 이어 문재인 정부의 마지막까지 국민과 함께 제안하고 추진함으로써 정책동력을 놓치지 않는 것이 중요합니다.

코로나19 변이종이 기승을 부리면서 여전히 코로나19 팬데믹의 엄중한 위기가 진행되는 가운데 국민의 생명과 삶을 지켜야 하는 절체절명한 시간이 흐르고 있습니다. 문명 전환기의 미래를 빈틈없이 준비해야하는 절대시간이기도 합니다. 여기에 대응하는 문재인 정부의 남은 시간이 그리 길지 않습니다. 그러나 인수위도 없이 서둘러 출발한 정부라는 점과 코로나 상황의 엄중함을 생각하면 문재인 정부에게 남은 책임의 시간은 길고 짧음을 잴 여유가 없습니다.

이 절대시간 동안 코로나19보다 위태롭고 무서운 것은 가짜뉴스나 프레임 정치가 만드는 국론의 분열입니다. 세계가 주목하는 정부의 성과를 애써 외면하고 근거 없는 프레임을 공공연히 덧씌우는 일은 우리 공동체를 국민의 실패, 대한민국의 무능이라는 벼랑으로 몰아가는 것과 다르지 않습니다. 국민이 선택한 정부는 진보정부든 보수정부든 성공해야 합니다. 책임 있는 정부가 작동되는 데는 책임 있는 '정치'가 동반되어야 합니다.

정책기획위원회를 포함한 국정과제위원회들은 문재인 정부의 남은 기간 동안 국정성과를 국민과 공유하는 적극적 정책소통관리에 더 많은 의미를 두어야 합니다. 문재인 정부의 성과를 정확하게, 사실에 근거해서 평가하고 공유하는 데 더 많은 시간을 써야 합니다. 다른 무엇보다도 객관적이고 종합적인 국정성과에 기반을 둔 세 가지 국민소통 전략이 강조됩니다.

첫째는 정책 환경과 정책 대상의 상태를 살피고 문제를 찾아내는 '진단적 소통'입니다. 둘째는 국정성과에 대한 이해를 통해 민심과 정부 정책의 간극이나 긴장을 줄이고 조율하는 '설득적 소통'이 중요합니다. 셋째는 국민들이 삶의 현장에서 정책의 성과를 체감할 수 있게 하는 '체감적 소통'을 강조할 수 있습니다. 위기대응정부론, 미래대응 정부론, 복지확장정부론, 권력개혁정부론, 평화유지정부론의 '5대 강 국론'을 비롯한 다양한 국정성과 담론들이 이 같은 국민소통전략으로 공유될 수 있기를 바랍니다.

정책기획위원회의 눈으로 지난 5년을 돌이켜보면 문재인 정부의 시간은 '일하는 정부'의 시간, '일하는 대통령'의 시간이었습니다. 촛불 혁명으로 집권한 제도혁명정부로서는 누적된 적폐의 청산과 산적한 과제의 해결이 국민의 명령이었기 때문에 옆도 뒤도 보지 않고 오로지 이 명령을 충실히 따라야 했습니다. 그 결과가 '일하는 정부', '일하는 대통령'의 시간으로 남게 된 셈입니다.

정부 광화문청사에 있는 정책기획위원회 위원장실에는 한 쌍의 액자가 걸려 있습니다. 위원장 취임과 함께 우리 서예계의 대가 시중(時中) 변영문(邊英文) 선생님께 부탁해 받은 것으로 "先天下之憂而憂, 後天下之樂而樂"(선천하지우이우, 후천하지락이락)이라는 글씨입니다. 북송의 명문장가였던 범중엄(范仲淹)이 쓴 '악양루기'(岳陽樓記)의 마지막 구절입니다. "천하의 근심은 백성들이 걱정하기 전에 먼저 걱정하고, 천하의 즐거움은 모든 백성들이 다 즐긴 후에 맨 마지막에 즐긴다"는 의미로 풀어볼 수 있습니다. 국민들보다 먼저 걱정하고 국민들보다 나중에 즐긴다는 말로 해석됩니다. 일하는 정부, 일하는 대통령의 시간과 닿아 있는 글귀입니다.

문재인 정부의 남은 시간이 길지 않지만, 일하는 정부의 시간으로 보면 짧지만도 않습니다. 결코 짧지 않은 문재인 정부의 시간을 마지막까지 일하는 시간으로 채우는 것이 제도혁명정부의 운명입니다. 촛불시민의 한 마음, 문재인 정부 출범 시의 절실했던 기억, 국민의 위대한 힘을 떠올리며 우리 모두 초심으로 돌아가야 합니다.

앞선 두 번의 정부가 국민적 상처를 남겼습니다. 진보와 보수를 떠나 국민이 선택한 정부가 세 번째 회한을 남기는 어리석은 역사를 거듭해서는 안 됩니다. 문재인 정부의 성공이 우리 당대, 우리 국민 모두의 시대적 과제입니다.


## 3. 한없는 고마움을 전하며

아무리 작은 일이라도 일이 마무리되고 결과를 얻는 데는 드러나지 않는 많은 분들의 기여와 관심이 있기 마련입니다. 정책기획위원회는 앞에서 밝힌 바와 같이 정책 콘텐츠 관리와 정책 네트워크 관리, 정책 소통 관리에 포괄되는 광범한 활동을 수행하고 있습니다. 사실 이 책과 같은 단행본 출간사업은 정책기획위원회의 관례적 활동과는 별개로 진행되는 여벌의 사업이라 할 수 있습니다. 이러한 부가적 사업이 가능한 것은 6개 분과 약 백여 명의 정책기획위원들이 위원회의 정규 사업들을 충실히 해낸 효과라 할 수 있습니다. 무엇보다도 정책기획위원회라는 큰 배를 위원장과 함께 운항해주신 두 분의 단장과 여섯 분의 분과위원장께 감사의 말씀을 드려야 합니다. 미래정책연구단장을 맡아 위원회에 따뜻한 애정을 쏟아주셨던 박태균 교수와 2021년 하반기부터 박태균 교수의 뒤를 이어 중책을 맡아주신 추장민 박사, 그리고 국정과제지원단장을 맡아 헌신적으로 일해주신 윤태범 교수께 각별한 마음을 전합니다. 김선혁 교수, 양종곤 교수, 문진영 교수, 곽채기 교수, 김경희 교수, 구갑우 교수, 그리고 지금은 자치분권위원회로 자리를 옮긴 소순창 교수께서는 6개 분과를 늘 든든하게 이끌어 주셨습니다. 한없는 고마움을 전합니다.

단행본 사업에 흔쾌히 함께 해주신 정책기획위원뿐 아니라 비록 단행본 집필에는 참여하지 않았지만 지난 5년 정책기획위원회에서 문재인 정부의 다양한 정책담론을 다루어주신 1기와 2기 정책기획위원 모든 분께 이 자리를 빌려 그간 가슴 한 곳에 묻어두었던 고마운 마음을 전합니다.

위원들의 활동을 결실로 만들고 그 결실을 빛나게 만든 것은 정부 부처의 파견 공무원과 공공기관의 파견 위원, 그리고 전문위원으로 구성된 위원회 직원들의 공이었습니다. 국정담론을 주제로 한 단행본들이 결실을 본 것 또한 직원들의 헌신 덕분입니다. 행정적 지원을 진두지휘한 김주이 기획운영국장, 김성현 국정과제국장, 백운광 국정연구국장, 박철웅 전략홍보실장께 각별한 감사를 드리며, 본래의 소속으로 복귀한 직원들을 포함해 정책기획위원회에서 함께 일한 직원들 한 분 한 분께도 감사의 마음을 전합니다.

한국판 뉴딜을 정책소통의 차원에서 국민적으로 공유하기 위해 정책기획위원회는 '한국판 뉴딜 국정자문단'을 만들었고, 지역자문단도 순차적으로 구성한 바 있습니다. 한국판 뉴딜 국정자문단의 자문위원으로 함께 해주신 모든 분들께도 이 자리를 빌려 감사드립니다.

서 론

20세기 중반 전쟁을 겪은 후 전 세계에서 유례를 찾기 힘들 정도로 대한민국은 고속 경제성장을 이루었다. 정부 주도로 대기업 중심 성장 전략, 수출주도 경제성장을 추진하면서 경공업에서 시작하여 중공업에 이르기까지 제조업의 질적 전환을 실현해 냈다. 하지만 21세기에 접어들어 한국경제의 규모가 선진국 규모에 근접하면서 모방과 추격의 성장 전략은 한계에 직면하였다. 1997년 말부터의 IMF 외환위기는 20세기 경제성장 모델이 한계에 봉착하였음을 알리는 신호였다. 제조업의 팽창이 불가능해지면서 일자리 증가는 중단되었고, 이 과정에서 고령화와 출산율 급감, 지역과 수도권의 불균형 심화, 소득 양극화 심화, 전통적 가족공동체의 1인가구화 등 새로운 현상에 직면하고 있다. 연착륙의 시기를 지나 저성장이 일상화된 시기에 들어섰으며, 새로운 성장동력과 사회발전 모델의 발굴이 주요한 과제로 등장하였다.

글로벌화와 경제위기의 세계적 확산이 일상화된 상황에서 많은 나라들이 경제의 활력을 되살리기 위한 다양한 노력을 경주하고 있다. 1) 미국의 실리콘밸리, 노스캐롤라이나의 리서치 트라이앵글 IT기술 등 첨단산업을 육성하여 경기 활성화를 모색하는 지역이 있는가 하면, 2) 캐나다의 퀘벡주, 이탈리아의 에밀리아-로마냐, 스페인의 몬드라곤처럼 협동조합을 포함하는 사회적경제를 통하여 지역공동체를 활성화하면서 경제적 활력을 만들어가는 지역도 나타난다.

한국처럼 전통적인 지역공동체가 해체되는 과정에 있고 지방 소멸의 위험성이 높은 시·군들이 증가하는 현실에서, 위 2)의 지역처럼 지역을 단위로 공동체를 회복하고 경제를 활성화하여 일자리를 창출하는 협동조합 및 사회적기업 등을 활용하는 사회적경제 방식은 새로운 대안으로서 의미를 가진다. 코로나19의 글로벌 확산은 지역공동체의 가치와 중요성을 환기시키는 계기로 작용하고 있으며, 코로나19의 위기 속에서 사회적경제조직들의 위기극복 능력과 고용창출 능력의 지속력은 사회적경제 육성의 방향이 타당함을 보여준다. "사회적기업, 협동조합, 공제조합들이 위기 극복에 기여했으며, 일자리 창출 유지 및 사회혁신의 엔진"인 것이다(EC 미래보고서, 2020).

우리 정부는 2007년 「사회적기업육성법」, 2012년 「협동조합기본법」 등의 제정을 통하여 사회적경제의 제도적 여건을 마련하고 사회적경제조직들을 지원해왔다. 하지만 현재 사회적기업은 고용노동부, 협동조합은 기획재정부, 마을기업은 행정안전부, 자활기업은 보건복지부 관할로 지정됨에 따라, 중앙의 부처들이 각각 마을기업, 사회적기업, 사회적 협동조합, 자활기업들을 분산 지원하면서 업무의 중복으로 인한 비효율성이 발생해왔다.

동일 목적의 사회적경제 지원사업에 각기 다른 부처 예산이 지원되는 행정의 비효율이 발생하였다. 또한 정부 중앙부처뿐 아니라, 광역지자체 및 기초지자체 차원에서도 사회적경제 지원사업이 증가하면서 중앙부처·광역지자체·기초지자체 사이에서의 사업의 중복·분산 역시 발생하고 있다. 사업뿐 아니라 중앙부처와 광역지자체 그리고 기초지자체에 이르기까지 사회적경제 지원을 위한 조직들을 만들면서 여러 조직들 간의 중복과 경쟁 등의 비효율이 발생한 바 있다.

문재인 정부가 들어선 이후 이를 해결하기 위하여 2018년부터 행정안전부, 기획재정부, 고용노동부, 보건복지부, 금융위원회, 국토교통부, 해양수산부, 농림축산식품부, 중소벤처기업부 등 중앙부처들이 사회적경제 정책협의체를 구성하여 기획재정부를 중심으로 이와 같은 전달체계를 전국적으로 일원화하고, 사회적경제 관련 업무를 한 부처에 집중함으로써 전달체계의 효율성을 높이고자 시도한 바 있다.

그동안 많은 광역자치단체 및 기초자치단체들이 사회적경제과나 사회적경제팀을 만들어왔다. 그 결과 사회적경제 전담부서의 위상 제고, 중간지원조직을 통한 지역 사회적경제 생태계 구축, 공공구매와 사회적금융의 활성화, 연관 사업 연계, 지역 네트워크 구축, 주민 참여 강화 등 상당한 성과를 보였다.

그러나 아직까지 부처별 분절된 사회적경제 지원체계가 유지됨에 따라 발생한 행정의 비효율이 여전히 존재하는 것으로 보인다. 1) 분절화된 지원체계에 기인한 지원기관별 유사·중복 사업 수행 등에 대해 사회적경제조직들과 사업 이용자들의 불편 증가와 조정 요구가 계속되어 왔다. 2) 유사 사업에 대해 부처별 진행이 이루어짐에 따라 사회적경제 전체의 개선 목표가 아니라 부처 고유 목표가 우선 중시되는 경향이 나타나고, 부처별 정산이 이뤄짐에 따른 예산 중복 집행 등의 비효율성이 지속되었다. 3) 효과적인 전달지원체계가 작동하지 못하여 사회적경제 지원정책의 성과 달성 미흡 등이 문제점으로 지적되고 있다.

따라서 1) 현재 분절적으로 운영되고 있는 사회적경제 전달지원체계와 관련된 지원기관들의 운영 현황 분석, 2) 그 중간지원조직들 간 통합의 필요성을 분석하여 방향을 설정해야 하는 과제, 3) 유사 통합 사례 분석 및 시사점 도출, 4) 통합을 위한 선행과제, 통합방식 및 과정, 통합 후 운영체계 등 개선 방안, 5) 통합 시 기관 간 갈등 및 부작용을 최소화하는 방안 등을 고려해야 할 시점이다.

또한 기초지자체 단위 사회적경제지원센터(이하 '사경센터')의 설립이 최근 크게 증가하는 추세를 보이고 있다. 그러나 2019년 8월 기준 69개라는 조사 결과 외에 기초단위 사회적경제 중간지원조직의 숫자와 규모, 역할 등에 대한 정보가 제대로 취합된 적이 거의 없으며 이로 인해 수요자 밀착형 사회적경제 지원 기능이 제대로 작동하지 못하고 있고, 광역 사경센터와 기초 사경센터 간의 관계 설정 등 필요한 제도적 검토도 거의 이루어지지 못하고 있어, 기초단위 사경센터의 현황 파악과 개선 방안 마련이 필요한 시점이다.

『사회적경제와 중간조직』에서는 1) 17개 광역자치단체(세종시 포함)와 226개 기초자치단체의 사회적경제 전달체계의 현황과 그 내용을 분석, 2) 중간지원조직의 현황과 내용을 살펴봄으로써, 3) 사회적경제 업무의 통합 가능성을 높여 전달체계 행정의 효율성과 효과성을 제고하고, 수요자 중심의 사회적경제 전달체계를 구축할 수 있는 방안들을 모색하였다.

「사회적경제기본법(안)」은 중간지원조직(기관)을 "중앙행정기관 또는 지방자치단체와 사회적경제조직 간의 가교(연계)역할, 사회적경제 조직 간의 협력과 연대 촉진, 사회적경제조직의 역량강화와 생태계 조성을 지원하는 조직"이라고 정의한다. 정의에서 볼 수 있듯이 중간지원기관은 지방자치단체와 사회적경제조직 사이에 존재하면서 사회적경제가 활성화될 수 있도록 적실성 있는 행정지원의 내용을 만들어야 한다.

현재 우리나라의 사회적경제 중간지원조직은 아직 안정적으로 제도화되었다고 보기 어려운 수준이다. 특히 중앙부처나 광역지자체기 아닌 기초단위 지자체로 갈수록 중간지원조직의 불안정성은 더 큰 실정이다(조경훈·최준규, 2016). 단순 행정전달체계 역할에 그치는 경우에서부터 사회적경제 종합생태계 구축 역할을 효과적으로 수행하는 경우까지 중간지원조직의 역할 범위가 지역에 따라 큰 차이가 발생하고 있다(조경훈·최준규, 2016).

많은 지역에서 사회적경제조직들의 가치사슬 연계구조는 중간지원조직에 편중되어 있다(변장섭·나주몽, 2016). 또한 연계구조 상에서 중간지원조직이 제 기능을 하지 못할 경우, 수많은 사회적경제조직들 간의 연계가 끊기며 네트워크의 단절이 발생하게 되는데 이는 사회적경제조직들이 가치사슬 연계구조 구축을 위한 자체적 역량이 부족하여 발생하는 현상이다. 한편으로, 이는 중간지원조직이 지역 사회적경제조직 네트워크에서 허브 역할을 하고 있음을 뜻한다. 따라서 중간지원조직의 효과적인 역할 수행은 사회적경제 생태계 발전 전체에 큰 영향을 미치는 사안이므로 중간지원조직을 둘러싼 체계 개선은 중요한 의미를 지닌다.

사회적경제 행정전달체계에 대한 점검과 개선이 필요한 시기적 특수성도 존재한다. 최근 몇 년 간 사경센터로 통칭되는 중간지원조직의 숫자가 광역과 기초 모두에서 급격하게 증가해왔다. 이러한 증가에 따라 중간지원조직 현황분석과 개선 방안 마련이 요청된다.

2021년은 우리나라 사회적경제 최초의 중간지원조직인 한국사회적기업진흥원이 설립된 지 10년이 되는 시점이다. 그간 한국사회적기업진흥원으로부터 시작된 사회적경제 지원·진흥 사업이 현재 시점에서 어떤 상황에 놓여있고, 어느 방향으로 가야 하는가를 점검하는 것은 중간지원조직의 과거와 현재를 되짚어보고, 미래를 가늠하는 중요한 작업이며, 필요한 과제일 것이다.

『사회적경제와 중간조직』에서 논한 범위는 크게 두 가지로 나눌 수 있다. 첫째, 사회적경제 지원기관들의 운영 현황을 분석하는 것이며, 이는 중앙부처와 광역지자체, 기초지자체 등으로 분석단위를 구분하여 파악하고자 할 것이다. 둘째, 유사 업무를 수행하는 기관들의 통합 방안과 향후 추진 방향을 제시하고자 하였다.

## 1. 중앙·지자체 중간지원기관 현황 분석

부처별 및 지자체 안에서 분절된 사회적경제 지원체계의 현황을 파악하고, 지원기관별 유사·중복 사업 수행에 대한 현장의 조사를 통하여 조정 가능성을 모색하고자 한다.

중앙부처별 사회적경제와 직간접적으로 관련된 사업은 다양하다. 사회적기업(고용노동부), 협동조합(기획재정부), 자활기업(보건복지부), 마을기업(행정안전부), 지역산업맞춤형 일자리 창출사업(고용노동부), 소셜벤처 육성사업(중소벤처기업부), 농촌공동체회사 우수사업 지원(농림축산식품부), 생활SOC(국무조정실), 도시재생 뉴딜사업(국토교통부), 사회주택 활성화(국토교통부), 농촌 신활력 플러스(농림축산식품부), 귀농귀촌 활성화 교육 지원(농림축산식품부), 사회적 농업 활성화 지원사업(농림축산식품부), 커뮤니티케어 선도사업(보건복지부), 어촌뉴딜 300(해양수산부) 등이 있다.

수요자 중심 전달 및 지원체계에 대한 분석과 개선 방안을 제시하고자 하였다.

현 사회적경제 전달 및 지원체계가 행정관료 중심 또는 행정편의로 이뤄지는 부분에 대해 파악하고, 수요자가 원하는 전달 및 지원체계에 대해 분석함으로써 사회적경제 전달체계 및 지원체계가 수요자 중심으로 전환할 수 있는 성과 향상 방안을 제시하고자 한다.

수요자(사회적기업, 마을기업, 사회적 협동조합)는 다양한 사업을 하고 있다. 육아 보육, 영농조합, 상담 및 교육, 방과 후 학교, 소독 및 방역, 청소용역, 의류 및 잡화, 자전거 안전교육, 광고 및 디자인, 로컬 푸드, 도시락, 화원, 업사이클링, 카페, 제과점, 신재생에너지 적정기술, 자동차 수리, 주거환경 개선, 택배사업, 농촌관광 등 매우 다양하다. 또한 도시지역과 농어촌지역 간의 차이도 존재한다. 이러한 다양성은 수요자가 원하는 지원 내용에 부응하여 행정력 또는 중간지원기관이 대응하는 데 한계가 있음을 의미한다.

## 2. 중간지원조직 통합 및 개선 방향 검토

우선 사회적경제 중간지원기관의 운영 현황을 분석하였다.

현재 광역단위에서 운영되고 있는 중간지원기관은 권역별 통합지원기관(사회적기업·협동조합), 마을기업 지원기관, 사회적경제지원센터로 구분된다. 1) 서울은 권역별 통합지원기관이 있고, 마을기업지원기관과 사회적경제지원센터는 통합하여 운영하고 있다. 2) 부산은 권역별 통합지원기관과 마을기업은 한 기관이 통합하여 운영하고 있고, 사회적경제지원센터는 다른 기관이 운영하고 있다. 3) 강원은 세 기관을 통합하여 한 기관이 운영하고 있다. 또 다른 형태는 4) 세 기관이 각각 별도로 운영되는 방식이다. 이들 네 가지 유형의 업무에 대한 각각장·단점을 분석할 것이다.

또한 수요자 관점에서의 중간지원기관의 권역별, 시도별 기능 중복 및 통합 필요성을 분석하였다.

현재 사회적경제센터, 마을기업센터, 사회적기업센터 외에 도시재생센터, 공동체지원센터, 자활센터, 창조경제혁신센터 등이 존재한다. 이들 중간지원기관의 업무도 사회적경제 중간지원기관과 중복되는 업무들이 있음과 동시에 유기적 연계가 필요한 사업들도 있다. 권역별, 시도별 기능 중복이 되는 내용을 분석하여 사전 협의를 거쳐 이들 중간지원기관 간 통합 또는 연계하여 지원 방안이 무엇인지 모색하고자 한다. 즉 기능 중복을 피하기 위한 조정이 필요하다.

경영지원, 사업보고서 접수, 등록 취소 등의 행정 관련 업무와 사회적 가치평가, 경영공시 업무, 네트워크 구축 등의 사회적경제 생태계 구성과 관련된 업무를 어떻게 체계화할 것인지 현장의 요구사항과 함께 분석하고자 한다.

통합의 선행과제, 통합 방식과 과정, 통합 후 운영 주체 방안 등을 연구하여 개선점을 제시한다. 기존의 기업통합에서 제기되었던 문제점을 바탕으로(정연경·김태영, 2018) 비전 공유, 리더십, 조직구조, 인사 운영시스템, 커뮤니케이션 등의 변수를 중심으로 분석하여 통합의 원칙, 방식, 운영 주체에 대한 모델을 구성한다.

## 3. 과업 범위의 제한

사회적경제 중간지원조직 중에서 국비·지방비 지원을 받는 중간지원조직에 한정한다. 국비·지방비 지원을 받지 않는 민간 중간지원조직 체계 개편 논의는 민간의 자율성을 저해할 수 있다는 점에서 바람직하지 않을 뿐 아니라 논의 실행의 현실성 역시 없다.

따라서 사회적경제 활성화에 기여하는 것을 조직의 주요한 사명으로 설정한 중간지원조직으로 논의를 집중할 것이다.

## 4. 『사회적경제와 중간조직』에서 사회적경제의 범위

〈표 1〉은 사회적경제의 범위와 수준을 보여준다. 표의 위쪽 중앙에는 '사회적경제(Social Economy: SE) 직접 범위'로 표시되었고, 밑에 '협동조합·사회적기업·마을기업·자활기업'을 표시하고 있는 부분이 있으며, 이 부분이 우리나라에서 행정적으로 지칭하는 사회적경제의 부분이다.

**〈표 1〉 사회적경제 직접·간접·유관 범위**

| 구분 | SE 관련 범위 | SE 간접 범위 | SE 간접 범위 | SE 직접 범위 | | | | SE 간접 범위 | SE 간접 범위 | SE 관련 범위 |
|---|---|---|---|---|---|---|---|---|---|---|
| | 공익활동 (NPO) 지원센터 | 생협, 개별법 협동조합 | 소셜 벤처 | 협동 조합 | 사회적 기업 | 마을 기업 | 자활 기업 | 마을공동체 센터/주민 자치 | 도시 재생 센터 | 고용복지센터, 테크노파크/ 창조경제지원 센터 |
| 중앙 부처 | | | | | | | | | | |
| 광역 단위 | | | | | | | | | | |
| 기초 단위 | | | | | | | | | | |
| 읍면동 단위 | | | | | | | | | | |

'SE 직접 범위'로 한정할 경우에도 보건복지부 산하의 자활기업의 경우 지금까지의 사회적기업·협동조합 통합지원기관 및 마을기업 지원기관 선정 등에서 제외되어 왔으며, 2020년까지 기획재정부의 사회적경제 부문 통합 관련 고려 범위에서도 실질적으로 배제되어 왔다.

'SE 직접 범위'의 양 옆에는 'SE 간접 범위'가 표시되어 있으며, 그 밑으로는 마을공동체지원센터, 소셜벤처, 도시재생센터, 생협·개별법 협동조합 등이 표시되어 있다. 마을공동체지원센터는 거의 모든 광역단위에서는 사회적경제지원센터와 조직적으로 분리된 기관이지만, 많은 기초지자체에서는 사회적경제지원센터와 이름을 같이 하거나 같은 센터에서 업무가 혼재되어 있는 모습을 보이고 있다. 사회적기업·협동조합·마을기업·자활기업 외에 소셜벤처 부문을 사회적경제 범위에 포함시키는 경우(중소벤처기업부)도 있다. 중소벤처기업부 역시 부처 사업 지원 대상에서 사회경제조직 범위에 기존 4개 조직 형태 외에 소셜벤처를 포함시키고 있다(기획재정부·한국사회적기업진흥원, 2021, "사회적경제 관련 주요 사업 안내"). 생협이나 개별법에 의한 협동조합(예: 농협 등)은 그 자체로 사회적경제의 구성요소로 간주되어야 하지만 행정적 측면에서 현재까지는 제외되어 왔다.

도시재생센터, 주민자치센터, 공익활동지원센터(NGO지원센터 또는 NPO지원센터) 등도 사회적경제와의 연관성이 있는 기능을 수행하는 조직들이다. 지자체마다 사회적경제지원센터와 함께 존재하는 센터들로서 공공 영역에서의 사회적경제와의 유관 기능을 갖는다.

위의 표의 왼쪽 열을 보면 '읍면동 단위, 기초단위, 광역단위, 중앙부처' 등으로 수준이 구분되어 있다. 이 수준은 사회적경제의 지역 범위의 수준을 의미한다. 사회적기업·협동조합·마을기업·자활기업에 한정할 경우 이 여러 형태의 사회적경제조직이 읍면동 수준, 기초지자체 수준, 광역지자체 수준, 전국 수준 등 여러 수준과 연관된다.

중앙부처를 중심으로 생각하면, 사회적기업은 중앙부처 중 고용노동부의 소관 영역이며, 한국사회적기업진흥원이 고용노동부 산하 기타 공공기관으로서 전국 단위의 사회적기업 진흥 사업을 담당하고 있다. 협동조합 역시 기획재정부 소관이지만, 한국사회적기업진흥원에 의해 전국 단위 진흥 사업이 진행되고 있다. 자활기업의 경우 보건복지부 산하 소관이며, 한국자활복지개발원에 의해 지원사업이 진행 중이다.

반면 마을기업의 경우 행정안전부 소관이지만 진행사업은 광역단위 지자체가 선정하는 마을기업지원기관에 위탁되고 있다. 아울러 16개 광역지자체 중 13개 광역지자체는 자체로 사회적경제지원센터를 설립하여, 지자체 내부 사회적기업·협동조합·마을기업 등의 사회적경제 진흥 활동을 진행하기도 한다. 기초지자체의 경우에도 서울과 수도권의 많은 기초지자체가 별도의 사회적경제지원센터를 설립하여 사회적경제 활성화를 추진하고 있다. 읍면동 수준에서는 정부·지자체 차원의 사회적경제 활성화를 담당하는 중간지원조직이 아직 설립되지 않은 시점이지만, 향후 이 수준에서의 중간지원조직의 출현을 배제할 수 없을 것이다. 이 연구에서는 중앙과 광역단위, 그리고 기초단위 세 수준분석단위에서의 중간지원조직과 전달지원체계의 분석을 시도할 것이다.

중간지원기관으로 선정된 위탁사업 수행 민간조직의 경우 당연히 중간지원조직으로 간주될 것이다. 이는 광역단위와 기초단위에 여러 개의 민간조직이 중간지원조직으로 분류될 수 있음을 의미한다.

중간지원조직의 분석: 이 연구의 핵심은 광역단위 17개 지역에 있는 중간지원조직과 226개 기초단위 중간지원조직의 분석에 있다. 광역단위 17개 지역 사회적경제와 관련 있는 중간지원조직의 현재 역할과 업무를 분석하여 통합 또는 협의체 구성 가능성과 방향을 모색하고자 한다. 기초단위 분석을 위해서는 수도권과 비수도권, 그리고 시군구 등으로 구분한 후, 각각 기초자치단체를 선별하여 업무를 분석하고자 한다. 또한 기초지자체 단위 중간지원조직들 간의 현황을 파악하고 통합 가능성을 알아보고자 하였다.

사회적경제 전달지원체계의 개선 방안의 주요 초점은 분절적 지원 활동의 통합 가능성을 점검하고 통합을 위한 구체적인 방안을 제시하는 것이다. 따라서 통합과 관련하여 중앙부처·광역지자체·기초지자체 수준에서 사회적경제 지원사업과 관련되는 기관들의 현황 파악과 함께 개선 방향에 대한 의견들을 청취하여 이를 체계적으로 종합하는 것이 중요하다. 그러므로 중앙부처·광역지자체·기초지자체에서의 사회적경제 지원기관들의 현황에 대한 조사와 인터뷰를 중점적으로 진행하였다.

## 5. 저자 서문

사회적경제 중간지원조직에 대한 개선 방향을 검토하는 이 책의 시작은 필자들의 2017년 연구(박현수·이정현, 『사회적경제 활성화 추진체계 진단』, 행정안전부)였다. 여러 계기를 통해 사회적경제에 관심을 갖고 있던 필자들은 당시 연구에서 중간지원조직의 숫자와 역할이 급속히 증가하고 있음을 확인하였다. 사회적경제 중간지원조직의 역할에 대한 현황 파악 및 역할 점검이 조만간 필요하게 될 것이며, 이를 살펴볼 수 있는 기회가 있으면 좋을 것이라고 필자들은 공감하였다.

사회적경제 중간지원조직의 개선 방향을 검토하는 연구를 시작한 2021년 상반기만 하더라도 필자들은 중간지원조직들이 광역 단위 등에서 난립하여 정리가 필요할 것이라는 막연한 방향성만을 공유하고 있었다. 하지만 연구가 진행됨에 따라 중간지원조직의 무게중심이 광역 단위 중간지원조직에서 기초 단위 중간지원조직으로 이동하고 있음을 확인하였다. 또한 중간지원조직들의 통합이라는 광역 단위에서의 핵심적 키워드가 기초 단위에서는 적용되지 않음을 확인하게 되었다. 따라서 중간지원조직의 통합 이슈의 중요성이 제한적이라는 점을 인식할 수 있게 되었다.

한국사회적기업진흥원의 설립에서 시작된 중간지원조직들의 변화가 전국 단위와 광역 단위를 넘어 기초 단위로까지 확장되고 있는 현 시점에서 중간지원조직들의 미래는 어떠해야 하는가를 고민하게 되었다. 시도는 시의적절하였으나 내용이 그 기획의도를 충분히 구현하였는가를 스스로에게 반문하면, 필자들의 역량 부족을 시인할 수밖에 없다. 부족한 부분은 후속 연구와 독자들이 채워주실 것이라 믿으며, 필자들의 역할에 일단 마침표를 찍고자 한다.

이 책이 나오기까지 많은 분들의 도움과 지원이 있었다. 인터뷰에 참여한 전국의 많은 기초 및 광역 단위 사회적기업지원센터의 분들, 사회적기업과 유관 조직에서 인터뷰에 참여해주신 많은 분들, 한국사회적기업진흥원의 여러 분들의 사회적경제에 대한 헌신과 인터뷰 참여에 대하여 진심으로 감사드린다. 이 책은 2021년 하반기 진행된 대통령 직속 정책기획위원회가 발주한 연구용역인 『사회적경제 전달 및 지원체계 성과향상 방안』을 출판용으로 전환한 내용을 담고 있다. 필자들의 연구보고서가 대통령 직속 정책기획위원회의 우수보고서로 선정되어 출판지원의 혜택을 받게 되었기에 이 책의 출판이 가능하였다. 정책기획위원회 및 위원회의 김창선 박사, 김용수 박사께 감사드린다. 김기태 청와대 사회적경제비서관, 윤태범 한국방송통신대 교수, 김종걸 한양대 교수, 미래혁신학교의 많은 분들, 조성아님, 이은아님, 조교로서 수고해준 취칭칭 선생에게 감사드린다.

2022. 3. 22
저자 이정현·박현수

# 사회적경제 전달 및
# 지원체계 선행연구

　사회적경제 전달 및 지원체계 성과 향상 방안을 검토하기에 앞서 사회적경제와 사회적경제 전달·지원체계의 의미에 대한 검토가 선행되어야 한다.

　이 장에서는 사회적경제의 개념과 역사적 과정이 외국으로부터 시작되었으므로 해외에서의 사회적경제를 먼저 살펴보고, 국내의 사회적경제를 살펴볼 것이다. 아울러 사회적경제 전달 및 지원체계에 대한 선행연구를 살펴보고, 전달지원체계의 구성요소를 설명하는 선행연구들을 살펴볼 것이다.

# 제1장 사회적경제

## 1. 신자유주의 흐름 속에서 사회의 해체

전후부터 1970년대 초반까지 지속되어온 자본주의의 황금시대가 막을 내리고 1970년대 초 석유파동을 겪은 서구 국가들은 경제의 전반적인 경기침체 속에서 세수가 줄어드는 상황에 직면하게 되었다. 따라서 국가가 책임졌던 복지의 많은 부분에서 국가가 후퇴하였고, 사회적 취약계층이 복지서비스에서 배제되는 문제가 발생하였다. 한편 경제의 대안적 모델로 제시된 신자유주의는 국가가 담당했던 서비스 영역을 시장의 경쟁관계에 맡김으로써 경제성장의 효과를 가져왔지만 사회를 양극화시키고 승자독식의 문화를 만들어 소득양극화를 심화시키는 부작용을 낳게 되었다.

신자유주의 흐름 속에서 발생한 1997년 IMF 외환위기 사태는 한국 사회의 전반적인 환경을 바꾸는 계기가 되었다. 자본시장이 개방되면서 외국인의 직접투자가 이뤄지고, 유연적 생산체계로 산업의 생산방식이 바뀌게 됨에 따라 평생직장의 개념이 사라졌으며, 비정규직의 비율이 급격히 높아져 왔다.

2008년 글로벌 금융위기는 신자유주의 모델의 한계를 전 세계적으로 드러내는 사건이었지만 다시 한번 중산층 다수의 계층 하락을 낳고 사회적 양극화를 더 심화시키는 계기가 됐다.

신자유주의로 인한 후유증의 결과로 전 세계 많은 사회들이 해체 위기에 봉착하였다(Collier, 2018). 교육수준에 따라, 지역에 따라, 도시 안에서 균열이 보이고 있고, 높은 교육수준과 숙련된 기능을 갖추고 성공을 이룬 집단이 대도시 안에 자리 잡고 있으면서 다양한 혜택을 받지만, 사회적 성취를 실현하지 못한 집단은 그 혜택에서 배제되고 있다. 특히 청년층은 일자리 부족으로 인해 부모세대보다 생활수준이 낮아질 것으로 예상하면서 미래에 대한 불안감에 노출되어 있다.

한국의 젊은 세대도 안정적인 일자리를 구하기가 어려워지면서 유럽, 미국, 그리고 일본의 젊은이처럼 불확실한 미래에 대해 초조함을 느끼고, 불공정한 모습에 민감하게 반응할 수밖에 없는 상황에 놓이게 되었다. 부동산 가격의 급등으로 현재의 급여수준으로는 안정적인 주거환경을 만들기가 쉽지 않음을 알고 있고, 가정을 구성하여 사는 것 자체가 더욱 어려워진 현실을 체감하고 있다. 이러한 현실 인식이 곧 출산율의 저하, 주식 및 가상화폐에 대한 투자, 영혼까지 끌어모으는 부동산 구매행위 등으로 나타나고 있다.

한편, 유럽에서 개인주의가 팽배하는 것에 더하여 종교, 도덕, 노동조합주의 등으로 구축된 전통적 결속이 약화되고 있다(Defourny et al., 2017). 한국 또한 개인주의가 만연한 사회가 되면서 1인 주거가구가 늘어나고 있고, 혼밥, 혼술 등 가족보다는 개인이 중심이 되는 생활구조가 확산되고 있다.

기후위기, 불평등의 심화, 에너지 전환의 과제, 농식품 문제, '신빈곤'과 무주택자의 증가, 청소년 범죄, 노인의 고립, 이민자 통합의 어려움, 돌봄조직의 부족, 학업 실패, 쓰레기로 인한 환경파괴 등은 많은 사회에서 심각한 사회문제이자 새로운 도전으로 인식되고 있다(Defourny et al., 2017).

위와 같은 현상의 이면에는 철학적 사조로서의 공리주의의 침투가 중요한 역할을 했다(Collier, 2018). 콜리어는 경제학의 기본 가정인 경제적 인간이 편협한 관점이라고 문제를 제기하였다. 즉 "완전히 이기적이고, 탐욕이 무한하며, 그 자신 외에는 아무도 배려하지 않는다"는 가정에서 출발하는 경제학의 논리가 그대로 공공정책에 적용되고 있고, 따라서 국가의 목적이 효용 극대화인 것으로 오해되고 있다고 비판하였다.

이러한 공리주의 논리에 대응하고자 〈정의론(A Theory of Justice)〉의 저자 존 롤스(John Rawls)는 입법과 정책 수립에서 한 사회의 가장 어려운 처지에 놓인 집단을 배려해야 한다는 기준을 제시했지만 공동체 구성원들을 폭넓게 포용하여 권리와 의무를 결합하는 것을 선호하지는 않았고, 개인을 강조했지만 공동체를 중시하지 않았다(Collier, 2018: 28). 그런 한계에도 불구하고, 개별화되어 있는 사회적 취약계층의 소비를 위해 자원을 재분배하는 공공정책은 롤스주의에 의해 정당성을 획득하였다. 또한 능력주의에 따라 개인이 사회 안에서 부를 획득하는 과정과 그에 따라 발생하는 빈부격차를 정당하게 바라보는 시각이 있다(Sandel, 2020).

공리주의와 롤스주의, 두 이념은 모두 정상적인 윤리적 본능인 호혜와 응분(공정한 상벌)을 무시한 채, 가장 현명한 엘리트집단이 강요하는 단 하나의 이성적 원리인 개인주의를 강조한다(Collier, 2018).

하지만 이러한 이론과 가치에 근거한 정책들은 2차 세계대전 이후 시민들의 공동체적, 호혜적 삶을 지향하는 유럽 사회민주주의 정책과 대립되는 것이며, 이로 인해 사회민주주의는 그 존재 이유와 정당성을 상실하는 위기에 놓이게 된다.

## 2. 사회적 연대와 공동체의 중요성 부각

유럽에서는 산업혁명기부터 지역사회 공동체들이 경제적 빈곤 등 불안에 대처하기 위해 지역사회 안에 호혜적 이익을 확대해왔고, 이와 같은 공동체주의는 중도 좌파인 사회민주주의 정당의 토대가 되었다 (Collier, 2018: 20). 즉 2차 세계대전 이후 실용적인 정책들이라 볼 수 있는 의료서비스, 연금, 교육, 실업보험 등을 입법화하여 시민과 공동체의 삶을 개선해왔다.

그러나 개인에 초점을 둔 공리주의와 롤스주의는 개인과 개인의 연대, 공동체적 지향 등을 담지 못하는 한계를 내포하고 있었음에도 지난 수십 년 간 공공정책의 주된 가치관으로 자리 잡아왔다. 이 두 가지 가치관만을 고집할 때 사회는 상호호혜보다 개인의 권리 행사만을 강조하는 개인주의로 인해 수렁에 빠질 수도 있다. 즉 개인주의의 터전에 만들어진 자본주의는 윤리성이 결핍되어 경제에서 양극화, 사회의 분열 등의 문제를 발생시킨다. 왜냐하면 배려와 자유, 의리와 존엄, 공정과 위계 등의 윤리가 없기 때문이다.

19세기 근대세계로 접어들면서 기존의 농경사회에서 형성되어 있던 공동체가 해체되면서 새로운 결속에 대한 탐구가 필요했고, 도시라는 공간에서 뒤르켐이 말하듯 상호 이해관계에 따른 유기적 연대가 형성되고 있었다. 다른 한편으로 사회적 결속을 시도하는 차원에서 뉴 라나크(New Lanark)의 사회복지 프로그램처럼 "사회의 새로운 관점"에 대한 탐구와 실천이 있었고(Owen, 1813), 협동조합운동 등 자본주의의 대안으로 사회적 결속을 시도하는 흐름이 있어왔다.

한편 19세기 대안으로 생각되었던 맑스주의 이데올로기는 20세기 실험에서 볼 수 있듯이 증오에 기초한 이념체계로 공유 정체성보다는 극단적으로 분열된 계급 정체성을 옹호하여 호혜적 의무 대신 한 계급이 다른 계급의 소유물을 빼앗는 권리만을 피력하는 경향이 있다 (Collier, 2018). 그 결과는 공산당 관료주의에 묶여 인간의 자율성과 자율을 억압하는 무자비한 권력을 휘두르는 국가를 낳았고, 결국 20세기의 실험은 사실상 실패로 끝났다.

20세기에 들어와 시대정신이라 할 수 있는 자유, 자율성 존중을 가장 중요한 가치로 세우는 가운데 개인의 평등, 안전 실현을 함께 달성하려는 노력이 전개되었다(강수택, 2014). 이러한 흐름에서 사실 전체 공동체를 우선시할 위험이 있는 공동체적 유대는 경계의 대상이 된 측면도 있다.

현재 우리가 지향해야 하는 결속은 개인의 자율, 자율성에 기초하면서도 저소득층, 장애인, 청소년, 노인 등 사회적 약자를 위한 사회적 결속과 연대여야 할 것이다. 따라서 연대란 자유롭고 평등한 사회구성원이 상호 책임감을 공유하면서 서로 협력과 지원을 공유·제공하는 사회적 유대라 할 수 있다(강수택 2014). 21세기에 나타나는 극심한 양극화, 청년세대의 실업 등 다양한 문제로 인해 사회가 분열되어 개인이 고립된 곳, 경쟁이 치열해지면서 사회적 약자가 외면당하는 곳에서 새로운 연대의 필요성이 제기되고 있다.

연대주의는 19세기 사회통합의 필요성을 느꼈던 부르주(L. Bourgeois), 지드(C. Gide), 뒤기(L. Duguit) 등의 중간계급 출신들이 주장했는데, 자유주의적 경제주의, 맑스주의 집합주의, 사회진화론, 아나키즘적 노동조합주의에 대한 대안적 이념으로 제시했었고 다음과 같은 면에서 역사적 의미가 있었다(강수택, 2014: 74-75).

첫째, 연대주의는 인간의 상호의존성을 기초적인 관점으로 제시하는데 극단적 개인주의, 자유주의, 사회진화론 등으로 경쟁원리가 핵심원리로 강조되던 시기에 협동과 연대의 원리가 보다 근본적인 사회 원리라고 보았다. 둘째, 사회문제 해결방법으로 사회적 결사체, 국가의 적극적인 역할을 강조하였다. 셋째, 국가의 적극적 역할을 요구하지만 또한 국가권력의 위험성과 국가 개입의 한계를 동시에 주장하고 있다. 넷째, 연대원리를 실현하는 수단으로 결사체의 역할을 강조하면서 협동조합의 중요성을 부각시킨다. 다섯째, 극단적 개인주의와 집합주의, 자유주의와 사회주의를 비판하면서 제3의 대안으로 등장했는데 자유, 평등, 박애의 근대 시민 사상에 근거하고 있다. 여섯째, 민족국가 단위의 연대를 뛰어넘어 국제적 연대, 전체 인류를 범위로 하는 보편적 인간적 연대로 확장하고자 한다. 이러한 사회적 연대는 앞에서 언급하였듯이 해체된 공동체를 다시 회복하는 데 있다.

사람들이 공유하는 '우리'라는 관념의 토대가 바로 공유 정체성(Collier, 2018)이라 볼 수 있는데 공동체(community)란 "그 어떤 요소를 공통적으로 보유하고 있는 사람들의 집단"이라고 볼 수 있다(황익주, 2016).

'공동체'라는 개념은 매우 포괄적이고 모호한 측면이 있어서, 조기축구회, 마라톤동호회, 등산모임 등 다양한 취미활동으로 나눌 수도 있고, 종교공동체, 정치공동체, 직업공동체, 지역공동체 등 여러 가지 집합으로 공동체는 다양하게 정의될 수 있다.

이 연구에서 관심을 두고자 하는 공동체는 해체된 사회를 다시 복원하기 위해 상호 호혜주의가 있어야 한다는 관점에서 새로운 사회적 결속과 연대가 이뤄지는 과정과 그 실체라고 할 수 있다. 그렇다고 이전의 농경시대의 전통적인 공동체로 회귀를 의미하지 않는다. 거대자본 등의 이익으로부터 권리 침해를 받는 시민들이 공적 영역에 참여하고 연대하여 만들어낸 공동체를 말한다. 이와 같은 공동체는 시민에 대한 보호막이 됨과 동시에 공동선을 추구한다(Ehrenberg, 2017; Sandel, 2009). 따라서 지역의 공동체를 다시 복원하는 과정이 될 수도 있지만, 한편 인터넷으로 가상공간에서 상호 연결되는 현실을 고려할 때 지역을 넘어서는 연대의 장이 만들어지는 경우도 공동체로 포함할 수 있을 것이다.

궁극적으로는 경제의 양극화, 개인의 고립을 가져오는 자본주의의 부정적 측면을 극복하고 합리적인 호혜주의를 바탕으로 하면서도 자원배분에 있어서 자본주의 시장경제의 장점인 효과적 자원배분을 동시에 추구하는 사회를 지향해야 할 것이다. 이를 위해서는 공동체적 뿌리로 되돌아가서 신뢰를 바탕으로 근로 가정의 불안에 대처하는 호혜적 의무의 관계망을 다시 구축해야 할 것이다. 국가(정부)는 지역에서 호혜적 의무의 관계망을 키워나가는 역할을 수행해야 할 것이다(Collier, 2018: 357). 이러한 호혜와 연대의 경제활동은 사회적경제가 활발할 때 가능할 것이다.

## 3. 사회적경제의 재발견

현재의 시장경제 질서와 국가 정책은 공리주의, 롤스주의, 능력주의의 논리에 기초하여 작동하고 있다. 능력주의에 따른 우월감으로 무장한 엘리트집단은 그들 자신이 다른 사람들의 가치보다 우선시되어야 한다는 엘리트주의적 신념을 가지고 있다. 협동조합 운동은 권리와 의무의 결합에 철저하였지만, 공리주의자들은 권리와 의무 두 가지 모두를 국가의 영역으로 이관시켜버린다. 반면 자유 지상주의자들은 개인에게 권리는 허용하였지만, 의무는 부과하지 않는다(Collier, 2018: 27).

지금까지 우리 사회의 주류 경제모델들이 사회적경제를 바라볼 때 그 시각이 상당히 제한적이다. 자유방임주의 경제모델은 사회적경제를 경제발전의 도구로 인식하고 있고, 사회국가주의(국가 개입이 제도화된) 모델에서는 사회적경제가 엄격하게 공공 영역을 보완하는 역할을 해야 한다고 보며, 파트너십 모델에서 국가는 역량 강화자로서 공공서비스를 민주화하고, 시민사회가 참여하는 거버넌스를 위한 목적을 실현하기 위해 사회적경제를 지원해야 한다고 본다.

이러한 기존의 경제적 가정에서 벗어나 사회적 목적을 추구하기 위해 지역공동체, 국가, 국제단위에서 상호호혜, 연대경제 등 경제의 기본 가정을 세움으로써 경제활동을 재구성하고, 국가(정부)의 공적 영역에 이러한 가치에 기초하여 공공정책을 수립해 나가자는 노력으로서 사회적경제를 재조명하는 기회가 되고 있다.

오늘날 전 세계 많은 나라에서 격변하는 경제로 인하여 아주 중요하고 기본적인 욕구가 충족되지 않은 상황에서 사회적경제의 필요성이 대두되고 있다. 특히 실업문제에서 단적으로 알 수 있듯이 과거처럼 전 영역을 관장하던 국가에 더 이상 의지할 수 없기에 시민들이 사회적경제를 재발견하게 된다(Defourny et al., 2017: 94).

1970년대부터 서구에서 복지국가가 후퇴하기 시작했고, 제조업의 쇠퇴는 고용위기를 불러와 이전에는 사회보장제도의 보호를 받던 수

많은 사람들이 경제적으로 어려운 처지에 놓이게 되었다. 즉 사회적으로 새로운 요구가 생겼지만 시장도, 정부도 적절한 대응책을 마련하지 않거나 그럴 능력이 없었다. 노동시장에서 밀려난 사람들을 대상으로 재훈련 및 일자리통합을 제공하거나, 낙후된 도심과 마을을 재개발하고, 인구가 감소되어 소멸에 이르고 있는 농촌을 활성화시키는 것 등 삶의 여러 영역에서의 대응책을 마련하는 데 있어서 사회적경제의 필요성이 대두되었다(Defourny et al., 2017).

이러한 현실 속에서 유럽에서 등장한 사회적경제 조직은 다양한 형태로 진화하였다. 프랑스의 노동통합기업, 지역관리기업, 중개단체, 이탈리아의 사회적협동조합, 벨기에의 노동을 통한 훈련기업이나 사회작업장, 영국의 커뮤니티 비즈니스, 캐나다의 지역공동체 경제개발기업, 독일의 고용·재훈련회사 등이 대표적인 예이다.

프랑스 정부는 경제적 어려움에 처한 계층을 대상으로 사회정책을 펼치는 데 있어 시민사회와 밀접하게 결합할 수밖에 없었고, 특히 일자리 창출에 있어 사회와 연대에 기초한 경제의 잠재력을 발견하게 된다(Dancause & Morin, 2013).

'사회적경제'는 그 의미를 볼 때 두 개의 상반된 용어의 결합으로 볼 수 있다(Bouchard, 2013: 5). '경제(economy)'란 사회 전체 부가 순증가(net increase)하는 데 기여하는 재화와 서비스의 구체적 생산을 의미한다. '사회(social)'란 이러한 생산 활동들의 (경제적인 것을 제외한) 사회적 이익이라 볼 수 있다. 사회적 이익이란 구성원 전체에게 더 많은 서비스를 제공함으로써 삶의 질과 행복을 증진시키는 것이다. 전통적인 공적, 사적 영역과 함께, 사회적 이익이란 얼마나 많은 일자리가 만들어졌는가로 평가할 수도 있다. 사회적 이익은 얼마나 민주적 발전을 이루고, 시민들을 적극적으로 지원하며, 개인과 집단의 역량강화를 위한 새로운 가치를 강조했는지로 측정 가능하다. 사회적경제의 두 가지 측면인 사회와 경제 중 사회 한쪽만을 강조할 경우 사회적경제조직이 시장경제에서 자생력을 확보해나갈 수 없다. 인간이 자신의 가치와 이상을 사회에서 실현하는 과정에서 국가와 시장이 사라지는 것은 아니다(Polany, 1944). 시장은 개인의 이익에만 복무하는 자기조정의 모습에서 벗어나야 하고 다양한 여러 종류의 시장이 개인의 자유를 위해 존재해야 한다고 폴라니는 주장한다.

사회적경제는 지역사회에 기반을 두려는 기업가정신과 그 속에서 만들어진 활동과 조직들을 말하는데 다음과 같은 원칙과 규칙을 따르고 있다. 1) 사회적경제의 최우선 목적은 단순히 이윤창출에 초점을 둔 성과보다는 조직 구성원과 지역사회에 봉사해야 하는 것이다. 2) 사회적경제는 정부의 통제를 받아서는 안 된다. 3) 사회적경제조직은 이용자와 직원이 참여하는 민주적 의사결정 과정을 위한 내규와 운영절차를 구비해야 한다. 4) 사회적경제는 이윤과 수입을 배당하는 데 있어 자본보다 사람과 노동을 우선해야 한다. 5) 사회적경제 기업의 활동은 개인과 지역사회의 참여, 역량강화, 책임성에 기초해야 한다(Bouchard, 2013: 5에서 재인용).

중간지대로서 사회적경제: 폴라니는 자본주의 경제의 특성인 이윤추구의 중요성을 부정하지 않으면서도 경제에 대한 '실질적(substantive)' 접근법을 통하여 이윤의 축적이 아닌 다른 경제의 원칙이 존재한다는 것을 강조하였다. 이 원칙은 재분배(redistribution), 호혜성(reciprocity), 그리고 가사의 관리이다(domestic administration).

중간지대로서 사회적경제: 사회적경제는 다른 경제 부문과 떨어져 존재하는 세 번째 부문이 아니다. 사회적경제는 비화폐적 자원(자원봉사, 현물 증여)을 만들어내면서 호혜성의 논리에 의해 작동되는 공동체(가족, 이웃, 비공식 네트워크), 정부보조금과 같은 비시장적 자원의 재분배 논리에 따라 작동되는 국가, 그리고 상업적 이익을 내는 시장의 논리에 따라 움직이는 일반 기업(협동조합도 포함)과 상호작용을 하는 영역이다(Defourny et al., 2017).

연대경제-협동조합-상호공제조합-민간단체라는 주요 법적 지위에 관계없이 현장에서 다양한 실천들이 보여주는 사회경제적 그리고 사회정치적 차원을 강조하는 '아래로부터'의 운동을 대표한다(가르댕 & 라빌, 2017: 270). 여기에 두 가지 강조점이 있는데, 1) 비자본주의 기업이라는 접근을 넘어 폴라니가 제기한 경제, 그리고 경제원리의 다원성에 대한 근본적 성찰을 강조한다. 2) 대상 조직들이 갖는 민간부문의 사적 성격을 넘어 이 조직들이 공적 차원과 불가분의 관계에 있다는 사실을 강조한다(가르댕 & 라빌, 2017: 270).

집단적 정체성 또는 공동의 운명으로 묶인 끈끈한 소속감은 사회적 경제의 본질적 조건이다. 사회적경제는 사회 전환의 지렛대가 되고자 하는 운동에 의해 추진된다(Defourny et al., 2017). 사회적경제 영역이란 근린 서비스, 직업훈련과 노동통합, 지역개발과 창업지원, 윤리적이고 연대적인 금융, 문화의 생산과 확산, 개발협력과 공정무역, 환경보호, 재활용과 쓰레기 처리, 재생에너지 생산, 수공업, 기업서비스, 교육과 건강, 문화와 스포츠를 포함하는 여가 등이 해당된다. 순환경제, 지속가능경제, 협력경제, 도넛경제, 수거 및 재활용 산업, 연대금융, 경제활동을 통한 노동통합, 고령자를 위한 근린서비스 등이 새로운 경제활동 모델이 탄생하는 영역들이다.

## 4. 사회적경제의 개념화 및 제도화

사회적경제에 대한 개념은 아직 명확히 정리되지 않았고, 조금씩 다른 표현과 개념적 정의들이 있다.

벨기에에서는 사회적경제의 정의에 사회구성원들이 합의하였다. 1990년 왈룬(Wallon)사회적경제위원회는 다음과 같이 사회적경제를 바라보고 있다. 사회적경제란 주로 사회적 목적을 가진 협동조합이나 결사체, 공제조합 또는 재단과 같은 회(society)에 의해 수행되는 재화나 서비스를 생산하는 활동이다. 첫째, 비자본주의 민간조직의 범주들을 정하는 데 주요 구성요인인 협동조합, 공제조합, 결사체, 재단 및 사회적 목적 기업을 사회적경제 조직으로 인정하기로 하였다. 둘째, 경영의 자율성, 이윤이 아닌 구성원과 사회집단에 대한 서비스 제공이라는 목적, 민주적 의사결정, 수익 분배에서 자본보다 사람과 노동의 우선시 등의 원칙을 두고 있다.

벨기에 왈룬사회적경제위원회에서 승인된 사회적경제에 대한 개념적 정의는 1990년대 벨기에 연방정부의 다양한 기구에서 채택되었고, 1991년에 스페인 정부에 제출된 최초의 〈사회적경제 백서〉와 1996년 캐나다의 시민사회와 퀘벡정부 간의 파트너 관계에 의해 설치된 사회적경제 상떼에도 적용된다(Defourny et al., 2017).

이탈리아에서 사회적경제 개념이 처음으로 제도화되었다. 1991년 시장에서의 활동을 포함하면서도 사회적 목적을 지향하는 경제활동의 실체를 인정하고, '사회적협동조합'이라는 특정한 지위를 부여하는 법안을 통과시켰다. 이후 유럽 각지에서 새로운 법제도가 등장하였다.

프랑스에서 2014년 제정된 「사회연대경제법」에서 보면, 사회연대경제의 개념을 인정하고 협동조합, 공제조합, 결사체 및 재단이 공유하는 특성으로서 "인간활동의 모든 영역에 적합한 기업활동과 경제개발의 방식"이라고 정의하고 있다. 사회연대경제 조직들은 수익 분배 이상의 다른 목적을 갖고, 민주적 지배구조를 채택하며 수익이 조직에 재투자되도록 경영하고, 해산을 하게 되는 경우 '남은 자산'은 다른 사회연대경제 조직들에 이전되어야 한다고 규정하고 있다(Defourny et al., 2017).

스위스에서는 사회적경제에 대한 법적 틀이 없는 대신 사회연대경제 지방상공회의소가 만들어져 있고, 일련의 운영원칙을 준수하는 조직들을 회원으로 받아들인다. 민주적이고 참여적인 지배구조, 공익에 기여, 이윤의 제약, 공정한 급여 차이, 환경 존중, 연대 그리고 국가에 대한 자율성을 가입 기준으로 제시하고 있다(Defourny et al., 2017).

2013년 캐나다 퀘벡 의회에서 사회적경제 기본법을 채택: 사회적경제란 사회적 목적을 가지며 다음과 같은 원칙과 운영규칙에 따라 재화와 서비스의 판매 및 교환을 수행하는 기업에 의해 이루어지는 모든 경제활동을 뜻한다. 1) 사회적경제 기업의 목적은 단순한 이익창출보다는 구성원이나 공동체의 필요에 부응하는 것이다. 2) 기업은 국가로부터 의사결정의 통제를 받지 않고 동등한 관계 속에 운영한다. 3) 기업에 적용되는 규칙은 구성원에 의한 민주적인 지배구조에 대한 조항을 두어야 한다. 4) 기업은 경제적 지속가능성을 추구해야 한다. 5) 기업에 적용되는 규칙은 기업활동으로 창출된 잉여의 분배를 금지하거나 구성원의 실질적인 기여에 따라 분배한다는 조항을 두어야 한다. 6) 기업 운영 법인에 적용되는 규칙은 법인의 해산 시 잔여 재산을 유사 목적을 추구하는 다른 법인에게 귀속한다는 조항을 두어야 한다

(Mendell, 2009, Defourny et al., 2017).

　캐나다의 영어권 지역(예: 토론토, 밴쿠버)에서는 사회적경제라는 용어를 90년대까지 잘 사용하지 않고 있었다. 그보다는 지역경제발전(community economic development)이라는 개념 속에서 더 포괄적인 사회적 포용과 사회경제적 형평성을 목표로 삼고, 신자유주의로 해체되는 지역사회 얼개를 복원하는 프로그램을 진행하고 있었다(Dancause & Morin, 2013).

**[그림 1-1] 퀘벡에서 사회적경제 조직들의 법적 지위**

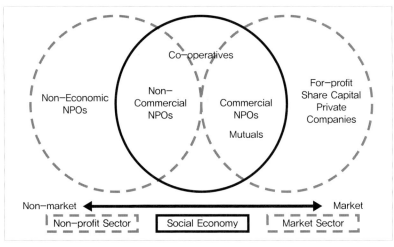

출처: Bouchard (2013), 6쪽.

　캐나다의 영어권 지역에서 사회적경제 영역은 주로 이윤 배분을 하지 않은 비영리조직들을 의미하지만, 캐나다의 퀘벡은 협동조합, 공제조합, 비영리조직을 같은 사회적경제 범주로 취급하여 거버넌스와 민주적 기능을 강조하고 있다.

　[그림 1-1]에서 볼 수 있듯이 사회적경제는 비시장경제(비경제의

NPO 영역)와 시장경제(이윤추구 기업)의 중간 지점에 중첩되어 존재하고 있는 비상업적 NPO, 상업적 NPO 그리고 협동조합 등을 포함한다. 북미주의 다른 지역과 다르게 보다 폭넓게 정의하고 있다. 이러한 범주에 포함된 조직들은 사회적 목적(social purpose)을 중시하여 상품과 서비스를 생산하고 있다.

퀘벡의 사회적경제 영역에는 노동자기금, 일자리 통합(work insertion), 미소금융, 연대기금 등을 포함하고 있다. 그리고 퀘벡의 사회적경제의 기반은 기존 사회질서의 규범과 목적에 도전하고 대안을 제시하는 사회운동이고 이처럼 대안을 모색하는 가운데 사회적경제의 위치 및 정의가 만들어졌다.

영국의 경험과 사례를 통하여 Pearce(2009)는 한편에서 시장이 작동하여 교환이 이뤄지고, 민간이 주도하고, 이윤을 추구하는 제1의 시스템이 있고, 다른 한편에서 계획경제가 작동하고, 교환 없이 공공서비스를 제공하고, 계획된 배분이 있는 제2의 시스템이 있다고 보았다. 그리고 그 사이에 자조적이고, 상호적이며, 사회적 목적을 추구하는 제3의 시스템이 있다고 생각하였으며 그중에서 상품과 서비스를 시장에서 교환을 하는 영역이 사회적경제라 보았다.

Pearce(2009)는 그림에서 볼 수 있듯이 사회적경제를 제3의 시스템에 속해 있으면서도 시장이 작동하는 (상품 및 서비스)교환의 영역이라고 개념화하고 있다.

사회적경제는 노동자조합을 포함하고, 공동체경제 안에 지역공동체 기업, 국가 단위에서 운영하는 사회적 비즈니스와 신용조합, 그리고 국제적 단위에서 교역을 하는 공정무역 등 상품과 서비스 교환을 하는 사회적기업의 영역이 있다. 한편 공동체경제 안의 작은 공동체

## [그림 1-2] 경제의 세 가지 시스템

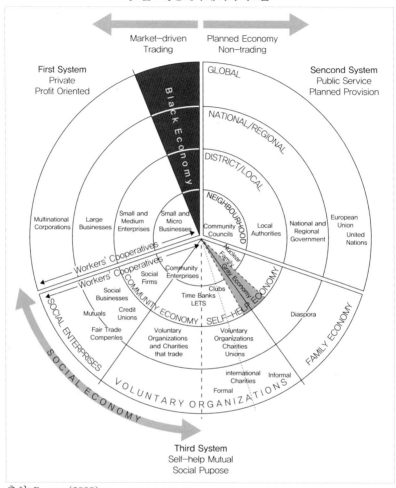

출처: Pearce (2009).

사업, 지역화폐(Local Exchange Trading Schemes: LETS), 상업적 거래를 하고 있는 자원봉사 및 자선조직도 사회적경제 영역으로 포함되어 있다. 따라서 사회적경제는 자원봉사조직을 포함하여 사회적 목적을 가지고 있으면서도 상품과 서비스 거래를 하는 조직들이라고 볼 수 있다.

[그림 1-3] 사회적경제의 위치와 그 복합성

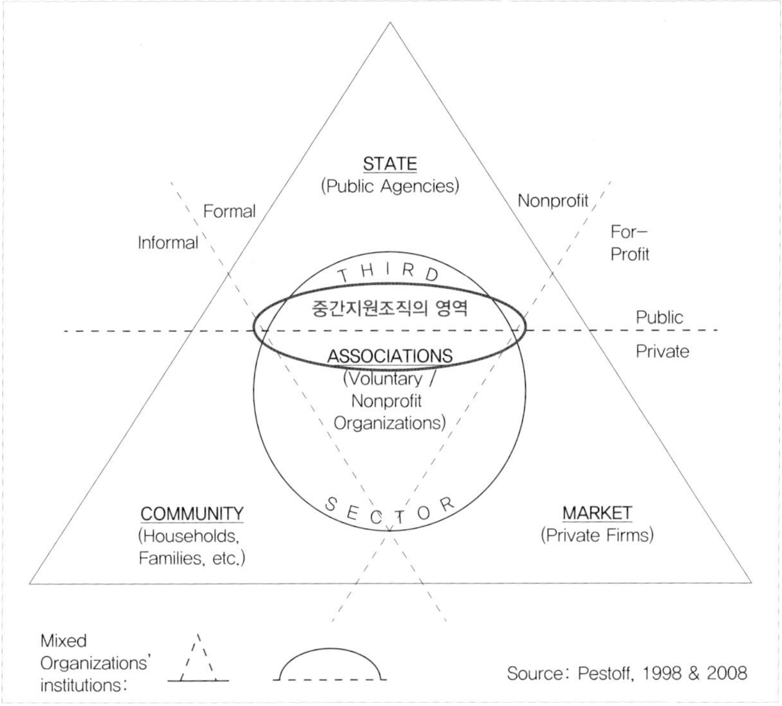

Source: Pestoff, 1998 & 2008

출처: Pestoff (2008).

Defourny et al.(2017)는 중간 지대로서 사회적경제를 정의하고 있는데, 페스토프(Pestoff 1992)가 정리한 그림을 가지고 설명을 한다. 경제의 세 가지 축인 재분배(국가), 시장(영리기업), 호혜성(공동체 - 가족, 가사, 지역네트워크)의 각 축이 있다. 첫째, 재분배는 공공이면서 공식적이고, 비영리라는 특성이 있다. 둘째, 시장은 영리를 추구하고, 공식적이며, 민간이 주체인 특징을 보인다. 셋째, 호혜성은 민간이면서, 비영리이고, 비공식적인 성격을 가지고 있다.

사회적경제는 그림에서 보듯이 제3섹터로 조직적으로 결사체(자원봉사 및 비영리조직)의 형태를 가지고 있고, 재분배, 시장, 호혜성의 가운데 영역에 위치하고 있다. "사회적경제는 비화폐적 자원(자원봉사, 현물증여)을 만들어내면서 호혜성의 논리에 의해 작동되는 공동체(가족, 이웃, 비공식 네트워크), 정부보조금과 같은 비시장적 자원의 재분배 논리에 따라 작동되는 국가, 그리고 상업적 이익을 내는 시장의 논리에 따라 움직이는 일반 기업(협동조합도 포함)과 상호작용하는 영역"이기도 하다 (Defourny et al., 2017: 78).

이 영역은 자원의 혼합(hybridization)을 표현한다고 할 수 있는데 점선으로 된 역삼각형의 바깥은 국가, 시장, 시민사회와 상호작용을 하고 있음을 보여주고 있다. 예를 들어 협동조합은 역삼각형 오른쪽 하단에 위치하는데 왜냐하면 사회적경제 영역에 있지만 시장에서 영리추구를 하고 있기 때문이라고 볼 수 있다(Defourny et al., 2017)

    – 위 세 개의 그림에서 사회적경제의 위치는 일반적으로 시장과 시민사회의 중간에 있음을 볼 수 있음. 그리고 퀘벡의 사례보다 영국의 사례가, 그리고 마지막으로 Pestoff의 개념에서 사회적경제를 보다 정교하게 설명하고 있음이 나타남. 특히 Bouchard와 Pearce의 개념에서 국가와 사회적경제와 관계가 잘 보이지 않지만 Pestoff의 개념에서 국가와 사회적경제가 어떤 관계에 있는지를 보여줌. 국가와 사회적경제가 공통적으로 주로 비영리를 추구하면서 공식적인 영역에 속해 있고, 반면 사회적경제는 공공보다는 민간에 의해 주도되고 있음을 알 수 있음.

- 이 그림을 통해 한국의 사회적경제의 중간지원조직은 어디에 위치해 있는지를 생각해볼 수 있음. 광역 및 기초에 있는 중간지원조직이 직영인가 민간위탁인가에 따라 역삼각형의 위에 있다면 직영에 가깝다고 볼 수 있고, 역삼각형 아래에 위치하고 있다면 민간위탁에 가깝다고 볼 수 있음. 또는 역삼각형 위에 있다면 행정의 통제를 직접적으로 받는다고 볼 수 있고, 역삼각형 아래에 있다면 행정의 통제보다 민간의 자율성이 강하다고 볼 수도 있음.

- 이러한 역삼각형의 구분선을 가지고 한국의 사회적경제 중간지원조직들이 어디에 위치해 있는지를 구분하여 볼 수 있을 것임. 예를 들어 그림에서 타원처럼 직영으로 운영되고 있는 중간지원조직은 역삼각형의 윗부분에 위치하고 있다고 볼 수 있고, 민간위탁을 하고 있다면 역삼각형의 아랫부분이라고 볼 수 있을 것임. 한편 운영 형태와 상관없이 업무의 내용을 볼 때 행정과 관련된 일을 많이 담당하고 있다면 민간의 자율성보다는 공공의 업무를 더 수행하는 위치에 있다고 볼 수 있음.

## 5. 연대경제의 관점에서 사회적경제

한편 사회적경제를 연대경제의 틀에서 보려는 시각이 있는데 1990년대 프랑스에서 개념적으로 형성되고 이론화되고 있으며 사회적경제 개념의 대응물로 자리 잡고 있다(Laville, 2017). 연대경제는 민주적으로 행동하고자 하는 의지에 따라 이루어지는 모든 활동을 의미하는데, 특히 연대적 사회관계를 개인의 이해와 물질적 이익보다 더 중요하게 여긴다(Defourny et al., 2017). 협동조합, 상호공제조합, 민간단체 등 조직들의 법적 지위보다는 현장에서 일어나는 다양한 실천들에 초점을 두고 사회경제적, 사회정치적 차원을 중요하게 생각한다.

경제적 측면에서 볼 때 연대경제 활동의 시작에는 사람들 간의 평등한 호혜와 상호 참여의식이 강조되고, 그 다음으로 다양한 유형의 자원, 경제적 원칙들이 '혼합(hybridization)'되어 활동이 강화된다(Defourny et al., 2017). 호혜성은 이타성과 평등을 긴밀하게 연결하면서 지속적으로 균형을 회복하려는 건설적 긴장이라고 본다(Laville, 2017). 평등한 호혜성은 동료들 사이의 호혜성과 다중적 호혜성으로 나눠볼 수 있다. 동료들 간의 호혜성은 동질적인 집단 안에서 상부상조라 볼 수 있고, 다중적 호혜성은 이용자, 노동자, 자원활동가 등 행위 주체들이 이질적이지만 평등한 관계에서 참여하는 것을 의미한다. 한편 다양한 자원을 동원하여 진행되는 혼합 행위는 시장논리에만 빠져드는 것을 방지하거나 공공정책의 도구화를 방지하는 수단이 될 수 있다. 여기서 자원은 화폐적 자원뿐 아니라 연대의 네트워크가 동원되는 비화폐적 자원들을 의미한다. 이러한 자원혼합 행위는 사회를 통합하는 기능도 담고 있다(Laville, 2017)

한국의 사회적경제에서도 다양한 주체들의 평등한 참여를 보장하려는 노력이 지속적으로 있어왔고, 시장과 행정의 논리에 종속되지 않기 위해 부족한 가운데도 네트워크를 통한 상호 정보교환, 지역단위의 공동 구매행위 등 지역의 자원을 동원하려는 시도가 있어왔다. 이러한 관점에서 중간지원조직이 어떤 역할을 수행하고 있는지, 수행해야 하는지를 살펴볼 필요가 있다.

연대경제 활동이란, 정치적 측면에서 볼 때 사회적 요구와 지향하는 궁극적 목적에 대해 이해당사자들을 포함해 시민들 간에 '더불어 토론하고 행동하는', 상호작용이 이뤄지는 공적 영역, 또는 '정치적' 공간을 의미한다. 이러한 공적인 것을 만들어내는 데는 합리적 행동뿐 아니라 감정적, 감성적인 동력들도 동원된다(Laville, 2017). 그리고 공권력에 의해 제도화되고 조절되는 공적 공간에 대해 보완적이면서도 이와 구분되는 시민에 의해 운영되는 자율적인 공적 공간을 유지해야 한다(Defourny et al., 2017: 80). 이러한 공적 공간은 다양한 형태로 모인 시민들이 정치적 견해를 형성하면서 새롭게 구성되기도 하는데 단일한 공간이기보다는 '다중심적 공적 공간'이라 할 수 있다(Chanial, 1992, Laville, 2017에서 재인용). 이러한 공적 공간 중에서 일상의 문제를 다루면서 연대활동이 이뤄지는 근린 공적 공간이 있는데 여기서 형성된 결사체가 연대경제와 결합되는 경험이 있을 수 있다. 이러한 결사체주의는 협동조합, 상호공제조합, 비영리 민간단체의 형식 등 사회연대경제에서 다양한 법적 지위를 가지면서 표출된다(Laville, 2017). 이러한 성향에서 볼 수 있듯이 사회연대경제에서 나타나는 조직의 모습은 "사회적 범주들 사이의 추상적인 조정에만 기반하는 국가주의적 연대뿐 아니라 사회집단들의 일상에서도 다양한 형태의 연대가 존재한다는 것을 상기시켜"주고 있다(Laville, 2017: 304).

한국에는 사회적경제의 조직들이 사회적기업, 마을기업, 사회적 협동조합, 자활기업 등 행정이 주도하여 만들어진 법적 형식으로 범주화되는 경향이 있다. 그러나 지역단위에서 시민사회, 노동운동 등 여러 주체가 참여하여 결사체를 만들고, 마지막 단계에서 사회적경제조직으로 발전해나갈 때 법적 지위를 다양하고, 유연하게 획득해 나가는 모습일 것이다. 이 과정에 중간지원조직이 만들어준 교육, 훈련, 토론회, 컨설팅 등 공적 공간이 있으며, 이러한 측면에서 중간지원조직들이 사회연대경제의 정치적 역할을 생각해 볼 수 있다.

요약하면 프랑스에서 사회연대경제는 시민사회 및 지역사회 구성원들의 실질적이고 호혜적인 참여의식, 자신들의 필요를 스스로 함께 파악하는 능력, 그리고 그 필요를 해결하기 위한 방안을 구상하고 통제하려는 의지의 결과물이라 볼 수 있다. 연대경제는 제도화된 거대 협동조합이나 공제조합의 운영방식에 문제를 제기하면서 숙의민주주의 공간을 창출(정치적 배태성, political embedded)하려고 노력한다. 즉 의제를 설정하여 토론을 불러일으키고, 방향을 제시하며, 다양한 주체들 간에 혁신적인 파트너십을 구축하였다. 이러한 노력의 산물로 다양한 자원이 동원되면서 복합경제를 만들어 가는데 공정무역을 전담하는 상점, 장애인 노동적용기업, 대안극장, 다양한 근린서비스 등을 그 예로 볼 수 있을 것이다. 중간지원조직이 이러한 활동과 사업들을 만들어 가는 중간 지대에 있다고 볼 수 있다.

## 6. 거버넌스와 파트너십

경제의 세계화 속에 국가의 역할이 쇠퇴하고, 국가가 담당했던 복지의 영역이 축소되면서 시민사회의 역할이 1970년대부터 강조되었다. 즉 국가가 사회적 문제에 모든 책임을 지고 다루는 방식에서 벗어나 시민사회와 함께 대응하는 모습이 나타나기 시작한다. 따라서 거버넌스(governance)의 개념이 공적 의제를 관리하는 형태로 등장한다. 즉 국가의 단순한 개입보다는 국가와 다른 여러 행위자들 사이에 협상과 협력의 모습이 나타난다(Dancause & Morin 2013).

거버넌스(governance)는 1990년대부터 사회과학에서 넓게 쓰이는 용어인데 Hamel & Jouve(2006)는 "거버넌스란 새로운 메커니즘이자 과정으로서 그 안에서 공공정책은 행위자와 기관들 사이에서 협력을 통해, 그리고 이들이 가지고 있는 자원과 정당성의 공동합작(mutualization)을 통해 만들어진다"(Dancause & Morin, 2013: 98에서 재인용)라고 정의한다. Canet(2004)은 "협상에 기초하여 공공정책을 발전시키기 위한 새로운 방법이면서 특히 파트너십을 통해 이렇게 형성된 정책들을 집행하는 새로운 방식이다"(Dancause & Morin, 2013: 98에서 재인용)라고 정의한다. 즉 국가와 시민사회 사이에 존재했던 계층적, 수직적, 강압적 관계는 수평적, 동기부여적, 협상, 협력의 관계로 대체되고 있다는 점에 주목해야 할 것이다.

거버넌스와 파트너십의 개념은 밀접하게 연결되어 있다. 정부는 계층구조 안에서 지시하려는 권한에서 벗어나 여러 행위자들의 관계망(network) 안에서 하나의 파트너로서 리더십을 발휘하고 협업(collaborate)을 해야 한다. 그리고 거버넌스 파트너십은 이해관계자들의 경제적 이익의 단순한 합이 아니라 프로젝트 참여자 모두의 자원을 모은 가운데 얻어지는 이익으로서 집단 학습을 가능하게 한다(Dancause & Morin, 2013).

파트너십은 사회적경제를 기회로 인식하여 그곳에 대한 자금지원의 기회가 될 수 있지만 잘못하면 사회적경제의 도구화, 시장화, 민주적 결핍이라는 위험을 담고 있다. 즉 지역공동체 조직과 그 영역들을 통제하는 수단이 됨에 따라 그들의 자율성을 저해하고 그 활동을 표준화하는 경향이 있다. 이러한 위험성을 고려하면서 파트너십은 공공정책 및 그 프로그램의 실행과정에 반영되어야 한다.

## 7. 중간지원조직의 역할과 독립성

2010년 보수당이 집권한 이후 영국 정부는 '빅소사이어티(Big Society)'라는 어젠다 속에서 사람들의 삶을 개선하기 위해 함께 힘을 모으는 데 정부는 도움이 돼야 하고, 보다 많은 권한을 지역사회 민중(people)에게 갈 수 있도록 해야 한다고 보았다(Dancause and Morin, 2013). 이러한 인식에서 영국 정부는 제3섹터를 재정적으로 지원함과 동시에 그 독립성을 인식하고 지지하고 있다. 한편 제3섹터는 일자리 창출을 위해 공공 부문과 협력하고, 재정자원을 잘 관리하고, 공공정책에서 정부가 최우선 사업에 재정을 투입해야 한다는 점을 잘 인지하고 있다(Dancause & Morin, 2013). 이 두 가지 원칙이 어떻게 조화를 이룰 것인가를 생각해야 한다. 즉 국가와 시민사회 간의 파트너십을 증진시키면서 시민사회의 독립성을 저해하지 않기 위해 재정 지원의 범위와 원칙을 정할 필요가 있을 것이다. 특히 공무원들이 사회적경제 중간지원조직을 자신들의 예산집행을 위한 하부 기관으로 인식하는 오류에 빠져서는 안 된다는 점을 염두에 두고 있다.

# 제2장 우리나라에서의 사회적경제

## 1. 사회적경제조직 형태의 출현

우리나라 정부가 정의하는 사회적경제는 "구성원 간 협력·자조를 바탕으로 재화·용역의 생산 및 판매를 통해 사회적 가치를 창출하는 민간의 모든 경제적 활동(관계부처 합동 '사회적경제 활성화 방안', 2017년 10월)"을 의미한다.

우리나라 사회적기업의 기원은 1990년대 초 도시빈민운동 차원에서 시작된 노동자협동조합과 1996년 자활후견기관의 설립, 2000년대 들어서의 자활후견기관들의 전국적 확대 등을 들 수 있다. 특히 자활후견기관들 중 자활공동체는 사회적기업에 가장 근접하는 조직 형태였다(김순양, 2010).

사회적경제조직의 범위는 논자에 따라, 관점과 주체에 따라 상이하다. 행정적 관점에서는 (예비)사회적기업, 협동조합, 마을기업, 자활기업을 보통 포함시키지만, 중소벤처기업부 등에서는 소셜벤처를 별도의 범주로 구분하기도 한다. 4대 조직 형태와 나란히 소비생활협동조합을 사회적경제조직의 한 조직 형태로 포함시킨 연구(장대철 외, 2020)도 있다. 좀 더 범위를 넓혀 농협 등 개별법에 의해 설립된 협동조합까지 포함시키는 연구나 논자들도 존재하며, 유럽의 예를 준용하여 재단 등 비영리단체 일반까지 포함시켜야 한다는 견해도 존재한다.

## 2. 사회적경제조직 현황

### 1) 사회적경제조직 현황

최근까지 사회적경제조직의 숫자와 취업자 수, 그리고 사회적경제조직 제품 공공구매액 등이 지속적으로 성장하여 왔다(국무조정실, 2021).

사회적경제조직의 수는 2016년 20,459개에서, 2017년 22,470개, 2018년 24,838개, 2019년 27,452개로 증가하였다. 사회적경제조직에의 취업자 수도 2016년 248,669명에서, 2017년 253,013명, 2018년 265,398명, 2019년 284,875명으로 증가하였다. 2016~2019 기간 동안 사회적경제조직의 숫자는 매년 약 10%씩, 그리고 취업자 수는 약 5%씩 증가하였다. 사회적경제조직이 생산한 제품의 공공구매액은 2016년 8,033억 원에서, 2017년 1조 383억 원, 2018년 1조 1,727억 원, 2019년 1조 4,442억 원, 2020년 1조 6,000억 원으로 점차 증가하였다. 이 구매액은 2023년까지는 2조 1천억 원까지 늘어날 예정이다.

EU의 경우, 전체 GDP 중 10%를 사회적경제가 담당하고 있으며, 전체 고용 규모 대비 사회적경제 고용 규모 비율은 EU 평균 6.3~6.5%에 이른다(일자리위원회, 2017.10.18, 관계부처합동, 2021. 3). 우리나라의 경우 2019년 기준 사회적경제의 고용 비율은 1.1%로서 유럽 27개국 평균인 6.3%의 17.4%에 불과하다(관계부처합동, 2021). 그만큼 우리나라 사회적경제조직의 발전 가능성과 고용 잠재력이 큰 것으로 판단된다. 서울의 GRDP에서 사회적경제조직들이 차지하는 비중은 2019년 기준 0.7%에 불과하다(장대철 외, 2020). 이는 농협 등 개별법에 의한 협동조합 매출액이 제외된 결과로 보인다. 2019년의 0.7%는

2011년의 0.2%와 비교할 경우 서울 GRDP에서 차지하는 사회적경제 조직들의 매출액 비중이 빠르게 증가하는 것으로 볼 수 있다.

최근까지 정부는 소셜벤처, 주거환경, 사회서비스, 문화예술, 프랜차이즈, 지역기반 연계 분야 등 사회적경제 파급효과가 큰 분야에 대한 집중 육성을 통한 사회적경제의 저변 확대를 시도하여 왔다.

## 2) 사회적기업의 현황

「사회적기업육성법」 제2조에 따르면 사회적기업이란 "취약계층에게 사회서비스 또는 일자리를 제공하거나 지역사회에 공헌하여 지역주민의 삶의 질을 높이는 등 사회적 목적을 추구하면서 재화 및 서비스의 생산·판매 등 영업활동을 하는 기업으로서 사회적기업육성법 제7조에 따라 고용노동부 장관이 인증한 기업"을 뜻한다.

2020년 말 기준 인증 사회적기업의 수는 2,777개이며, 총 고용인원은 54,659명이다(고용노동부, 2021). 2021년 8월 기준으로는 3,064개이며, 총 고용인원은 55,407명에 이른다.

한편 제2차 사회적기업 육성 기본계획에서는 2017년까지 3,000개의 사회적기업을 설립하고, 70,000명의 고용을 창출할 것을 목표로 설정한 바 있다. 아울러 2017년까지 우리나라 전체 고용에서 사회적경제가 차지하는 고용비율을 2%까지 끌어올리겠다는 목표도 설정한 바 있다. 따라서 2020년 말 기준 2,777개의 사회적기업 수와 54,659명의 총 고용인원의 현실은 제2차 사회적기업 육성 기본계획에서의 목표들이 전혀 달성되지 않았고, 사회적기업의 성장속도가 기대에 크게 미치지 못함을 알 수 있다.

사회적기업 전체의 매출 총액은 2014년에는 1조 4,652억 원에 불과하였으나 2016년에는 2조 5,963억 원, 2018년에는 4조 1,175억 원, 2020년에는 4조 8,180억 원으로 증가하여, 2014년 대비 3.29배 증가하는 등 빠르게 성장하는 모습을 보이고 있다(고용노동부, 2021). 가장 최근 자료에 따르면 전체 매출액은 5조 2,939억 원으로 증가하였다(사회적경제전문위원회 제21차 회의 보도자료, 2021.9.9). 전체 매출액 중에서 민간매출액은 3조 원으로 전체의 56.7%로서 공공구매 의존도가 상당히 높은 것을 알 수 있고 사회적기업 1개 당 평균 매출액은 약 17억 3천만 원이다.

사회적기업 총 고용인원 중 60.6%인 33,123명이 취약계층이어서 고령자와 장애인 등 취약계층에 대한 고용기회 제공 효과가 높은 것으로 나타나고 있다(고용노동부, 2021). 사회적기업가 육성사업 출신 창업기업의 정규직 비율이 88.5%로서 일반기업의 67.5%에 비해 21.4%나 높은 것으로 나타났다(고용노동부, 2021).

사회적기업에 고용된 전체 근로자 평균 임금은 202만 8,000원으로 나타났고, 취약계층 근로자 평균 임금은 175만 원으로 나타났다(사회적경제전문위원회 제21차 회의 보도자료, 2021.9.9). 전년 대비 5.8%와 3.6%가 증가한 것으로 코로나19의 위기와 경기불황 속에서도 근로조건 개선을 실현시켜 나간 점이 긍정적이다.

2020년 말 기준 사회적기업 1개 당 평균 고용인원은 19.7명으로서 20명에 약간 못 미치는 수준이다. 이는 2010년 26.8명, 2012년 24.6명, 2014년 22.5명, 2016년 22.9명, 2018년 20.1명에 비해 사회적기업 1개 당 평균 고용인원이 줄어드는 추세를 보이고 있다. 이는 전체 사회적기업의 숫자는 증가하지만, 사회적기업 1개 당 고용창출 능력은 감소하면서, 사회적기업들이 영세화되고 있음을 뜻하므로 우려스

러운 변화로 볼 수 있다.

이로 인해 사회적경제조직들의 자생력 강화를 위한 스케일업(scale-up) 기반 마련이 개선 과제로 등장하고 있다(일자리위원회, 2021.5.14). 매출액 100억 원대의 사회적경제조직(사회적기업 포함)을 2020년 말 77개에서 2023년까지 100개로 늘릴 계획과 공공기관의 사회적경제조직 제품 구매액 상향 조정 계획도 정부가 이 스케일업 기반 마련을 지원하기 위한 것이다.

2020년 말 기준 사회적기업 1개 당 평균 매출액은 17.3억 원이다. 이는 2014년 11.7억 원, 2016년 15.2억 원, 2018년 19.4억 원과 비교하면, 2018년 수치보다는 감소하였지만 전체적으로는 증가 추세인 것을 알 수 있다. 사회적기업 1개 당 평균 고용인원이 줄어드는 추세 속에서도 평균 매출액은 증가하는 추세를 보이고 있어서, 사회적기업 소속 종업원들의 인당 매출액으로 측정되는 인당 생산성은 증가했으나, 사회적기업 1개 당 고용창출 능력은 감소하는 것으로 해석된다. 사회적기업의 유형별 구성을 보면, 일자리 제공형이 전체 3,064개 중에서 2,036개로서 절반을 넘는 압도적인 비중을 차지한다. 지역사회 공헌형(249개)은 증가 추세이지만 전체의 8.1%에 불과하다. 사회적기업 5년 평균 생존율은 79.7%로서 같은 시기 일반기업 생존율(31.2%)을 크게 웃돌았다(사회적경제전문위원회 제21차 회의 보도자료, 2021.9.9).

2020년 11월 실시된 사회적경제 인지도 조사에서 응답자의 7.2%가 사회적경제에 대해 '잘 알고 있다'고 응답하였고, 31.9%가 '알고 있다'고 응답하였다. 전년 조사 대비 '잘 알고 있다'고 응답한 응답자 비율이 증가하는 등의 성과가 있으나 응답자의 60% 이상은 사회적경제에 대해 잘 알지 못하고 있어, 사회적경제에 대한 인지도 제고 노력이 계속 필요함을 알 수 있다.

### 3) 협동조합 현황

「협동조합기본법」(2012)에서의 협동조합이란 "재화 또는 용역의 구매·생산·판매·제공 등을 협동으로 영위함으로써 조합원의 권익을 향상하고 지역사회에 공헌하는 사업조직(협동조합법 제2조 제1호)"으로서 "조합원의 필요에 의해 자발적으로 결성되어 공동으로 소유되고 민주적으로 운영되는 사업체"(협동조합법 제6조 제1항)를 뜻한다.

협동조합은 크게 일반 협동조합과 사회적 협동조합의 두 가지로 구분된다. 일반협동조합은 조합원의 필요 충족을 위해 5인 이상이 모여 설립한 조직을 뜻한다. 목적 또는 주체를 기준으로, 사업자협동조합(생산자협동조합), 소비자협동조합, 직원협동조합(노동자협동조합), 다중이해관계자협동조합으로 구분된다. 사회적 목적을 실현하는 비영리법인으로서 다중이해관계자로 구성되는 것이 사회적 협동조합이다. 좀 더 상세하게는 사회적협동조합은 "조합의 목적 자체가 지역주민들의 권익·복리 증진과 관련된 사업을 수행하거나 취약계층에게 사회서비스 또는 일자리를 제공하기 위한 것으로, 영리활동을 목적으로 하지 않는 것이 특징"이다.

협동조합은 조합원들 간의 인적 결합체로서 물적 결합체인 주식회사와 차이를 보인다(2021, 기획재정부). 또한 인건비 지원을 받는 사회적기업과 달리 정부의 직접 지원 없이 일자리를 창출하는 효과를 낳는 특징을 지닌다. 신용보증기금이 한국사회혁신금융과 공동으로 마련한 '사회적경제기업 평가시스템'에서는 협동조합은 조합원 출자 및 조합원 복리 추구 목적의 특징을 고려하여 협동조합과 사회적기업을 구분한다. '일반형 평가모델'과 '협동조합형 평가모델'로 구분한다(신용보증기금, 2019). 기업평가의 관점에서는 일반형에 사회적기업·마을기업·자활기업·소셜벤처가 모두 포함되고 협동조합만 협동조합형에 포함된다는 점에서 조직 특성이 상이함을 시사하기도 한다.

2012년 12월 협동조합기본법의 시행에 따라 보험업과 금융업을 제외한 거의 모든 업종에서 협동조합 설립이 가능해졌다. 이에 따라 지난 10년 간 협동조합 설립 붐이 일어날 정도로 협동조합의 수가 급증하였다. 최근 협동조합의 숫자는 2016년 10,331개에서 2019년 16,846개로 3년 사이에 63%나 성장하는 급격한 성장세를 보이고 있다(한국사회적기업진흥원 홈페이지). 2019년 기준으로 전체 사회적경제조직 22,049개 중에서 76%에 해당하는 조직들이 협동조합이다. 이 수치는 2016년 70.7%에 비해 더 높아진 수치로서 다른 조직의 증가세보다 협동조합의 증가세가 더 두드러짐을 의미한다. 가장 최근인 2021년 2월 기준 전체 협동조합 숫자는 19,924개로까지 증가하였다(서울시협동조합지원센터 홈페이지, 2021.9.15 검색).

한편 협동조합 전체 고용 인원 중 정규직 비율이 70.8%로서, 우리나라 전체 기업의 정규직 비율 67.2%보다 높아 보다 안정적인 일자리 제공에 기여하고 있다[2019 협동조합 실태조사, 기획재정부(2021)에서 재인용]. 또한 협동조합의 취약계층 고용 효과가 있는 것으로 나타났다(기획재정부, 2021). 협동조합의 전체 고용 규모 중 취약계층 고용 비율은 2015년 26.8%, 2017년 43.3%, 2019년 42%로 나타나고 있다. 비록 2019년의 수치가 2017년보다는 다소 하락하였으나, 2015년 대비 큰 증가를 보이고 있다. 이러한 취약계층 고용의 증가는 사회적협동조합의 증가에 힘입은 바 있다. 사회적협동조합의 경우 취약계층을 47%

이상 고용하는 것이 인가요건 중의 하나인 점이 영향을 미쳤을 것이다.

보이지 않는 경제적 효과 중 하나로서, 협동조합 1개 당 평균적으로 지역사회에 약 899만 원 가치의 자원봉사, 물품기부, 현금기부 등을 실천하고 있는 것으로 평가된다(기획재정부, 2021).

### 4) 마을기업

마을기업은 "지역주민이 각종 지역자원을 활용한 수익사업을 통해 공동의 지역문제를 해결하고, 소득 및 일자리를 창출하여 지역공동체 이익을 효과적으로 실현하기 위해 설립·운영하는 마을단위의 기업"을 뜻한다(한국사회적기업진흥원 홈페이지). 5인 이상 주민의 출자에 의해 설립 가능하다.

2010년 시범사업을 시작으로 10년 이상 마을기업 지원사업이 행정안전부에 의해 진행되고 있다(김지수 외, 2020). 마을기업 전체의 숫자는 2016년 1,377개에서 2019년 1,592개로 3년 동안 15.6% 증가하였다(한국사회적기업진흥원 홈페이지). 이는 마을기업의 증가세가 빠르지 않음을 의미한다. 한편 정부는 2016년 기준 1,446개에서 2022년 2,046개로 마을기업을 확대하는 것을 목표로 설정하였다(일자리위원회, 제3차 일자리위원회 보도자료, 2017.10.18). 약 600개의 마을기업 추가 설립과 6,600개 일자리 창출 목표를 설정한 것으로 사회적기업에서의 목표 설정과 마찬가지로 마을기업 신규 설립 숫자와 신규 고용창출 숫자 중심의 양적 성장 목표를 설정하였다. 2018년 말 기준 마을기업 1개 당 매출액은 1억 333만 원(김지수 외, 2020)으로서, 사회적기업 1개 당 평균 매출액인 17억 3천만 원에 비하면 6%밖에 되지 않는 크게 영세한 규모이다. 2018년 마을기업 전체 매출액 역시 사회적기업 매출액 전체의 3.5% 수준에 불과하다.

전체 마을기업 중에서 2/3 이상이 도 단위 지역에 위치하고 있으며, 특별시·광역시 소재 마을기업의 비중은 1/3 미만으로 나타나고 있다. 한 예로, 서울시의 경우 마을기업의 숫자는 2011년 67개에서 2020년 95개로 겨우 28개 증가하는데 그쳤다(장대철 외, 2020). 따라서 마을기업은 도시형 사회적경제조직이라기보다 농촌형 사회적경제조직인 것을 알 수 있다. 서울시 마을기업의 숫자는 크게 증가하지 않았으나 고용인원은 2011년 60명에서 2020년 1,438명으로 거의 24배가 급증하는 양상을 보였다(장대철 외, 2020). 또한 영농조합법인과 협동조합법인 등 공동체 성격이 강한 법인체의 마을기업 비중이 전체 마을기업의 거의 2/3인 65.7%이다(김지수 외, 2020).

마을기업은 10년 이상 지원사업이 지속되고 있음에도 법적 근거가 취약하고, 모호한 정체성으로 인해 일정한 양적 성장은 있었으되 그 성과는 제한적이라고 평가된다(김지수 외, 2020). 또한 지원 사업 이후 지정된 1,939개 마을기업 중에서 347개(17.8%)가 지정취소되었다(김지수 외, 2020). 많은 마을기업들이 정부의 지원금·보조금에 의존적인 양상을 보이고 있으며, 도전적인 사업 추진의 모습이 미흡함을 뜻하는 것으로 보인다.

## 5) 자활기업 현황

「국민기초생활보장법」(2012)에서의 자활기업은 "지역자활센터의 자활근로사업을 통해 습득된 기술을 바탕으로 1인 혹은 2인 이상의 수급자 또는 저소득층 주민들이 생산자협동조합이나 공동사업자 형태로 운영되는 기업"을 의미한다.

2016년 1,186개에서 2019년 1,176개로 거의 제자리걸음을 하거나 약간 감소하는 모습을 보이고 있다(한국사회적기업진흥원 홈페이지). 서울의 경우 자활기업의 수는 2011년 149개에서 2020년 144개로 거의 변화가 없었다(장대철 외, 2020). 자활기업의 고용 규모는 2011년 890명에서 2020년 1,235명으로 약 39%가 증가하였다. 10년 가까운 기간 동안의 변화이므로 급격한 성장세를 보인 것은 아니다.

하지만 지역에서는 지자체의 사회적경제 정책 및 사업에서 사회적기업·협동조합·마을기업과 달리 자활기업은 배제되는 경우가 많다.

# 제3장 전달지원체계(법·행정체계·
중간지원조직)

## 1. 사회적경제 전달지원체계의 중요성

사회서비스 등과 연관되는 행정 전달 및 지원체계는 행정서비스를 필요로 하는 수요자에게 서비스가 전달되는 전달시스템을 의미한다(강인성·안이숙, 2012). 잘 설계되고 작동하는 지방행정체계는 지역주민들에게 필요한 생활 인프라에 해당하여, 장기적으로 지역 경제발전 및 지역주민의 삶의 질 제고에 기여할 것이다.

유사한 논리를 사회적경제 부문에 적용한다면, 사회적경제부문 행정체계를 체계적으로 설계하고 효과적으로 운영하는 것은 지역 내 사회적경제 발전에 꼭 필요한 인프라에 해당할 것이다. 아울러 지역공동체 발전 및 지역경제 촉진, 지방소멸 방지 등에 긍정적 영향을 미칠 것이다(박현수·이정현, 2017).

문재인 정부는 '사회적경제 활성화'를 국정과제의 하나로 설정(국정과제 26번)하면서 그 상세 내용 중 하나로, 사회적경제 통합적 지원체계를 구축하여 사회적경제 정책지원을 효율화하겠다는 점을 설정한 바 있다. 문재인 정부의 사회적경제 분야 성과 중 하나는 민관협치를 비롯해 사회적경제를 위한 다양한 부문 및 조직들 간의 협업 강화이다. 중간지원조직 강화와 전달체계의 개선 검토 노력 역시 이의 일환으로 볼 수 있다.

문재인 정부는 사회적경제와 사회적 가치를 중시하면서 사회적경제 활성화를 국정과제의 하나(26번)로 선정하여 추진하여 왔다.

문재인 정부의 5대 국정목표 중 하나인 '더불어 잘사는 경제'의 국정목표를 위한 '활력이 넘치는 공정경제'의 전략의 일환으로 사회적경제 활성화 사업이 위치하고 있다(고용노동부 홈페이지).

경제양극화, 경제의 수도권 집중 현상 강화, 지방 경기 침체, 코로나 19 위기의 확산 등에 따라 일자리·복지·보육·환경 등 여러 영역에서의 사회적경제조직들의 역할이 보다 중요시되고 있다. 아울러 문재인 정부에서는 사회적경제 생태계 조성을 통해 사회적경제를 시민경제 모델로 정착시키는 것을 목표로 설정한 바 있다. 사회적경제가 일자리 창출과 양극화 해소, 그리고 질적 성장을 위한 포용적 성장의 큰 역할을 담당할 것으로 기대한다(일자리위원회, 2017.10.18).

KDI 보고서(2018)에 따르면 사회적경제 통합적 지원체계 구축의 원칙을 위한 과제로 민간 주도 시장 활성화 및 민관협력 거버넌스 구축과 함께 정부의 행정지원체계 구축을 손꼽은 바 있다. 하지만 사회적경제 전달지원체계와 관련하여, 사회적기업, 협동조합 등 사회적경제조직에 대한 통합적 지원체계 미흡, 사회적경제조직 유형별 지원정책이 부처별로 각각 제시되면서 정책 기획과 실행에서의 통합적, 체계적이지 못한 한계가 존재한다고 지적된 바 있다(KDI, 2018). 또한 중간지원조직의 비체계적 구성과 관련하여, 당사자조직에 큰 영향을 미칠 수 있는 중간지원조직이 통일되어 있지 않아 사회적경제 당사자조직들에 대한 효과적인 지원을 저해하고 있는 것으로 평가하였다(KDI, 2018). 이로 인해 사회적경제 부문을 아우르는 통합적 정책추진체계 구축과 전담조직 마련은 문재인 정부의 사회적경제 관련 국정과제가 목표로 하는 3가지 목표 중 하나(나머지 2가지 목표는 사회적경제 생태계 구축 및 지역문제 해결 역할 및 지역공동체 활성화)로 설정되었다(KDI, 2018).

## 2. 사회적경제 전달지원체계 구성요소

사회적경제 지원체계를 행정조직, 지원사업, 중간지원조직의 3가지로 구분하는 방식(김혜원, 2011), 정책프레임워크, 인프라·정책수단, 민관파트너십의 3가지로 구분하는 방식(이권형, 2011), 법·제도(인증제도, 조례·규칙), 지원조직(중앙정부, 지방정부, 중간지원조직), 지원사업(지원방식, 금융지원, 판로개척)의 3가지로 구분하는 방식(박수경·장동현, 2013), 법률, 정책전담부서, 중간지원조직, 관련 네트워크의 4가지로 구분하는 접근(조상미 외, 2014) 등이 있다. 또한 사회적경제에 대한 정부 지원시스템이 인증·정부지원·성과평가의 3단계에 대한 3가지(기준설정·적용 문제, 단계별 연계 문제, 행정체계 문제) 문제로 구성된다는 설정(김순양, 2010)도 있다.

서울시 사회적경제 지원체계 자료(이은애 외, 2017)에서는 사회적경제 지원체계를 행정체계(사회적경제 통합부서 설치, 각 지자체에 사회적경제과 설치, 각 지자체 사회적경제과에 협동조합팀 설치, 사회적경제 전담공무원 장기근속, 협동조합 담당자 역량강화 교육), 지원체계(사회적경제 통합지원센터 설치, 보건의료복지 사경 지원기관 육성, 지역자활센터 역할 확대), 거버넌스(시도 사회적경제위원회 설치, 협동조합협의회-담당팀 정책협의 설치, 광역·기초단위 사회적경제협의회 설치 및 중간지원조직 설치), 제도 및 개혁(사회적경제 기본 조례 제정, 사회적경제 기본계획 수립, 사회적경제에 자활기업 포함, 자활기업 활성화 조례 제정, 사회적경제 지원기금 조례 제정), 기타(전문 사회적경제연구기관 설치) 등으로 구분한 바 있다.

전라남도는 민선 6기 전남 사회적경제기업 성장모델 구축을 위한 4대 전략과 핵심과제를 설정하면서, 통합지원체계 구축의 전략을 위한 핵심과제로 1) 통합지원조례 제정, 2) 종합발전계획 수립, 3) 통합지원센터 구축, 4) 육성기금 조성의 4가지를 제시한 바 있다(광주전남연구원, 2018). 이 4가지는 위에서 살펴본 서울시 사회적경제 지원체계 구분에서의 제도 및 개혁의 상세 내용인 사회적경제 조례 제정과 사회적경제 기본계획 수립, 사회적경제지원기금 조성과 동일하며, 지원체계의 한 가지인 통합지원센터 설립과도 동일하다. 특히 사회적경제기본계획이 서울시 및 전라남도 사회적경제 지원체계의 주요 구성요소로 공통적으로 중시되었다.

법·제도, 지원조직, 지원사업의 3가지로 구분하는 방식(박수경·장동현, 2013)에서의 제도적 차원에는 사회적기업 인증제도와 조례·시행규칙 등이 포함되었다(박수경·장동현, 2013). 지원조직의 경우 부처별 유사사업의 중복 정도 및 업무재배분·통합 이슈 및 조직 간 연계 등이 분석 대상이었다.

## 3. 이 연구에서의 사회적경제 전달지원체계의 구성요소

법은 특정 기간 동안의 행위자를 규율하는 강제적 규범으로서, 그 법이 유지되는 기간 동안 강제적 규범의 변동이 없는 제약조건을 뜻한다. 사회적경제 관련 법 역시 그 법이 존속하는 기간 동안 작동하는 지원체계이자, 제약조건으로서 작용하며, 사회적경제 생태계 메커니즘을 규율하는 근간으로 작용한다.

반면 정책과 지원사업은 정부와 지자체에 의한 지원의 방식과 규모 등을 의미하며, 법의 테두리 내에서도 정부와 지자체에 의해 변경되며, 매년 달라질 수 있어 법에 비해서는 변동성이 보다 크다.

정책전담부서와 중간지원조직은 이러한 사회적경제 관련 지원사업이 집행되는 수단적 의미를 지님과 아울러, 지원사업의 세부 사항을 결정하는 권한을 보유하기도 한다.

당사자조직이 활동하는 지역 단위에서는 법에 못지않게 조례와 시행규칙이 중요할 수 있으며, 중앙부처 사경 전담부서에 못지않게 광역지자체장이나 기초지자체장 또는 지자체 소속 사경분야 담당 인력의 해당 분야 이해도와 관심 정도가 중요할 수 있다.

따라서 이 연구에서는 사회적경제 전달지원체계의 주요 구성요소를 법률과 정부·광역지자체·기초지자체 사회적경제 전담부서, 중간지원조직, 관련 네트워크 등으로 설정한다.

선행연구에 따라서는 중간지원조직뿐 아니라 정부·지자체까지 사회적경제 지원조직으로 폭넓게 이해하면서, 중앙부처와 지자체 역시 사회적경제 지원조직으로 포함시킨 경우도 있었다.

하지만 이 연구에서는 사회적경제 당사자조직에게 보다 근접하여 지원을 담당하는 역할을 맡고 있는 중간지원조직을 전달지원체계의 핵심적인 조직으로 인식하여 중점적으로 분석할 것이다. 아울러 네트워크는 중간지원조직 분석에서 함께 다루어지므로 전달지원체계를 구성하는 별도의 요소로 간주하지 않고 중간지원조직 분석의 하위 범주로 언급할 것이다.

다만 이 연구에서의 연구 범위는 민간 지원체계까지 포괄하는 것은 아니며, 재정지원이 투입되고, 정부의 직접적 영향력 범위에 국한하기로 한다. 이 경우 민간 네트워크나 민간 중간지원조직 등은 포함되지 않으며 사회적경제 관련 민간 사업과 민간 기관들 간의 관계까지 포괄하지 않음을 뜻한다.

# 제4장 사회적경제 관련 법

## 1. 해외 사회적경제 기본법 관련

캐나다 퀘벡주는 2013년 「사회적경제법」(Social Economy Act)을 제정하고 퀘벡주 안에 사회적경제를 지원화하는 제도적 장치를 마련하였다. 이 법의 입법 취지를 보면 첫째, 19세기 중반부터 퀘벡주에 있어왔던 시민의 결사체, 협동조합, 상호공제조합이 퀘벡의 발전, 일자리 창출, 사회경제적 활성화를 위해 기여했다고 평가한다. 둘째, 사회적경제 기업체들은 상품과 서비스를 시민들이 함께 생산하려는 헌신적 노력과 기업가정신의 산물이라고 평가하면서 지역공동체와 그 주민들의 복지를 위해 사회적경제 기업체들을 더 활성화해야 한다. 셋째, 사회적경제 기업들은 지역공동체의 필요를 충족하기 위해 자원을 동원하는 능력을 만들어왔고, 앞으로도 공동체의 부를 위해 중요한 자산이다. 넷째, 사회적경제 기업체들은 크게 두 가지 조직 안에 있는데 하나는 사회적경제 상띠에이고, 다른 하나는 협동과 공제조합의 퀘벡위원회임을 명기한다. 다섯째, 사회적경제 기업체 외에도 다양한 조직들이 지역공동체 안에서 전문성, 자원, 다양한 서비스 등을 지원하는 역할을 하고 있다. 여섯째, 사회적경제와 관련해 퀘벡의 경험과 전문성은 국제적으로 수많은 포럼을 통해 공유되고 있다고 한다. 이러한 배경 속에서 사회적경제법이 만들어졌다.

사회적경제법의 주요 내용을 보면 우선 법의 목적은 퀘벡주 안에서 다양한 활동을 통해 사회경제적 발전에 사회적경제가 기여하고 있음을 인식함과 동시에 사회적경제에서 정부의 역할을 규정하는 데 있다고 한다. 따라서 첫째, 사회경제적 발전의 자산으로 사회적경제를 증진시킨다. 둘째, 지속적으로 정부활동의 투명성을 유지한다는 기조에서 정책 수단을 만들고 채택함으로써 사회적경제 발전을 지원하는 데 있다. 셋째, 사회적경제 기업체들이 행정부의 정책 수단과 프로그램에 대한 접근을 촉진하는 목적이 있다고 한다.

퀘벡정부는 퀘벡의 사회적경제 구조의 통합된 구성원으로 사회적경제를 인식하고 책임감을 가지며, 사회적경제 기업체들을 위한 새로운 정책 수단들을 개발해야 하고, 관련 프로그램을 계속해서 갱신해 나가야 한다고 그 역할을 규정하고 있다. 또한 사회적경제의 새로운 시도들을 활성화해야 한다고 한다.

사회적경제 상떼에, 그리고 협동과 공제조합의 위원회는 대정부 교섭 상대로서 정부는 이 두 단체와 협의 후에 사회적경제 행동계획을 수립하고 발전시켜 나가야 한다고 규정하고, 퀘벡주의 중앙부처는 이에 대한 책임이 있다고 명시했다.

퀘벡의 사회적경제 파트너위원회(Panel of Social Economy Partners)는 사회적경제 관련된 주제들에 대해 중앙부처에 대한 자문 역할을 해야 한다. 위원회는 중앙부처가 구성하고 위원회가 사회적경제 관련 특별 사안에 대해 심도 있는 이해가 필요할 때 그 이해당사자와 함께 논의를 해나갈 수 있다.

총 7개의 장과 17개의 조로 구성된 법은 단순하고 포괄적으로 만들었지만 사회적경제의 대표단체들을 대화 상대로 인정하면서 정부와 사회적경제 사이에 파트너십을 보여주고 있다.

이탈리아 협동조합 연합체는 법에 의해 산하 개별 협동조합에 대한 지도감독권을 보유하고 있고, 이를 통해 협동조합 설립 등을 지원할 수 있으며, 아울러 자체 보유 개발기금 조성을 통해 자원을 확보한다 (엄형식 외, 2011).

이탈리아 사회적협동조합이 사회적으로 인정받고 세제 혜택을 받으려면 구성원 간 거래 비중이 일정 수준 이상을 넘어야 하는 '상호성(mutuality)의 원칙'에 따라 이 원칙을 지키지 못하면 일반 영리기업과 동일한 것으로 간주되면서 세제 혜택을 받지 못한다(엄형식 외, 2011).

스페인 「협동조합 일반법」의 협동조합 그룹 관련 제78조는 "산하 협동조합들이 부여한 권한에 기초하여 수립된 집행조직이, 소속된 협동조합들에 대해 권력과 지시를 관철시킬 수 있는 조직 형태"라고 협동조합 그룹을 규정하고 있다. 이 조항은 협동조합 그룹이 일반기업들의 그룹보다는 낮은 수준이지만, 개별 협동조합들의 자율성이 상당 부분 유지되는 컨소시엄에 비해 보다 중앙집중적 성격을 가질 수 있도록 법적 권한을 부여하고 있다(엄형식 외, 2011).

프랑스의 「사회연대경제에 관한 법」(2014년 7월 31일)은 사회연대경제를 "인간활동의 모든 영역에 적합한 기업활동 및 경제개발 방식"으로 규정하고 있다. 주된 특징으로는 1) 이윤 분배라는 단일한 목적이 아닌 다른 목적을 추구해야 한다. 2) 민주적인 지배구조를 채택해야 한다. 정보 제공, 기업운영에 노동자와 이용자와 같은 구성원 및 이해당사자들의 참여를 보장해야 하며, 이 참여는 자본의 기여 정도에 따라 제한을 두지 않는다. 3) 다음과 같은 원칙에 준하여 운영해야 한다. (1) 이윤의 대부분은 기업활동의 유지와 발전을 위해 사용해야 한다. (2) 의무적립금은 비분할로서 분배할 수 없다. (3) 청산이나 해산의 경우 '청산 잉여금' 전체는 다른 사회연대경제 기업에 재분배되어야 한다. 그리고 사회연대경제 기업으로 참여협동조합(노동자생산협동조합의 새 명칭), 공익협동조합, 결사체, 협동조합 일반, 공제조합을 포함하고 있다. 프랑스 법은 '사회적 유용성을 가진 연대적 기업'을 위한 인증 조건과 관련하여 특별한 사회적 필요에 부응하며 사회적 유용성이 큰 기업을 발굴하여 연대적 예금과 같은 재정지원을 포함한 지원정책을 제공하도록 조항을 두었다.

위의 해외 관련 법의 시사점들은 1) 사회적협동조합들 간의 상호거래를 규정함으로써 사회적경제조직들의 성장을 촉진시키는 규정이 필요한 점, 2) 사회적경제조직협의체·연합체에 개별 사회적경제조직들에 대한 지도감독권을 부여하는 방안, 3) 사회적경제조직들의 개발기금 조성 장려 조항 필요성 등을 시사한다. 우리나라의 사회적경제기본법 관련 3개의 의원입법 안에서는 충분히 구체화되지 않은 내용이다.

또한 이탈리아 및 프랑스 등에서의 사회적협동조합 관련 법에서는 협동조합 청산 시 잔여자산을 연합체 개발기금에 귀속시키도록 했다. 우리나라의 경우 국고 귀속이 선택지의 하나로 명시되어 있어 사회적경제조직에 전적으로 귀속되는 내용이 아니므로 이 규정 역시 우리가 활용할 필요가 있다.

## 2. 국내 사회적경제 기본법 관련

사회적경제와 관련된 법으로는 2007년 「사회적기업육성법」이 제정되면서 우리나라에서 사회적기업이 출현하였고, 2011년 「협동조합

기본법」에 의해 일반 협동조합이, 2012년 「국민기초생활보장법」에 의해 자활기업이 출현하게 되었다. 마을기업은 관련 법 없이 2011년 행정안전부의 정책('마을기업 육성사업 시행지침')에 의해 출현하였다.

사회적경제조직에 포함되는 개별 조직 형태에 관한 법은 만들어졌지만 사회적경제 전체를 아우르는 사회적경제기본법은 아직 제정되지 못하고 있는 상태이다. 사회적경제기본법의 내용과 쟁점에 대해서는 사회적경제 전달지원체계 중 법의 개선 방향에서 언급될 것이다.

우리나라의 경우 사회적경제가 경영 효율성과 영리 추구에 집중하면서 비민주경영을 하는 등의 진부화가 가속화되면, 그 본래 사회적 목적을 상실하면서 사회적경제조직으로서의 특성을 잃게 될 우려가 제기되었다(김신양, 2021). 사회적경제 진부화의 결정적 계기는 사회적기업육성법의 제정 및 중간지원조직으로서의 사회적기업진흥원 설치를 통해 정부가 개입하고, 인증한 기업만 사회적기업으로 명칭을 사용하는 제도화과정이다. 그 결과 정부의 성과지표는 사회적경제의 본래 취지인 사회적 목적 추구와 다르게 사회적기업의 숫자에 중점을 두면서 사회적기업의 기업화와 창업지원프로그램에 초점을 두는 경로를 채택했다고 비판했다(김신양, 2021).

노동부는 사회적기업, 보건복지부는 자활기업, 행정안전부는 마을기업, 국토교통부는 마을관리사회적협동조합, 기획재정부는 협동조합이라는 모델을 정한 후 각 프로그램을 집행하면서 중간지원조직을 이러한 목표 달성을 위해 창업프로그램을 진행하는 도구로 전락시켰다고 보았다(김신양 2021). 이러한 정책의 흐름 속에서 사회적기업, 마을기업, 자활기업, 협동조합만을 자연적으로 사회적경제 영역으로 보게 된 반면 나머지는 비사회적경제로 보는 왜곡된 시각이 형성되고 있다고 본다.

## 3. 기초·광역 지자체 사회적경제 지원 조례 현황

사회적경제 관련 법의 제정 여부는 국가 차원에서의 사회적경제의 순기능에 대한 사회적 인정을 보여주는 것으로 볼 수 있다. 이와 유사한 맥락에서, 지자체에서의 사회적경제 지원 조례 제정 여부는 지자체 내부에서의 사회적경제의 중요성과 기능에 대한 정치적 공감대 수준을 보여줌과 아울러 사회적경제 부문에 대한 지자체 수준에서의 지원 여부와 지원 정도를 가늠하는 잣대일 수 있다.

사회적경제 지원 관련 중간지원조직 설립·운영 지원 및 사회적경제 관련 예산 지출 규모도 조례의 제정 여부에 크게 영향받는 것이 현실이다. 따라서 사회적경제 지원 조례 제정에 대한 현황 파악이 필요하다.

# 제5장 사회적경제 행정체계

〈표 1-1〉은 사회적경제 관련 고용노동부(사회적기업 관련), 행정안전부(마을기업 관련), 기획재정부(협동조합 관련), 보건복지부(자활기업 관련) 등 4개 부처의 역할 및 주요 업무를 보여주고 있다. 아울러 광역지자체와 기초지자체, 그리고 중간지원조직의 역할과 업무 역시 살펴볼 수 있다.

4개 중앙부처는 개별 사회적경제조직 관련 기본계획을 수립함과 아울러 각종 인증·인가·선정·지정 등 관련 역할을 수행하고 있다.

광역단위에서는 각종 시·도 단위 계획을 입안하는 등의 역할을 수행하고 있다. 기초지자체에서는 사회적기업 대상 재정지원 관리, 마을기업 사업비 지급 및 관리, 자활기금 관리 등의 역할을 수행하고 있음을 알 수 있다.

〈표 1-1〉 사회적경제 관련 기관별 역할 및 주요 업무

| 구분 | 사회적기업 | 협동조합 | 마을기업 | 자활기업 |
|---|---|---|---|---|
| 중앙 정부 | 〈고용노동부〉<br>- 기본계획 및 지침 수립<br>- 사회적기업 인증 및 주요 사항 심의 | 〈고용노동부〉<br>- 기본계획 및 지침 수립<br>- 협동조합 인가 관리 | 〈행정안전부〉<br>- 각종 계획 및 지침 수립<br>- 마을기업 및 중간지 원조직 교육<br>- 지자체 보고경과 점검·평가<br>- 우수 마을기업 선정 및 전파 | 〈보건복지부〉<br>- 자활지원계획 및 지 침수립<br>- 지역자활센터 지 정·관리 |

| 구분 | 사회적기업 | 협동조합 | 마을기업 | 자활기업 |
|------|-----------|----------|----------|----------|
| 광역 시·도 | 〈각 시·도〉<br>- 시·도 지원계획 수립·시행<br>- 육성조례 제정 등 여건 조성<br>- 예비 사회적기업 발굴·지정 | 〈각 시·도〉<br>- 협동조합 신고·수리 | 〈각 시·도〉<br>- 시·군·구 추천 업체를 대상으로 마을기업 선정 후 행정안전부 보고<br>- 중간지원조직 공모, 심사 및 계약 체결 | 〈각 시·도〉<br>- 시·도 자활지원계획 수립·보고<br>- 자활기금 조성 및 관리<br>- 사업자금 융자 및 국·공유지 임대 |
| 시· 군· 구 | 〈각 시·군·구〉<br>- 재정지원금(인건비, 사업개발비) 지급 및 관리, 부정수급 감독<br>- 고용센터 사회적기업 인증관리(보고, 점검, 취소) 지원 | 〈각 시·군·구〉<br>- 협동조합 신고·수리 | 〈각 시·군·구〉<br>- 사업공모, 1차 심사 후 시·도 추천<br>- 최종 마을기업 지정 업체와 협약 체결<br>- 마을기업에 사업비 지급 및 관리, 부정수급 등 감독<br>- 마을기업별 월1회 이상 현장점검, 사업추진 관리카드 작성·보고 | 〈각 시·군·구〉<br>- 자활기업 인정 신고 접수·수리<br>- 시·군·구 자활지원 계획 수립·보고<br>- 자활기금 조성 및 관리<br>- 사업자금 융자 및 국·공유지 임대 |
| 중간 지원 조직 | 〈사회적기업진흥원〉<br>- 사회적기업 인증 및 모니터링 수행<br>- 전문컨설팅 운영, 사회적기업가 육성<br><br>〈광역중간지역조직〉<br>- 판로개척·네트워크 구축지원<br>- 기초컨설팅 (인사, 노무, 회계) 운영 | 〈사회적기업진흥원〉<br>- 협동조합 인가 지원 및 모니터링 수행<br>- 전문컨설팅 운영<br><br>〈광역중간지역조직〉<br>- 판로개척·네트워크 구축지원<br>- 기초컨설팅 (인사, 노무, 회계) 운영 | 〈광역중간지역조직〉<br>- 마을기업 대상 교육 및 컨설팅<br>- 마을기업 희망 시 사업계획 등 지원<br>- 마을기업 현황관리 및 모니터링<br>- 네트워크 구축 및 홍보 지원 | 〈중앙자활센터〉<br>- 광역지역자활센터 지도 및 평가<br>- 자활기업 기술·경영 지도<br><br>〈광역자활센터〉<br>- 관할 시·도 자활기업 기술 경영 지도<br><br>〈기초자활센터〉<br>- 관할지역 자활기업 인정 신고 접수 |

2017년 행정안전부는 사회적경제 활성화 추진체계 진단에 대한 연구(박현수·이정현, 2017)를 진행하여 사회적경제의 지난 10년 간의 현황을 파악하고 앞으로 중앙 및 지방단위에서 지원체계를 구축하는 방법에 대한 방향성을 제시한 바 있다. 이 연구는 사회적기업, 마을기업, 사

회적 협동조합 등 각 중앙부처로 개별 관리되고 있는 사회적경제 사업을 통합하여 지원할 필요성이 있다고 제안하였다.

그 통합적인 지원체계를 구축하는 방안으로 광역자치단체 단위에서 사회적경제과를, 기초자치단체 단위에서 사회적경제팀을 신설하는 방안을 추천하였다. 그와 더불어 신설된 과와 팀은 사회적경제조직의 업무를 통합관리를 할 때 효율성과 효과성을 높일 수 있을 것이라 예상하였다.

2019년 기준 전국 17개 광역 지자체 중에서 사회적경제 담당부서를 '과' 이상으로 설치한 지역은 12개 지자체이다(충북연구원, 2019). 광주, 충남, 충북, 제주, 세종에서는 과가 아닌 사회적경제팀으로 편제되었다. 2019년 기준 17개 광역 지자체 산하 사회적경제 담당부서 소속 공무원들의 규모는 213명이다(충북연구원, 2019).

지원조직과 관련해서는 사회적기업과 협동조합 두 개의 조직 형태 지원을 모두 한국사회적기업진흥원이 담당하고 있음을 알 수 있다. 아울러 마을기업 지원기관은 별도로 선정되고, 자활의 경우 지역 단위로 자활센터가 중간지원조직 역할을 수행하고 있다.


## 1. 중앙부처 차원의 조정·조율

문재인정부 들어서, 사회적경제 민간전문가와 관계부처가 참여하는 '사회적경제전문위원회'를 구성, 운영하여 왔다(국무조정실, 2021). 이 위원회는 일자리위원회 산하로 편제되어 있다. 아울러 기획재정부를 중심으로 하는 사회적경제 관계부처 TF를 운영하였다. 또한 대통령실

산하 사회적경제비서관 직제를 설치하여 사회적경제 지원 기능을 강화한 바 있다.

일본의 경우 정부조직의 여러 단위들이 협동조합이나 커뮤니티비즈니스 등 사회적경제조직의 각각에 대응하지만, 사회적경제 전반을 총괄하는 조직단위가 정부에 존재하는 것은 아니라는 점(박준식·안동규, 2014)을 고려하면 사회적경제 부문에 대한 정책적 지원 제도 구비에 문재인 정부가 적극적이었음을 알 수 있다.

현 정부 들어서, 청와대 사회적경제비서관실이 주도하는 사회적경제TF를 부서 간 쟁점 조정 및 의결기구로 운영하고, 사회적경제전문위원회를 민간 자문기구로 활용 중이지만 정부와 민간 간의 협력 및 중앙과 지자체 간의 협력을 충분하게 이끌어내는 데 한계가 있는 것으로 보인다(KDI, 2018; 64).

| 제2부 |

# 사회적경제 중간지원조직

# 제1장 중간지원조직의 등장

## 1. 중간지원조직의 등장 배경

　중간지원조직(intermediary support organizations, intermediary organi-zations, infrastructure organizations)의 기원은 16세기부터 18세기 영국에서 농업과 모직 및 섬유산업에서 '중간업자(Middlemen)'로 활동하던 사람들이다. 이들의 활동은 농업과 모직·섬유 산업의 거래를 활성화시킬 뿐 아니라 농업과 모직생산 및 섬유생산을 둘러싼 다양한 기술 발전 및 기술 확산에 중요한 역할을 하였다(Howells, 2006; 고경호·김태연, 2016: p. 298에서 재인용). 미국에서의 중간지원조직(미국에서의 표현은 infrastructure organization)의 시작은 1800년대 후반 급증한 지역자선단체(charity organization society)들의 중복 활동을 조율하고 지원하는 역할을 중간지원조직이 담당하면서부터이다(송두범, 2011). 서비스 필요 수혜자들의 정보와 요구를 정리하고, 부정수급자를 고발하는 등의 역할을 담당하였다. 1970년대 비영리섹터의 활동 범위 확대에 따라 중간지원조직의 숫자 역시 급증하게 되었다.

　1980년대부터 중간지원조직의 논의가 증가하고 설립이 증가하게 된 원인은 기존의 경제성장전략이 유효성을 잃게 된 상황에 기인한다. 아울러 1970년대 오일쇼크로 인한 불황과 미국 레이건정부 및 영국 대처 정부의 등장으로 공공지출을 축소하게 되는 상황에서 기존의 행정전달체계가 작동하지 않아 새로운 전달체계가 필요하게 되는 상황과 직결된다. 사회적경제 지원 업무가 행정조직에 의한 직접 수행에서 중간지원조직 수행으로 바뀌게 된 가장 큰 이유는 보다 효율적일 것이라는 판단 때문이다(김태영, 2016). 행정기관의 역할이 미치기 어려운 사각지대를 메워야 하는 점도 민간 참여 중간지원조직이 필요한 이유 중의 하나이다(한겨레신문, 2016.6.13).

'현장밀착형 중간지원조직'(송재봉, 2012; 김태영, 2016) 개념은 지역주민의 생활권 내에 존재하는 사회적경제조직들을 직접 지원하는 중간지원조직을 의미하며, 행정구역 상으로는 기초지자체 단위 혹은 읍면동 단위에서의 중간지원조직을 뜻한다.

## 2. 중간지원조직에 대한 정의

〈표 2-1〉은 중간지원조직에 대한 다양한 정의의 일부를 보여준다.

**〈표 2-1〉 중간지원조직의 정의**

| 출처 | 내용 |
| --- | --- |
| 일본 내각부(2002, 박세훈(2015)에서 재인용) | 다원적 사회에서 공생과 협력을 목표로 지역사회와 시민사회단체의 변화에 대한 요구를 파악하여 이에 필요한 인재, 자금, 정보 등의 자원을 제공하고 시민사회단체 간의 중개 역할을 수행하는 조직 |
| Briggs(2003, 박세훈(2015)에서 재인용) | 자원동원과 연계를 통해 다른 조직의 효과성을 높임으로써 간접적으로 부가적 가치를 만들어내는 조직 |
| 커뮤니티비즈니스센터(2011, 박세훈(2015)에서 재인용) | 다양한 이해관계자들과의 네트워크를 통해 활동 기반 및 전문지식을 구축하고 공동의 핵심 목표를 추진하는데 필요한 협력과 정보 제공, 인재육성 등을 시행하는 기관 |
| 지식경제부·한국산업기술진흥원(2011) | 기획력과 전문성, 마케팅 능력을 갖춘 에이전시로서, 다양한 이해관계자들과의 네트워크 및 연구 등을 통해 활동기반 및 전문지식을 구축하고 공동의 핵심 목표를 구축하는데 필요한 협력과 정보 제공, 인재육성 등을 실행하는 기관 |

| 출처 | 내용 |
|---|---|
| 영국 사회적기업전문 컨설팅기업 OPM& Compass Partnership Survey(김종걸, 2014 에서 재인용) | 일선의 자발적이고 공동체적인 조직(voluntary and community sector)들이 그들의 과업을 보다 효과적으로 수행하도록 지원(support), 개발(develop), 연계(coordinate), 대표(represent), 촉진(promote)하도록 인적자원과 물적자원 및 지식과 기능을 제공하는 조직 |
| 조현경(2016) | 지역사회의 자립과 공생, 협력을 목표로 행정기관과 민간 사이의 중재, 민간과 민간 사이의 협력과 조정을 통해 부족한 민간의 역량을 보완하고 지원하기 위한 전문조직 |
| 김태영(2016) | 다양한 능력과 자원을 가진 개별 조직체들이 제3자의 중간자적 위치에서 사회적경제 영역의 이해관계자들을 연계·매개, 조정·중재, 그리고 지원의 역할을 수행하는 공식·비공식 조직 |
| 박혜연(2018) | 다양한 이해관계자들을 연결하고 네트워크를 구축하는 등 현장을 지원하면서도, 공공의 사무를 위탁받아 수행하는 행정 전달체계 역할 |
| 경기도/충남 사회적경제육성지원에 관한 조례 및 더민주당의 사회적경제기본법 제 3조 | 중앙행정기관 또는 지방자치단체와 사회적경제조직 간의 가교 역할, 사회적경제조직 간의 협력과 연대 촉진, 사회적경제조직의 역량강화와 생태계 조성을 지원하는 조직 |
| 사회적경제기본법(이강익, 2020) | 중앙행정기관 또는 지자체와 사회적경제조직 간의 가교(연계)역할, 사회적경제조직 간의 협력과 연대 촉진, 사회적경제조직의 역량강화와 생태계 조성을 지원하는 조직 |

위의 표 내용 중 경기도와 충청남도 사회적경제육성지원에 관한 조례 및 더불어민주당의 「사회적경제기본법(안)」의 제3조에서는 "중앙행정기관 또는 지방자치단체와 사회적경제조직 간의 가교 역할, 사회적경제조직 간의 협력과 연대 촉진, 사회적경제조직의 역량강화와 생태계 조성을 지원하는 조직"으로 중간지원조직을 정의하고 있다. 이러한 정의는 중간지원조직의 범위를 매우 폭넓게 설정하는 방식이다(김태영, 2016).

중간지원조직 개념 정의를 종합해보면, 중간지원조직 정의에서의 핵심 내용은 1) '중간'이 의미하는 바가 무엇인가의 문제, 즉 공공과 민간 간의 중간 지대를 의미할 수도 있고, 사회적경제조직들 간의 중간 지대를 의미할 수도 있다, 2) 지원의 의미, 3) 조직의 성격으로서 '관 주도형' 조직, '위탁형' 조직, '민간형' 조직 등으로 구분 가능할 것이다.

중간지원조직의 개념과 범위를 1) 거버넌스형(행정과 민간의 중재자), 2) 당사자 조직의 연합조직 또는 컨소시엄조직(민간과 민간 사이의 조정자), 3) 기능별·분야별 전문 중간지원조직(민간재단이나 사회적금융기관과 같은 민간지원 전문조직)의 세 가지로 구분하는 것에 대체적으로 합의하는 경향이 있다고 한다(이강익, 2012). 국내에서 중간지원조직의 역할을 그야말로 행정과 민간의 가교 역할에만 국한하는 협소한 이해 방식이 많은 데 반해, 위의 세 가지로 이해하는 방식은 중간지원조직의 범위를 매우 넓게 설정하는 방식이다.

위의 정의들은 우리나라의 중간지원조직들이 위 정의에서 표현되는 모습으로 자리 잡아가려는 노력이 시급함을 시사한다. 위의 많은 정의들이 내포하는 중간지원조직의 바람직한 역할과 기능은 부처의 사업 대행에 편중된 우리나라 사회적경제 분야에서 발견되는 중간지원조직의 모습과는 매우 상이함을 알 수 있다.

당사자조직 협의체가 신규 사회적경제조직들의 설립 지원, 전문 컨설팅 제공 등을 수행하는 외국 사례를 보면, 우리나라 중간지원조직의 위상 및 역할이 보다 당사자조직에 접근해야 한다는 점이 장기적 과제임을 알 수 있다.

## 3. 중간지원조직 관련 국내 선행연구

중간지원조직에 대한 국내 선행연구를 살펴보면 다음과 같다.

김학실(2014)은 1) 특성 및 정의, 2) 현황, 3) 유형을 설명하였다.

고경호·김태연(2016)은 중간지원조직에 대해 1) 조직 내부 역량 평가(운영 자율성, 비전과 정체성, 조직구조 합리성, 전담인력 역할 공감대, 인력 전문성, 사업기술능력, 조직 물적 인프라, 조직문화, 네트워킹 수준 등), 2) 역할 수행방법(자체 내부 역할 수행, 일부 외부 의뢰, 타기관과 협력 등 분류), 3) 제공하는 서비스의 종류와 양의 많고 적음, 4) 자체 사업의 종류, 5) 관계기관별 교류 현황, 6) 외부기관의 지원 현황, 7) 운영상의 애로사항, 8) 요구되는 외부지원 사항, 9) 단체 활성화 방안으로 나누어 연구하였고, 김지현 외(2016)는 조직·예산, 주요 활동, 운영 형태, 행정과의 관계, 지역 유관기관과의 연계활동, 운영상 애로사항 및 제도적 개선 사항 등을 조사하였다.

한편 고경호·김태연(2016)은 중간지원조직의 설립연도, 법적 형태(독립법인 형태 또는 전국단위 조직의 지역 분회 형태), 모기관의 관여정도, 주요 사업, 재정 현황, 인력 현황 등 9개 항목 조사한 바 있고, 조경훈·최준규(2016)는 경기도 기초지자체 사회적경제 중간지원조직들의 예산·인력·규모 등 행정·재정 역량을 파악하고 중간지원조직들의 효과적인 역할 수행을 위한 조건들을 탐색하였는데 조직 형태, 공동체 통합 여부, 인력 규모(고용인원), 시설 현황 등 4가지를 원인변수로 설정한 후 운영예산 대비 사업비 비율, 지원조직 당 예산규모, 지원인력 당 지원조직 규모, 전체 예산 대비 공모예산 비중 등을 결과에 영향을 직접 미칠 것으로 예상되는 원인변수로 설정하였고 결과변수는 10점 척도로 측정된 외부성과, 내부성과, 종합성과(내부성과와 외부성과를 합친 값)의 3가지로 측정하였다.

최준규(2016)는 경기도 소재 공동체 일반(따복공동체 사업 활동가 319명), 주민자치위원회(195명), 사회적경제 관련자(320명) 등 총 834명 대상 설문조사(2016년 3월~4월)를 실시하였다. 사회적경제 관련자로 (예비)사회적기업 관련자가 총 40%, 협동조합 관련자들이 34%, 그 외 마을기업과 자활기업 관련자들이 26%의 구성비율을 보였다. 사업분야별 특화 우선순위 설문조사를 실시하여 주체별 차이를 조사하였고, 정책추진 주체 각각의 중요도 설문조사에서 중앙정부, 광역지자체, 기초지자체의 역할 중요성과 활동의 활발함을 비교하였다. 또한 중간지원조직의 경우도 광역단위 중간지원조직과 기초단위 중간지원조직의 중요도와 활동의 활발함을 조사하고 비교하였다.

박혜연(2018)은 문재인 정부 출범 이래 사회적경제 현장의 변화를 확인하기 위해 중간지원조직 6곳(1세대 지원조직인 함께일하는재단과 사회적기업연구원의 2곳과, 2018년 권역별 통합지원기관 중 모두의경제 사회적 협동조합(경남), 제주사회적경제네트워크(제주), 지역과소셜비즈(경북), 커뮤니티와경제(대구) 등 4곳으로 구성)을 연구하였고, 정연경·김태영(2018)은 성북구 사경센터와 마을지원센터 통합을 점검하였다. 구체적으로 통합 논의 단계(통합 대상 조직의 정체성과 이해관계)와 통합 후 운영 단계(통합조직 목표 설정과 운영통합), 통합조직의 운영 성과의 3가지로 구분하여, 운영통합을 다시 조직구조, 인사운영 및 리더십의 3가지로 구분하여 각각 분석하였다. 또한 지자체 등 마을공동체와 사회적경제 업무의 구분, 통합지원센터 설립에 대한 지자체(장)의 의지, 민간 주체들의 상황 등 상황맥락적 요인들을 연구하였다.

이강익(2021)은 1) 중간지원조직의 정의와 범위, 2) 중간지원조직의 핵심 역할, 3) 사회적경제 통합지원센터의 바람직한 운영 주체, 4) 중간지원조직의 문제점과 향후 개선 방안을 연구하였다.

## 4. 중간지원조직의 중요성과 개선 필요성

우리나라의 경우 2000년대 들어 중앙부처들이 사회적기업, 마을기업, 자활기업, 협동조합 등을 육성하면서 공공과 민간의 중재자 역할, 민간조직들 간의 협력 조정 역할, 부족한 민간 역량 지원을 위한 전문적 역할 등의 수행을 위해 중간지원조직이 필요하게 되었다(송수범, 2011). 2007년 「사회적기업육성법」 제정 이래 사회적기업과 협동조합, 마을기업 등의 성장에 많은 중간지원조직의 기여가 있었다(김지현, 2016).

중앙과 광역의 경우 수십 개의 중간지원조직이 존재하며, 민간에서의 중간지원조직들의 숫자도 전문화 추세에 따라 급증하여 중간지원조직 팽창과 난립의 시대이기도 하다. 우리나라에 존재하는 사회적경제 중간지원조직의 수가 120여 개(중도일보, 2016.12.22)에서, 심지어 250~300개(종사자 수 1,000명)로 추정되고 있으며, 이로 인해 중간지원조직의 성장속도가 사회적경제조직들의 성장 속도보다 더 빠르다는 개탄마저 제기된다(베네핏, 2017.1.23). 이는 현재 우리나라 사회적경제조직의 수와 규모에 비해 중간지원조직의 수와 인력 규모가 과다하다는 평가일 것이다.

중간지원조직의 수가 급증하게 된 계기는, 몇몇 지역(예: 완주군)에서의 사회적경제 활성화에 중간지원조직이 중요한 역할을 수행했다는 관찰과, 민간 컨설팅 시장의 작동을 통한 사회적경제 활성화 실현이 어렵다는 판단 등이다(김정섭, 2013b). 최근에는 중간지원조직이 없을 경우, 정부 부처 사업에 지자체 혹은 지자체 산하 사회적경제조직들이 지원하지도 못할 정도로 중간지원조직 설립이 사업 지원의 전제조건으로까지 필수항목화되고 있다. 이 역시 확산의 한 원인으로 크게작용한다.

사회적경제 중간지원조직이라 하더라도 중앙·광역·기초·읍면동의수준에 따라 다양한 중간지원조직이 생겨나고 있다. 각 수준별로도, 행정적 측면에서의 사회적경제조직(사회적기업, 협동조합, 마을기업, 자활기업) 별로 중간지원조직이 별도로 존재할 수 있다. 행정적 측면에서의사회적경제조직 밖이라고 하더라도 광의의 사회적경제에 포함되는 조직(농협 등 개별법 관련 조직들과 생협 등)과 연관되는 중간지원조직이 가능하며, 아울러 사회적경제와 관련되는 기능(마을만들기, 도시재생, 공익활동지원, 자원봉사 등)을 담당하는 중간지원조직들도 사회적경제 관련 중간지원조직의 큰 범주에 포함될 수 있다.

이렇게 급증하는 국내 중간지원조직들이 어떤 활동을 하고 있으며, 성과가 어떠한지에 대한 잠정적 평가가 필요하다. 중간지원조직들이설립·운영 주체별 유형(공설공영, 공설민영, 민설민영 등), 범위 유형(전국단위, 광역단위, 기초단위, 읍면동 단위 등), 수혜 대상 유형(사회적기업 대상, 협동조합 대상, 마을기업 대상, 자활기업 대상, 여러 조직 형태 동시 대상 등)에 따라 어떤분포를 보이고 있는지, 유관 중간지원조직과 어떤 관련성을 맺고 있는지 점검할 필요가 있다.

사회적경제의 활성화를 위한 지원체계에는 법률, 정책 전담부서, 중간지원조직, 네트워크 등이 포함된다(조상미 외, 2014). 효과적이고 효율적인 중간지원조직의 존재와 활동은 사회적경제의 생태계 전체를 활성화하고 발전시키는 데 크게 기여할 수 있다.

　중앙과 지자체가 사회적경제조직 각각을 직접 지원하는 방식은 행정업무 부담 증가, 효과성 저하, 수혜 대상인 사회적경제조직의 자율성 훼손 등의 문제들이 발생한다. 이로 인해 중간지원조직을 통한 지원 방식이 보다 효과적이라는 인식이 확산되었고, 최근 중앙정부와 여러 지자체는 사회적경제조직을 지원하는 중간지원기관을 직접 설립하고 이의 운영을 민간 중간지원조직에 위탁하는 등의 변화를 보이고 있다(김태영, 2016).

# 제2장 중간지원조직의 역할

## 1. 중간지원조직 역할에 대한 비판

조현경(2016)은 공공과 민간 사이의 모호한 위치에 존재하게 됨에 따라 행정기관의 경직성을 닮아가 관료화되는 경우, 단순 정책전달 기능만 수행하면서 현장과 유리되기도 한다고 지적한다. 또한 과중한 업무에 비해 낮은 급여와 열악한 근무조건으로 인해 직원들의 이직률이 높다고 주장한다. 서정민(2011), 마상진(2011), 지역재단(2011) 등은 당사자조직들의 여러 요구를 수용하고 지원하는 것에서의 한계, 중간지원조직 간 네트워크와 협력사업 진행의 한계, 정부 및 지자체 지원 사업 수행으로 인한 행정조직과 중간지원조직 간의 수직적 관계, 사회적경제조직들에게 정부대행사업기관으로 인식되는 정체성 문제, 취약한 재정자립도, 미흡한 전문성과 전문인력 부족 등을 지적하고 있다.

박혜연(2018)은 '명령하달식 비효율적 구조'의 한계, 행정 상 요구 자료가 과다하고, 위탁계약 기간의 문제점, 중간지원조직의 역할 과다의 문제점 등이 있다고 비판한다. 이를 극복하기 위해 새로운 전달체계 설계 필요성 대두에 따른 전달체계의 재설계가 필요하고, 중간지원조직 역량강화를 위한 적극적인 지원책 역시 요구되며, 부처별로 흩어져 있는 중간지원조직을 하나로 통합할 필요성을 지적한다. 김정섭 (2013b)은 중간지원조직의 성공적 미래상은 그 조직이 더 이상 필요치

않게 되어 사라지는 것인데 우리나라 중간지원조직의 현실은 지역주민들의 자발적인 활동을 지원하기보다 정부 및 지자체 사업의 실행을 위한 '사이비 계몽' 활동에 가깝다고 혹평한다. 변장섭·나주몽(2016)은 사회적경제조직들이 과도하게 중간지원조직에 의존하는 현상이 확인된다고 주장한다. 이 현상은 중간지원조직의 충실한 역할 수행이 아니라 왜곡된 역할 수행의 결과일 수 있다고 본다. 한편 중간지원조직이 없을 경우 사실상 사회적경제조직들 간의 수평적 네트워크가 크게 위축되는 현상은 분명 바람직하지 못한 현상이라고 문제를 제기한다.

고경호·김태연(2016)은 중간지원조직이 조직역량의 대부분을 위탁사업 수행에 소진하는 현상은 비단 사회적경제 중간지원조직에만 해당되는 것은 아니라고 보고 예로 9개 충남 산업경제 관련 민간 중간지원조직에서 공통적으로 나타나는 현상이라고 주장한다. 이들 9개 중간지원조직에서의 예산 대비 회비 의존율은 약 1/3에 머물렀으며, 예산의 대부분을 위탁사업비에 의존하였다. 위탁사업비의 구성을 보면, 중앙정부 지원비와 지자체 지원비의 비율은 3:1로 나타났음을 지적한 바 있다.

## 2. 현 정부에서의 중간지원조직 개선 논의 흐름

사회적경제 활성화를 위한 전달지원체계 및 중간지원조직 개선의 중요성은 문재인 정부 들어서 계속 과제로 언급되어 왔다.

예를 들어, 정부의 사회적경제 활성화 비전체계(1차)와 관련된 「사회적경제 활성화 방안」(일자리위원회·관계부처 합동, 2018. 10)에서 정책과제의 하나로 '통합지원체계 확립'이 제시된 바 있다. 2019년 11월에 관계부처 합동으로 발표된 "지역공동체의 사회적경제 추진역량 제고 방안"에서도 '중간지원조직 운영방식 개선'이 지역공동체 사회적경제 활성화를 위한 지역 추진기반 공고화의 과제 중 하나로 손꼽혔다. 또한 정부의 사회적경제 활성화 비전체계(2차)와 관련된 「사회적경제 활성화 추진 성과 및 향후 추진 방향」(관계부처 합동, 2020. 4)에서 비전·목표·추진전략·주요 정책과제의 실행에 기여할 '추진체계 강화'의 두 가지 방안 중 하나로 '정책 전달체계(중간지원조직) 개선'을 과제로 제시한 바 있다.

## 3. 중간지원조직과 거버넌스

중간지원조직의 거버넌스 관련 역할과 관련하여, 희망제작소는 "행정과 시민을 비롯한 지역사회의 이해관계자들을 이어주는 거버넌스(협치)의 고리로서 중간지원조직을 제안"(김지헌, 2016)하였고, "다양한 시민활동을 활성화할 수 있는 플랫폼으로서의 역할을 (중간지원조직에) 기대"(김지헌, 2016)하였다. 중간지원조직과 거버넌스의 두 가지가 확연히 구분되는 것은 아니다. 민관협력 방식의 중간지원조직 그 자체가 사회적경제 민관 거버넌스의 핵심일 수도 있다. 중간지원조직이 '민관협력을 이어주는 전초기지'(한겨레신문, 2017.7.26) 또는 '시민사회와 정부를 잇는 핵심 연결고리라는 인식도 있다(한겨레신문, 2013.4.16). 일반적으로는 사회적경제 활성화를 위한 민관 거버넌스의 일부에 중간지원조직이 포함되는 경우가 일반적이므로, 중간지원조직은 민관 거버넌스(협치)의 부분집합이라고 볼 수 있다.

중간지원조직의 개념과 범위를 1) 거버넌스형(행정과 민간의 중재자), 2) 연합조직 또는 컨소시엄 조직(민간과 민간 사이의 조정자), 3) 기능별·분야별 전문 중간지원조직(민간지원 전문조직)의 세 가지로 구분하는 것에 대체적으로 합의하는 경향이 있다고 한다(이강익, 2012). 이것이 맞다면, 거버넌스형 중간지원조직은 일부에 해당하는 것으로 이해할 수도 있다. 위의 3가지 유형 분류는 유럽의 중간지원조직 유형을 컨설팅 기관형(영국 CDA, 스웨덴의 LKU, 벨기에), 연합체형(노동자협동조합과 사회적협동조합의 당사자 조직이 많은 역할을 수행하는 이탈리아 Legacoop, Confcooperative, AGCI, 프랑스의 노동자협동조합인 CGSCOP, 스페인의 COCETA 등), 컨소시엄·그룹형(컨소시엄은 이탈리아의 유형이며, 그룹은 스페인 몬드라곤 방식)의 3가지로 구분한 연구(엄형식·마상진, 2011)와 유사한 맥락이다.

한편, 사회적기업, 협동조합, 마을기업, 자활기업 간의 같은 사회적경제조직으로서의 동질감과 정체성 공유 수준이 낮다. 사회적기업의 경우 사회적경제 정책을 통해 협동조합이나 마을기업에 혜택을 주는 것에 대한 경계심이 존재할 수 있다(광주전남연구원, 2018). 따라서 개별 사회적기업, 협동조합, 마을기업 간의 협업 기회를 중간지원조직이 촉진하는 역할을 수행하는 것이 필요하며, 각 조직 형태의 협의체 간에도 사회적경제조직들 간의 공통의 정체성과 지향을 공유할 수 있는 지속적인 노력이 필요하다. 또한 사회적경제 민관·민간 네트워크의 활성화와 사회적경제기업 간 협력 플랫폼 구축의 2가지가 광역단위 사회적경제 네트워크 구축의 가장 중요한 2가지 상세 내용으로 손꼽혔다(광주전남연구원, 2018).

시간이 갈수록 정부가 주도하는 공공서비스 생산 과정 및 국민에의 전달 과정에 민간부문과 비영리부문이 보다 활발하게 참여하여 왔다. 이는 공공서비스 생산 및 전달의 효과성이 정부부문, 민간부문, 그리고 비영리부문 간의 네트워크의 수준과 내용에 따라 좌우됨을 의미한다(강병준, 2014). 유사한 맥락에서, 사회적경제 관련 정책의 효과성 역시 정부부문과 사회적경제 당사자부문(사회적기업, 협동조합, 마을기업, 자활기업 등), 민간·비영리부문 등의 원활한 네트워크 구축 및 운영에 크게 영향을 받을 것이다. 하지만 중간지원조직들 간의 네트워크와 협력관계가 미흡한 점은 중요한 문제점으로 지적되어왔다.

## 4. 설립 주체 및 운영 주체

중간지원조직은 설립 주체에 따라 관 주도형, 위탁형, 민간 주도형으로 분류되는데 우리나라 현실에서는 이 세 가지가 모두 존재한다.

관 주도형은 직영 방식으로 설립된 중간지원조직으로서, 재정적 안정성이 장점(조현경, 2016)인 반면 행정규제와 절차에 얽매어 경직되게 운영될 가능성이 단점이다.

위탁형은 예산의 안정적 확보와 민간의 축적된 역량과 경험 활용도가 장점이지만 조직 운영의 유연성 및 자율성에 제약이 존재하는 단점도 있다. 고용노동부와 한국사회적기업진흥원이 사회적기업과 협동조합에 대한 지원을 목적으로 16개 권역별로 선정하는 사회적기업·협동조합 통합지원기관은 '관 주도형'이기보다는 '위탁형' 중간지원조직의 예이다. 위탁받은 기관이 공공기관일 경우 '사업 공공위탁'에 해당할 것이며, 민간조직이 위탁받을 경우 '사업 민간위탁'에 해당한다. 민간위탁이란 "각종 법령 또는 조례에서 정하는 자치단체장의 사무 중 조사·검사·검정·관리업무 등 주민의 권리·의무와 직접 관련되지 않는 사무로서, 특수한 전문지식이나 기술이 요구되거나 능률성이 요청되는 사무를 법인·단체 또는 그 기관이나 개인에게 맡겨 그 명의와 책임 하에 행사하도록 하는 것"을 의미한다(최준규, 2021; 9).

한편 민간주도형은 취약한 재정 문제가 최대 단점이다. 사회적경제가 충분히 활성화되지 않은 시점에서 불가피하게 위탁 운영 방식을 취하더라도 민간의 참여를 이끌어내야 하는 것이 중간지원조직에게는 난제이다(한겨레신문, 2016.6.13). '민간 주도형'을 포함시킬 경우, 중간지원조직의 역할을 수행하는 사회적협동조합 등이 포함되므로 중간지원조직과 당사자조직 간의 구분도 복잡해진다. 이러한 민간형 중간지원조직이 증가할수록 당사자조직들이 중간지원조직의 기능까지 수행하는 사회적경제 생태계의 발전이 나타날 가능성이 높아진다.

일본에서는 공설공영(公設公營), 공설민영(公設民營), 민설민영(民設民營)의 세 가지 형태로 중간지원조직 형태를 구분하는데(송두범, 2011) 이러한 분류는 우리나라 중간지원조직의 분류에도 유용할 수 있을 것이다. '공설공영' 형태는 행정기관이 설립하여, 직무 담당자가 공무원이며 기관이 세금으로 운영되는 형태이다. 중앙단위에서는 한국사회적기업진흥원이나, 광역이나 기초지자체에서는 해당 기초지자체가 설립, 운영하는 광역단위 센터 또는 시·군사회적기업지원센터를 들 수있다. 2021년 시점에서의 경기도의 예(경기도 일자리재단 위탁운영)처럼 '공설공영'형이라도 설립 주체와 운영 주체가 같은 공공기관이 아닐수도 있다. '공설민영'은 행정기관이 설립하였으나 민간단체나 비영리기관들이 필요 경비를 자체 조달하는 등 스스로 운영을 담당하는 형태를 의미한다. '민설민영'은 시민들 스스로가 설립하고, 시민들이 주체적으로 운영하는 것을 의미한다. '공설공영'형이더라도 설립 주체와 운영 주체가 서로 상이할 수 있는 것처럼, '민설민영'형 역시 설립 주체와 운영 주체가 분리될 수 있다. 즉 민간이 설립하였으나 다른 민간 단체에 운영을 위탁하는 '민민위탁' 방식도 출현 가능할 것이다. 하지만 현재로서는 국내 사례가 거의 없다.

위에서 설명된 3가지에는 포함되지 않았지만 이론적으로 가능한 형태가, 민간에서 설립하고 그 운영은 행정기관이 위탁받는 방식인 '민설공영' 형이 있다. 하지만 현재는 국내에서 그 예를 찾아보기 어렵다.

## 5. 중간지원조직의 역할

중간지원조직의 역할(〈표 2-2〉)에 영향을 미치는 요인들은, 중간지원조직의 제도적 요인(조례 등), 중간지원조직의 특성(시민단체 등 모 조직의 특성), 지자체장의 관심과 지지, 중간지원조직 활동가의 지향가치 등으로 설명된다(김태영, 2016).

중간지원조직은 균형 유지가 매우 중요하다. 일방의 의지와 필요성에 의해 만들어지는 중간지원조직의 경우(예: 해외원조·후원) 균형 유지는 쟁점이 아니다(김태영, 2016). 하지만 사회적경제 중간지원조직과 같이 다수의 주체와 관련된 사안을 다루거나, 일의 결과물에 못지않게 일의 진행 과정이 중요한 경우 중간지원조직의 균형 유지는 중요하다. 중간지원조직의 역할에 대한 사회적경제 전문가들의 역할기대 순위와 사회적기업가들의 만족도 분석 결과 시장 확대 부분(판로확대 지원, 공공조달 지원, 공동브랜드 지원)과 역량강화 영역(신규참여자 교육, 성공사례 개발)의 우선순위가 높은 것으로 나타났다(김학실, 2014). 이를 수용할 경우 사회적경제 중간지원조직들은 이 두 분야에 대한 지원을 강화해야 할 것이다.

〈표 2-2〉 중간지원조직의 역할과 기능

| 역할 | 기능 |
|---|---|
| 중개자 | - 의사결정 정책과 절차의 집행자<br>- 정책 모니터링, 피드백<br>- 정책 제안 |
| 조정자 | - 구성원들 간 의사소통에 참여하고 개방적인 네트워크 형성<br>- 이해관계자 간 자원의 연결과 조정 |
| 역량 구축자 | - 정보수집 및 제공<br>- 구성원들 정보공유와 훈련<br>- 조사연구<br>- 상담 및 컨설팅 |

자료: 전국사회연대경제 지방정부협의회 '제10차 사회적경제 공동포럼' 자료집.

다만, 중간지원조직이 시장 확대 분야에 어느 정도 기여할 수 있는 가, 그리고, 현실적으로 마케팅과 판로개척 영역이 중간지원조직에서 수행해야 할 핵심적인 분야인가에 대한 견해는 상이할 수 있다. 영세한 사회적경제조직들의 경우 매출 증가가 절박하기에 이러한 기대를 할 수 있으나 중간지원조직이 과연 그러한 역할을 할 수 있는가에 대한 의문의 여지가 있다.

한국사회적기업중앙협의회와 같은 당사자조직들은 중간지원조직이 수행하는 많은 역할들(인증 및 컨설팅 포함)들이 당사자조직에게 이관되는 것이 바람직하다는 견해를 표명해왔다. 판로확대 지원, 공공조달 지원, 공동브랜드 개발 등의 시장 확대 관련 분야나 신규참여자 교육, 성공사례 개발과 같은 역량 개발 역할들도 당사자조직에서 이관을 강하게 주장해온 역할이다. 따라서 중간지원조직이 수행해야 하는 역할에 대한 기대수준은 이해관계자 집단의 특성에 따라 매우 상이하다.

행정기관의 사업 수탁에 대한 의존도를 낮추기 위해서는 중간지원조직이 위탁 업무 수행에 집중하기보다는 활동가 양성 프로그램에 보다 역점을 두어야 한다는 의견이 있다(한겨레신문, 2013.4.16).

직영 중간지원조직에 비해 민간위탁 중간지원조직이 중간지원조직으로서의 연결자·촉진자·조정자·방향 제시자의 역할이나 전문성 수준, 그리고 공동체 지향성의 정도에서 보다 우수하다고 보고되었다(이차희 외, 2014). 하지만 충분히 실증된 결과로 보기는 어렵다.

한편 중간지원조직의 역할 갈등이 존재한다. 현재 중간지원조직들은 지역주민에 대한 지원 활동보다 중앙부처 사업관리 역할에 치중하고 있다. 정부 사업 관리는 주민들 스스로의 문제 제기와 학습이라는 필수적 초기 과정을 생략한 채 성급하게 지역 비즈니스 활동을 조장한다. 지역주민의 자발적 문제 제기와 학습과정을 촉진하는 것에서부터 중간지원조직의 역할이 시작되어야 한다(김정섭, 2013b).

유럽에서는 당사자조직에 의한 중간지원조직이 일반적임에 반해 우리나라는 중간지원조직이 행정전달체계로 기능하고 있다. 행정전달체계로서의 중간지원조직을 어떻게 변화시킬 것인가가 중요한 당면 과제이다.

## 6. 사회적경제 발전모델 수립에 대한 중간지원조직의 역할

지역별 사회적경제 발전계획을 살펴보고 특징을 검토하는 것은 지역 사회적경제 생태계 발전을 위해서, 그리고 중간지원조직의 역할 평가를 위해서 중요한 작업이다.

광역지자체 사경센터의 고유 기능 정립이 미흡(광주전남연구원, 2018)한 이유는 지역에 특화된 사회적경제 발전계획이 미비하고, 이 발전계획에 입각한 중간지원조직의 역할이 정립되지 않았기 때문일 것이다.

기획재정부 제3차 협동조합 기본계획(2020-2022)은 1) 새로운 영역으로의 확장, 2) 협동조합 간 연대 강화, 3) 지역사회 중심 운영, 4) 차별 해소를 위한 제도 개선, 5) 교육 및 홍보 내실화를 주요 내용으로 하고 있다. 이 3차 기본계획에서는 사회적경제의 관점에서 협동조합에 접근하지 않았으며, 협동조합의 기본 계획이 사회적경제 생태계의 발전에 어떻게 기여할 것인가에 대한 내용 역시 담겨있지 않다. 따라서 협동조합 조직 형태의 활성화 계획만을 담고 있는 한계가 있다. 나라 전체 차원에서의 사회적경제 생태계 속에서 협동조합이나 사회적기업을 조망하지 않는다면 관련 정책·사업·활동에서도 분절적 접근이 불가피하며, 사회적경제의 통합적 관점을 실현하기 어렵다.

제3차 사회적기업 육성 기본계획(고용노동부)은 기존 정부 주도의 사회적기업 육성에서 '사회적기업이 스스로 성장할 수 있는 생태계 조성'으로 패러다임을 전환하였다. 1) 다양한 사회적기업 진입 촉진, 2) 사회적 가치 중심의 사회적기업 지원, 3) 사회적경제 성장 생태계 조성, 4) 지역·민간 중심의 지원체계 조성과 국제협력 확대의 큰 내용으로 구성된다. 제3차 협동조합 기본계획과는 달리, '사회적경제 성장 생태계 조성'의 내용을 담고 있어 사회적경제 생태계 구성요소로서의 사회적기업을 상정하고 있음이 큰 차이이다. 하지만 그 상세 내용은 '사회적기업 제품 소비 촉진', '공공기관 우선구매 지원', '사회적금융'의 촉진을 통해 사회적경제 생태계의 발전에 기여한다는 내용이어서 사회적경제 생태계와 사회적기업 간의 관계가 '일면적(사회적기업이 사회적경제 생태계 조성에 기여한다는 내용만 담겨있다는 점에서)'인 관계로 설정된 한계를 지닌다. 다만 사회적경제 친화도시 지정(2019년 전북 완주군과 광주 광산구, 2020년 서울 광진구, 경기 화성시, 전북 전주시)을 통해 지역 사회적경제의 성장기반을 마련하여 지역 참여를 강화하는 내용도 별도로 담겨 있다는 점은 긍정적이다.

외견상으로 사회적기업 지원계획에서 사회적경제 중장기 지원계획으로 전환이 이루어지고 있는 것으로 보인다. 그러나 내용적으로 개별 조직 관련 지원 대책을 모자이크 방식으로 모아두는 수준을 넘어 생태계의 관점에서 종합적 접근을 하고 있는지는 의문이다.

사회적경제조직에 포함되는 개별 조직 형태의 발전을 다루는 고용노동부의 사회적기업 육성지원 계획 수립이나 기획재정부의 협동조합 기본계획을 넘어, 사회적경제조직들을 포괄하는 사회적경제 중장기 지원계획의 수립이 필요하다(광주전남연구원, 2018).

중앙부처 수준이 아닌 광역단위에서도 사회적경제 관련 계획들이 입안되고 있다.

서울 사회적경제 활성화 2.0 추진계획(2019~2022)은 시민체감형 지역순환 경제 구축, 시민 자조기반 형성지원, 지속가능한 생태계 기반 강화, 판로개척 및 시민인식 제고, 혁신 인재 양성 및 국제협력 강화 등의 5개 주요 과제를 설정하였다. 2011년까지의 시기를 중앙정부의 재정지원에 의해 사회적경제가 도입되는 시기로 평가하였고, 2012~2018 시기의 사회적경제 1.0 시기는 사회적경제조직 중심의 생태계 조성 기간으로 평가하였다. 2019년부터의 시기는 시민중심의 사회적경제 생태계 발전 단계로 설정하였다. 이러한 단계 구분은 각 시기 주요 행위자 중심의 구분이다. 단, 시민중심의 사회적경제 생태계 발전 단계를 지향하지만 실현가능한 목표로 설정될 정도의 단계에 진입했는가는 재검토가 필요하다.

충남 사회적경제 제2차 기본계획에서는 충남지역에 특화된 사회적
경제 기본계획의 내용을 찾아보기 어렵다. 기본계획에서 중간지원조
직의 역할에 대한 언급이 거의 없다. 좋은 일터, 좋은 일자리, 사회가치
창출, 경제규모로 분류되는 14개 거시성과지표를 채택하고 있으나, 양
적 성장지표(사회적경제조직 수, 종사자수 증가율, 고용증가율, 취약계층고용률, 정
규직 고용률, 매출액, 공공구매액, 영업이익 등)가 대부분이며, 전 직원 의사결
정 참여율, 지역네트워크 참여율, 사회공헌 지출 규모, 사회적가치 지
향성, 사회적경제 정책 만족도 등의 지표들 역시 생태계의 구성을 잘
평가하기에는 미흡하다. 따라서 지역 특성에 맞는 생태계 관련 지표는
없는 한계를 보이고 있다. 보다 현실적인 기본계획의 수립이 필요하다
(김혜경, 2021).

2020년 제2차 강원도 사회적경제 발전계획에서는 '생태·활력·건
강(웰니스)·평화'가 강원도 사회적경제의 키워드로 제시된 바 있다. 지
역의 특성을 잘 살린 컨셉들로 구성되었으며, 이러한 키워드를 구체화
하는 사업의 방향도 적절한 것으로 보인다. 하지만 중간지원조직 등
전달체계와 관련된 내용은 새로운 내용이 없어서, 새로운 키워드를 실
현하기 위한 수단으로서의 중간지원조직은 큰 변화가 없어도 새로운
역할을 잘 수행할 수 있는가에 의문이 제기될 수 있다.

전남 사회적경제 육성 기본계획(2019~2023)에서의 사회적경제 확
충·강화 전략은 1) 사회적경제 기반 조성, 2) 사회적경제기업 비즈니
스 내실화, 3) 사회적경제 인적역량 확충과 인적자본관리체계 구축,
4) 사회적경제 네트워크 구축, 5) 기타의 5가지로 구분하였다(광주전
남연구원, 2018). 69명 조사 응답자의 개별 전략에 대한 우선순위 조사
에서는 3), 1), 2), 4)의 순서(순서 간 차이는 크지 않음)로 나타났으며, 이

는 인력개발과 사회적경제 기반 조성(조례 제정, 중간지원조직 강화 등 행정 체계 구축)의 중요성이 크다는 점을 시사한다. 민선 7기 사회적경제기업 2,000개(사회적기업 300개, 마을기업 300개, 협동조합 1,300개, 자활기업 100개) 달성과 1만 개 일자리 창출 등 양적 목표를 설정하였다. 또한 '타 자치 단체와 차별화된 사회적경제 생태계 조성' 목표를 설정하고자 하였다. "주류경제의 대안으로서의 사회적경제 추진뿐 아니라 주류경제와 동반자적 관계 형성까지 염두에 두고 사회적경제 정책을 핵심 정책으로 추진 의지를 피력"하는 등 사회적경제의 위상과 중요성에 대한 격상 의지를 보인다. 그리고 농어촌, 고령화, 다문화인구, 섬, 산간지역 등을 고려한 지자체별 사회적경제 지원 특화 방안 마련을 권고하였다(광주 전남연구원, 2018).

서울, 강원, 충남, 전남 지역 광역단위 사회적경제 기본계획의 편차 는 존재하지만, 사회적경제의 내용에 대한 구체화와 실현 방안 등이 모호하며, 기본계획 실현을 위한 중간지원조직의 역할이 잘 드러난 경 우가 거의 없다는 공통된 문제점을 보이고 있다.

사회적경제 활성화를 위해서는 사회적경제 생태계의 참여조직 간 유기적 연계와 협력활동이 중요하다(광주전남연구원, 2018). 사회적경제 분야 연계구조의 구성요소는 제품·서비스 생산·판매 가치사슬, 조직 운영·역량강화를 위한 혁신자원·혁신활동, 조직성과 확산을 위한 지 역 내 연계구조 등이지만 지역 내 연계구조에 대한 실태 파악도 잘 이 루어지지 않은 상태이다.

지역 내 사회적경제 발전모델 또는 기본계획을 잘 설계하려면, 지 역 내 연계구조의 파악뿐 아니라 지역경제 전반의 발전모델에서 사회 적경제의 역할이 설정되고, 민간 부문·공공 부문과 사회적경제 부문 간의 관계 및 상호작용이 구체화되어야 한다. 하지만 이러한 관점에서 사회적경제 발전모델 또는 기본계획을 수립하는 지역 단위 기본계획·발전모델이 거의 없는 게 현실이다.

서울시 사회적경제 특구 육성 사업의 경우 사회적경제 특구를 물리적 범위에 따라 근린생활형(2~3개 동의 소생활권), 자치구형, 권역형(2~3개 자치구 권역)으로 공간을 나누었고, 지역 문제 해결에 기여하는 사회서비스형, 지역산업형, 거점시설형 등으로 사업 유형을 구분하여 진행되었다. 지역문제 해결을 위한 사회적경제 사업모델 개발에 초점을 두었으며, 지역 특화형 사회적경제 모델 개발에 기여할 수 있는 광역단위 지원사업으로 긍정적으로 평가된다.

서울시의 자치구 사회적경제통합지원센터 구축사업 역시 광역단체가 기초단체의 사회적경제 인프라 개선을 지원한 경우로 볼 수 있다. 2011년 성북구 '사회적기업 발굴·육성을 위한 지역자원조사 및 사업모델 개발'과 2014년 충남발전연구원이 진행한 '지역사회 자산을 활용한 충남 시군의 사회적경제 특성화 방안 연구'는 시군 단위 기초지자체 사회적경제의 차별화 및 특성화 가능성을 모색하는 초기 노력으로서 의미가 있다(광주전남연구원, 2018).

2020년 한국사회적기업진흥원이 진행한 사회적경제 지역자원조사는 위의 충남발전연구원의 지역자산 활용 사회적경제 특성화 모색 노력의 연장선상에 있는 사업으로 볼 수 있으며 많은 기초 사경센터에서 긍정적 시도로 평가되었다.

요약하면, 중앙부처 기획재정부의 제3차 협동조합 기본계획이나, 고용노동부의 제3차 사회적기업 육성 기본계획은 사회적경제라는 전체 틀에서 개별 조직 형태의 발전을 기획하기보다 개별 조직 형태의 발전 방안만을 담았다는 점에서 미흡하다.

이로 인해 사회적경제 활성화를 위한 중간지원조직의 역할에 대한 구체적 내용을 담고 있지 못한 한계를 지닌다. 아울러 사회적기업·협동조합의 양적 성장 지표만을 채택하고 있어, 사회적경제 생태계 중심의 포괄적 지표 및 질적 지표를 누락하고 있다. 또한 광역지자체의 사회적경제 발전계획도 정도의 차이는 있으나, 양적 지표로 발전 목표가 설정되는 경우가 대부분이고, 지역경제 전체 발전모델과의 관련성이 고려되지 않았다. 이로 인해 민간경제부문과 사회적경제부문 간의 협업 및 상생을 전혀 담고 있지 못한다. 그리고 지역 특성에 맞는 사회적경제 생태계 조성 계획이 크게 미흡하며, 사회적경제조직들 간의 상호작용의 내용과 방향이 없다. 이로 인해 중간지원조직의 지역 특유의 역할에 대한 성찰이 담겨있지 못한 한계들을 공통적으로 보이고 있다. 이러한 한계들은 중간지원조직들의 역할의 한계를 보이는 것이기도 하다.

## 7. 중간지원조직 인력 특징

중간지원조직 인력의 경우 일반적인 자본주의 시장경제 방식과는 다른 대안적 경제체제를 선호하는 특징을 보인다. 이러한 가치와 선호를 실현하기 위해 중간지원조직에 진입하게 되는 경향이 강하다(김태영, 2016). 또한 특정 사회적경제조직(협동조합, 사회적기업 등)의 역할과 기능을 중시하는 조직 형태 중심의 사고가 강한 특징을 보인다.

사회적경제조직들의 영세성, 낮은 생산성, 경영의 비효율성, 제품의 조악한 품질 등의 내부 문제와 사회적경제 시장이 협소한 것도 특징이다. 사회적경제에 대한 낮은 인지도 및 민간기업 및 사회적경제조직들 간의 치열한 경쟁 등 외부 문제를 극복하도록 돕기 위해서는 중간지원조직의 역할이 중요하다고 중간지원조직 소속 인력들은 믿고 있다(김태영, 2016).

이러한 가치 지향을 갖고 있는 인력의 경우 중간지원조직에 진입한 이후 행정조직과의 갈등을 체험하는 것은 심각한 역할 갈등으로 작용할 것이다. 이 역할 갈등을 어떻게 줄이면서 현실에서 극복할 것인가는 중간지원조직 진입 이후 역할 수행에서 중요한 과제일 것이다.

위탁사업을 수행하는 중간지원조직들은 양적 성과 달성의 조급함, 과장 보고, 통제, 일방적 의사소통방식, 민간 불신 등의 관료화의 병폐와 위탁사업의 성과지표, 예산 재위탁 금지, 사업별 예산 통합의 어려움 등으로 인한 지자체 사업의 경직성에 기인한 갈등을 예외 없이 겪게 된다(김태영, 2016).

자신이 몸담고 있는 중간지원조직의 방향이 올바른가에 대한 점검과 평가를 자주 하는 경향이 강하다. '민간조직의 활동가'인지 아니면 '위탁조직의 10급 공무원'인지에 대한 스스로에 대한 질문과 정체성의 혼란에 직면하게 된다. 특히 사회적경제조직에서의 경험이 없이 교육과정 이후 바로 중간지원조직으로 진입한 젊은 세대의 경우 이러한 정체성 혼란이 특히 심하다.

사회적경제에 대한 지역주민들의 낮은 인식과 수동적 자세 및 주체적 역할 수행 의지의 부족, 사회적경제부문에서 생존이 우선시되어 사회적 가치가 미래의 과제로  미뤄지는 현상, 생존을 둘러싸고 사회적경제조직 간의 경쟁과 덤핑 그리고 이로 인한 사회적경제조직 간의 갈등 및 연대정신의 실종 등도 중간지원조직 구성원들의 혼란을 가중시키는 요인들이다(김태영, 2016).

중간지원조직 실무자들은 현업 실무 수행의 부담이 커서 사회적경제 전반을 보는 안목을 구비하기 어렵고 현장을 선도할 역량을 구비하는 것이 쉽지 않다(이로운넷, 2021). 중간지원조직 소속 인력들 대부분이 위탁사업에 종사하다보니 위탁사업 위축은 곧바로 이 인력의 신분 불안정으로 이어질 가능성이 매우 높은 상태이다(고경호·김태연, 2016).

중간지원조직 구성원들의 현업 수행이 자연스레 역량 제고로 이어질 것이라는 단순한 기대에서 벗어나 역량 제고를 위한 여러 노력을 중간지원조직과 구성원 양자가 모두 기울여야 한다.

중간지원조직 구성원들의 정체성과 위상을 정립하는 것도 과제이다. 위탁사업 수행에 조직 역량이 집중됨에 따라 당사자조직 대상의 교육, 컨설팅, 지원 네트워크 구축 등 조직 본연의 활동을 충실하게 수행할 수 없는 상황이 발생한다. 이로 인해 당사자조직들의 불만이 생겨나고, 중간지원조직 구성원들의 정체성 혼란이 증폭될 가능성이 커진다. 이러한 상황에서도 조직과 구성원들은 조직 축소나 고용 불안정에 대한 우려로 인해 위탁사업이 축소될 가능성을 우려하는 역설도 공존하게 된다.

사회적경제 중간조직의 정체성 문제의 검토 필요성이 제기된다(송두범, 2011). 중간조직이 '끼인 존재'로 인한 정체성의 혼란은 언제나 필연적일 것이다. 이러한 정체성의 혼란은 중간지원조직의 특성이 '공설공영'형의 경우 매우 낮고, '공설민영' 형에서 정체성 혼란이 보다 증폭될 것이다(김태영, 2016). '민설민영'형의 경우 이러한 정체성 혼란과 행정조직과의 갈등은 보다 적을 것으로 예상된다.

또한 중간지원조직 소속 인력들은 당사자조직들의 법적·제도적 권익을 보호하는 정도로 자신들의 역할을 협소하게 설정하기도 한다. 당사자조직들, 특히 신생 조직들이 직면하게 되는 경제적·기술적 어려움들은 당사자조직들이 자체적으로 해결해야 하는 것으로 손쉽게 간주하여 보다 적극적으로 어려움을 해결하도록 지원하는 의지가 약하다. 당사자조직들 간의 네트워크 형성 및 협력 촉진, 그리고 혁신 실행에 대한 자신들의 기여 의지가 낮은 것이 심각한 문제점이다(고경호·김태연, 2016).

지역사회에서의 사회적경제 관련 요구를 파악하고, 이를 위해 자원을 동원하고, 네트워크를 구축하며, 당사자조직의 경영을 지원하는 등의 여러 측면에서 중간지원조직의 역량이 부족하다. 이는 지역 내 사회적경제조직 활성화의 걸림돌로 작용한다(최석현 외, 2015).

중간지원조직 인력의 이직률이 높은 점 역시 중간지원조직의 안정적 기능 수행을 저해하는 요인이다. 과중한 업무 대비 상대적 저임금, 특히 경력 증가를 반영하지 못하는 호봉인상 시스템의 부재와 저임금의 존속은 우수 인력의 이탈을 촉진하는 결정적 원인이다(한겨레신문, 2016)

근로조건이 양호한 광역이나 중앙단위의 중간지원조직에 우수한 역량이 집중되며, 상대적으로 대우가 미흡한 시군구 기초지자체 사회적경제 현장에는 우수 인력이 결핍되는 현상은 이의 원인으로 작용한다.

## 8. 중간지원조직 문제점의 종합

정부·지자체와 사회적경제 당사자조직들 간의 중간에서 균형을 유지하면서 정부 및 지자체 사업의 원활한 수행과 사회적경제 당사자조직들의 성장을 지원하는 역할을 동시에 수행해야 하지만, 실제로는 행정조직화와 관료화가 심화되는 경향이 두드러진다는 비판이 심각하다.

독립적인 재원이 부족함으로 인해 공공재원에 대한 의존증이 심각하고, 정부 위탁사업에 치중하여 위탁사업을 제외한 당사자조직 지원 기능이 약한 점이 활동 상의 가장 큰 문제점이다. 이의 해결을 위해서는 독립적 재원 조성이 실현되어야 한다. 아울러 우수 인력이 현장과 중간지원조직에 골고루 배치되고 순환하는 것이 아니라 중간지원조직에 편중되는 문제점도 중요하다.

기획재정부 제3차 협동조합 기본계획(2020~2022)은 사회적경제 관점에서 협동조합에 접근하지 않으며, 협동조합 단일 조직 형태의 발전만을 고려하는 한계를 지닌다. 고용노동부의 제3차 사회적기업 육성 기본계획은 사회적기업의 발전이 사회적경제의 활성화에 기여한다는 인식이 포함되어 있지만, 역시 일면적인 관계 설정에 머물러 있다. 서울, 강원, 전남, 충남 등에서의 사회적경제 발전계획(또는 기본계획)의 내용을 보면, 사회적경제 생태계 조성을 위한 구체적인 계획이 크게 미흡하며, 지역 현황과 자원, 지역 선호에 기초한 고유한 내용이 거의 없다. 아울러 발전계획 실현을 위한 중간지원조직의 역할을 구체화한 지자체도 거의 없는 현실이다. 따라서 사회적경제 발전계획의 구체화에 해당 지역 중간지원조직이 기여해야 하며, 지역 사회적경제 발전계획이 구체화될 때 중간지원조직의 역할도 명료해질 것이다.

대안적 경제방식으로서의 사회적경제에 대한 신념이 강한 점이 중간지원조직 인력의 이념적 정체성이다. 반면 중간조직 특성으로 인한 관료화 경향과 현장으로부터 유리되는 현실은 이상과 현실 간의 정체성의 혼란을 야기한다. 고용불안정성, 낮은 처우와 가중되는 업무는 사회적경제 분야를 이탈하게 만드는 주요한 원인이다.

# 제3장 중간지원조직 해외 사례

## 1. 캐나다 퀘벡

### 1) 역사적 형성 과정

캐나다 퀘벡은 시민사회, 국가, 시장영역 사이에 새로운 연결 지점들을 만들어내면서 새로운 제도 혁신의 독특한 실험실이 되고 있다. 사회적경제가 퀘벡의 사회와 경제의 발전에 기여하고 있고, 퀘벡만의 독창성 있는 원칙을 만들어내고 있다(Dancause & Morin, 2013). 즉 많은 나라에서 시장과 국가가 사회적으로 새로운 수요에 제대로 응답하지 못하는 여러 영역에서 퀘벡주의 사회적기업이 새로운 서비스로 적절하게 대응해 왔다고 평가된다. 퀘벡정부는 사회적경제 발전을 위해 공적기금, 민간 역량강화 정책, 제도적 지원을 지속해왔다(Mendell, 2009: 179).

퀘벡은 1960년대에 경제계획에 따른 근대화를 추진했었는데 상당히 수직적이고 테크노크라트 중심적 접근이었다. 이에 대한 사회적 비판과 아래로부터의 개발과 시민의 공적의제 참여라는 사회적 요구를 불러왔다. 그 배경에는 1960년대 '조용한 혁명(the Quiet Revolution)'가운데 경제발전전략이 있었고 주정부가 소유한 기업들이 만들어지면서 하나의 발전국가 모델이 되었다. 당시 노동자의 40%를 차지하는 노조가 조직화되면서 중요한 협상 파트너가 됐고, 정부 주도의 발전전략을 비판하기 시작하였다.

1970년대 퀘벡정부는 지역의 문화, 여가, 보건 및 사회서비스 등 다양한 부문별 자문조직들(consultative organizations)에 참여하는 행위자들에 관심을 보이면서 서비스 이용자의 의견을 경청하기 시작했다. 즉 국가의 역할을 축소하면서 지역의 행위자들이 지역의 사회 및 경제발전과 연결되도록 유도하였다. 결과적으로 정부는 사회서비스 분야에서 시민사회에 점점 더 의존하는 모습을 보이게 되었고, 이들을 파트너로 보기 시작했으며, '동반 관계 국가(a partner state)' 모델이 만들어졌다(Mendell 2009, Dancause & Morin, 2013)

파트너의 주체로서 퀘벡정부, 노동자, 기업 간에 협의하는 관계가 이뤄진 후 세 번째로 중요한 파트너로 민간 영역이 결합했고, 네 번째로 지역공동체에 기반한 조직들이 협상 테이블에 앉게 되었다.

1980~90년대에는 시민사회의 서비스 제공 분야는 다양해졌고, 공적 기금의 지원을 받게 되었다. 사회 인프라에 대한 시민들의 요구가 생기면서 퀘벡정부는 시장 및 시민사회와 함께 사회 및 경제발전에 대한 논의구조를 만들어왔다.

이러한 흐름에서 퀘벡에서 사회적경제가 위상을 잡는데 시민사회가 주도한 제도 형성 및 사회경제적 혁신이 중요한 역할을 수행했고, 이 과정에서 1983년 '노동자 연대기금'이 만들어졌다. 즉 노동운동은 기금을 통하여 직접적으로 퀘벡의 경제발전에 기여하는 영향력을 발휘했고, 정부는 이러한 영향력이 가능하도록 지원하는 역할을 해왔다. 또한 1996년 퀘벡에서 두 번째로 큰 노동조합이 사회경제적 목적을 달성하기 위해 노동자 연대기금을 조성하였다.

당시 경제적 위기 속에서 저소득층 중심의 지역사회에 지역경제개발공사(community economic development corporations: CEDC)가 생겨날

무렵에 노동자 연대기금도 조성되면서 퀘벡의 경제발전에 기여를 했다. 시민사회는 지역단위에서, 노동운동은 퀘벡 전체에서 경제발전을 이끌어가는 두 주체가 되었다.

1983년에 만들어진 노동자의 연대기금은 퀘벡의 중소기업을 통해 일자리를 만들고 유지하는 데 투자되었다. 1996년에 시작한 노동자 행동기금(Fund Action)은 주로 공동으로 소유하고 있거나 노동자 경영 참여가 있는 기업을 중심으로 투자지원을 해왔다. 또한 지속가능한 개발에 기여하는 기업과 사회적기업을 지원하는 데 투자하였다(Mendell & Neatman, 2016). 한편 지역사회 활동가들은 그동안 반정부 활동에서 벗어나 지역경제를 발전시키는 데 에너지를 집중하면서 지역의 경제발전을 촉진하는 조직을 만들어갔다. 지역경제개발공사는 기술적 지원, 훈련, 상담자문, 네트워킹 등의 업무를 수행함으로써 사업개발을 지원하고 있다. 지역 시민사회의 활동가들은 연방정부, 퀘벡정부, 지방정부의 자원을 활용하여 새로운 지역사회 기반 중간조직을 만드는 작업을 했고, 노동운동과 사회운동이 파트너십을 이루었다.

1996년 퀘벡의 Bouchard 정부는 경제 및 금융위기를 극복하기 위하여 대기업 CEO, 사용자협회, 노동조합, 각 기관, 지방정부, 사회운동 대표자들과 함께 '경제와 고용을 위한 대표자회의(The Summit on the Economy and Employment)'를 개최하였다. 당시 퀘벡정부는 사회운동 대표들을 처음으로 회의에 초대했었는데 경제위기 극복을 위해 모든 경제주체들이 함께 노력하는 '공동보조(concertation)'라는 퀘벡 모델을 제시하였다.

대표자회의를 위하여 '사회적경제 작업장(플랫폼 또는 샹띠에, The Chantier de l'economie sociale)'이라는 명칭의 한시적인 실무자 그룹

(working group)이 있었다. 회의에서 사회적경제에 대한 개념적 합의를 이끌어내고, 사회적경제가 경제발전에 기여하고 있음에 관심을 모아 냈으며, 사회적경제를 통하여 퀘벡사회의 사회, 환경, 문화적 수요를 충족시키면서도 일자리 창출을 할 수 있는 계획을 제안하였다(Mendell & Neatman, 2016). 그리고 대표자회의를 통하여 만들어진 행동계획의 목표를 달성하는 데 실무자 그룹에게 2년의 기간이 주어졌다. 그 행동 계획을 2년 안에 달성하는 것이 무리라 판단한 다양한 네트워크들과 사회운동단체들은 1998년에 한시적인 실무자 그룹을 사회적경제를 증진시키고 발전시키기 위한 독립적인 비영리조직으로 발전시켰다. 한편, 퀘벡정부는 샹띠에가 추구하는 업무를 돕고 대표자회의에서 수 립한 행동계획을 달성하기 위한 정책 수단들을 개발하고 채택해 나갔 으며(Mendell & Neatman, 2016), 양대 노조의 기금은 샹띠에의 새로운 신 탁기금(the Fiducie du Chantier de l'economie sociale)을 만드는데 기여하 였다(Lévesque, 2013).

위와 같은 지속적인 노력 속에서 1996년에 시작된 '사회적경제 플 랫폼(또는 샹띠에, The Chantier de l'economie sociale)' 조직은 지속성을 가 진 비영리조직이 되었다. 그리고 지역개발을 위한 거버넌스 구조를 만 들어 이윤추구 기업과 사회적경제 기업들을 지원하는 것을 의무화했다.

샹띠에는 공식적이고 수평적 관계에서 퀘벡정부의 협상 상대가 되 었다. 2001년 퀘벡정부는 '재정 및 경제발전부' 안에 사회적경제 특별 사무소를 설치하였다. 후에 퀘벡정부의 조직 개편이 이뤄지면서 '경제 발전, 혁신, 통상부', 그리고 다시 '지방 및 지역업무부'가 사회적경제 업무를 담당하게 되었다. 샹띠에는 퀘벡정부와 수평적 관계를 유지하 면서 지속적으로 정부로부터 재정지원을 받고 있다.

## 2) 샹띠에의 특성 및 역할

샹띠에는 사회적경제를 발전시키는 데 있어서 사회적경제 영역의 도구로서 그 정치적 역할을 수행하고 있는데 다양한 네트워크를 동원하여 샹띠에가 사회적경제를 대변하는 정당성을 확보하고 정치적 역할을 지속적으로 수행하고 있다(Mendell, 2009). 우선, 사회 혁신을 위한 '통합적 시스템'으로 다양한 사회적경제조직들을 대표하고 이들을 위해 금융, 연구, 훈련, 사업 상담 등 복합적인 업무를 수행하는 도구로 보고 있다. 기존의 시장경제의 주체들이 자신들에게 유리한 제도적 환경을 만들어간 것처럼 샹띠에도 사회적경제에 유리한 환경을 조성하기 위한 제도를 만들어가고 있다.

〈표 2-3〉 샹띠에의 구성

| 구분 | 참여조직 |
| --- | --- |
| 대표자 | - 이사장 및 사무국장 |
| 영역별 대표자 | - 장애인을 위한 기업체<br>- 자택요양<br>- 준의료 종사자 협동조합의 연맹<br>- 어린이집 퀘벡주 협회<br>- 주택협동조합 연맹<br>- 비영리 주택건설업체의 네트워크<br>- 지역사회 라디오 협회<br>- 미소금융 네트워크 |
| 사회적경제 지원 조직<br>(중간지원조직) | - 노동자 협동조합 네트워크<br>- 퀘벡주 보조기술사 협회<br>- 지역개발센터 협회<br>- 지역경제개발기업 네트워크 |
| 퀘벡주 사회적경제 5개 광역거점 | - 퀘벡주 내 지역별 중간 거점 |
| 노동운동 | - 두 개의 총노동연맹<br>- 정부 공사 노조 |
| 지역사회 운동 | - 국가 지역개발공사 원탁회의<br>- 여성운동단체 |
| 기존 설립된 운동 | - 여가산업 퀘벡위원회 |

| 회원단체 (투표권이 없음) | - 두 개의 사회적경제 투자기금 - 퀘벡주 사회투자 네트워크(RISQ) & 사회적경제 샹띠에 피두시<br>- 사회적경제와 지역사회 영역의 노동시장개발 업종별 위원회, 사회적경제 관련 지역사회대학 연구 연맹 |
|---|---|

출처: Mendell (2009), 188쪽.

샹띠에는 수평적·수직적 연결을 통하여 사회적경제조직이 "역량을 확보"해 나가는 데 도움을 주고 있다. 샹띠에는 강력한 대표성을 확보하여 정치적 역할을 수행하고 있는데, 그 기반은 바로 시민사회, 사회운동, 그리고 퀘벡지역이라 할 수 있다. 그 바탕에서 정부와 '정책 대화(policy dialogue)'를 진행했고 영역적, 지역적, 포괄적으로 사회적경제의 요구에 대응하는 공공정책을 수립하는 데 기여해왔다. '정책 설계의 과정(process of policy design)'은 이전과 다르게 시민사회가 주도하고 제안했던 정책들을 정부가 채택하는 방식으로 수평적 관계에서 진행되고 있다. 그리고 시민사회를 대표하는 샹띠에가 정부의 대화 파트너로서 공공정책 형성이 '공동건설의 과정(process of co-construction)'이 되어왔다.

〈표 2-3〉를 보면 샹띠에는 다양한 역할을 수행하기 위한 조직으로 구성되어 있다. 이 표에서 볼 수 있듯이 샹띠에는 영역별 대표, 사회적경제를 지원하는 조직, 퀘벡 안의 권역별 조직, 노동자조합, 지역사회운동, 기존 대규모 운동단체, 샹띠에의 부처와 금융 파트너, 교육, 그리고 노동시장을 위한 연구개발 등을 포괄하고 있다. 또한 대학 기반 연구자들과 파트너를 이루어 사회적경제 관련 이론을 발전시키고 정보를 확산하는 등 사회적경제의 체계적이고 통합적인 접근을 하려는 노력을 보여주고 있다(Mendell, 2009).

상띠에가 채택한 전략은 경제민주화의 과정인데 지역사회에 있는 기업을 위한 자원을 조달하고, 공동으로 소유하며, 민주적으로 관리하기 위한 정책 도구들을 발전시키는 전략이기 때문이다(Mendell, 2009: 187).

정부와 시민사회의 파트너십인 퀘벡 모델은 지역공동체에 기초한 연대 지향의 논리와 정부 권한의 행정 논리의 사이에서 가교 역할을 하고 있다. 이와 같은 파트너십은 신자유주의에 대항하는 사회적 역량을 결집하여 지역발전을 이룰 수 있도록 하고 있다. 즉 파트너십은 정책을 개발하는 데 있어 시민사회의 역할을 중요하게 인식하면서 공공 정책의 공동 형성을 의미하게 된다. 따라서 정부는 사회적경제를 지원하고, 지역공동체 기반의 조직들은 국가의 지원과 더불어 자신의 사회적 소명을 달성하는 파트너십 모델을 발전시켜 나간다.

이러한 파트너십 모델의 측면을 설명할 때 퀘벡의 사회적경제는 세 개의 기둥으로 서 있다고 보는 설명이 있다. Mendell(2009)은 1) 사회적기업 그 자체, 2) 역량을 강화시키는 정책 환경, 그리고 3) 사회적경제가 진화하고, 단단해지고, 성장하는 데 리더십이 기여하고 있다고 분석한다. 또한 퀘벡의 사회적경제를 기획하는 데 있어서 사회운동, 지역사회 활동가들, 노동운동이 주도하고 있다고 본다.

상띠에의 위상과 사회적경제의 발전을 위한 역량이 원래부터 퀘벡에 있었던 것이 아니라 제도 혁신과 사회 변화를 추구하는 리더십이 있었기 때문에 가능했다. 그 리더십의 예로서 지역경제개발공사를 이끌었고, 상띠에 대표로 1996년부터 2015년까지 일했던 Nancy Neatman을 들 수 있다. 이 기간 동안 그녀는 퀘벡의 사회투자 네트워크, 상띠에 경제 신탁기금, 사회 혁신을 위한 지식전달센터의 공동 창업자였고, 사회적경제 운동 영역의 조직들과 협업을 지속적으로 해오고 있다(Juifsd'ici, 2021). 이러한 활동의 성과를 내기 이전에 사회 정의에 관심이 많았던 그녀는 대학을 졸업한 이후 1972년부터 1998년까지 26년 간 몬트리올에서 지역경제를 활성화하기 위해 지역사회조직을 만드는 데 헌신적으로 참여하였다. 이를 통해 볼 수 있듯이 시민사회에서 성장한 리더십이 사회적경제의 기반을 만들고 정부의 대화 파트너로 참여하는 데 중요한 역할을 하고 있다. 이러한 리더십을 바탕으로 샹띠에 안에 다양한 그룹의 네트워크가 만들어지고 참여할 수 있는 환경이 만들어졌다.

퀘벡의 사회적경제는 다영역적 성격을 가지고 있는데 사회적 수요 및 새로운 수요와 시장 기반 및 비시장 기반으로 나누어서 볼 수 있다. 1) 사회적 수요가 있으면서 비시장 기반 사회적경제 영역, 2) 새로운 기회이면서 비시장 기반 사회적경제 영역, 3) 사회적 수요가 있으면서 시장 기반 사회적경제 영역, 4) 새로운 기회이면서 시장 기반 사회적 경제 영역으로 나누어서 볼 수 있다.

〈표 2-4〉에서 볼 수 있듯이 1)번의 경우 노숙자 쉼터, 아이돌봄 시설, 공유 부엌, 학교밖 청소년의 재결합시설 프로그램 등이 포함되고, 2)번의 경우는 아이돌봄 시설, 산전산후 조리원, 생태 박물관 등이 있으며, 3)번의 시장 기반 사회적경제에서는 직업훈련사업, 사회재적응센터, 연대사회 금융, 그리고 문화가 있고, 마지막으로 4)번의 경우 노동자별 협동조합, 재활용, 음식 배달, 그리고 문화 등이 여기의 사례라고 할 수 있다.

〈표 2-4〉 사회적경제의 유형

| 기회와 수요 ＼ 시장과 관계 | 사회적경제 (사회적 수요에 대응) | 사회적경제 (새로운 기회에 대응) |
|---|---|---|
| 비시장 기반 사회적경제 (사회 발전) | 예시: 노숙자를 위한 쉼터<br>아이돌봄 시설<br>공유 부엌<br>학교 밖 청소년의 재결합 | 예시: 아이돌봄 시설<br>산전산후조리원<br>생태박물관 |
| 시장 기반 사회적경제 (경제 발전) | 예시: 직업훈련사업<br>사회재적응센터<br>연대사회 금융(기금조성)<br>문화 | 예시: 작업자별 협동조합<br>재활용 (환경문제)<br>음식 배달<br>문화 |

출처: Levesque & Mendell (1999) 수정, Mendell(2009)에서 재인용 (181쪽).

퀘벡의 사회적경제도 다른 나라와 마찬가지로 공동의 사회적 목적을 추구하고 있다. 다른 면이 있다면 사회적경제가 스스로 역량을 강화할 수 있는 방안을 확보할 수 있도록 혁신적인 제도의 하부 구조를 만들어왔다는 것이고, 이에 따라 사회적경제가 경제의 한 주체로서 인정받고 정당성을 획득해왔다는 사실이다(Mendell, 2009).

정책을 혁신하는 데 있어 정책 형성과 제도 혁신의 새로운 과정이 필요했는데 이를 위하여 사회적경제의 "영역 간 대화를 위한 중간적 공간(intermediary inter-sectoral dialogic space)"을 설계했다. 이 중간적 공간 속에서 정부, 시민사회, 시장을 포함하여 사회적경제의 행위자들은 수많은 사회적경제 관련 정책을 설계하는 공동 저자라고 볼 수 있다. 정부도 지역사회 안에서 사회경제적 역량을 만들어가는 것이 중요하다는 점을 인식하게 된다.

### 3) 퀘벡의 사회적경제에 대한 비판 및 당면 과제

상띠에가 당면하고 있는 과제 중 하나는 사회적경제조직이 생산하는 사회적 가치와 그 부가가치를 적절하게 측정하고 평가하는 도구가 결여되어 있다는 점이다. 이를 위한 법과 회계 부분에서 제도적 기반을 마련하는 것이다. 또한 사회적경제조직들이 생산하는 제품과 서비스가 시장에서 안정적으로 거래될 수 있도록 상품화하는 과제도 있다.

국가와 파트너십을 형성했을 때 문제점도 있다. 민간의 자율성을 배제한 채 전문 행정관료들이 사회문제를 오직 자신들의 관리 영역으로 만든다든지, 사회서비스 등 사회적 기능들을 상품화시켜 이윤창출의 수단으로 전락하거나, 의사결정 과정에서 민주주의가 결여될 가능성이 있다(Dancause & Morin, 2013).

### 4) 퀘벡의 사회적경제와 중간지원조직 샹띠에가 주는 시사점

퀘벡의 사회적경제는 1980년대 경제적 위기에서 기존의 시민사회가 정부를 단순히 비판하는 위치에서 벗어나 새로운 일자리와 기회를 적극적으로 창출하는 데서 시작했다고 볼 수 있다. 사회적경제의 기반은 사회운동, 지역사회 활동가, 그리고 노동운동이었다. 노동조합은 사회적 연대기금을 조성하였고, 시민사회는 지역경제개발공사를 만들어 퀘벡의 경제발전에 기여해왔으며, 그 회사들을 통하여 성장한 리더십은 퀘벡의 사회적경제의 리더십이 되었다. 그런 가운데 탄생한 사회적경제를 위한 샹띠에는 기능별, 주체별, 지역별 조직을 망라하였고, 사회적경제 투자기금, 사회적경제법 등 사회적경제 기업들이 성장할 수 있는 제도적 환경을 조성해 나갔다.

퀘벡정부는 시민사회를 파트너로서 인정하면서 민간과 지역공동체운동 등 사회운동그룹을 대화의 상대로 인정했고, 그런 환경 속에서 사회 혁신이 일어날 수 있는 기회들이 생겨났다. 퀘벡의 사회적경제는 사회적기업, 공공정책, 리더십의 세 개 기둥으로 이뤄졌다고 볼수 있고 거기에 네트워크의 네트워크인 중간지원조직으로서 샹띠에가 정부의 대화 상대자로 사회적경제 기업체들의 의견을 대변해 나갔다. 파트너십 국가(partnership state), 공동보조(concertation), 공동건설(co-construction), 협업(collaboration), 경제민주화의 과정(a process of economic democratization), 역량강화 입법(enabling legislation), 통합적이고 체계적인 접근(integrated systemic approach), 유연한 거버넌스 방식(flexible mode of governance) 등은 퀘벡의 사회적경제 특징들을 나타내는 개념들이다.

캐나다 퀘벡주는 정부 주도로 사회적경제가 단기간에 급성장한 사례로서, 2007년 「사회적기업육성법」 제정 이래 정부 주도로 사회적경제를 육성해온 한국과 유사점이 상당히 있는 사례이다(김창진, 2015: 장종익, 2015). 퀘벡주의 사례는 지역 내 협력의 문화가 일천한 곳에서 정부의 인식 변화와 노력이 지역 내 협력 촉진에 긍정적 영향을 미칠 수 있음을 보여주는 사례이다(정문기 외, 2015).아울러 퀘벡주의 사례는 중간지원조직의 적극적인 활동에 의해 정부-민간-협동조합 간의 협력이 크게 신장될 수 있음을 보여주는 좋은 사례이다(김상욱, 2014: 정문기 외, 2015). 이탈리아 볼로냐협동조합과 쌍벽을 이룬다고 표현하기도 한다(김상욱, 2014).

1980년대 경기불황에 직면한 퀘벡 노동조합들은 연방정부와 맞서 싸우기보다 주정부와 협력하여 스스로 일자리를 창출하고자 지역 내 중소기업, 협동조합, 벤처 등에 투자하는 노동연대기금을 조성하였다(강민수, 2013). 아울러 이 기금의 효과를 극대화하기 위해 세금 감면 혜택을 주장하여 실현시켰다. 이는 미국식 노동조합관에는 배치되는 퀘벡주 노동운동의 재포지셔닝 전략(강민수, 2013)이다. 노동조합이 자신들의 일자리를 만드는 활동을 하는 것이 타당한가, 그리고 가능한가에 대한 논란이 발생할 수 있는 쟁점이기도 하다.

샹티에(Chantier)는 '사회적경제대표자연석회의'(김창진, 2020) 또는 '사회적경제회의소'(장종익, 2010)로도 번역된다. 아울러 '퀘벡 협동조합 및 공제조합위원회(CQCM)'와 '사회경제단체연석회의'의 두 개가 주요한 중간지원조직이다. 1999년 설립된 샹티에는 협동조합과 비영리 민간단체의 8,000개 조직을 아우르는 역할을 담당한다. 사회적경제조직 전반의 설립과 지원정책을 총괄하는 중간지원조직에 해당한다. 연방정부와의 관계에서 퀘벡주의 사회적경제조직을 홍보하고, 옹호하는 조직으로서의 역할까지 담당한다. '퀘벡 협동조합 및 공제조합위원회(CQCM)'는 주정부와 퀘벡주 내 협동조합을 연결, 조정하는 역할을 담당한다.

지역경제개발공사(Community Economic Development Corporations: CEDC)는 쇠락한 도심 재생을 위한 개발공사를 의미한다. 몬트리올 서남부 라쉰운하 지역 재생을 위해 설립된 RESO는 퀘벡주 최초의 CEDC였으며 성공적이었고, 샹티에 설립의 기반이 되었다. 2000년대 초반까지 13개의 CEDC가 존재했다(강민수, 2013). CEDC의 잇따른 성공 경험은 주정부로 하여금 1998년 CLD를 설립하도록 만들었다.

주정부 산하 지역별로도 중간지원조직이 존재한다. 퀘벡주에는 2000년대 초에 120개 이상의 CLD(Center for Local Development)가 존재하였으며, 새롭게 사업을 시작하는 사회적기업가를 위한 지원활동을 담당하였다. 퀘벡주 인구가 2021년 약 860만 명(위키피디아 추정)인 것을 고려하면, 120개 이상의 CLD는 우리나라 서울의 자치구 단위별로 5개씩 있는 수준으로 볼 수 있어, 서울의 25개 자치구별 사회경제 지원센터 수준보다 훨씬 지역주민에 밀착된 서비스를 제공하는 기관으로 볼 수 있을 것이다.

지역개발협동조합(Regional Development Cooperatives: RDC 또는 CDR)은 농촌지역 재활성화를 위한 조직으로서 정부에 의해 설립/운영된다. 농촌지역의 기존 협동조합은 신규 협동조합 설립에 관심이 없었기 때문에 농촌지역에서의 신규 소규모 협동조합 설립을 지원하기 위해 설립되었다(강민수·김석호, 2014; 강민수, 2013, 2015). 또한 지역 차원에서 협동조합에 창업 관련 지원(설립 컨설팅 및 법적 자문), 기술서비스 및 컨설팅, 교육, 창업자금(샹티에를 통한)을 제공한다. 2000년대 초 지역연합 CDR이 11개 존재하였다(강민수, 2004; 강민수·김석호, 2014).

세 번째는 사회적경제 지역허브(Regional Hub of Social Economy: RHSE)로서 지역 사회적경제조직들 간의 네트워크를 제공 및 지원하는 역할을 담당한다. 네 번째로는 RCEO(Regional Conference of Elected Offices)로서, 재정적으로 RHSE를 지원하는 역할을 담당한다(정문기 외, 2015). 이러한 네 가지 조직을 요약하면, 사회적기업을 위한 지원과 협동조합을 위한 지원, 네트워크 지원 등의 목적을 수행하는 각각의 조직이 존재하며, 우리나라와의 차이는 RHSE를 재정적으로 지원하는 RCEO가 별도로 존재한다는 점이다. 이러한 점은 우리나라 지자체 차원에서도 이러한 조직의 설립이 필요할 수 있음을 의미한다.

퀘벡의 데자딘(또는 데잘딩, Desjardins) 신협그룹은 지역 경제발전의 견인차라는 점에서 몬드라곤 카자노동은행과 비견된다(장종익, 2012). 퀘벡주 대부분의 비영리조직 은행계정을 데자딘 신협그룹 산하의 인민금고에서 관리한다.

1997년 퀘벡주는 「협동조합법」을 개정하여 우리나라 사회적협동조합(다중이해자협동조합)에 해당하는 연대협동조합(solidarity coop)도 설립가능하도록 하였다(장종익, 2010). 2008년 현재 30여 개의 헬스케어 지역 협동조합의 설립은 농촌지역 의료서비스를 제공하면서 의사들의 농촌지역 유치에 기여하였다.

퀘벡 모델의 특징은 1) 노동조합의 일자리 창출 및 기금 출연에 대한 혁신적 태도 전환이 모델의 큰 축 중 하나이고(한국에는 없는 현상, 광주형 일자리 모델이 그나마 유사), 2) 협동조합이 퀘벡 모델에서의 사회적경제조직의 지배적 형태라는 점이며, 3) CEDC, CLD, RDC, RHSE와 같은 여러 중간지원조직들의 설치와 촘촘한 운영이다. 한국에서는 4대 사회적경제조직의 구분에 따른 조직 형태별로 중간지원조직이 형성되는 현실과 대비된다.

## 2. 스웨덴

협동조합개발기관(local kooperativ utveckling: LKU)은 스웨덴에서의 협동조합 대상 중간지원조직으로서(엄형식 외, 2011) 컨설팅조직과 유사한 기능과 형태를 보인다. 1982년 지역대학과 지역재단에 의해 최초로 LKU가 설립되기 시작하였다. 영국 CDA 경험에 영감을 받아 청년실업 극복을 위해 협동조합들과 함께 LKU가 시작되었고, 전국에 확산되었다(엄형식 외, 2011). 정부가 LKU 인증을 시작하면서 인증된 LKU에 재정지원을 하기 시작하였고 현재에 이른다.

1990년대 일시적 호황으로 청년실업 문제가 어느 정도 해결되자 침체기를 겪다가 사회서비스 공급의 이슈가 중시되면서 재활성화되고, LKU들 간의 네트워크의 조직 명칭을 Coompanion(상근자는 1명 수준)으로 변경하게 된다(엄형식 외, 2011). 2011년 현재 25개 LKU에 약 100명의 컨설턴트가 종사 중이다.

시민사회 내부의 자원과 공공 부문 지원이 결합되면서 중간지원조직이 만들어지는 방식으로 벨기에와 유사한 방식이다.

LKU는 882개 조직 및 개인으로 구성되며, 이 중 500개가 새로운 협동조합이다. LKU에 대한 정부보조금의 총액은 약 330만 유로로서 공공의 보조금이 재정의 약 70% 이상을 차지한다.

## 3. 이탈리아

이탈리아는 유럽 최초로 사회적 협동조합을 법제화한 나라이다(조은상, 2016). 이탈리아의 노동자협동조합 및 사회적협동조합 연합체들을 포함하고 있는 주요 협동조합 연합체들은 Legacoop(사회주의 계열), Confcooperative(가톨릭 계열, 협동조합 연합체 중 최대 규모), AGCI(우익 성향) 등이다. 그중 Confcooperative는 가톨릭 계열로서 협동조합 연합체 중 최대 규모이다. 1991년 「사회적협동조합법」 제정 이전인 1980년대부터 산하에 사회적협동조합 설립 지원 사무국을 두어왔고 1988년에 부문연합체인 Federsolidarietà를 설립하였다.

이탈리아 사회적협동조합이 사회적으로 인정받고 세제 혜택을 받으려면 구성원 간 거래 비중이 일정 수준 이상을 넘어야 하는 '상호성(mutuality)의 원칙'이 있는데 이 원칙을 지키지 못하면 일반 영리기업과 동일한 것으로 간주되면서 세제혜택을 받지 못한다.

이탈리아 협동조합 연합체는 법에 의해 산하 개별 협동조합에 대한 지도감독권을 보유하고 있으며, 이를 통해 협동조합 설립 등을 지원할 수 있고, 아울러 자체 보유 개발기금 조성을 통해 자원을 확보한다. 3개 주요 협동조합 연합체는 각각 Coopfond(Legacoop), Fondos-viluppo(Confcooperative), General Fond(AGCI)라는 명칭의 개발기금을 설치·운영한다. 세전 순이익의 3%를 개발기금에 납부하는 법적 규정이 존재한다. 이탈리아 협동조합은 연간 매출의 0.4%를 연합체에 납부한다. 또한 연합체 산하 개발기금에 세전 이익의 3%를 납부한다. 협동조합 청산 시 잔여자산을 연합체 개발기금에 귀속시키도록 했다. 우리나라의 경우 국고 귀속이 선택 사항 중 하나이다. 우리나라도 사회적경제 기금이 조성될 경우 이에 잔여자산이 귀속되도록 하는 방안을 검토할 필요가 있다.

이탈리아의 경험은 공산당/사회주의 계열, 가톨릭 계열, 우익 계열로 전국/지역 정치지형이 분할되어 있어도 경쟁에 의해 사회적경제조직이 잘 발전할 수 있음을 보여주는 사례이다. 이는 벨기에와도 흡사하다. 따라서 어느 단일 정치 성향이 지배적이지 않은 지역에서도 사회적경제조직의 발전이 가능할 수 있음을 시사한다.

이탈리아에서는 개별 협동조합을 육성하기보다 시·도별로 협동조합 컨소시엄을 결성하도록 하고 이에 지원을 집중하는 방식으로 진행된다(조은상, 2016). 이탈리아의 컨소시엄 방식은 공공시장 접근에 필요한 일정 수준 이상의 규모와 관리 능력을 확보하도록 지원하면서도, 동시에 지역 밀착에 필요한 소규모성을 유지하도록 함으로써 이탈리아 사회적협동조합 발전에 기여한 것으로 평가된다(엄형식·마상진, 2011).

사회적기업 지원 전담조직으로는 1996년 Lavoro가 주무부처가

되어 지역 활동들을 조율하는 역할을 담당하며, 2000년에 설립된 ONLUS가 연구, 인식 개선활동, 교육훈련 등을 담당하는 역할을 수행하고 있다.

이탈리아의 협동조합 컨소시엄은 1909년에 제정된 422/1909 법에 따라 제도화되었다. 농업협동조합에서의 컨소시엄은 생산과정을 수직적으로 통합시키는 방법으로 채택되었으며, 소비자협동조합에서는 재화와 서비스를 집합적으로 구매하는 수단으로 활용되었다. 반면 노동자협동조합과 사회적협동조합에서 컨소시엄은 참여한 협동조합들이 특정한 업무를 집중화하는 방식을 가지는데, 가장 일반적으로는 공동으로 입찰에 참여하였다(엄형식 외, 2011). 컨소시엄의 가장 중요한 기능 중 하나는 지방정부와의 입찰계약에 있어서 기획과 입찰 주체로 역할을 하는 것이다. 많은 경우 컨소시엄이 주계약자가 되고, 소속 협동조합들이 이를 하청계약하는 방식을 취한다(엄형식 외, 2011).

사회적협동조합은 지역 밀착성과 민주적이면서 참여적인 운영을 확보하기 위해 작은 규모를 유지하는 것을 중요한 전략으로 채택하였다. 이에 따라 컨소시엄은 단위 협동조합이 작은 규모를 유지하면서도 빠른 속도로 증가하였다. 가입비, 연간 조합비, 서비스 이용료, 컨소시엄 체결 이후 수수료 등이 재원이 된다.

이탈리아 사회적협동조합은 새로운 사업부문을 분사 방식으로 창업하여 컨소시엄의 구성조직의 수를 계속 증가시키는 특징을 보인다. 이는 단위조직의 규모를 키우지 않으면서도 전체적인 사업연합의 사업 능력을 증가시켜주며, 이 과정에서 컨소시엄에 참여하고 있는 협동조합들은 그 자체로 새로운 협동조합들에 대한 개발·지원 도구로서 역할을 하게 된다. 즉 교육훈련, 사업 수행, 시장 개척 등 신규 협동조합이 감당하기 어려운 문제들을 컨소시엄과 소속 협동조합들이 함께 수행함으로써 신규 창업의 리스크가 대폭 감소하게 되는 효과를 가져온다(엄형식 외, 2011). 스핀오프(spin-off)를 통한 사회적경제 비즈니스 영역의 확장이라는 점에서 시사점이 큰 사례이다.

## 4. 스페인

스페인 몬드라곤 협동조합은 관련 산업 중심의 협동조합의 수직계열화이며 지역복합체의 성격을 지닌다(최석현 외, 2015). 반면 이탈리아의 에밀리아-로마냐지역의 협동조합들은 전국협동조합의 지부로서 지역 내 다양한 전국 협동조합 지부들 간의 수평적 결합에 의해 발전하였다(최석현 외, 2015). 몬드라곤이 보다 조직 내부에서의 규모의 경제를 추구하는 성장전략이라면, 에밀리아-로마냐지역 협동조합은 네트워킹에 기초한 수평적 파트너십 기반 성장전략이다.

몬드라곤의 경우 어느 업종·산업에서 특정 협동조합이 성장하면, 산업의 전방·후방을 통합하면서 내부에서의 규모의 경제를 추구하는 보다 강하게 연결된 협동조합 conglomerate 추구형이다. 단일 협동조합의 성장모델인 이탈리아의 레가쿱 방식과도 일맥상통한다. 그러면 지자체에 급속한 성장가능성이 높은 특정 협동조합에 지역 내 자원을 집중하고, 정책적 지원도 집중하면서 육성하는 방식이다.

이탈리아 에밀리아-로마냐 지역의 협동조합들의 수평적 파트너십 기반 성장전략은 보다 일반적인 선택 가능 모델로 판단된다(박현수·이정현, 2017). 그러나 수평적 파트너십 기반 성장전략의 실현에는 오랜 시일이 소요될 것이다. 따라서 우리나라에의 적용 필요성은 면밀한 검토가 필요하다.

스페인 몬드라곤그룹에 가입하기 위해서는 개별 협동조합들이 소속 조합원들의 협동조합 간 이동을 허용해야 한다. 아울러 발생한 이익 중 14~40%를 그룹 내 업종연합에 14~40%, 몬드라곤 그룹에 14%를 납부해야 한다. 또한 노동금고에 28%를 납부해야 한다. 몬드라곤 그룹에 납부된 14% 중 10%는 투자(Central Inter-cooperation Fund: FCI), 2%는 교육(Education and Inter-cooperative Promotion Fund: FEPI) 2%는 연대(Corporate Solidarity Fund)를 위해 사용된다. 이 중 2%의 연대기금은 적자가 난 제조업 부문 회원 협동조합의 손실을 손실액의 50%까지 그룹에서 보전해주는 기능을 담당한다.

스페인 몬드라곤 및 이탈리아 에밀리아-로마냐 지역 사회경제조직의 성공 요인은 지역 클러스터를 형성하였다는 점이다. 몬드라곤은 연관산업(기계·금속 산업)의 집적을 실현하였고, 이탈리아도 지역별 클러스터를 형성하였다. 한국의 아이쿱도 몬드라곤과 유사하게 협동조합의 클러스터 형성을 통한 확장전략을 채택하고 있는 것으로 보인다(최석현 외, 2015). 이탈리아의 사례는 우리나라 경기도와 같이 흩어져있는 지역에서 어떻게 사회적경제 클러스터를 형성할 것인가에 대한 과제를 제기한다(최석현 외, 2015).

스페인 몬드라곤협동조합 모델, 캐나다 퀘벡주 모델, 스페인 카탈루냐 지역의 사회적경제 성공 모두 지역주민들의 정체성 유지 노력과 사회적경제 부문의 성장이 서로 연결되었다는 점에서 공통점이 있다(김진환, 2021). 결국 그 지역의 정체성을 지키기 위한 노력이 지역주민의 생활 전반에서 중요해질 때 경제적 영역에서의 정체성 유지 역시 현안으로 작용하며, 이 과정에서 사회적경제 부문의 성장이 가능하게 됨을 시사한다.

스페인 COCETA는 1986년 설립된 노동자협동조합의 전국연합체이다. 사회적기업의 스페인판 법적지위에 해당하는 것이 사회적이니셔티브협동조합이다(엄형식 외, 2011). COCETA는 이 사회적이니셔티브협동조합 부서를 통해 이 협동조합을 지원하며 지역연합체 분담금과 중앙정부 지원에 의해 유지된다. COCETA는 정기감독 권한 및 개발기금 조성 권한을 보유한 프랑스 및 이탈리아에 비해 개발·지원 기능이 발전하지 못했다(엄형식 외, 2011). 또한 바스크 몬드라곤그룹 같은 경우 연합체는 협동조합그룹 지원 기능만을 수행하였고, 신설 지원 기능이 활발하지 않았다. 비록 감독 권한 및 개발기금조성 능력을 구비하고 있지 못해도 지자체에서는 거의 유일한 중간지원기관으로서의 역할을 수행한다.

## 5. 벨기에

사회적경제 컨설팅기관(agence de conseil en économie sociale)은 벨기에 사회적경제 부문 중간지원조직이다(엄형식·마상진, 2011). 벨기에는 가톨릭 정치운동과 사회주의·노동조합 정치운동으로 양분되는 나라이다. 협동조합도 사회주의·노동운동·노동조합·농민운동·정치조직 등과의 관련성 속에서 성장한다. 따라서 사회적경제 분야 중간지원조직의 전신은 노동운동·사회운동·정치운동 조직들이다.

"벨기에 왈룬지역의 10개 사회적경제 컨설팅 기관 중 3곳(이 3곳이 실질적인 중심)은 사회주의 계열 협동조합 연합체(Febecoop)이다. 가톨릭 계열 협동조합 연합체(Syneco) 그리고 전통적인 이데올로기 구분을 넘어서는 새로운 사회적경제조직들(1980년대부터 출현)의 연합체(SAW-B)에서 그 기능을 수행"한다. SAW-B는 1985년부터 왈룬 지방정부의 지원을 받으며, 설립되는 사경조직의 정관·사업계획·재무·노무·회계 상담을 진행한다. 1996년부터 사회적경제협의회기관의 법적 지위를 인정하고, 2004년부터 지방정부가 보조금을 지급하기 시작하였다.

2011년 현재 10개 협의회기관(3개의 연합체, 1개의 대안금융조직, 6개는 개별조직)이 존재하며 이 10개 기관의 연합체는 ApacES이다. 법적 지위는 비영리민간단체이다. "10개 기관 중 실질적인 회원구조를 가지고 있는 곳은 SAW-B, Febecoop, Syneco로서 각각 새로운 사회적경제, 사회주의 계열 사회적경제, 가톨릭 계열 사회적경제조직들의 연합체들이다. 이 세 연합체는 기본적인 연합체로서의 활동에 부가하여 사회적경제 협의회기관의 기능을 운영" 중이다. 비회원에게도 서비스를 제공한다.

벨기에는 1986년 왈룬사회적경제위원회를 구성하였다. 이후 2008년 왈룬(Walloon) 지방정부가 「사회적경제기본법」을 제정하였다(김상욱, 2015). 2000년대 들어서 법에 따라 사회적경제 컨설팅기관으로부터 사회적기업으로 인증받으면서 지방정부의 보조금을 받을 수 있게 되었다. 단 인증의 기준은 엄격하다고 평가된다. 또한 왈룬지역 사회적경제투자공사(SOWECSOM)가 있다(김상욱, 2015: p. 39).

전체적으로 볼 때, 벨기에의 중간지원조직의 설립 과정은 시민사회 내부의 자원과 공공 부문 지원이 결합되면서 중간지원조직이 만들어지는 방식이다. 이러한 점에서 스웨덴과 유사한 방식으로 볼 수 있다.

벨기에 사례의 시사점은 사회적경제 중간지원조직 역할을 하는 사회적경제 연합체들이 각각 새로운 사회적경제 연합체(SAW-B), 사회주의 계열 사회적경제 연합체(Febecoop), 가톨릭 계열 사회적경제조직들의 연합체(Syneco)들로 3분되어 있어도 잘 작동한다는 점이다. 종교·이념의 분리선을 따라 나뉘어져 있는 이탈리아 역시 유사한 구도를 보이고 있으며, 활발한 협동조합 연합체로서 기능하고 있다. 지역에 단일 네트워크가 존재하는지, 여러 조직들 혹은 네트워크로 분리되어 있는지가 중요한 것이 아니라, 지역주민의 다수를 커버하며, 사회적경제의 경제 네트워크로 주민들이 활발하게 참여할 수 있는가가 중요함을 시사한다.

## 6. 프랑스

프랑스는 「사회적경제기본법」을 제정하는 등 최근 사회적경제 정책을 활발하게 펼치는 유럽의 대표적인 나라 중 하나이다(조은상, 2016). 생산협동조합, 공익협동조합(우리나라 다중이해관계자 사협과 유사), 창업준비 협동조합의 3가지 형태가 있다(조은상, 2016). 프랑스의 사회적경제조직들 중에서 특징적인 조직 형태로는 취약계층 노동통합 활동을 중심으로 하는 '경제활동을 통한 노동통합(Insertion par Activité Economique: IAE)' 조직들과 협동조합 형태를 가진 노동자협동조합(Société Coopérative Ouvrière de Production: SCOP) 및 공익협동조합(Société Coopérative d'Intéreˆt Collectif: SCIC)을 들 수 있다(조은상, 2016).

프랑스 노동자협동조합은 다른 나라와 달리 협동조합 일반과의 협력관계가 약하고, 독자적 발전을 해왔다. 1970년대부터 분권화가 가속화되면서 노동자협동조합이 지자체에 의한 재정지원 등 지역 밀착의 필요성을 체감하고, 이에 따라 중간지원조직의 특성이 필요하게 되었다. 설립지원·교육훈련 등의 기능이 보다 현장에 가까운 지역연합체로 이관되는 양상을 보인다.

결국 지역분권화와 사회적경제조직 발전 간의 상관관계가 있다는 뜻이다. 우리나라도 지방자치제도의 시작과 발전이 지역 사회적경제조직 성장의 비옥한 토양이 되었다고 볼 수 있다.

프랑스노동협동조합협의회는 회원 협동조합의 연간 매출의 0.42%의 회비에 의해 조달된다. 연간 매출의 0.1%를 개발기금인 SOCODEN(1965년 출범)에 납부한다(조은상, 2016). 또한 중앙정부·지방정부의 다양한 보조금도 존재한다. 그 외 다양한 유럽연합 프로젝트 지원금이 수입원이다. 노동자협동조합이 조세 혜택을 받기 위해서는 협동조합 원칙을 준수해야 하며, 개별 협동조합이 이 원칙을 준하는가에 대한 감독 권한을 정부로부터 CGSCOP가 위임받아 지도감독 권한을 행사 중이다.

## 7. 영국

영국 협동조합개발기관(cooperative development agency: CDA)은 영국 협동조합(cooperative UK) 소속 협동조합 지원조직 회원명부에 올라 있는 32개 CDA를 총칭한다(엄형식·마상진, 2011). 사회적기업 분야에서의 중간지원조직이 주목받기 시작한 것은 영국의 CDA 때문이다(엄형식·마상진, 2011). 즉 1970년대부터 실업문제와 산업공동화 문제를 극복하기 위한 대안으로 영국 노동자협동조합운동이 정부의 지원을 받아 CDA를 설립하면서부터이다. 일반 컨설팅조직과 유사한 기능·조직이지만 비영리기관이며, 그 자체로 새로운 사회적경제 분야 조직 중 하나이다.

영국에서는 1976년 「산업공동소유법」이 제정되었고, 노동자협동조합의 기업 소유권 확대를 지원하는 펀드가 조성되기 시작하였으며, 이 과정에서 CDA(Cooperative Development Agency)가 설립되기 시작하였다(엄형식 외, 2011). 1984년 80여 개의 CDA 중에서 50개는 상근실무자를 보유하는 경우이고, 나머지 30여 개는 자원활동 방식이었다. 1980년대 대처 총리 시절의 보수당 정부에 의해 대부분의 CDA(특히 런던 소재)가 해체되었다. 1990년대부터 서비스 대상을 노동자협동조합에 국한하지 않고 지역 창업, 실업 이슈, 지역개발 등으로 넓혀 나갔다. 1996년 노동당 집권 이후 지역분권이 강화되면서 지방정부의 특성에 따라 CDA의 활동 범위가 넓어졌다.

지역개발기관(regional development agency: RDA)이 설립되었으며, 지방정부와 RDA가 지역경제 활성화를 위한 주요한 수단으로 사회적경제를 중시하기 시작하면서 CDA와의 협업이 증가하였다. 1998년 노동자협동조합연합체와 CDA 교육훈련 파트가 합병하면서 런던사회적기업(Social Enterprises London: SEL)이 설립되었고, 활발하게 사회적경제 조직들을 지원하자 2000년부터 영국 정부는 재무성 산하 사회적경제 과를 설치하고 사회적경제 부문 지원에 나서면서 CDA가 다시 각광을 받게 되었다. 2010년 보수당-자유당 연정에서도 사회적경제 부문에 대한 기조는 크게 달라지지 않았다.

2001년 사회적기업청 설립, 2005년 회사의 이익·자산을 공동체를 위해 사용가능하도록 허용하는 「공동체이익기업법」을 제정하였다. 2006년 제3섹터청 설립, 사회적기업 전담 지원조직인 사회적기업연합 및 개발트러스트협회 설립 등이 이어졌다(조은상, 2016). 우산조직

(Umbrella Organization) 또는 지역개발기관(Local Development Agency)이라고 불리는 영국의 중간지원조직은 정부와 지역 간의 의사소통을 조율하는 역할을 주로 담당한다.

2011년 현재 32개의 CDA가 영국 협동조합 리스트에서 확인된다(엄형식 외, 2011). 20개 이상은 협동조합의 형태를 명시적으로 표방하고 있으며, 1/3 정도는 외견상 비협동조합 형태이다. 주로 광역단위 지역에 소재하는 것으로 보인다.

1996년 노동당 집권 이후 진행된 분권화 과정에서 지방정부들이 지역경제정책을 수립하면서 지역개발청(regional development agency: RDA)을 설립하였고, 자치정부와 RDA가 사회적경제를 주요한 지역개발 파트너로 중용하면서 아울러 CDA 역시 지역개발에 깊숙이 관여하기 시작하였다. 우리나라의 경우도 지자체 산하 개발공사의 파트너로 사회적경제를 사고하도록 강제해야 한다. RDA는 공공 분야 중간지원조직의 유명한 사례이기도 하다.

SEL은 노동자협동조합연합체인 London ICOM과 런던지역 CDA들의 교육훈련 부문 전담조직인 London Cooperative Training이 합병한 결과이다.

영국의 경우 1) 국가 차원, 2) 광역 차원, 3) 준 광역 차원, 4) 기초 차원, 5) 마을 차원으로 나누어 중간지원조직이 존재하며, 약 5,000개의 중간지원조직이 활동 중인 것으로 보고되었다(김종걸, 2014).

영국에서는 사회적기업을 일반기업 지원시스템을 통해 다루고자 하였고, 사회적기업 대상 중간지원조직을 일종의 전문 컨설팅조직으로 간주하여 역할을 부여하고자 하였다. 영국의 중간지원조직은 개발·지원 기능에 특화되었다. CDA의 재정은 공공지원의 비율이 거의

70%에 달하며 일부 CDA의 경우 채권을 발행하여 재원을 조달하기도 한다.

스페인과 이탈리아 당사자조직 소속 중간지원조직은 모 조직(연합회)으로부터 자원을 조달할 수 있으나, 영국의 CDA는 내부에서 필요 자원을 조달하기 어려운 구조이다. 스웨덴 및 벨기에의 중간지원조직이 영국과 유사한 형태이다.

CDA가 제공하는 서비스는 컨설팅서비스, 교육훈련서비스, 급여 관리 및 회계관리 서비스, 공간 임대서비스 등이며, 모두 유료 서비스이다. 일부 CDA 소속 컨설턴트는 파트너십 지위를 가지며, CDA를 통해 얻은 수입의 고정비율을 운영비로 납부하여, 이를 CDA 운영비로 충당하고 있다(엄형식·마상진: 2011). 지역개발금융기관(Community Development Finance Agency, CDFA)이 다수 존재한다.

영국의 언리미티드(Unlimitd)는 영국에서 사회적기업에 대한 지원을 제공하는 선두 기관으로 세계에서 가장 큰 네트워크를 형성하고 있다. 자금지원과 더불어 자문, 네트워킹을 통해 사회적경제 생태계를 구축하는 것을 목표로 한다(박설인, 2014).

영국이 주는 시사점으로, 우리나라의 경우도 지자체 산하 개발공사의 파트너로 사회적경제를 사고하도록 강제해야 한다. RDA는 공공 분야 중간지원조직의 유명한 사례이기도 하다. 사회적경제 중간지원조직이 제공하는 서비스 중 보다 전문성을 가진 부분에 대해서는 유료화를 고려해 볼 수 있다.

# 8. 일본

중간지원조직(Intermediary) 또는 MSO(Management Support Organization)로 표현되는 일본의 중간지원조직은 1995년 고베 대지진 극복을 위한 자원봉사활동이 활성화되면서 이에 관여하던 시민단체 중 일부가 중간지원조직으로 전환하게 되었다(송두범, 2011; 제민일보, 2017·9·24). 시민단체 지원을 위한 「NPO법」(특정비영리활동추진법)이 1998년에 제정되었고, 비영리조직(NPO)에 대한 인력, 자금, 정보 제공을 위해 설립된 'NPO지원센터'가 일본 중간지원조직의 초기 모델이다.

일본의 사회적경제가 뿌리내리는 데 기여한 커뮤니티비즈니스센터와 NPO(비영리법인단체)센터 등이 일본의 중간지원조직이다(제민일보, 2017.9.24).

한국의 한국사회적기업진흥원에 대응하는 일본의 중앙단위 중간지원조직은 NPO센터이다(문주상·김완민, 2019). 이러한 일본 역사로 인해 한국에서도 NGO지원센터와 사경센터 간의 연계가 가능할 수 있고, NGO지원센터가 사경센터 역할도 겸하는 지역이 생겨나게 된 것으로 보인다.

〈표 2-5〉는 중간지원조직의 자립을 위한 비즈니스 모델에 대한 여러 선택지를 보여준다. 지자체의 지정관리자사업으로부터의 수입 의존도가 높은 유형 1, 무상으로 서비스를 제공하는 유형 2, 모법인의 재정지원에 의존하는 유형 3 등으로 구분된다.

중장기적 관점에서 자립하기 위하여 어떤 비즈니스 모델을 현재 선택하고 있는지, 향후 어떤 비즈니스 모델을 고려해야 하는지를 우리나라 중간지원조직들에게 시사한다.

〈표 2-5〉 일본 중간지원조직 비즈니스 모델 사례 소개

| 유형 | 구분 | 내용 |
|---|---|---|
| 유형 1:<br>특정비영리<br>활동법인<br>ACOBA | 배경·개요 | 2005년 설립. 치바현 소재. NPO법인으로 설립. 시와의 강한 연대 활동 및 치바현 사업 수탁 |
| | 사업 내용 | 복지평가, 조사사업, 지정관리자사업, 교육사업, 중간지원사업, 개발사업, 교류사업, 인큐베이션 오피스 운영 사업 등 |
| | 수입구조 | 회원 회비 받음, 약 5억 원의 사업수익, 치바현의 지정관리자사업이 수입의 대부분을 차지함. 5년 계약 사업임 |
| | 한계/시사점 | 도쿄 시부야구 위치. NPO법인으로 2009년 설립. NPO 대상 자금지원이 아니라, 기술/노하우 제공이 목적. 대표 1명, 이사 5명, 사무국 2명으로 구성. 샌프란시스코 Taproot Foundation 방문 학습이 설립 계기 |
| 유형 2:<br>서비스그랜트 도쿄 | 배경/개요 | 도쿄 시부야구 위치. NPO법인으로 2009년 설립. NPO 대상 자금지원이 아니라, 기술/노하우 제공이 목적. 대표 1명, 이사 5명, 사무국 2명으로 구성. 샌프란시스코 Taproot Foundation 방문 학습이 설립 계기 |
| | 사업 내용 | 웹사이트 제작, 인쇄물 제작, 홍보전략 수립 등 |
| | 수입구조 | Taproot Foundation의 방식을 따라서, NPO로부터 비용을 받지 않음. 2008년 수입금액은 800만 원이고 이 중 600만 원은 일본재단의 지원금이었음 |
| | 한계·시사점 | 정신노동자의 자원봉사활동을 제공함. 지원금 확보가 어려워 재정이 열악한 한계가 뚜렷 |
| 유형 3:<br>세컨드 리그 지원실 | 배경/개요 | 펄시스템 생협 지역본부의 지부에 해당. 법인격은 소비자생협이고, 이는 1990년 설립. 도쿄 문경구에 위치. 세컨드리그 지원실은 2006년 설립. 지역 NPO의 지역비지니스 담당업무를 맡을 전문가를 지원함 |
| | 사업 내용 | 식품/농업 지역비지니스 모델 지원. 업무위탁과 보조금 등으로 지원함. 지역문제 발굴, 홍보 및 창업 프로그램 진행 |
| | 수입구조 | 정보지 판매료와 창업스쿨 참가자 회비가 주 수입. 부족분은 모법인인 펄시스템에서 지원함 |
| | 한계·시사점 | 재정 자립이 과제임 |

출처: 이자성(2011b), 필자가 표로 정리.

일본의 지역비즈니스지원 중간지원조직은 여러 형태가 있다. 1) 지역비즈니스추진협의회: 관설민영, 2) CBSC: CB supporting center.

민설민영이다.

2008년 일본 관동경제국의 일본 중간지원조직 154개 조직 대상 설문조사 시행 결과, 조직 형태는 NPO 형태가 64%, 임의단체 19%, 주식회사 5%, 기타 등으로 나타났다. 운영 형태는 민설민영이 75%, 관설민영이 16%로 나타났다(이자성, 2011b).

북해/동북/관동/중부/긴키 등 권역별 지역비즈니스센터를 일본 정부가 설립하였다(이자성, 2011). 특정비영리활동법인NPO가 사무국을 맡았다. 이 방식은 국내 사회적경제 활성화네트워크 운영방식과도 같으며, 한국사회적기업진흥원의 통합지원기관 선정과도 유사하다.

중간지원조직의 한 예를 들자면, CS고베는 고베 대지진 이후 재난지역지원네트워크에서 파생되었으며, 1997년 중간지원조직 CS고베로 발족해 현재 NPO법인 형태로 운영되고 있다.

현재 CS(Community Support)고베센터는 사회적으로 배제되거나 고립된 사람들에게 일자리를 제공하는 등의 중간지원조직 역할을 수행한다. 또한 지역 상점가, 사회복지협의회, 지자체, 전국노동자co-op 등 고베 지역 여러 단체 간의 네트워크형 공동사업도 추진한다(제민일보, 2017.9.24). 1) 보람된 직업 지원, 2) 사회공헌학원 운영, 3) 커뮤니티비즈니스 실천교육, 4) 동일본 대지진 지원사업, 5) 고베 자전거 주차장 운영을 통한 노인 일자리 제공 등의 사업을 추진 중이다(제민일보, 2017.9.24). 행정에 과도하게 의존하지 않고, 스스로의 협동과 연대를 통해 사회적경제 주체들이 활동해야 함을 강조한다.

또다른 예로서, 교토NPO센터는 NPO법에 의거 2003년 설립되었다. 시민활동을 종합적으로 지원하는 주민 주도형 사업을 진행 중이다(제민일보, 2017.9.24). 보건의료복지, 사회교육, 문화예술, 재해구호, 인권 평화, 소비자보호, 시민중심 경제활동 지원 등을 수행한다. 2001년 일본 최초 커뮤니티 FM 방송국인 '교토 산조 라디오 카페'를 개국하였다. '마을과 협력연구소'를 운영하며, 마을공동체 활동을 통한 사회가치창출 활동을 전개한다. 2020년까지 1) 시민사회 기반의 재확인과 상호관계 재구축, 2) 중간지원 기능 다각화, 3) 공공마인드를 갖는 개인과 단체 육성 전개, 5) 직원 개별 전문성 강화, 6) 교토시 시민활동 종합센터와 새로운 공공센터 전략적 운영, 7) 공공정책 연구 및 사회문제 해결을 위한 사업 등을 추진하였다(제민일보, 2017.9.24).

일본 사례의 시사점은 일본 CB지원사업은 지자체에 의한 CB의 보호·지원이라는 특징을 지닌다(川上總一, 2007). 정부·지자체에 의한 위로부터의 개혁이며, 민간의 CB를 보호하는 행정의 가부장적 접근을 보여준다. 지역사회 사회경제조직 및 당사자조직들과의 파트너십이 원활하게 진행되지 않을 경우 이 가부장적 보호·육성 정책은 실패할 수 있음을 시사한다. 이러한 특징은 한국도 크게 다르지 않은 것으로 보인다.

## 9. 해외 사례 종합

일본의 경우 NPO센터 및 도도부현 또는 위탁받은 중간지원조직, 영국은 민관협력프로그램 위탁업체, 미국은 지역개발금융기관 펀드(CDFI), 프랑스는 프랑스노동협동조합협의회(CGSCOP), 사회연대경제지역회의소(CRESS), 캐나다는 지역개발센터(Center for Local Development: CLD), 지역고용센터, 지역거점 등이 중간지원기관으로 분류된다(KDI, 2018; p. 76).

공공 부문 주도 혹은 사회적경제 분야와 공공 부문 간의 협력에 의해 중간지원조직이 설립되는 대표적인 사례들이 영국의 CDA와 스웨덴의 협동조합개발기관(lokal kooperative utveckling: LKU)이다(엄형식 외, 2011). 우리나라 한국사회적기업진흥원 설립 방식과 현재 광역·기초 지자체에서의 사회적경제지원센터 직접 설립 방식은 공공 부문 주도가 두드러지는 영국·스웨덴의 경로와 유사하다.

벨기에에서는 사회적경제분야 조직 연합체들이 중간지원조직 역할을 수행하면서 공적 기능을 수행하자 점차 이에 대한 공공의 지원이 뒤따른 경로를 겪었다. 당사자조직이 발전한 이탈리아(컨소시엄 형태의 연합체 발전), 스페인(그룹 형태의 연합체 발전), 프랑스의 경우 당사자조직 연합체가 중간지원조직의 역할을 수행하거나, 중간지원조직을 설립·운영하는 양상을 보였다.

위의 유럽 경험을 종합하면, 1) 공공 주도성이 보다 강하게 나타나는 영국·스웨덴, 2) 당사자조직연합체의 중간지원 기능에 공공의 지원이 뒤따르는 방식, 3) 당사자조직 연합체가 공공 지원과 무관하게 독립적으로 중간지원조직 기능을 전담하는 방식으로 구분되는 것으로 보인다. 캐나다 퀘벡의 사례는 2)에 해당한다.

결국 사회적경제 분야 중간지원조직의 유무와 역할·규모 등은 지역 내 사회적경제 분야 활성화 정도, 이에 따른 사회적경제 당사자조직의 자원 보유 정도, 정부·지자체의 사회적경제 분야에 대한 정책적 관심의 정도 등에 크게 좌우되는 것으로 볼 수 있다. 이는 아래와 같이 우리나라 사경센터 혹은 사회적경제 중간지원조직이 없는 광역·기초 지자체에 시사점을 제공한다. 1)의 경우들이 두드러지고 2)와 3)의 예들이 취약한 우리나라의 현실은 균형적 발전의 필요성을 시사한다.

# 10. 중간지원조직의 현 위치

사경 분야 중간지원조직의 출현과 경로는 그 지역에서의 사회적경제 분야 당사자조직의 활성화 정도에 크게 연동된다는 점을 유럽 여러 나라의 경험은 말하고 있다.

공공·정부의 관심이 사회적경제 분야와 완전히 독립된 이슈는 아니며, 정부의 관심이란 시민사회의 선택에 의해 출범한 정부의 성격에 의해 좌우되므로 사회적경제 분야에 대한 시민사회의 관심과도 간접적으로 연관된다. 하지만 정부의 책임자 또는 지자체장의 관심사와 지역주민의 사회적경제 분야에 대한 관심도는 반드시 일치하거나 비례하는 것은 아니다.

[그림 2-1]의 3사분면의 경우 사회적경제 부문이 활성화되지 않았고 정부·지자체의 관심도 역시 낮은 경우를 뜻한다. 사회적경제분야 활성화를 목적으로 하는 중간지원조직이 출현하기 어려운 미성숙한 상황을 뜻한다.

제 2사분면의 예는, 사회적경제 분야 활성화 수준은 낮지만 정부·지자체의 사회적경제 부문에 대한 관심이 높고, 사회적경제부문 육성의 필요성을 크게 느끼는 경우에 해당한다. 정부·지자체의 조직을 활용하여 사회적경제 부문 육성 조직을 내부에 설치하거나 외부에 중간지원조직의 형태로 설립하는 경우이다. 2사분면에서처럼 정부·지자체가 중간지원조직을 설립하는 이유는 사회적경제 활성화의 기획자이자 조정자, 그리고 마중물의 역할을 해줄 것을 기대하기 때문이다. 정부·지자체에 의해 설립된 중간지원조직의 초기 단계에 해당할 경우 중간지원조직에 대한 개선의 내용과 속도, 그리고 합의 과정에 대한 신중한 접근이 필요함을 시사한다.

우리나라가 대표적인 예일 것이다. 영국, 스웨덴, 벨기에 등의 중간지원조직의 출현·성장 과정도 부분적으로 이에 해당한다. 정부·지자체의 지원에 의해 설립·운영되는 중간지원조직의 경우 당연히 정치적 변동(정부 교체 또는 지자체장의 교체)에 민감할 수밖에 없다. 정부 교체 등으로 인해 정부·지자체의 지원이 감소함에 따라 유료서비스 신설, 기존 자원 외의 자원 탐색, 회원·네트워크 등 연합체 특성 강화 등의 자구 노력을 기울인 영국의 사례(엄형식 등, 2011)는 정치 환경 변화에 대응해야 하는 2사분면에서의 중간지원조직의 미래를 보여준다. 아울러 가까운 미래의 국내 상황일 수 있다.

4사분면은 당사자조직이 활성화되어 당사자조직연합체 등이 중간지원조직의 역할을 수행하는 경우를 뜻한다. 당사자조직에 의한 설립과 운영은 당사자조직의 니즈(needs)에 맞는 큰 장점을 지니지만 당사자조직의 내적 논리에 좌우되는 한계가 부각될 수 있으며, 지역·국가의 전체적 관점이 약한 경우가 있을 수 있다. 중간지원조직의 역할에 대한 논의는 당사자조직의 내부에서 진행된다. 이탈리아, 스페인, 프랑스가 이에 해당되는 나라로 생각된다.

1사분면은 사회적경제 부문이 활성화되어 있을 뿐 아니라 사회적경제 부문의 성장에 대한 정부·지자체의 관심도 높은 경우를 뜻한다. 2사분면의 경험을 거쳐 1사분면으로 성장한 경우에는 공공에 의해 설립된 중간지원조직과 당사자조직이 설립한 중간지원조직이 공존할 가능성이 높으며, 시간이 갈수록 당사자 자율성을 강조하면서 공공 중간지원조직의 기능이 민간으로 이양되고, 민간에 의해 인수되는 궤도를 그릴 것으로 예상된다. 3사분면에서 출발하여 4사분면의 경험을 거쳐

[그림 2-1] 사경 분야 활성화 정도와 정부 관심에 따른 중간지원조직 설립과 역할 수행

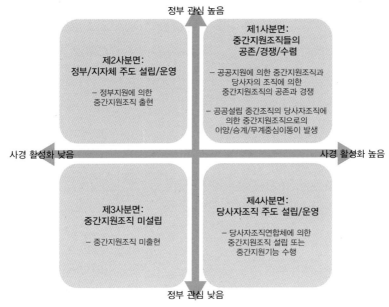

정부 관심 높음

제2사분면:
정부/지자체 주도 설립/운영

– 정부지원에 의한
　중간지원조직 출현

제1사분면:
중간지원조직들의
공존/경쟁/수렴

– 공공지원에 의한 중간지원조직과
　당사자의 조직에 의한
　중간지원조직의 공존과 경쟁

– 공공설립 중간조직의 당사자조직에
　의한 중간지원조직으로의
　이양/승계/무게중심이동이 발생

사경 활성화 낮음　　　　　　　　　　　　　　　　　사경 활성화 높음

제3사분면:
중간지원조직 미설립

– 중간지원조직 미출현

제4사분면:
당사자조직 주도 설립/운영

– 당사자조직연합체에 의한
　중간지원조직 설립 또는
　중간지원기능 수행

정부 관심 낮음

출처: 필자 작성.

1사분면에 도달하는 경우에는 정부의 관심이 새로운 공공 중간지원조직을 설립하는 것이 아니라 당사자조직을 간접적으로 지원할 가능성이 보다 높을 것으로 예상된다.

정부의 관심과 지원에 의해 사회적경제의 활성화가 실현되기 쉽지 않음을 고려하면, '3 → 2 → 1사분면'으로의 이동경로, 특히 '2사분면 → 1사분면'의 이동은 '3 → 4 → 1사분면'으로의 이동보다 어렵고 오랜 기간이 소요되는 경로일 것이다. 이러한 구분에 따르면, 중간지원조직에서 공공에 의해 설립된 중간지원조직의 비중이 크고, 재정지원사업이 차지하는 비중이 높다는 점에서 우리나라의 중간지원조직 관련 현실은 2사분면에 존재한다고 평가된다.

# 우리나라 중간지원조직
# 현황 및 분석

〈표 3-1〉에서는 중간지원조직을 분석함에 있어서 선행연구에서의
조사 문항에 대한 내용과 이 연구에서의 조사 내용을 보여주고 있다.
외국의 조사에 비해 이 연구는 국내 사회적경제 관련 중간지원조직에
대한 조사이므로 국내 중간지원조직의 현실과 관련된 문항들이 다수
포함되었다. 아울러 조직형태별 차이에 의한 중간지원조직의 차이, 그
리고 중앙·광역·기초단위마다 중간지원조직의 규모·역할·자원 등이
상이함 등을 반영하였다.

〈표 3-1〉 중간지원조직 조사 선행연구 및 조사 항목

| 조사 대상 | 출처 | 조사 항목 |
|---|---|---|
| 일본 중간지원조직 154개 조직 대상 일본 관동경제국 조사(2008) | 이자성 (2011d) | 설립연도, CB지원조직 형태(NPO, 임의단체, 주식회사, 기타 등), 조직 운영형태(관설민영, 민설민영, 기타), 지원사업 종류, 지원사업 담당자, 지원사업 재원, 설립 시 협력단체, 지원 대상 CB, 지원사업 중의 중점 사업, 개별CB 계속적인 지원, CB 지원 과제, CB 지원기관 사업수지, 네트워크, CB 지원기관의 상근직원, 사업 규모 및 내용 등 11개 항목. |
| 유럽 주요 국가 중간지원조직 현황 조사(2011) | 엄형식 외 (2011) | 1) 설립 주체, 2) 운영 방식, 3) 거버넌스, 4) 자원 동원 방식, 5) 서비스 내용, 6) 공공 부문 및 지역사회와의 관계 등 |
| (예비)사회적기업/ 마을기업/자활기업 대상 설문조사 | KDI (2018) | 지자체와 중간지원조직에의 방문 정도, 만족도, 전문성 및 신뢰성 등에 대해 설문조사 실시 |

| 서울시 중간지원조직 발전 방안 조사 | 정병순·황원실 (2018) | 중간지원조직에 대한 일반적 인식, 중간지원조직의 운영 여건, 중간지원조직의 정책 수요에 대한 설문조사와 인터뷰 |
|---|---|---|
| 마을기업 지원센터 현황조사 | 한국마을 지원센터연합 (2019) | 49개(광역 13개, 기초 26개) 마을지원 중간지원조직 대상으로 1차조사(사업계획서, 사무편람, 위탁협약서), 2차 현황조사(기본현황, 조직운영현황, 예산 및 사업 운영) 조사 |
| 본 연구 | | 중간지원조직 설립 시점, 관설관영/관설민영 등 조직 형태, 관설관영의 경우 직접설립과 고용에 의한 관설관영인지, 지역 내 민간조직/공공기관이 위탁 수행하는 관설민영/관설관영인지의 여부, 수탁 주체의 특성으로서의 중간지원조직 역할 수행가능한 단일조직인지, 지역 사회적경제네트워크(네트워크/단일조직 등의 컨소시엄인지)인지, 아니면 당사자조직협의체인지 등의 구분, 예산(전체 예산, 인건비 제외 사업예산, 예산 변동폭, 예산의 주 수탁관계 의존도, 주 수탁관련 예산 외의 예산의 구성, 중앙부처 사업별 예산 구성, 특정 사업/기관에의 예산 의존도 등), 정규직/비정규직 인력 규모, 인력 이직률, 주요 사업, 연도별 중간지원조직 변화 여부, 4가지 조직 형태의 포괄/관련 정도, SE 유관 범위(예: 농어촌공동체/도시재생/NGO센터 등) 관련 정도, 설립 이래 수탁기관 변동 정도, 구성원들의 조직형태별 경력, 행정체계 중심 기능인지 사회적경제 생태계 지원역할 중심인지의 구분, 지자체 내 중간지원조직의 역량/성과/위상, 유사 경쟁 중간지원조직의 유무, 타 유관 중간지원조직과의 네트워킹 정도, 미래 통합가능 사회적경제 중간지원조직의 조직/기능/사업의 우선순위, 과거/현재 유사 통합 사례 및 평가 등으로 구성 |

이 표에 포함된 유럽 사회적경제 중간지원조직 분석(엄형식 외, 2011)에서는 운영구조와 자원동원 방식을 1) 컨설팅기관 형태, 2) 연합체 형태, 3) 컨소시엄 형태·그룹 형태로 구분하였다. 컨설팅기관 형태의 중간지원조직은 개발·지원기능에 특화된 중간지원조직이다. 연합체 형태나 컨소시엄/그룹형태의 중간지원조직에서는 개발/지원기능이 수행하는 전체 기능 중 일부라는 점에서 대조적이다.

하지만 위와 같은 컨설팅기관 형태, 연합체 형태, 컨소시엄·그룹 형태의 3가지 분류는 우리나라 중간지원조직 분류에는 적합하지 않다.

연합체형태나 컨소시엄·그룹 형태는 사회적경제 당사자조직들 간의 결합의 종류를 의미하는데, 우리나라의 경우 사회적경제조직들의 연합체·컨소시엄·그룹 형태의 중간지원조직(예: 아이쿱 협동조합연구소)의 숫자가 매우 적다. 당사자조직에 속한 중간지원조직이라는 점에서는 유럽의 연합체·컨소시엄·그룹 형태 모두 동일하지만, 우리나라 사회적경제센터의 경우 위탁운영 방식이고, 소유권 측면에서는 지자체에 귀속되어 있기 때문이다.

통합지원기관이나 마을기업지원기관의 경우 유럽의 단일 조직 형태의 연합체·컨소시엄·그룹 형태가 아니라 지역에 존재하는 사회적경제조직들 또는 그 협의체, 그 외 시민단체 등이 가입된 방식이어서 유럽의 연합체·컨소시엄·그룹 형태가 아니다.

# 제1장 중앙단위 중간지원조직

사회적기업 관련 중간지원조직인 고용노동부 산하 한국사회적기업진흥원과 자활기업 관련 중간지원조직인 보건복지부 산하 한국자활복지개발원(과거 중앙자활센터)은 대표적인 중앙단위 중간지원조직이자 '관 주도형' 중간지원조직이다. 2011년 고용노동부 산하로 한국사회적기업진흥원이 설립되었고, 2012년 전국 최초의 광역단위 사회적경제지원센터인 서울시 사회적경제센터가 설립되었다. 기초단위에서도 거의 유사한 시기에 몇몇 기초지자체에서 사회적경제지원센터가 설립되었다. 자활의 경우에는 중앙자활센터가 2008년 설립되었고, 이후 광역자활센터와 지역자활센터가 설립되기 시작하였다.

## 1. 한국사회적기업진흥원

우리나라 사회적경제 중간지원조직의 역사는 고용노동부가 한국사회적기업진흥원을 2011년 설립한 이래 시작되어, 광역지자체 중간지원조직 설립으로 이어졌고 최근에는 기초지자체 중간지원조직 설립으로까지 확대되어 왔다(김태영, 2016; 조경훈·최준규, 2016).

### 1) 한국사회적기업진흥원의 역할
우리나라 사회적경제 중간지원조직의 역할은 중앙정부 차원의 유일한 중간지원조직인 한국사회적기업진흥원의 역할과 유사하다(김태영, 2016).

「사회적기업육성법」 제20조 제4항에 따르면 진흥원은 사회적기업가 양성과 사회적기업 모델 발굴 및 사업화 지원, 사회적기업의 모니터링 및 평가, 사회적기업 홈페이지 및 통합정보시스템 구축 운영, 업종·지역 및 전국 단위 사회적기업 네트워크 구축 및 운영 지원, 경영·기술·세무·노무·회계 등 개선을 위한 컨설팅 지원, 사회적기업 관련 국제교류협력 등의 역할을 고유 업무로 수행하고 있다. 또한 사회적기업 실태조사, 사회적기업 인증 업무, 교육훈련 실시, 재정지원사업 심사지원과 모니터링, 사회적경제 관련 정책 기능 등도 위탁업무로서 수행한다.

한국사회적기업진흥원 설립 초기에는 인증 및 인건비 지원 등의 역할이 압도적이었다. 2013년부터 사회적기업에 대한 인건비 지원 등 역할을 권역별 통합지원기관에 이관하면서 진흥원의 행정사무적 업무들을 위탁기관으로 이관하기 시작하였다.

사회적기업·협동조합 관련 통합지원기관의 선정과 위탁운영, 사회적기업가 육성사업의 위탁운영 등이 증가하면서 진흥원의 업무가 권역별 민간기관(사회적협동조합이나 사단법인과 같은)이나 공공기관으로 이관되는 양상이 뚜렷해졌다.

한국사회적기업진흥원은 처음에는 사회적기업 진흥 업무만을 담당하였으나 현재는 사회적기업뿐 아니라 협동조합에 대한 지원도 담당하는 통합지원기관이다. 따라서 한국사회적기업진흥원은 사회적기업 지원업무와 협동조합지원업무를 통합하여 진행하고 있으며 서로 다른 두 개의 조직 형태 지원을 통합하여 운영하는 경험을 쌓고 있다.

사회적 협동조합 설립 인가 신청이 2018년 436건에서 2020년 11월 1,031건으로 급증하는 현상이 나타났다. 이는 사회적 협동조합에 대한 관심사가 증가하는 것을 의미하며, 한국사회적기업진흥원의 업무체계의 변화 필요를 시사하기도 한다(김기승 외, 2021).

진흥원의 4대 미래성장과제로서 1) 사회적경제 진출 가능 모델 개발 및 확산, 2) 국내·외 사회적경제 연구·조사 역량강화, 3) 지역 단위 사회적경제 지원 인프라 구축, 4) 공공·민간 사회적 가치 실현 지원을 설정하고 있다(김기승 외, 2021).

## 2) 한국사회적기업진흥원에 대한 평가

기타 공공기관인 한국사회적기업진흥원에 대한 경영평가의 일환으로 매년 정부는 한국사회적기업진흥원에 대한 고객만족도 조사를 진행하고 있다.

2018년까지의 고객만족도조사는 1. 사회적기업·협동조합 창업지원, 2. 사회적기업·협동조합 발굴 및 성장지원, 3. 사회적기업·협동조합 교육지원사업, 4. 사회적기업 인·지정 지원, 5. 온·오프라인 판로지원, 6. (예비)사회적기업 경영컨설팅, 7. 통합정보시스템의 7가지로 구분되어 측정되었다.

2018년의 경우 6. (예비)사회적기업 경영컨설팅이 '보통' 평가를 받았으며, 그 외 6가지 항목은 모두 '미흡' 평가를 받았다(각년도 한국사회적기업진흥원 고객만족도 조사결과, 한국사회적기업진흥원 경영공시 자료).

2019년에는 6. (예비)사회적기업 경영컨설팅과 7. 통합정보시스템의 두 항목에서 '보통'의 평가를, 나머지 5개 항목에서는 '미흡' 평가를 받았다. 2020년의 경우 기존 7개 평가 항목 중 4. 사회적기업 인·지정

지원 항목이 평가 대상에서 제외되어 6개 항목 대상으로 만족도 조사가 진행되었으며, 4. 온·오프라인 판로지원 항목에서만 보통에 해당되는 'B' 등급을 받았으며, 나머지 5개 항목에서는 미흡에 해당하는 'C' 등급을 부여받았다.

한국사회적기업진흥원의 활동이 다양한 점, 이에 반해 만족도 조사에서의 고객 표본이 400명 미만의 소규모라는 점 등을 고려하면 위의 고객만족도 조사결과가 충분한 대표성을 지니는가의 의문의 여지가 있다. 하지만 3년 기간의 결과인 점을 고려하면, 한국사회적기업진흥원의 여러 활동과 서비스에 대한 고객의 평가결과는 진흥원이 고객들의 기대에 충분히 부응하는 수준에는 도달하지 못함을 시사한다.

기타 공공기관 경영평가 결과, 사회적경제 규모화 및 성장지원, 지역생태계 조성 및 거버넌스 활성화, 사회적경제 인식 제고를 통한 가치 실현, 위기 극복을 위한 대내외 대응체계 마련이라는 추진방향별 성과지표 설정은 적절한 것으로 평가된다. 하지만 사회적경제 규모화 및 성장지원 지표와 지역생태계 조성 및 거버넌스 활성화 지표가 투입지표 또는 활동지표로 구성되어 산출지표로의 변경이 바람직하다는 지적이 있었다(김기승 외, 2021).

2021년에 실시된 2020년 한국사회적기업진흥원 대상 경영평가 결과에서는 사회적경제에 대한 일반 국민들의 공감도 제고와 관련된 노력 일정한 성과가 있었으나, 공감도의 절대적 수준이 낮다는 점이 한계로 지적되었고, 보다 도전적인 목표 설정과 목표 달성 노력이 요청된다고 지적된 바 있다(김기승 외, 2021)

공공기관 대상 경영평가의 결과와 별도로 감사원은 공공기관에 대한 감사를 진행하고 그 결과를 발표하고 있다. 2021년 감사원은 사회적기업의 운영 및 관리가 부실하다는 감사 결과[1]를 발표한 바 있다.

아울러 국회에서도 유사한 맥락의 지적이 제기되었다. 특히 일자리 제공형의 비중이 너무 높고, 지역사회공헌형 및 사회서비스 제공형 등의 비중이 낮아 사회적기업의 다양성 측면에서도 개선이 필요한 것으로 지적된 바 있다.

한국사회적기업진흥원이 중앙부처 단위 중간지원조직으로 처음 설립되고, 이어 광역단위 중간지원조직 기능을 하는 통합지원기관을 진흥원이 선정하고, 아울러 광역시도에서의 사경지원센터를 지자체들이 설립하는 과정을 거쳐왔다.

중앙단위 중간지원조직의 설치로부터 기초지자체에서의 사경지원센터로까지 분화되는 최근 10년의 과정은 중간지원조직의 확산과정이자 분화과정으로 볼 수 있다. 이는 세포분열의 관점에서 볼 것인가, 아니면 권한이양과 당사자조직 밀착지원의 관점(분사/승계의 관점)에서 이해할 것인가의 차이가 있다. 세포분열 관점이라면 동일한 조직과 기능의 복제가 잘 이루어졌는가를 기준으로 평가될 수 있다. 권한이양과 당사자조직 밀착지원 관점이라면, 새로운 사경센터들이 만들어지면서 기존 진흥원이나 광역사경센터의 기능들이 이관됨에 따라 기존 조직들의 새로운 활동 개발 및 전문화가 이루어졌는지 여부가 평가의 기준이 될 수 있다.

정부 주도 사회적경제 전달체계에 대한 비판(박혜연, 2018)에서는 '명령하달식 비효율적 구조'의 한계를 제기한다. 정부의 사회적기업 1,000개 육성 목표에 따라 진흥원이 창업팀 30개 육성을 중간지원조

---

1 "사회적 기업 지원 및 관리실태"감사보고서(감사원 홈페이지 www.bai.go.kr)

직에게 요구하는 기계적 방식을 채택하였고, 행정 상 요구 자료 과다 등 사회적기업진흥원의 역할에 대한 비판이 제기된다.

중간지원조직의 역할 과다의 문제점(박혜연, 2018)으로 초기에는 행정지원과 인큐베이팅 역할에 집중하다가 시간이 경과함에 따라 홍보와 판로 지원, 자금조달까지 맡게 되어 역할이 과중하다. 핵심 역할에 대한 집중 여력이 없어지고 있다는 지적도 있다.

우리나라 중간지원조직들로부터 발견되는 제도적 부조화는 크게 세 가지이다. 첫 번째는 법적, 제도적 측면의 부조화로서, 정부·지자체가 중간지원조직을 세세하게 관리 및 규정하는 규제 지향의 민간위탁 관련 법적 체계와 시민참여를 활성화하고자 하는 개방지향의 사회혁신 정책 간의 충돌과 부조화이다(정병순·황원실, 2018). 두 번째는 중간지원조직에 대한 재정지원을 정당화하는 데 필요한 가시적, 단기적 성과 산출 압박과, 숙의와 인내를 필요로 하는 장기적 관점의 사회혁신 정책 간의 충돌과 부조화이다. 세 번째는 정부주도형 행정전달체계에 머물러 있는 사회적경제 관련 공무원들의 사고방식·문화와, 민간 사회적경제조직들의 니즈(needs)를 충족시켜야 하는 중간지원조직들의 고객지향성 간의 충돌과 부조화이다(송유정, 2019). 이러한 여러 가지 충돌과 부조화는 중간지원조직의 역할 갈등을 낳고, 중간지원조직 구성원들의 정체성 혼란으로 이어질 가능성이 높다.

사회적기업진흥원이 지금까지 사회적기업과 협동조합 설립 지원 업무를 담당하여 왔으나 "전체 기업DB 통합관리 부재, 현장의 행정력 낭비를 줄일 사업양식 및 성과보고서 통일 미 수행, 부처 간 정책 연계 조율 부재, 부문 간 노하우 공유를 위한 민간 전문가 활용 연계 부재 등 통합적 기능은 수행하지 못한 채 오히려 광역단위의 민간지원조직에 대한 권위적 태도와 당사자조직들에 대한 소통 미흡 등 기존의 민관협력 경험조차 단절시키는 부정적 영향력을 발휘했다"는 부정적인 평가 의견(이은애, 2017)도 존재한다.

## 2. 한국자활복지개발원

한국자활복지개발원은 기초생활 수급자 및 차상위자(최저생계비 120% 이하) 등 저소득층을 대상으로 일과 복지를 연계하여 자립·자활을 지원하는 보건복지부 산하 공공기관이다. 이 개발원은 저소득층의 자립·자활을 지원하기 위하여 자산형성 지원, 금융 취약계층 자립지원사업(드림셋), 자활근로사업 등의 활동을 수행한다.

「국민기초생활보장법」 제15조2에 의거하여 2019년 7월 설립된 신생 공공기관으로서 2008년 설립된 중앙자활센터가 한국자활복지개발원의 전신이다. 2020년 2월 기타공공기관으로 신규 지정되었다. 서울, 경기, 인천, 대전, 광주, 부산, 대구, 울산, 경남, 경북, 전남, 전북, 충남, 충북, 강원 등 15개 지역의 광역자활센터와 250개 지역자활센터를 두고 있다. 2021년 6월 30일 기준 임원 및 정규직(일반정규직) 정원 43명에 현원 42명, 정규직(무기계약직) 정원 46명에 현원 43명이다(한국자활복지개발원 홈페이지, 2021.9.12 검색).

2019년에 설립됐기 때문에, 2020년 기타공공기관 신규 선정 등으로 인해 고객만족도 조사결과 및 공공기관 경영평가 대상으로 편입되지 않아 공공기관 경영평가 결과 및 고객만족도 조사결과가 없다.

# 3. 기능·분야·조직형태별 전국 단위 중간지원조직

2007년 「사회적기업육성법」의 통과 이후 사회적기업 지원기관을 설립인증지원기관, 운영지원기관, 회계지원기관, 컨설팅지원기관, 홍보지원기관 등으로 구분한 바 있다(정수화, 2011; 김학실, 2014). 2009년 권역별 중간지원조직 선정 이전까지는 기능별 중간지원조직을 선정하는 방식이었다.

한국사회적기업진흥원 출범 초기인 2012년에는 권역별 사회적기업지원기관과 별도로 기능별 특화지원기관을 지정한 바 있다.

〈표 3-2〉 2012년 한국사회적기업진흥원의 특화 지원기관 선정 결과

| 분야 | 기관명 |
|------|--------|
| 환경 | (사)한국폐기물협회 |
| 문화예술 | (재)예술경영지원센터 |
| 농어촌 | 한국농어촌공사, (재)지역재단, (재)완주커뮤니티비즈니스센터 |
| 기독교 | (사)한기장복지재단 |
| 불교 | (사)날마다좋은날 |
| NGO | (사)사람사랑, 한국NPO공동회의 |
| 북한주민 | (사)열매나눔재단 |
| 프로보노 | (사)사회적기업지원네트워크 |

출처: 한국사회적기업진흥원(2013). 박수경·장동현(2013)에서의 재인용.

위의 특화지원기관은 분야별 지원기관으로 설정되어 있다. 분야별 지원기관 역시 당시에는 사회적경제 활성화에 기여할 수 있는 유관 중간지원기관으로 간주할 수 있다. 특화지원기관의 역할은 첫째, 자원연계 활성화 및 네트워크 구축, 둘째, 대상별 사회적기업 모델 발굴·확산, 셋째, 성공사례 발굴 및 사회적기업 홈페이지 등 홍보, 교육, 넷째,

인증 및 모니터링 등이었다.

일부 공공기관(한국농어촌공사, 예술경영지원센터)도 포함되어 있으나 한두 개의 단체를 정하는 방식이 일반적이다. 향후에는 그 분야의 대표성이 있는 네트워크 혹은 더 나아가 가장 우수한 사회적경제조직이 역할을 담당하는 방향으로 재활용할 필요가 있는 것으로 보인다.

한국사회적기업진흥원은 2013년부터 광역별 사회적기업통합지원기관 선정과 위탁운영을 시작하였다. 따라서 사회적기업과 협동조합 지원업무의 통합 이전에도 사회적기업 대상 '통합지원' 개념을 사용하였다. 한국사회적기업진흥원의 광역별 사회적기업·협동조합 통합지원기관 위탁운영은 2014년부터 시작되었다.

사회적경제조직들의 판로지원에 관한 법 제정이 지연되는 상황에서 정부는 사회적경제조직들이 온라인·비대면 시장에서 판로가 가능하도록 온라인 상품몰 입점 등을 지원하여 왔다. 온라인 비즈니스 모델 구축뿐 아니라 지역별·업종별 '소셜 벤더'라는 민간유통 전문조직을 만들어 체계적·지속적인 판로확보가 되도록 지원할 계획이다(사회적경제전문위원회 21차 회의 보도자료, 2021.9.9). 이 '소셜 벤더'는 판로개척·마케팅 특화 중간지원조직에 해당될 것이며, 2020년에 이미 16개를 육성한 바 있다(김기승 외, 2021).

고용노동부의 일경험 지원사업, 한국사회적기업진흥원이 매년 주관하는 사회적기업가 육성사업, 전문컨설팅사업, 부처형 예비사회적기업 전문지원기관 사업, 예비사회적기업 네트워크 구축사업, 교육사업, 프로보노[2] 및 자원봉사 프로그램 운영, 사회적기업 홍보사업, 사회

---

2  pro bono: 전문가들이 자신의 전문성을 활용해 사회적 약자와 소외계층을 돕는 활동

적금융활성화 지원사업, 성장지원센터 사업 역시 각각 해당 분야 중간지원조직을 선정하여 위탁하는 방식으로 진행되고 있어, 이러한 사업들의 수탁 기관들도 중간지원조직의 성격을 지닌다.

중간지원조직 설립을 희망하는 광역단위 및 기초단위 지자체 등을 대상으로 중간지원조직 설립 관련 컨설팅과 연구 서비스를 제공하는 여러 기관들이 존재한다. 해피브릿지협동조합, 한국협동조합연구소, 아이쿱협동조합지원센터, 희망제작소, 씨즈(Seed's), 한겨레경제연구소, 한국공정무역협의회 등이 그 예이며, 이 조직들은 기능별 중간지원조직에 해당한다.

씨즈(Seed's)는 2010년 설립 이래 청년사회적기업가 육성, 한국형 사회적기업 발전모델 개발, 사회적기업을 위한 기반 조성, 사회적기업 실천 연구 등을 목적으로 활동하는 비영리 사단법인이다. 120개 이상의 사회적기업 설립을 지원한 바 있는 설립 전문 중간지원조직이다. 서초 창의허브(2016년까지) 및 세운상가에 위치한 서울시 H-창의허브(2017년부터) 운영, H-온드림 사회적기업 오디션 개최 등을 담당하였으며, 서울시 자치구 통합지원센터 설립지원사업에 따라 설립된 은평구 사경허브센터의 위탁운영기관(2016년까지)이기도 하였다. 2021년 한국사회적기업진흥원의 사회적기업가 육성사업의 창업지원기관이다.

희망제작소는 2014년 6월 JP모건이 출연한 4억 원의 기금을 활용하여 '사회적경제 핵심인재육성센터'를 개소한 바 있으며, 연구를 통해 완주커뮤니티비즈니스센터, 광주 광산구 공익활동지원센터 등의

을 의미. 이는 '공익을 위하여'라는 의미의 라틴어 'pro bono publico'에서 나온 용어로서 대표적인 예는 의사의 의료봉사, 변호사의 무료법률상담 등임(네이버 지식백과)

중간지원조직 설립에 기여한 바 있다(김지현, 2016). 아울러 강동구 사경센터를 위탁운영하는 등 위탁운영기관으로서도 기능한 바 있다.

사회적경제조직들에게 개인 역량강화 등의 성공을 돕고 지원을 하는 비영리단체인 루트임팩트는 성수동 사회혁신 클러스터 조성에 기여했다. 민간기업인 SK행복나눔재단과 HGI 등도 유력한 기능적 중간지원조직이다.

사회적경제조직들을 대상으로 필요자금을 조달하는 한국사회가치연대기금(2019년 출범), 사회연대은행과 신나는조합, 서민금융진흥원, 사회투자지원재단 등도 금융 기능 중간지원조직에 해당한다. 민간공제기금인 사회혁신기금과 사회적기업연대공제기금 역시 규모는 적지만 이에 해당된다.

하지만 위의 많은 중간지원조직들이 사회적기업·협동조합 통합지원기관, 마을기업지원기관, 지자체별 사회적경제지원센터에 해당하는 중간지원조직들은 아니다.

사회적경제조직들 중에서 특정 조직 형태에 대한 지원에 초점을 맞춘 중간지원조직도 존재한다. 서울시 협동조합지원센터와 사회적협동조합인 세이프넷지원센터, 한국협동조합창업경영지원센터(협동조합 대상 교육, 컨설팅, 창업투자 수행)가 대표적인 예이다. 아울러 기초단위에서는 춘천의 협동조합지원센터도 넓은 의미에서 유사한 예이다.

# 제2장 광역단위 중간지원조직

광역지자체 수준에서는 사회적기업과 협동조합의 경우 중간지원조직에 해당하는 통합지원조직이 존재하며, 마을기업의 경우에도 지원기관이 광역별로 선정된다. 관련 중앙부처별로 지원기관에 해당되는 중간지원조직을 선정하는 것과 별도로 광역단위 지자체는 사회적경제를 활성화하기 위해 사회적경제지원센터를 설립, 운영하고 있다.

지역에 따라 광역지자체가 설립한 사회적경제지원센터와 중앙부처가 선정하는 광역단위 지원기관이 중복되는 경우도 있으나 논리적으로는 별개로 구분하여야 한다.

〈표 3-3〉은 전국 지역별 사회적경제 중간지원조직의 2021년 현황을 보여주고 있다. 보다 구체적으로, 중간지원조직을 중앙부처 예산지원에 의해 진행되는 사회적기업·협동조합 통합지원기관과 마을기업지원기관, 그리고 지자체 예산 지원에 의해 운영되는 사회적경제지원센터의 3가지에 대한 정보를 담고 있다.

사회적경제 주요 3대 부문(사회적기업·협동조합·마을기업)은 소관 부처별로 광역단위 지원기관을 매년 선정·운영한다. 사회적기업·협동조합의 경우 사회적기업진흥원(고용노동부·기획재정부 출연예산)을 통해 16대 권역별(대전·세종 통합) 지원기관을 매년 공모한다.

(광역·기초)자활 관련 중간지원조직, 유관 중간지원조직(마을공동체지원센터·도시재생지원센터·공익활동지원센터 등), 조직형태별 전문 중간지원

조직(서울시 협동조합지원센터 등), 기능별 전문 중간지원조직(예: 광역별 유통 전문 중간지원조직인 강원곳간, 경북종합상사, 대구무한상사, 충남 따숨상사, 전남 사회적경제보부상단 등)은 표에 포함되지 않았다.

지원기관은 사회적기업·협동조합 지원기관이 17개, 마을기업지원기관이 17개, 시도 사경센터 13개 등 총 47개소이며, 47개소에 대한 운영 참여법인은 31개이다.

광역단위 사회적경제네트워크가 참여하고 있는 지역은 서울, 인천, 충남, 제주 등 4개 지역이다. 경기의 경기도일자리재단, 울산의 (재)울산경제진흥원, 충북의 충북기업진흥원, 전북의 전북경제통상진흥원 등의 경우 공공기관이 참여 기관이다.

고용노동부 산하 한국사회적기업진흥원이 선정하는 통합지원기관은 사회적기업과 협동조합을 위한 광역단위 중간지원조직이다. 2020년과 비교하면, 2021년에는 부산 사회적경제지원센터의 위탁운영 기관이 사회적기업연구원에서 (사)부산플랜으로 변경된 점, 세종 사회적경제지원센터 위탁운영기관이 한국협동조합연구소로 결정된 점의 두 가지를 제외하면 2020년과 동일하다.

광역단위 사회적경제 전달체계를 다음의 두 가지로 구분하는 견해(이은애, 2017)가 있다. 1) 단일 민간 주체가 중앙부처 지정 지원기관과 지자체 자체재정 투입형 사회적경제지원센터를 통합위탁운영하는 방식으로서 강원, 제주, 대구 등이 이에 해당한다. 위탁 민간 주체가 당사자조직협의회뿐 아니라 지역 내 대표적 민간단체까지 포괄하여 부족한 전문성과 실행 능력을 보강할 수 있는 구조로 설명된다(이은애, 2017).

〈표 3-3〉 2021년 광역단위 지자체 중간지원조직 현황

| 구분 | 권역별 통합지원기관 (사회적기업·협동조합) | 마을기업 지원기관 | 사회적경제지원센터 |
|---|---|---|---|
| 서울 | (사)한국마이크로크레디트 신나는조합 | (사)서울시사회적경제네트워크 | |
| 경기 | (사협) 사람과세상 | 경기도 일자리재단 | |
| 인천 | (사협) 더좋은경제 | (사협)다원세상 | (사)인천사회적경제네트워크 |
| 강원 | (사)강원도사회적경제지원센터 | | |
| 대구 | (사)커뮤니티와 경제 | | |
| 경북 | (사)지역과 소셜비즈 | | 대구대학교 사회적경제지원단 |
| 부산 | (사)사회적기업연구원 | | (사)부산플랜 |
| 울산 | (사협)울산사회적경제지원센터 | (재)울산경제진흥원 | - |
| 경남 | (사협)모두의경제 | 경남대학교 마을공동체 지원단 | (사협)경남사회연대경제 |
| 충북 | (사)사람과경제 | (재)충청북도기업진흥원 | - |
| 충남 | (사)충남사회경제네트워크 | (사)충남사회적경제연대 | |
| 대전 | (사협) 사회적경제연구원 | (사협)마을과복지연구소 | |
| 세종 | | (사)한국협동조합연구소 | |
| 전북 | (사)전북사회적경제연대 | 전북경제통상진흥원 | |
| 광주 | (사협) 살림 | | 광주사회적기업협의회 |
| 전남 | (사)상생나무 | (사)전남고용포럼 | |
| 제주 | (사)제주사회적경제네트워크 | | |

2) 중앙부처 지정기관과 광역단위 사경지원센터가 분리 운용되는 구조가 있는데 서울, 경기, 충남 등에서 운영되는 방식이다. 사회적경제 정책 위상이 높고, 예산 규모도 큰 지자체가 이에 해당한다. 지원구조가 이원화되었음에도 각 기관의 기능과 위상이 상이하여 이원화의 문제가 거의 없는 경우이다(이은애, 2017).

하지만 반드시 위의 두 번째의 분리 운영 지역에서 사회적경제의 위상이 높고 예산이 큰 현상이 공통적으로 발생하는 것은 아니다. 지역 단일의 대표성이 있는 사회적경제 네트워크의 부재로 인한 여러 중간지원조직 위탁운영 희망기관이 공존하는 상태의 결과일 수도 있다. 광역단위 내 중간지원조직 위탁기관들의 역사적 변화를 함께 파악하는 것이 필요하다.

〈표 3-3〉에서의 첫 번째 특징은 사회적협동조합으로 설립된 사회적경제네트워크가 통합지원기관, 마을기업지원기관, 혹은 사회적경제지원센터 위탁운영기관인 경우가 가장 많다는 점이다.

한국사회적기업진흥원의 지원기관 사업이 시작된 2011년 이후 초기에는 사회적기업 대상 중간지원기관 역할을 수행하는 기관이 새롭게 설립된 것이 아니라, 기존의 조직(예: 공공기관, 대학교, 연구소 등)에 지원금을 배부하면서 중간지원기관의 역할을 추가하는 형태였다(송두범, 2011).

하지만 통합지원기관의 역사가 축적되면서 지역별로 네트워크를 구성하여 통합지원기관의 역할 수행을 목적으로 지역별 네트워크가 설립되고 이 네트워크가 사회적협동조합으로 형태를 전환하면서 통합지원기관의 역할을 수행하는 경우가 크게 증가하는 추세를 보인다.

이는 조직 주요 목적과의 연관성 측면에서 보다 조직목적사업으로 접근하는 것을 뜻하며, 이는 사회적경제조직 대상 지원의 전문화로 이어질 가능성이 높다는 점에서 긍정적이다.

아울러 한국사회적기업진흥원이 주관하는 통합지원기관 선정의 역사는 사회적경제와 직결되지 않는 조직의 지원업무 역할 수행에서 시작하였지만 보다 사회적경제조직에 직결되는 조직의 역할 수행으로 변모하고 있는 추세를 읽을 수 있다. 사회적경제조직에 대한 지원사업 역시 넓은 의미에서 사회적경제 활동이라는 점에서 사회적경제 당사자 부문의 조직 확장 및 역량강화로 해석될 수 있으며 긍정적인 변화이다.

두 번째 특징으로는 여러 광역단위에서 통합지원기관, 마을기업지원기관, 사회적경제지원센터 위탁운영기관으로 활동 중인 단체는 없다는 점이다. 이는 광역지자체 내부에서 사회적경제 관련 중간지원조직을 육성하고자 하는 정책적 노력의 산물이다. 하지만 때로는 광역지자체들이 광역단위 중간지원조직 역할 수행 가능 기관의 범위를 지역 내부로 한정하여 진입장벽을 쌓는 것으로 해석될 여지도 있다.

세 번째 특징으로는 대구대학교 사회적경제지원단이나 경남대학교 마을공동체지원단처럼 대학교가 사회적경제 중간지원조직 역할을 수행하는 경우가 발생하고 있다(김종걸, 2020). 이 경향은 광역단위 중간지원조직에서만 발견되는 현상이 아니라 일부 지역의 기초단위 사회적경제지원센터의 위탁운영(강동, 용인, 화성 등)에서도 발견된다.

네 번째 특징으로는 지자체 내 사회적기업·협동조합 지원기관, 마을기업 지원기관, 사회적경제지원센터 위탁운영기관의 3가지 중간지원조직 역할이 1개의 조직에 의해 수행(강원, 대구, 제주)되는가, 2개의 조직에 의해 수행되는가, 3개가 각각 모두 다른 조직에 의해 수행되는가로 구분될 수 있으며, 지역마다 상당한 차이를 보인다는 점이다. 이에 따라 지역 내 중간지원조직 역할 수행 기관의 지자체 내 '중심적' 지위의 차이가 발견될 수 있다.

'중심적' 지위 여부는 특정 시점이 아니라 과거부터 현재까지의 중간지원조직 선정 과정 전체와 더욱 관련된다. 〈표 3-4〉는 2019년 광역단위 중간지원조직 현황이며, 앞서 살펴본 2021년 현황과 비교될 수 있다.

〈표 3-4〉 2019년 광역지자체별 중간지원조직 현황

| 구분 | 권역별 통합지원기관<br>(사회적기업·협동조합) | 마을기업 지원기관 | 사회적경제지원센터 |
|---|---|---|---|
| 서울 | (사)한국마이크로크레디트<br>신나는조합 | (사)서울시사회적경제네트워크 | |
| 경기 | (사협) 사람과세상 | 경기도 따복공동체지원센터 | |
| 인천 | (사)홍익경제연구소 | (사협)다원세상 | (사)한국근로장애인진흥회 |
| 강원 | (사)강원도사회적경제지원센터 | | |
| 대구 | (사)커뮤니티와 경제 | | |
| 경북 | (사)지역과 소셜비즈 | | 대구대학교 사회적경제지원단 |
| 부산 | (사)사회적기업연구원 | | (사)사회적기업연구원 |
| 울산 | (사협)울산사회적<br>경제지원센터 | (재)울산경제진흥원 | - |
| 경남 | (사협)모두의경제 | (사)한국에코문화<br>관광연구원 | 경남발전연구원 |
| 충북 | (사)사람과경제 | (재)충청북도기업진흥원 | - |
| 충남 | (사)충남사회경제네트워크 | (사)충남사회경제<br>네트워크 | (사협) 공동체세움 |
| 대전 | (사협) 사회적경제연구원 | (사협)마을과복지연구소 | |
| 세종 | | (사)한국협동조합연구소 | |
| 전북 | (사)전북사회적경제연대 | 전북경제통상진흥원 | |
| 광주 | (사협) 살림 | | 광주사회적기업협의회 |
| 전남 | (사)상생나무 | (사)전남고용포럼 | |
| 제주 | (사)제주사회적경제네트워크 | | |

위의 표에서의 밑줄 표시된 기관의 경우 2020·2021년에는 다른 기관으로 교체된 경우를 의미한다. 총 11개 기관이 교체되었으므로 55개 기관 중에서 약 20% 정도가 교체된 것으로 볼 수 있다.

물론 경기도 따복공동체지원센터의 경우 조직 소속 변경으로 인해 경기도일자리재단으로 변경된 것이므로 본질적인 기관 교체의 예로 보기 어려울 수 있다.

〈표 3-5〉는 3개 년도에서 사회적기업 지원기관 또는 사회적기업·협동조합 통합지원기관의 변화를 보여주고 있다. 모든 연도에 동일한 기관이 역할을 수행하는 광역시·도가 거의 없는 것을 확인할 수 있다. 서울, 대구, 부산, 충남 정도가 예외에 해당하는 지역이다.

## 1. 통합지원기관(통지관)·마을기업지원기관(마지관)· 사경센터 위탁운영 기관의 변동

지역에 따라 통합지원기관, 마을기업지원기관, 사경센터 위탁기관의 변동이 심한 지역이 있는가 하면, 변동이 거의 발생하지 않는 지역이 있다.

〈표 3-5〉 2012, 2013, 2017년 권역별 통합지원기관

| 구분 | 2012 | 2013 | 2017 |
|------|------|------|------|
| 서울 | (사)한국마이크로크레디트 신나는조합 | (사)한국마이크로크레디트 신나는조합 | |
| 경기 | (사협) 사람과세상 | 경기도 따복공동체 지원센터 | |
| 인천 | (사)홍익경제연구소 | (사협)다원세상 | (사)한국근로장애인진흥회 |
| 강원 | (사)강원도사회적경제지원 센터 | | |
| 대구 | (사)커뮤니티와 경제 | | |
| 경북 | (사)지역과 소셜비즈 | | 대구대학교 사회적경제 지원단 |
| 부산 | (사)사회적기업연구원 | | (사)사회적기업연구원 |

| 울산 | (사협)울산사회적 경제지원센터 | (재)울산경제진흥원 | - |
|---|---|---|---|
| 경남 | (사협)모두의경제 | (사)한국에코문화 관광연구원 | 경남발전연구원 |
| 충북 | (사)사람과경제 | (재)충청북도기업진흥원 | - |
| 충남 | (사)충남사회경제네트워크 | (사)충남사회경제네트워크 | (사협) 공동체세움 |
| 대전 | (사협) 사회적경제연구원 | (사협)마을과복지연구소 | |
| 세종 | | (사)한국협동조합연구소 | |
| 전북 | (사)전북사회적경제연대 | 전북경제통상진흥원 | |
| 광주 | (사협) 살림 | | 광주사회적기업협의회 |
| 전남 | (사)상생나무 | (사)전남고용포럼 | |
| 제주 | (사)제주사회적경제 네트워크 | | |

통합지원기관이 지난 10년 동안 3개의 조직이 번갈아가며 역할을 맡는 지역(경남)이 있다. 또한 마을기업지원기관 역시 4개 조직이 번갈아가며 역할을 수행하였다. 이는 통합지원기관·마을기업지원기관 업무 경험의 축적이 어려워지며, 중간지원조직 서비스를 이용하는 당사자조직에게도 혼란을 유발할 뿐 아니라 개선된 서비스를 제공하지 못할 가능성이 높아질 것이다. 이러한 지역의 경우 중심적 사회적경제 네트워크가 형성되지 못한 결과이다.

2012, 2013, 2017, 2019, 2021년의 광역별 통합지원기관을 비교하면, 첫 번째로, 서울의 (사)한국마이크로크레디트 신나는조합, 부산의 사회적기업연구원, 대구의 커뮤니티와 경제, 충남의 충남사회경제네트워크의 경우는 모든 기간 동안 통합지원기관의 역할을 수행하였다. 두 번째로, 모든 연도에서 통합지원기관의 역할을 수행한 것은 아니지만, 광주의 (사협) 살림, 강원의 강원사회적경제지원센터, 경기 (사협) 사람과 경제, 대전 사회적경제연구원, 경북의 지역과 소셜비즈, 울

산의 울산사회적경제지원센터, 충북 사람과 경제 등도 지난 5년 간 통합지원기관의 역할을 지속하였다. 세 번째로, 인천과 경남, 전남, 전북 등의 지역에서는 통합지원기관의 역할 수행 기관들이 상대적으로 잦은 변동을 보이는 것으로 나타났다.

## 2. 사회적기업·협동조합 통합지원기관

광역단위의 중간지원조직은 한국사회적기업진흥원이 사회적기업 지원기관을 광역단위로 지정한 것이 최초이다(김태영, 2016). 우리나라의 경우 한국사회적기업진흥원이 2011년 설립됨에 따라 15개 지역 중간지원조직을 선정 운영하면서 광역단위 중간지원조직이 시작되었다. 당시 선정기관 특성을 분류하면, 민간단체 및 연구소가 7곳이며, 대학 산학협력단 또는 연구소가 5곳 등으로 조직 유형이 구분된다.

2011년 한국사회적기업진흥원 설립과 함께 시작된 지원기관 선정 사업에서 선정된 지원기관들은 사회적경제조직 지원을 목적으로 하는 조직이 아닌 다른 목적을 지닌 조직에게 지원금을 교부하면서 사회적 경제조직에 대한 지원 업무를 추가하는 방식이었다(송두범, 2011).

2011년 통합지원기관 선정의 경우 경기도에는 2개 기관이 선정되었고, 부산과 울산이 1개 기관으로 통합 운영되었고, 대구와 경북 역시 1개 기관이 통합 운영되었다(송두범, 2011). 이는 2개 이상의 광역지자체를 하나로 묶는 대 권역별 지원기관의 설립 방안으로 볼 수 있다.

사회적기업·협동조합 통합지원기관이란 "사회적기업 인증 등에 필요한 서비스를 제공하기 위하여 광역 자치단체별 1개소씩 선정하여 운영"하는 것을 의미한다(2019. 2, 행정안전부 지역혁신관, "사회적경제 지역기반 및 정책역량 강화 TF" 회의자료).

통합지원기관 주요 업무로는 1) 사회적기업 인증 지원: 사회적기업 제도 및 인증요건·절차 등 설명회 개최 및 컨설팅, 신청 기업에 대한 현장실사 및 현장조사표 작성, 2) 기초경영지원: 경영지원이 필요한 권역 내 (예비)사회적기업 현황 파악 및 방문 등을 통한 경영진단 및 컨설팅 실시, 3) 네트워크 구축 및 홍보·교육: 지속가능한 사회적경제 육성을 위해 지역 내 다양한 주체들과 네트워크 구축, 4) 사회적기업 평가 및 모니터링 지원: 사회적기업 사업보고서 작성 및 관리 지원 등이다(2019. 2, 행정안전부 지역혁신관, "사회적경제 지역기반 및 정책역량 강화 TF" 회의자료).

14개 권역별 지원기관의 역할은 첫째, 광역시·도별 사업모델을 발굴, 지원하고, 둘째, 지역별 설명회 개최 등의 실무지원, 셋째, (예비)사회적기업 사업모델의 사업화 지원, 넷째, 인증 컨설팅 및 분야별 컨설팅 지원, 다섯째, 지역별 자원 연계 활성화, 여섯째, 지역별 (예비)사회적기업 네트워크 구축 등의 역할을 수행하는 것이다(문주상·김완민, 2019).

통합지원기관은 위의 업무들을 수행하면서, 사회적기업과 협동조합의 발굴·육성에만 집중하여 사회적경제 부문 전체의 활성화를 위한 여력을 만들어낼 가능성이 지역 사경센터에 비해 상대적으로 낮다(이강익, 2021).

<표 3-6> 2020년 사회적경제 지원기관 부문별 예산

(단위: 백만 원/명)

| 구분 | 사회적기업 | 협동조합 | 마을기업 | 사회적경제지원센터 |
|---|---|---|---|---|
| 소관 | 고용노동부 | 기획재정부 | 행정안전부(지자체) | 지자체 |
| 기준 | 16개 권역 | 16개 권역 | 17개 권역 | 13개 권역 |
| 총액 | 3,833 | 1,795 | 6,600 | 23,517 |
| 인원 | 108 | 48 | 61 | 217 |
| 총액/권역 | 240 | 112 | 388 | 1,809 |

출처: 한국사회적기업진흥원(2020).

사회적기업·협동조합 통합지원기관과 마을기업지원기관, 그리고 광역단위 사경센터의 인력을 합하면 모두 434명이다. 기초단위 사경센터 소속 인력 418명을 합칠 경우 약 850~900명 정도의 인력이 사회적경제 광역·기초 중간지원조직 인력이라고 볼 수 있다.

2020년 기준 예산은 사회적기업(고용노동부) 38.33억 원, 협동조합(기획재정부) 17.95억 원(한국사회적기업진흥원)이다. 마을기업의 경우 17개 시도별 마을기업 지원기관을 매년 공모(행정안전부-광역지자체 예산 5:5 매칭, 지자체별 상이)하며 2020년 예산은 66억 원(행정안전부 33억 원, 지자체 33억 원)이다.

절대액으로 보면 마을기업 지원 규모가 66억 원으로 가장 크고, 사회적기업이 38억 원, 협동조합이 18억 원의 규모이다.

전체 지원기관 중 총예산(마을기업 지자체 매칭예산 포함)은 348억 4,500백만 원으로 대략 350억 원이며 마을기업 매칭예산 33억 원을 제외하면 315억 원이다.

**〈표 3-7〉 2020년 사회적경제 지원기관 항목별 예산 내역**

(단위: 백만 원)

| 구분 | 사회적기업 | | 협동조합 | | 마을기업* | | 사회적경제* | |
|------|----------|---|---------|---|----------|---|------------|---|
| 소관 | 고용노동부 | | 기획재정부 | | A광역시 | | A광역시 | |
| 기준 | 16개 권역 | | 16개 권역 | | - | | - | |
| 총액 | 3,833 | 100% | 1,795 | 100% | 470 | 100% | 980 | 100% |
| 인건비 | 3,065 | 80% | 1,569 | 87.4% | 257 | 54.7% | 360 | 36.7% |
| 사업비 | 108 | 2.8% | - | - | 152 | 32.3% | 490 | 50% |
| 운영비 | 661 | 17.2% | 226 | 12.6% | 61 | 13% | 130 | 13.3% |

*부문 간 비교를 위해 마을기업과 사회적경제 부문은 A시 사례 활용.
출처: 한국사회적기업진흥원 내부 자료(2020).

사회적기업·협동조합 부문은 인건비 위주(사회적기업 80%, 협동조합 87.4%)로 편성되어 권역별 평균 예산이 타 부문에 비해 적다. 전체 예산에서 인건비가 차지하는 비중이 사회적기업과 협동조합 간에도 차이가 나는 이유는 소관 부처가 상이하기 때문이며, 이의 조정이 가장 먼저 시도되어야 할 과제이다.

2020년 예산 기준 사회적기업 부문 총인원은 108명(권역 평균 6.75명)이며 사회적기업 지원사업에서의 1인당 인건비는 월 평균 236만 원(사회보험료 포함)이다. 협동조합 부문 총인원은 48명(권역 평균 3명)이며 1인당 인건비는 월평균 약 272만 원이다(사회보험료 포함). 사회적기업·협동조합 통합지원기관이지만 부처 간 예산 성격의 차이로 인해 사회적기업과 협동조합 간에도 부문별 인원 및 인건비 차이가 존재한다. 한편 권역별 인구 및 면적, 사회적기업·협동조합 수 등을 고려할 때 예산상 인원으로는 지원업무 수행이 어려운 관계로 현원과 차이가 있을 수 있다.

2020년 예산 기준 A광역시 마을기업 부문 총인원은 6명이며 1인당 인건비는 월평균 357만 원(사회보험료 포함)이다. 2020년 예산 기준 A광역시 사경지원센터 총인원은 8명이며 1인당 인건비는 월평균 375만 원으로 가장 높은 편이다. 사회적기업 관련 사업 인력 인당 평균 인건비, 협동조합 평균 인건비, 마을기업 평균 인건비, 사경센터 평균 인건비의 차이가 현저함을 알 수 있다. 특히 통합지원기관 관련 인력 평균 급여 수준과 사경센터 인력 평균 급여 수준의 큰 격차가 존재하고 이 격차는 인력의 이동을 유발하기 쉽다는 문제점을 내포하고 있다.

〈표 3-8〉은 한국사회적기업진흥원에 의해 선정되는 광역별 사회적기업·협동조합 통합지원기관별 특징을 보여준다.

**〈표 3-8〉 사회적기업·협동조합 통합지원기관 현황**

| 광역 | 명칭 | 설립 연도 | 특징 |
|---|---|---|---|
| 서울 | (사)한국마이크로 크레디트 신나는 조합 | 2000 | • 32명, 5개 팀(기반조성1팀, 기반조성2팀, 성장지원팀, 창업지원팀, 경영지원팀), 2013년부터 2021년까지 사회적기업·협동조합 통합지원기관 역할 수행, 사회적기업가 육성 위탁기관, 소액금액 및 사회적금융 전문기관 |
| 부산 | (사)사회적 기업연구원 | 2006 | • 42명. 경영지원팀, 사회적기업실(사회적기업팀), 마을기업실(마을기업팀), 협동조합지원센터(협동조합지원팀, 소상공인지원팀, 경남소상공인지원팀), 창업지원센터(창업지원팀, 성장지원팀)의 조직 구성. 고용노동부 〈'09년도 사회적기업 민간위탁지원기관(2007~2014년)〉 지정, 2015~2020 한국사회적기업진흥원〈2020년 사회적기업·협동조합 통합지원사업〉 선정 |
| 인천 | (사협)더좋은 경제 | 2018 | • 통합지원기관센터, 사회적경제본부(사회적기업팀, 협동조합팀, 공공구매지원팀), 창업육성본부(사회적기업가 육성사업팀, 청년창업팀), 기획관리본부(사회가치연구팀, 회계행정팀)<br>• 2019년도 사회적기업·협동조합 통합지원사업 위탁운영 협약체결 |

| 광역 | 명 칭 | 설립 연도 | 특 징 |
|---|---|---|---|
| 대구 | (사)커뮤니티와 경제 | 2016 | • 대구사회적경제지원센터(9명), 대구사회적기업지원센터(5명), 대구시마을기업지원기관(4명), 대구협동조합지원센터(3명), 사회적기업성장지원센터(대구)(3명), 대구·경북 소상공인협업아카데미(12명), SE청년일자리지원팀(3명), 사회적경제성장지원단(4명)으로 구성<br>• 사회적기업·협동조합 지원 관련 인원 수: 11명 |
| 대전·세종 | (사협)사회적경제연구원 | 2012 | • 25명(통합지원기관 업무 담당자는 10명), 기획실, 성장지원실, 협업지원실, 세종센터의 조직 구성 |
| 광주 | (사협)살림 | 2011 | • 27명(통합지원기관 업무 담당자는 8명), 팀 구성은 사회적기업팀, 협동조합팀, 마을기업팀, 창업육성팀, 소상공인팀, 성장지원팀, 기업운영팀<br>• 2013~2014 광주광역시 사회적기업지원센터 지정(광주고용노동청), 2017~2020 사회적기업·협동조합 통합지원사업 수행기관 선정(한국사회적기업진흥원). 사회적기업가 육성사업 참여 및 사회적기업 성장지원센터 광주 운영기관. 마을기업지원기관 병행 |
| 울산 | (사협)울산사회적경제지원센터 | 2015 | • 팀 구성: 사회적기업팀, 협동조합팀, 육성팀, 사회공헌활동사업팀, 커뮤니티비즈니스팀<br>• 2015~2019 울산시 '사회적기업 및 협동조합 통합지원기관' 선정 |
| 강원 | (사)강원도사회적경제지원센터 | 2011 | • 39명(통합지원기관 업무 담당자는 9명), 팀 구성은 기획운영본부(총무회계팀, 기획홍보팀), 인재육성본부(인재육성팀, 창업지원팀), 기업지원본부(사회적기업팀, 협동조합팀, 마을기업팀), 혁신성장본부(성장지원팀, 혁신사업팀, 강원곳간지원)<br>• 2014~현재까지 강원도 사회적기업·협동조합 통합지원기관 |
| 경기 | (사협)사람과 세상 | 2014 | • 30명(통합지원기관 업무 담당자는 12명), 팀 구성은 사회적경제본부(협동조합팀, 사회적기업팀), 소셜벤처본부(창업지원팀, 육성사업팀, 성장지원팀), 사회적경제 창업센터<br>• 2015~2020 경기도 사회적기업·협동조합 통합지원사업. 2016년부터 사회적기업가 육성사업 참여. 2019년부터 사회적기업 성장지원센터 경기지역 운영기관. 2017~2018 용인사회적경제지원센터 위탁운영.<br>• 내부 3인의 상임이사와 3인의 비상임이사(경기도사회적기업협의회 상임대표와 경기도 협동조합협의회 운영위원장, 희망나눔세상 이사)로 이사회 구성 |

| 광역 | 명칭 | 설립연도 | 특징 |
|---|---|---|---|
| 경남 | (사협)모두의 경제 | 2016 | • 26명(통합지원기관 담당자는 8명). 팀 구성: 사회적기업·협동조합팀, 성장지원팀, 창원시 사회적경제지원센터, 창업지원본부, 성장지원센터<br>• 2017년~현재: 경남권역 사회적기업·협동조합 통합지원기관<br>• 김해시가 인건비 지원하는 인력 1 |
| 경북 | (사)지역과 소셜비즈 | 2016 | • 31명(통합지원기관 업무 담당자는 10명), 팀 구성: 사회적기업지원센터(사회적기업팀, 청년일자리팀), 협동조합지원센터, 마을기업지원센터, 성장지원센터(소셜캠퍼스온경북, 혁신성장지원팀) |
| 전남 | (사)상생나무 | 2017 | • 지역공동체/지역개발/도시재생/사회적경제 발전을 위한 사단법인 민간연구소. (사)휴먼네트워크상생나무에서 현재의 법인명으로 2018년 변경<br>• 상생협력처(사업1팀, 사업2팀, 경영관리팀)와 사회적경제센터(창업지원팀, 사회적기업팀, 협동조합팀)의 조직 구성. 사회적기업·협동조합 통합지원기관 및 사회적기업가 육성사업 위탁운영 중<br>• 여수 사회적경제마을통합지원센터 위탁운영 중. 2017~2018 전남사회적경제통합지원센터를 (재)전남중소기업종합지원센터와 상생나무가 컨소시엄으로 공동 위탁운영 |
| 전북 | (사)전북사회적경제연대회의 | 2019 | • 14명(통합지원기관 업무 담당자는 10명), 팀 구성은 사회적 기업분야, 협동조합분야, 사회적경제 혁신성장 |
| 충남 | (사)충남사회경제네트워크 | 2012 | • 팀 구성: 통합지원실(사회적기업, 협동조합), 창업지원실(사회적기업가 육성사업, 소셜캠퍼스온충남), 지속가능실<br>• 2017 사회적기업·협동조합 권역별 통합지원기관 최우수지원기관 선정 |
| 충북 | (사)사람과 경제 | 2012 | • 10명(통합지원기관 업무 담당자는 7명), 팀 구성: 사회적기업팀, 협동조합팀, 사회적경제 혁신성장팀<br>• 2014~2015, 2019 사회적기업·협동조합통합지원사업 협약 |
| 제주 | (사)제주사회적경제네트워크 | 2015 | • 2013년 설립. 자활 부문의 네트워크 참여는 약간 감소, 기타 당사자조직의 참여는 보다 증가하였음<br>• 통합지원기관·마을기업지원기관은 네트워크, 사경센터, 한마음연합회, 서귀포사회적경제복지센터의 4자 컨소시엄 |

\* 위의 인원은 센터장 포함 인원임.

위의 여러 광역단위 통합지원기관 중에서 대표적인 예로서 서울의 사회적기업·협동조합 통합지원기관을 살펴보기로 한다.

2019년 말까지 전국의 일반 협동조합 전체 약 15,000개의 23%가 서울에 위치(전국 1위)하고(신나는조합, 2020), 사회적협동조합 전체의 25.5%가 서울에 위치(전국 2위)하고 있다.

서울의 (사)한국마이크로크레디트 신나는조합은 상근인력이 32명 규모이다. 기반조성1팀(6명)이 협동조합 지원을, 기반조성2팀(6명)이 사회적기업 지원을 담당하고 있다. 사회적금융팀(6명)이 마이크로크레디트와 각종 기금 융자 사업을 담당하고 있다. 사회적금융과 사회적경제조직 지원의 두 가지 기능을 동시에 수행하는 매우 희소한 특징을 보인다(신나는조합, 2020). 그 외 창업육성팀, 성장지원팀, 경영지원팀으로 조직이 구성된다. 이사회는 이사장과 8인 이사(상근이사 1명)로 구성되어있다.

2012년 부처형 (예비)사회적기업 전문지원기관으로 선정(2019년까지 총 10개 부처)되었고, 이는 기존 마이크로크레디트 전담기관에서 사회적경제 중간지원조직으로 확대되는 계기로 작용하였다(신나는조합, 2020). 2013년부터 서울 사회적기업·협동조합 통합지원기관으로 계속 선정(2015년부터 매년 우수기관 및 최우수기관으로 평가됨)되었다. 2018년부터 한국사회적기업진흥원 사회적기업가 육성사업 위탁운영기관이기도 하다. 2020년까지 1,961개의 (예비)사회적기업 지정 지원 및 455개의 사회적협동조합 인가 지원을 수행하였다.

2014년부터 한화생명의 시니어취창업지원사업, 2017년부터 SK행복나래의 SK 임직원 프로보노사업을 진행하는 등 민간기업들과의 협업도 진행하고 있다.

2013년부터의 사회적기업 통합지원기관 역할 수행에는 당사자조직인 서울사회적기업협의회의 컨소시엄 구성과 지원에 대한 제안이 계기로 작용하였다. 당사자조직들에 대한 네트워크를 지닌 서울사회적기업협의회 및 서울협동조합협의회와의 3자 컨소시엄 구성은 중간지원기관 역할 수행 성공의 주요 성공요인이었다(신나는조합, 2020).

오랜 기간의 통합지원기관 역할의 지속적 수행, 구성원들의 장기근속(2017~2019의 3년 간 이직률 1% 미만)을 통한 전문성 축적, 사회적금융까지 포함하는 다양한 사업 영역을 통한 시너지 효과 등이 신나는조합의 성공요인으로 정리될 수 있다.

## 3. 마을기업 지원기관

도시지역 및 도농지역에서는 마을기업의 숫자가 증가하지 않는 경향이 뚜렷하며, 농촌지역에서만 마을기업의 중요성이 두드러진다. 따라서 특별시·광역직할시 등의 마을기업지원기관의 역할은 광역도 단위 마을기업지원기관의 역할에 비해 상대적으로 작다고 볼 수 있다.

2011년 행정안전부의 마을기업 사업과 관련해서도 중간지원기관이 선정, 운영되었다. 농림축산식품부 농어촌공동체회사사업에서는 한국농어촌공사의 농어촌공동체지원센터가 행정기관의 지원금 관련 중간지원조직의 역할을 수행하였다.

광역지자체에 따라서는 마을기업들이 스스로를 사회적경제조직의 한 조직 형태로 인식하는 정도가 낮아 사회적기업, 협동조합, 자활기업 등과의 연대에 소극적인 태도를 취하는 경우가 있다.

충북과 울산의 마을기업지원기관은 충북기업진흥원 및 울산경제진흥원이라는 공공기관의 성격이 강하며 공공위탁에 해당한다. 두 조직의 경우 마을기업지원기관 역할을 수행하는 조직단위에 별도의 운영위원회가 존재할 수 없으며, 기관 전체 목적에 따라 운영되므로 사회적경제 당사자조직협의체들의 운영 참여가 일반적인 민간위탁에 비해 제한적일 수밖에 없다.

**〈표 3-9〉 마을기업지원기관 현황**

| 광역 | 명칭 | 설립연도 | 특징(상근인력, 구성, 마을기업지원기관 역할 수행 연도 등) |
|---|---|---|---|
| 서울 | (사)서울사회적경제네트워크 | 2013 | |
| 부산 | (사)사회적기업연구원 | 2006 | • 상근인력: 42<br>• 구성: 경영지원팀, 사회적기업실(사회적기업팀), 마을기업실(마을기업팀), 협동조합지원센터(협동조합지원팀, 소상공인지원팀, 경남소상공인지원팀), 창업지원센터(창업지원팀, 성장지원팀). 2014 행정안전부 〈마을기업 중간지원기관〉 선정 |
| 인천 | (사협)다원세상 | 2016 | • 상근인력: 8<br>• 2016년 노동자협동조합으로 설립. 2017년부터 인천광역시 마을기업지원기관. 2019년 말부터 인천상생유통지원센터도 위탁운영 중. 연수구 사회적경제지원센터도 1년 위탁운영. 타 중간지원조직 소속 5명이 독립하여 설립. 20명의 후원자 조합원(직원조합원에서 퇴사 이후 후원자 조합원으로 신분 변경). 200만 원 출자 의무를 갖는 조합원 가입 의사가 있는 사람 대상 공채 진행 |
| 대구 | (사)커뮤니티와경제 | 2016 | • 상근인력: 43 (마을기업 담당자 4)<br>• 구성: 대구사회적경제지원센터(9), 대구사회적기업지원센터(5), 대구시마을기업지원기관(4), 대구협동조합지원센터(3), 사회적기업성장지원센터(대구)(3), 대구경북 소상공인협업아카데미(12), SE청년일자리지원팀(3), 사회적경제 성장지원단(4) |
| 대전·세종 | 마을과복지연구소 | 2010 | • 상근인력: 8(대전센터 4, 세종센터 4)<br>• 세종시 마을공동체지원센터를 한국협동조합연구소와 컨소시엄으로 운영 |

| 광역 | 명칭 | 설립 연도 | 특징(상근인력, 구성, 마을기업지원기관 역할 수행 연도 등) |
|---|---|---|---|
| 광주 | (사협)살림 | 2011 | • 상근인력: 27 (마을기업 담당자 8)<br>• 구성: 사회적기업팀, 협동조합팀, 마을기업팀, 창업육성팀, 소상공인팀, 성장지원팀, 기업운영팀.<br>• 2018~2020 마을기업지원사업 수행기관 |
| 울산 | (사협)울산경제 진흥원 | | • 상근인력: 37<br>• 1999년 설립. 경영기획실, 기업성장팀, 마케팅지원팀, 창업육성팀 편제. 사회적경제공동체지원센터는 기업성장팀 산하에 위치. 센터는 마을기업 지원업무에 집중. 7명. |
| 강원 | (사)강원도사회적 경제지원센터 | 2011 | • 상근인력: 39 (마을기업 담당자 5)<br>• 기획운영본부(총무회계팀, 기획홍보팀), 인재육성본부(인재육성팀, 창업지원팀), 기업지원본부(사회적기업팀, 협동조합팀, 마을기업팀), 혁신성장본부(성장지원팀, 혁신사업팀, 강원곳간지원)<br>• 2013~현재 강원도 마을기업 위탁운영기관 |
| 경기 | 경기도 일자리재단 | 2016 | • 상근인력: 364<br>• 구성: 정보화사업센터(일자리플랫폼팀, 정보화운영팀), 일자리연구센터, 중년일자리센터, 경영기획실(기획조정팀, 인사총무팀, 회계시설팀, 홍보마케팅팀), 고용기반조성본부(공익적일자리팀, 일자리지원팀), 청년일자리본부(청년기획팀, 청년구직자팀, 청년사업팀), 여성능력개발본부(역량개발1팀, 여성새일1팀, 역량개발2팀 여성새일2팀), 경기도기술학교(교육지원팀, 교육운영팀, 건설일자리팀, 미래기술교육 TF팀) |
| 경남 | 경남대 마을공동체 지원단 | | • 2020년부터 2년 연속 경남 광역 마을기업지원기관으로 선정 |
| 경북 | (사)지역과 소셜비즈 | 2016 | • 상근인력: 31 (마을기업 담당자 5)<br>• 구성: 사회적기업지원센터(사회적기업팀, 청년일자리팀), 협동조합지원센터, 마을기업지원센터, 성장지원센터(소셜캠퍼스온경북, 혁신성장지원팀) |
| 전남 | (사)전남 고용포럼 | 2017 | • 구성: 상생협력처(사업1팀, 사업2팀, 경영관리팀), 사회적경제센터(창업지원팀, 사회적기업팀, 협동조합팀) |

| 광역 | 명칭 | 설립 연도 | 특징(상근인력, 구성, 마을기업지원기관 역할 수행 연도 등) |
|---|---|---|---|
| 전북 | (사)전북경제 통상진흥원 | 2019 | • 상근인력: 13<br>• 구성: 사회적기업분야, 협동조합분야, 사회적경제혁신성장 |
| 충남 | (사)충남사회적 경제연대 | 2012 | • 구성: 통합지원실(사회적기업, 협동조합), 창업지원실(사회적기업가 육성사업, 소셜캠퍼스온충남), 지속가능실 |
| 충북 | (재)충북 기업진흥원 | 1997 | • 상근인력: 65<br>• 기업지원부, 일자리지원부, 청년지원부, 경영기획부 4부 체제. 마을기업지원 업무는 기업지원부 소속. 담당자 3인 |
| 제주 | (사)제주사회적 경제네트워크 | 2013 | • 자활부문의 네트워크 참여는 약간 감소, 기타 당사자조직의 참여는 보다 증가하였음.<br>• 네트워크의 제주도 내 입지는 강한 편이지만, 당사자조직의 대표성은 미흡한 수준. 통합지원기관/마을지원기관은 네트워크, 사경센터, 한마음연합회, 서귀포사회적경제복지센터의 4자 컨소시엄 |
| 세종 | 한국협동조합 연구소 | 1994 | • 세종시 마을기업지원기관, 조사연구부, 세종시사회적경제공동체센터. 2018년부터 마을기업지원기관 선정. 마을기업 담당 인력 4인 |

\* 위의 인원은 센터장 포함 인원이며, 홈페이지 게시 숫자임.

행정안전부의 '마을기업 육성사업 시행지침'에 따르면, 행정안전부는 기본계획과 가이드라인 수립, 광역지자체는 전반적인 관리감독, 시·군은 사업비 관리와 사업 추진 관리카드 작성 및 현장 점검(분기 1회) 등을 하는 것으로 역할이 규정되어 있다(충북일보, 2015.1.8).

충남도는 동네자치 2단계 추진전략을 수립하면서 도는 정책과 프로그램을 제시하고, 시·군은 사업과 실행을 담당하도록 역할을 구분하고 있다. 즉 도는 종합적 정책 수립과 기획 및 방향 제시, 파일럿 프로그램 발굴 등을 담당하고, 시·군은 거버넌스 활성화와 시범공동체 인큐베이팅에 집중하는 것이다(중도일보, 2017.9.30).

**〈표 3-10〉 마을기업 발전 방안: 광역별 중간지원조직의 견해**

| 지역 | 발전 방안 상세 내용 |
|---|---|
| 서울 | 1. 마을기업 공간지원 사업 필요. 2015년 지방재정법 개정에 따라 공간임대보증금 지원이 불가능하게 됨. 대도시 마을기업을 위한 유휴 공공·민간 자산 연계를 통한 공간 제공 필요<br>2. 지역 도시재생사업, 주거환경개선사업, 찾아가는동주민센터, 주민참여예산제 등 계획 수립 시 마을기업의 적극 참여가 필요<br>3. 마을기업 대상 사업개발비 지원 사업 필요. 현재 행정안전부 마을기업 지원 사업은 1년차 5천만 원, 2년차 3천만 원을 지원하고, 종료 후 10개 안팎의 우수마을 지원 외 직접 지원 없음 |
| 부산 | 1. 마을기업 Re-start 사업 추진. 대상 마을기업 선정 후 경영분석과 진단을 실시하고, 맞춤형 지원프로그램을 진행해야 함<br>2. 마을기업 간 연계사업 확대. 기술·노동력·판로 등 특화자원을 소유한 마을기업과 원재료 등 1차 생산품을 생산하는 마을기업 간 업무제휴를 통한 신제품·서비스 개발 및 생산협업체계 구축 및 판로 확대 협업체계 구축<br>3. 지역기업 연계 금융지원 방안 마련. 부산시 이전 6개 금융공기업과 연계하여 부산임팩트펀드를 조성(10억, 향후 총 50억 예정) |
| 대구 | 1. 마을기업의 사회적회계 도입 필요. 재정적 어려움이 휴·폐업의 원인이 아니며, 조직 본래 목적 상실이 휴·폐업의 원인임<br>2. 마을기업 대상 지원 고도화·협업화 필요. 사회적기업 대상 5년 지원에 비해, 마을기업 재정지원은 2년에 불과. 별도 성장지원 방안 필요 |
| 인천 | 1. 자립형 마을기업 인건비 지원<br>2. 공공·우선구매 활성화<br>3. 상시판매·체험 장소 지원<br>4. 법인세 등 세금 감면 |
| 광주 | 1. 지원 종료 마을기업 대상 지원 강화. 휴·폐업 마을기업 맞춤형 지원<br>2. 마을기업 수익성 강화. 판로지원·공공구매 활성화 및 개발 멘토링, 홍보마케팅 지원 강화<br>3. 마을기업 대상 교육프로그램과 멘토제 시행 |
| 대전 | 1. 별도의 발전 방안 제시 없음<br>2. 마을기업 간 동료 컨설팅 및 마을기업 스토리텔링 콘텐츠 제작 보급 |
| 울산 | 1. 중간지원조직 전문-사업 융합화<br>2. 행정인력 전문관제 및 역량강화 프로그램<br>3. 마을공동체기업 발굴 및 장려 프로그램 |
| 세종 | 1. 임대료 비싼 대도시 인근 지역에서의 마을기업 설립과 지원<br>2. 부실기업 위탁운영 공모사업 및 인건비 지급, 정상화 이후 주민 인수인계 방안 마련 필요 |
| 경기 | 1. 자원조사와 사업아이템 타당성 검토를 통한 마을기업 발굴 강화<br>2. 마을기업 육성을 위한 비즈니스 모델 수립 및 검증<br>3. 마을기업 2차 지정, 고도화사업, 네트워크, 공공시장 진출의 도약·발전 지원 |

| | |
|---|---|
| 강원 | 1. 농촌관광 플랫폼(App) 보급(농가, 체험장, 체험객 연결 big data DB)<br>2. 사회적 금융상품 개발. 지역 신협·농협·새마을금고 연계<br>3. 교육청 연계 사회적경제 교과목 신설 및 대학연계 SE 교육 확산 |
| 충북 | 1. 휴·폐업 마을기업 상품경쟁력 강화 지원. 브랜드 리뉴얼, 상품 고급화, 상품<br>다양화, 고유 기술 확보 |
| 충남 | 1. 준비 단계 강화 방안으로서의 예비 마을기업 육성<br>2. 휴·폐업 기업의 재도전 기회 제공 |
| 경북 | 1. 공공기관 우선구매제도에 마을기업 편입 필요<br>2. 마을기업 대상 행정안전부 지원제도 마련 필요<br>3. 행정안전부 차원의 마을기업 인지도 제고 위한 홍보 캠페인<br>4. 경상북도 마을기업 종합상사 통한 적극적 홍보·영업·판매 |
| 경남 | 1. 마을기업 유형화(기업형, 공동체형, 통합형 등) 구분 후 지원금 차등화<br>2. 마을기업 리더 교육 강화 |
| 전북 | 1. 마을기업 활성화를 위한 컨설팅 운영(회계 투명화를 위한 재무컨설팅 포<br>함) 및 상시 멘토링 운영<br>2. 업종별 표준화 교육과정 운영, 시군별 네트워크 활성화 사업 전개 |
| 전남 | 1. 로컬푸드 연계 마을기업 판로지원 사업화 추진. 농림축산식품부 로컬푸드<br>직매장 인증사업과 연계하여 생산우수 마을기업의 판매장 입점 지원 필요 |
| 제주 | 1. 성장단계별 맞춤형 통합지원. 유입단계(밭담사업 연계, 삼촌PD 연계, 학습<br>동아리), 진입단계(설립전 교육, 공동체 창업지원), 기초단계(설립 후 교육,<br>기초컨설팅), 발전단계(맞춤형 컨설팅 및 전략 컨설팅)<br>2. 지역화 전략('느리게 함께 가는 것을 지향하는 제주마을기업'). |

출처: 마을기업 중간지원기관 정성평가 광역지자체 중간지원기관별 자료(2017. 11. 30).

## 4. 광역단위 사회적경제센터

2013년 1월 서울시 사회적경제통합지원센터의 설립을 시작으로 대부분의 광역지자체에서 사회적경제통합지원센터를 설립하였다. 2021년 현재 대전, 울산, 충북은 미설립 지역이다. 2019년 기준으로는 위의 3개 지자체 외에 전북, 경북, 세종도 미설립 지역이었으나 최근 2년 이내에 광역 사경센터를 설립하였다. 광역단위 사경센터의 위탁기관이 자주 변경되는 지역들이 있으며, 이는 광역단위 사경센터의 리더십과 안정성을 저해하는 요인으로 작용한다.

광역지자체가 설립, 운영하는 사경센터의 가장 큰 단점은 지자체장의 교체에 따라 사경센터의 안정성이 흔들릴 수 있다는 점이다. 이는 기초 사경센터의 경우에도 해당되는 사항이다.

갈수록 복잡해지고 다양해지는 사회적경제 관련 정보들을 기초센터와 사회적경제 당사자조직들에 신속하고 정확하게 전달하는 정보 제공 기능이 갈수록 중요한 과제로 등장하고 있다. 여러 광역 사경센터들(강원 등)이 중앙정부의 모든 사경사업, 입찰사업 등을 모니터링하는 직원을 배치하고, 사회적경제 기업들에게 연결하는 노력을 기울이고 있으며 성과를 거두고 있다.

기초단위 사경센터 등에 대한 광역 사경센터의 지원 정도는 지자체에 따라 큰 차이가 나고 있다. 서울시는 기초지자체 사경센터 설립의 산파 역할을 지난 8년 간 수행하여 왔으며, 기초 사경센터 설립에 가장 큰 역할을 담당하는 대표적인 광역지자체이다. 반면 경기사경센터의 경우 과거 따복공동체지원센터가 기초사경센터의 설립에 일정 정도 기여하였으나, 경기 일부 기초단위 사경센터들이 경기도 사경센터 출범보다 먼저 설립되는 등의 역사로 인해 서울과 같은 기초단위 사경센터 출범의 산파 역할을 수행하지는 못했다. 일부 지역에서의 광역사경센터는 몇 년 간 기초지자체 지원사업의 실적이 없는 경우도 있었다.

서울시의 기초지자체 사회적경제 지원사업을 보면 기초 사경센터의 역할이 명확하게 정의되지 않았으며, 자치구별 사회적경제 생태계 성숙 정도 및 기반 조성 정도를 고려하지 않은 획일적 지원이 이루어졌으며, 사회적경제의 취지와 상이하게 결과중심적인 성과평가 방식이 적용되는 한계를 보였다(이준영·이정용, 2019a).

울산, 충북, 대전의 경우 광역지자체가 설립한 사회적경제지원센터가 없는 미설립 지역이다. 이 세 지역의 지역 내 사회적경제조직들이 필요한 전달지원서비스를 제대로 제공받지 못함을 의미한다. 사회적 경제에 대한 지자체의 관심이 적은 결과일 것이다.

앞서 살펴본 사회적기업·협동조합 통합지원기관, 마을기업지원기관, 사회적경제지원센터 각각의 1인당 인건비 평균에서 나타났듯이, 통합지원기관과 마을기업지원기관 사업에 책정된 인건비 수준보다 사회적경제지원센터 소속 구성원들의 인건비 수준이 상대적으로 높다. 이는 통합지원기관, 마을기업지원기관, 사회적경제지원센터 위탁운영기관의 3개 역할을 모두 수행하는 조직의 경우 사업별 인건비 수준이 상이하여 이의 조정이 구성원들의 처우 및 근무조건에 대한 만족도 체감에 큰 영향을 미치는 요인으로 작용한다.

통합지원기관과 마을기업지원기관, 그리고 광역 사경센터의 3가지 역할 중 2가지 이상을 겸하는 조직에서는 인력 대상 직무순환을 통해 여러 조직 형태에 대한 지원 업무를 경험하도록 권장하고 있다. 하지만 숙달된 기존 업무에 대한 지속 선호도가 높고, 타 업무로의 이동에서 발생하는 인건비 격차 문제로 인해 직무순환이 잘 진행되지 못하고 있다.

도 출연기관일 경우 유능한 인력을 보다 유리한 처우를 제공하는 출연기관 등에 빼앗기는 현상이 발생하기도 하였으며, 이는 도의 여러 기관과 비교할 때 사경센터의 낮은 처우의 현실을 반영한다.

2019년 기준 사경센터별 예산은 광역센터는 개소당 평균 1,885백만 원(≒22,617백만 원/12개소)으로 약 19억 원이다(김진영·정석호, 2020; p. 35). 최대 8,945백만 원(경기도 따복공동체지원센터), 최소 150백만 원(경남 사회적경제통합지원센터)이며, 경기도 따복공동체지원센터의 경우 마을공동체 예산이 포함되어 있어 사회적경제 지원 기능의 예산은 이보다 훨씬 적을 것으로 추정된다.

운영형태별 2019년 예산을 비교하면 위탁센터는 개소당 평균 661 백만 원(33,096백만 원/50개소), 최대 8,945백만 원(경기도 따복공동체지원센터), 최소 34백만 원(강릉시 사회적경제지원센터)이다. 직영센터는 개소당 평균 248백만 원(6,456백만 원/26개소), 최대 1,600백만 원, 최소 21백만 원으로 나타났다(김진영·정석호, 2020). 그러나 이 수치는 광역과 기초 사경센터를 모두 포함하여 위탁과 직영으로 구분한 것이며, 경기도 따복공동체지원센터의 마을공동체 예산 반영분이 크게 영향을 미쳤을 가능성이 고려되어야 한다.

운영인력은 광역센터는 개소당 평균 17.2명(207명/12개소)이다(김진영·정석호, 2020). 참고로, 2019년 11개 광역단위 사회적경제지원센터에 소속된 인력의 합은 168명이었다(충북연구원, 2019).

전북경제통상진흥원과 같은 공공기관 산하 센터의 경우 기관 운영위원회 대신 임원진이 구성되어 있다. 전북경제통상진흥원의 임원진은 전북 부지사와 진흥원장 포함 10명으로 구성되며, 사회적경제지원 목적의 독립 센터가 아니므로 지역 경제통상진흥 목적과 관련되는 전북도청 인사들과 민간기업 대표, 그리고 대학교수 중심으로 구성되어 있다. 따라서 센터 운영에 대한 사회적경제 당사자조직협의체 대표 등의 적극적 참여가 어려운 현실이다. 이는 충북과 울산에서의 마을기업 지원기관(충북기업진흥원 및 울산경제진흥원)에도 해당되는 내용이다.

## 〈표 3-11〉 광역단위 사회적경제지원센터 현황

| 광역 | 명칭 | 설립<br>연도 | 직영/<br>위탁 | 특징 |
|------|------|------|------|------|
| 서울 | 사회적경제<br>지원센터 | 2013 | 위탁 | • 상근인력: 34<br>• 위탁운영: (사)서울사회적경제네트워크 |
| 부산 | 사회적경제<br>지원센터 | 2012 | 위탁 | • 위탁운영: (사)부산플랜 |
| 인천 | 사회적경제<br>지원센터 | 2014 | 위탁 | • 상근인력: 7<br>• 위탁운영: (사)인천사회적경제네트워크 |
| 대구 | 사회적경제<br>지원센터 | 2016 | 위탁 | • 상근인력: 9<br>• 위탁운영: (사)커뮤니티와 경제 |
| 광주 | 사회적경제<br>지원센터 | 2016 | 위탁 | • 상근인력: 13<br>• 위탁운영: 광주시 사회적기업협의회 |
| 강원 | 사회적경제<br>지원센터 | 2011 | 위탁 | • 상근인력: 39<br>• 위탁운영: (사)강원도 사회적경제지원센터 |
| 경기 | 사회적경제<br>센터 | 2020 | 위탁 | • 상근인력: 27<br>• 위탁운영: 경기도일자리재단 |
| 경남 | 사회적경제<br>통합지원센터 | 2018 | 위탁 | • 상근인력: 7<br>• 위탁운영: (사협)경남사회연대경제 |
| 경북 | 사회적경제<br>지원센터 | 2017 | 위탁 | • 상근인력: 13<br>• 위탁운영: 대구대학교 사회적경제지원단 |
| 전남 | 사회적경제<br>통합지원센터 | 2015 | 위탁 | • 상근인력: 14<br>• (사)전남고용포럼 위탁운영. 2018년은 (재)전<br>남중소기업진흥원과 상생나무가 센터를 공동<br>위탁운영. 2019년부터는 (재)전남중소기업진<br>흥원이 센터를 단독 위탁운영하며, 마을기업<br>지원업무도 병행 |
| 전북 | 사회적경제<br>지원센터 | | 위탁 | • 위탁운영: 전북경제통상진흥원 |
| 충남 | 사회적경제<br>지원센터 | | 위탁 | • 상근인력: 10<br>• 2012년 충남연구원 산하조직으로 출발. 2017<br>년 민간위탁(3년) 후 전문조직으로 전환<br>• 위탁운영: (사)충남사회적경제연대 |
| 제주 | 사회적경제<br>지원센터 | 2017 | 위탁 | • 상근인력: 19<br>• 구성: 사무국장, 기업육성팀, 성장지원팀, 지<br>원전략팀, 총무회계팀<br>• 위탁운영: (사)제주사회적경제네트워크 |
| 세종 | 사회적경제<br>공동체센터 | 2019 | 위탁 | • 상근인력: 4(사경 담당)<br>• 마을공동체센터를 위탁운영하다가 2020년 하<br>반기에 사회적경제기능도 추가 |

\* 위의 인원은 센터장 포함 인원임.

〈표 3-11〉에는 포함되지 않았으나, 서울의 경우 서울시 사경센터 외에 협동조합지원센터가 별개로 존재한다. 따라서 협동조합 지원 관련 중간지원조직은 종합지원기관으로서의 사경센터와 부문별 지원기관으로서의 협동조합지원센터의 2개가 존재하는 셈이며, 역할의 중복이 존재하는 것이 사실이다(이준영·이민영, 2020). 서울시협동조합지원센터는 2012년 설립되었다. 지자체가 설립한 최초의 협동조합 전문지원조직이다. 서울지역 2,700여 개 협동조합의 설립을 직·간접적으로 지원(설립 상담, 교육상담, 창업·경영지원, 정책·정보 제공)하는 역할을 수행한다(서울시협동조합지원센터 홈페이지, 2021.9.15 검색). 2021년 2월 기준 우리나라 전체 협동조합 숫자는 19,924개이며, 서울에는 그중 22.2%인 4,426개의 협동조합이 소재한다(서울시협동조합지원센터 홈페이지, 2021.9.15 검색). 강남구(363개), 서초구(307개), 영등포구(280개), 마포구(274개), 종로구(248개), 은평구(234개)의 순서대로 협동조합이 소재한다. 2016년 2월 서울지역협동조합협의회가 센터(당시 명칭은 서울시협동조합상담지원센터)의 운영을 수탁했다. 같은 해 2월 현재의 서울시협동조합지원센터로 명칭이 변경되었다. 2021년 현재 센터장 포함 총 12명 규모이며, 상담지원팀, 성장지원팀, 행정지원팀의 3개 팀으로 구성되어 있다. 이 중 센터의 설립 취지, 팀별 인원 규모와 대외 인지도 등의 기준으로 볼 때 상담지원팀이 가장 중요하다.

## 5. 자활센터

자활 부문의 경우 한국자활복지개발원 산하에 14개 광역자활센터가 존재하며, 기초지자체 단위에서 250개의 지역자활센터가 존재한다. 기초지자체 단위에서의 이러한 지역자활센터의 존재는 사회적기업이나 협동조합, 그리고 마을기업 등 다른 사회적경제조직들에 비해 자활기업의 경우 기초지자체 단위에서도 중간지원조직이 가장 세밀하게 조직되어 있음을 의미한다. 지역자활센터는 지역의 자활기업들이 서로 연대하는 상향식 조직이라기보다 중앙 차원에서 조직하는 하향식 조직으로 평가된다(김정섭·임지은, 2016).

## 6. 기능적 중간지원조직

중간지원조직이 고객들의 급변하는 니즈에 맞는 마케팅과 판로지원을 수행하는 데 전문성의 한계가 있다. 아울러 기업경영의 핵심 솔루션을 제공해야 하는 컨설팅 기능 역시 중간지원조직의 인력 구성을 볼 때 고난도 업무를 전담하는 데 한계가 있다(김지수 외, 2020). 따라서 이러한 기능들은 중간지원조직이 담당할 것이 아니라 전문적 중간지원조직에 이양될 필요성이 크다. 이러한 수요에 발맞추어 광역지자체별로 사회적경제지원센터와 별개로 사회적경제기업들의 제품과 서비스의 판로개척, 유통, 공공구매를 지원하는 전문 중간지원조직들(예: 강원곳간, 경북종합상사, 대구 무한상사, 충남(사협) 따숨상사, 전남 사회적경제보부상단/전남상사 등)이 등장하고 있다(KDI, 2018). 「사회적경제기본법」과 관련된 여러 의원 입법 안들에서도 이러한 전문 중간지원조직의 설치 관련 내용을 포함하고 있다.

사회적 금융 기능을 담당하는 서울의 (사)한국마이크로크레디트 신나는조합은 서울형 마이크로크레디트 수행기관, 서울시 사회투자기금 중간지원기관, 서민금융진흥원 복지사업자이다. 우리나라 최초의 소액금융기관으로 2000년 설립되었다. 2020년까지 취약계층과 사회적 경제조직들을 대상으로 15,000건 이상 대출, 금액으로 331억 원 이상을 대출하여 왔다(신나는조합, 2020). '사회적 가치의 필요성', '일자리 창출 가능성', '조직문화', '사회혁신성', '절박함과 구제의 필요성' 등 일반 금융기관에서는 보기 힘든 대출심사 기준을 적용하여 왔다(신나는조합, 2020).

## 7. 유관 중간지원조직: 마을공동체지원센터

사회적경제에 직접 관련되는 중간지원조직은 아니지만 사회적경제와 연관성이 있는 지자체 단위의 공공중간지원조직들이 존재한다. 유관 중간지원조직이라고 불릴 수 있는 이 중간지원조직 유형들은 지자체별로 존재하는 마을만들기지원센터, 도시재생센터, 자원봉사센터, 공익활동지원센터 혹은 NGO지원센터 등이다.

여러 유관 중간지원조직 중에서 사회적경제와의 관련성이 가장 큰 분야는 마을공동체 기능이다. 마을공동체운동은 1990년대 중반부터 시작되었다. 대구 삼덕동과 경기도 안산시 등이 효시이다(태윤재·박소현, 2010; 정연경·김태영(2018)에서 재인용). 마을공동체 사업은 1970년대 새마을운동으로까지 거슬러 올라갈 수도 있다. 마을만들기 정책 활동은 참여정부 시기인 2006년 '살기 좋은 지역만들기' 사업을 추진하면서부터이다. 이를 위해 지자체들이 마을만들기지원센터를 설립하기 시작하였다(박세훈, 2015).

마을만들기 사업은 일본에서 그 모델을 찾아볼 수도 있다. 1998년 이후의 일본의 마을만들기는 비영리법인(NPO)을 중심으로 하는 새로운 지역사회 실현이 목표이다. 저출산·고령화, 수도권 집중화와 수도권·지방 간 격차 확대, 지방 광역화 등으로 인한 지방 소멸에 대응하면서 NPO법 제정과 NPO지원센터의 설립이 이루어진 배경이다(이자성, 2011d). 우리나라도 일본과 유사한 지역 사회문제에 봉착해 있으므로 우리나라 행정안전부가 주도하는 마을만들기 활동은 일본 마을만들기 움직임의 영향을 받은 것으로 보인다.

마을공동체지원센터는 거의 모든 광역단위에 설립되어 있다. 현재 광역지자체 내에서 사경센터와 마을공동체지원센터 간의 연계 및 협력의 필요성은 기초지자체 내에서의 두 기능들 간의 연계 필요성보다 낮은 것으로 보인다. 광역단위에서 마을공동체 기능과 사회적경제 기능이 하나의 중간지원조직에서 이루어지는 경우는 경기도의 따복공동체지원센터(2019년까지) 한 곳에 불과하였다. 오히려 마을공동체 기능과 주민자치 기능이 하나의 중간지원조직에서 진행되는 광역단위의 수는 서울, 광주, 대구, 제주, 세종의 5곳에 이른다(한국마을지원센터연합, 2019). 하지만, 광역단위에서도 사회적경제를 기준으로 볼 때 연관성이 가장 큰 분야가 마을공동체 부문이다. 그러므로 마을공동체 관련 활동·사업에의 사회적경제 중간지원조직들의 적극적 참여는 사회적경제 활성화에 기여할 가능성이 높다. 강원과 같은 일부 광역 사회적경제지원센터의 경우 같은 광역단위 마을만들기지원센터의 위탁운영도 적극 고려 중이다.

2019년 13개 광역단위 마을만들기지원센터들의 평균 사업비(인건비 제외) 규모는 약 3억 9천만 원이다(한국마을지원센터연합, 2019). 2019년 광역단위 마을만들기지원센터들의 1인당 인건비 중위 규모(6개 기관)는 최소 3,200만 원에서 최대 5,600만 원 사이인 것으로 나타났다(한국마을지원센터연합, 2019). 최소 인건비 수준은 기초단위와 거의 차이가 없으나 센터장급의 최고 인건비 수준이 기초단위에 비해 1,300만 원 정도 높은 것으로 나타났다.

## 8. 유관 중간지원조직: 도시재생지원센터

2013년 「도시재생특별법」이 만들어지고 도시재생센터가 곳곳에 설립되기 시작하면서 도시재생 관련 중간지원조직에 대한 관심 역시 증가하고 있다. 도시가 아닌 지역에서는 마을재생지원센터의 명칭이 사용되기도 한다. 도시재생센터는 과거에는 마을만들기지원센터와 통합되어 설립되는 경우가 많았으나 최근에는 별개로 설립·운영되는 경우가 많다.

도시재생사업의 경우 도심재개발 등 건설업 등의 특성이 강한 사업으로서, 사회적경제와의 연관성은 마을공동체사업에 비해 적은 편이다. 그러나 광역 및 기초단위에서의 사회적경제 관련 예산의 크기에 비해 훨씬 큰 예산을 확보하여 사업을 진행함에 따라 사회적경제조직들에게도 많은 비즈니스의 기회와 연계 활동 가능성을 제공하고 있다.

또한 도시재생 관련 주민참여가 사회적경제조직들을 낳는 경우도 발생하고 있어 사회적경제와 도시재생 간의 연관성을 보여준다. 도시재생 주민역량 강화사업에 참여한 194개 조직 중에서 31개 지역조직이 사회적경제조직으로 전환하였으며(국무조정실, 2021), 이는 도시재생 사업이 사회적경제조직 출현의 계기로 작용할 수 있음을 시사한다.

도시재생사업의 원활한 수행을 위해서는 사경센터로부터의 지원이 필수적이라는 의견도 있다. 이러한 맥락에서 광역단위 사회적경제지원센터가 같은 지역의 도시재생사업에 대한 협업 요청을 받는 경우도 발생한다. 사회적경제조직들이 광역단위의 도시재생 분야에 적극적으로 참여하는 것은 여러 가지로 사회적경제 활성화에 기여할 가능성이 높다.

## 9. 유관 중간지원조직: 공익활동지원센터(NGO지원센터)

공익활동지원센터(NGO지원센터)와 관련하여 일본의 경우, 1996년 비영리법인(NPO)지원센터 전국연합회를 설립하여 전국의 NPO지원센터의 전국적 네트워크화를 실현하였다(이자성, 2011d). 우리나라 대부분의 NGO센터는 시민공익활동 촉진을 주 역할로 설정하고 있다. 시민사회 활성화를 위한 플랫폼 역할 수행이 NGO지원센터의 목적이다. 2021년까지 서울, 부산, 대전, 광주 등 여러 광역시·광역도에 NGO지원센터가 설립되었다.

충북NGO센터의 경우 사회적경제와 마을공동체 육성을 주요 사업으로 밝히고 있다(2021.9.1 검색). 이 경우에는 사회적경제 중간지원조직의 일부로 간주해야 할 것이다(송재봉, 2015). 단 충북NGO센터의 운영위원회에는 사회적경제조직의 조직적 참여는 발견되지 않는다. 광역단위인 대구에서 시민공익활동지원센터, 사회적경제지원센터, 청년센터의 3개 중간지원조직 통합센터가 2016년 개소되기도 하였다(대구시민공익활동지원센터 홈페이지, 2021.9.12 검색).

이와 같이 공익활동지원(NGO)센터가 사회적경제 활성화까지 사업을 수행할 경우, NGO센터는 사실상 사회적경제 중간지원 기능을 수행하는 조직으로 간주할 수 있다. 시민공익활동이 주요 업무라는 점이 차이가 있으나 일부 지자체(예: 전주, 아산, 완주군)에서 발견되는 CB센터 (사회적경제와 도시재생, 마을만들기 중간지원조직을 겸하는)와 매우 유사한 기능을 수행한다.

우리나라 광역단위 NGO센터의 직원 수는 평균 3명 정도이다. 2015년 14억 원의 예산과 상근자 12명을 보유한 서울 NPO지원센터를 제외하면, 상근자 3명 정도와 사업비 1~2억의 소규모이므로(송재봉, 2015) 사회적경제에 큰 영향을 미치는 주요 유관 중간지원조직으로는 볼 수 없을 것이다.

NPO지원센터의 운영 방식은 거버넌스형과 민간자율형의 두 가지로 구분된다. 거버넌스형은 지자체 내부 및 센터 내부에 운영위원회를 구성하여 시민사회 등 외부의 참여를 허용하는 방식이다. 민간자율형은 지자체 내에 별도의 위원회를 두지 않고 NGO센터 내 운영위원회에 민간이 참여하는 방식이다(송재봉, 2015). 드문 경우이지만 재단 방식의 NGO센터 설립을 추진하는 지역(예: 충남)도 있다.

## 10. 기타 유관 중간지원조직

중앙부처의 57개 사회적경제 정책 중에서 중소벤처기업부가 주관하는 소셜벤처 및 임팩트투자 지원 등은 광역지자체 산하 중간지원조직 중에서 창조경제혁신센터 담당 사안이다(이강익, 2021). 또한 기술형 창업의 경우 지역 테크노파크가 담당하는 사안이다. 농촌 관련 정책 중 일부는 광역단위 농촌융복합센터가 해당 사업의 중간지원조직이다(이강익, 2021). 지역에서는 농촌융복합센터의 명칭이 상이할 수 있을 것이다. 따라서 광역지자체의 창조경제혁신센터 및 테크노파크, 농촌융복합센터 등과 사경센터의 협업이 이루어져야 한다.

광역단위 기타 유관 중간지원조직들의 예로는 서울시 사회투자기금 중간지원조직, 서울형 마이크로크레딧 창업자금 대출사업 운영기관, 서울시 서울혁신센터. 인천 사회적경제활성화기금(I-SEIF) 사업 위탁운영 기관 등을 들 수 있다.

임팩트투자는 현재 서울 중심 금융 방식으로 인식하는 견해가 존재한다. 다양한 사업과 금융을 중간지원하는 조직으로의 변화를 지향하는 광역단위 사경센터들이 발견된다.

# 제3장 광역단위 중간지원조직 상세 내용

〈표 3-12〉는 14개 광역단위 중간지원조직 인터뷰의 주요 내용을 보여준다.

### 〈표 3-12〉 광역 중간지원조직 인터뷰 주요 내용

| 대분류 | 소분류 | 내 용 |
|---|---|---|
| 설립 배경 | 지역 특성 | • 지역에서의 산업 발전 수준, 민간기업 활성화 정도, 인구당 사경조직 비율(강원, 전북), 지역발전에서의 사회적경제 잠재력 평가(강원) 등에 따라 사경분야 육성 정책과 의지, 지자체장/시도의회의 관심(강원)이 차이 남 |
| | 지역 경제 내 사경 비중 | • 강원도 전체 고용의 1.43%가 사경 고용, 향후 3%로 증가할 것이며, 이때는 중간지원조직의 규모 축소 또는 민간 중간지원조직 역할 확대가 필수적일 것임<br>• 대구 GRDP에서 사경분야 비중이 2%에 미달 |
| | 모법인 역사 | • NGO로 출발(대구 커뮤니티와 경제), NGO시민재단에서 사협으로 분화(광주), 대학에서 출발한 연구조직(부산)이 센터가 됨 |
| 역할 | 통지관 | • 통지관은 인·지정의 행정업무 중심이고, 인건비 예산이 대부분이어서 사업개발 여력이 없음<br>• 공모사업을 통해 사업비를 확보해야 하는 어려움 직면<br>• 창업기업 목표치가 부여되어 양적 목표 달성에 치중<br>• 통지관의 양적 목표 편중 경향 개선을 위해서는 중앙부처 차원에서 사경분야 성과평가지표의 현실적 개선이 필요<br>• 사경 분야 활동 범위 확대와 조직 전체 역량 제고를 위한 역할 다각화 필요성 큼 |
| | 마을기업 지원기관 | • 도시에서 마을기업 창업이 어려움으로 인해 마지관의 역할의 한계 존재. 사회적기업 대비 마을기업의 영세성도 원인 |
| | 사경센터 | • 광역단위 중간지원조직은 기획자 역할을 해야 하며, 실행조직 역할을 하면 안 됨 |
| | 미설립 지역 | • 충북, 울산, 대전에서 사경센터 설립이 가장 시급한 지역 과제임 |

| 대분류 | 소분류 | 내용 |
|---|---|---|
| 역할 | 통지관/마지관 /사경센터 역할 차이 | • 통지관/마지관은 중앙부처 사업·정책을 지역에 전달하는 목적의 행정전달체계이며 인·지정의 행정업무가 중심. 사경센터는 지역 특성에 맞는 사경 모델·정책을 수립하고 광역 사경 사업예산을 집행(생태계조성, 성장지원사업, 교육훈련 등)하는 역할<br>• 통지관/마지관/사경센터 3개 역할을 수행하는 모법인에서도 조직단위에 따라 역할이 상이해야 함<br>• 통지관은 창업지원, 사경센터는 성장지원(광주) |
| 역할 통합 필요성 | 통합의 의미 | • 조직통합과 통합적 지원 구분 필요성. 설립과 인·지정 통합이 과거의 용법임. 통지관이 금융·시장·공간 등의 통합을 주도하거나 할 수 있는 것은 아님<br>• 통합만이 아니라 분화까지 동시에 고려해야. 지역 분화(커뮤니티와경제에서 지역과 소셜비즈 분화 및 대구경북의 분화, 성동·광진구의 분화와 시민단체 분화 등)<br>• 이념·철학·비전·조직·사업·인력 모든 영역에서의 통합 논의 필요 |
| | 통지관/마지관 /사경센터 통합 여부 | • 마지관은 행정안전부 소관이지만, 위탁기관 결정은 광역에서 진행하므로 광역이 운영하는 광역 사경센터가 동시 위탁받기 용이<br>• 통지관은 한국사회적기업진흥원의 위탁기관 선정으로 인해 마지관보다 광역 사경센터 겸업이 적음(3곳 통합 운영 중인 강원, 대구, 제주를 제외하면 통지관과 사경센터를 동시에 위탁운영하는 경우는 없음)<br>• 통지관·마지관·사경센터의 독립 존재가 지역 다양성 제고에 기여할 수 있다는 견해 |
| | 통합 필요성 | • 통지관·마지관·사경센터 모두 행정인력이 존재하며, 이는 중복. 아울러 교육·판로개척 등에서 유사사업 단일화 가능. 정보공유·자원풀링으로 사업의 효과적 진행 가능<br>• 가장 중요하게는 원스톱서비스와 창업이전단계·창업단계·성장단계·고도화단계 등 라이프사이클 전체 지원이 가능하게 됨<br>• 창업단계에서 적합한 조직 형태 추천이 자유로워짐. 직무순환으로 직원 역량강화도 가능(실제로 인건비 차이 등의 이유로 직무순환은 활발하지 않음)<br>• 강원, 대구, 부산 등에서 모두 통지관·마지관·사경센터·육성사업 통합의 시너지가 발생했다고 평가 |
| | 통합 준비 정도 | • 통지관·마지관·사경센터 통합지역(강원, 대구, 제주) 외에, 미통합인 광역의 경우 통합을 준비 중이기도 함(광주) |
| | | • 통지관 조직에게 역할 확대를 사경센터가 권유했으나 사회적기업·협동조합 지원기관 유지를 선호하기도 함<br>• 통지관 수탁기관이 사경센터 추가 수탁 등 역할 확대 사양(경기, 경북)<br>• 광역단위 통지관 조직이 시너지효과를 기대하며, 동 지역 기초단위 사경센터를 수탁운영(경남, 창원) |

| 대분류 | 소분류 | 내용 |
|---|---|---|
| 역할 통합 필요성 | 통지관/마지관 /사경센터 협업 시스템 | • 3개 역할 수행 조직의 통합 여부, 조직 간 분사 등 역사 등에 따라 협업 수준이 크게 차이 남<br>• 지역 내 사회적기업이 통지관에 의해 지원받는지의 정보가 사경센터에 전혀 전달되지 않음<br>• 통지관·마지관·사경센터 모두를 위탁운영하는 경우에도 내부에서 업무별 소통에 어려움 존재<br>• 지역 내 광역단위 통지관 및 마지관과 기초단위 사경센터 간의 협의구조 및 정보통합시스템 설치 필요<br>• 통지관과 사경센터 간의 협업이 거의 없었음(경기). 사경센터와 통지관 간의 소통이 원활하지 않음(경남)<br>• 사업별 정보공유를 위한 중앙부처 차원의 제도 개선 필요(제주)<br>• 초기에 비하면 그래도 이제는 협력(정보공유, 사안별 협력, 인적 교류 등)의 개선이 이루어지는 중 |
| | | • 통합 논의는 통지관·마지관·사경센터 출범의 초기에 정리되었어야 함. 현재는 기존 시스템과 이에 익숙한 사람·조직들이 존재하므로 통합이 어려움. 동일 공간 사용을 통해 교류 확대, 정체성 공유 등으로 통합 이전단계의 분위기 조성 필요<br>• 조직통합이 아닌 예산통합이 더 시급<br>• 사경센터쪽에서 통지관 담당조직에 사경센터와의 통합 또는 사경센터 위탁을 권유하였으나 실현되지 못함(경기, 경남) |
| 지배구조 및 네트워크 | 운영위 | • 당사자조직 소속 운영위원 비율 중요(일부는 과반수 이상으로 설정) |
| | 네트워크 | • 기초보다 광역의 사경 네트워크의 지역 대표성과 역량이 떨어지기 쉬움 |
| 조직구조 | | • 사경센터는 기획·기업지원·교육홍보·네트워크 등 기능별 편제, 통지관·마지관 등 위탁기관의 경우 사회적기업팀, 마을기업팀, 협동조합팀 등 사업특성별 및 조직형태별 편제가 일반적 |
| 예산 | 예산 규모 | • 광역 사경예산은 인건비 대비 사업비 비중이 높은 편임. 통지관 예산은 거의 다 인건비임<br>• 사업비는 매우 낮음. 따라서 통지관에서는 창업 이후 지원은 어려움 |
| | 예산 구성 | • 강원 사경센터(도비 55%, 국비 45%). 통지관 4억 원, 마지관 3억 원, 사회적기업가 육성사업 8억 원, 산자부 사업 3억 원 등<br>• 제주도 도비 57%, 기타 43% 구성<br>• 부산은 창업지원사업 15억 원(관리비 2억 원 외 모두 기업 지원금), 통지관 및 마지관 각 7~8억 원, 산자부 혁신성장사업 2억 5천만 원, 소상공인 지원사업 8억 원 |
| | 외부 공모사업 수주에 대한 태도 | • 강원의 경우 국비 수주 등을 도에서 긍정적으로 평가<br>• 일부 기초지자체는 사경센터의 지역 사업 전업을 선호하며, 외부 공모사업 지원·수주를 억제 |

| 대분류 | 소분류 | 내용 |
|---|---|---|
| 예산 | 지자체 의존도 최소화 노력 | • 시로부터의 자율성 확보를 위해 위탁받은 사경센터의 센터장 인건비는 모법인에서 지급(대구) |
| | 사업예산별 임대료 포함 여부 | • 사경센터와 공간지원사업인 성장지원센터 예산에는 임대료가 포함<br>• 마지관 예산에는 임대료가 기관 운영비에 일부 포함됨<br>• 통지관 예산에는 임대료가 포함되어 있지 않음<br>• 통지관 수탁 모법인이 임대료 지급. 광역지자체에서의 임대료 지원은 민간 모법인 자율성 훼손 가능성<br>• 통지관 예산에서 임대료 사용 허용 필요 |
| | 예산 규제 | • 통지관 사업은 사업비 예산으로 사업 집중 운영 요구, 마지관 사업은 기관 운영<br>• 통지관 예산이 사업용역이면, 사업용역답게 용역 진행과 예산 활용에서의 자율성 부여 필요<br>• 현재는 사업용역이면서 보조금 지급 경우처럼 규제 심함 |
| | 급여체계 | • 기관에 따라 단일 급여체계(광주), 복수 급여체계 등 연구원은 호봉제(부산) |
| 통지관·마지관·센터 간 인건비 차이 | 인건비 격차 | • 사경센터가 인건비가 가장 높고, 마지관 인건비가 그 다음, 그리고 통지관과 사회적기업 성장지원 담당자 인건비가 가장 열악함 |
| | 인건비 문제 | • 광역단위의 이슈. 기초에서는 현안 아님 |
| | 인건비 격차 원인 | • 협동조합은 예산의 87%, 사회적기업은 예산의 83%(2019년 81.8%, 통지관 수행기관 입찰공고 참조, 김종걸, 2020)로 한정해 예산 편성함<br>• 마을기업 예산은 사회적기업·협동조합보다 커서 좀 더 인건비 지급 여력이 있음 |
| | 인건비 격차 보완 방법 | • 타 사업을 통해 마련, 모법인에서 보완, 광역지자체 지원 등 |
| | 인건비 격차 개선 방안 | • 장기적으로 중앙부처가 해결해야 함. 부처별 꼬리표 문제와 인건비 문제를 해결하지 않으면 통지관·마지관·사경센터 관련인력의 이동이 어렵고 조직통합이 불가능함 |
| | 광역 시·도 지원 방안 | • 인건비 부족분을 도에서 지원하는 일부 지자체 실행 중인 방안도 가능한 단기적 해법<br>• 그러나 인건비 지원을 계기로 도와 통지관 업무담당자 사이의 상하관계 형성의 한계가 발생 |

| 대분류 | 소분류 | 내용 |
|---|---|---|
| 통지관·마지관·센터 간 인건비 차이 | 궁극적 해결 방안 | • 사회적경제기본법 제정으로 부처별 사업구분을 없애야 사업의 실질적 통합과 인건비 차등지급 문제 해결 가능<br>• 정부지원금 고정과 인건비 증가를 고려하면 중간지원조직 규모 축소가 불가피할 것<br>• 센터 인건비까지 포함 지원하는 복지분야를 참조하여 사경분야 인건비 문제 해결해야 함<br>• 사회복지시설 위탁운영 관련 사회복지사업법과 같은 인건비 지급규정 구비 참조 |
| 구성원 처우 | 임금수준과 이직률 | • 동일 경력 기준 타 직종 대비 사경 중간지원조직 임금수준 열악<br>• 이직률 높음. 일부 사경센터는 공무원 수준에 접근 중 |
| | 협동조합 사업에서의 인건비 | • 협동조합사업은 설립지원사업이지만, 실제로는 사후관리 업무까지 부과되어 인건비 산정이 부분적임 |
| | 협동조합 사업에서의 인건비 | • 신규 설립 협동조합 숫자 급증에도 투입인원과 인건비는 그대로임. 인건비 인상이 어려우면 과업 조정이 필요 |
| | 임금 인상의 어려움 | • 사업비 증액이 최소화되어 있어 통지관·마지관 업무 장기담당자의 급여 인상 방안 마련 어려움. 별도 외부 공모사업 수주로 임금인상 대처 노력 |
| | 저임금 및 임금정체 후유증 | • 외부 사업 수주 압박으로 업무부담 증가, 본연의 지원 업무 소홀 및 정체성에 대한 회의감 증가 |
| | 이직 방지 노력 | • 중간지원조직의 역할 수행과 발전에 가장 중요한 요인은 인력의 장기근속을 통한 전문성의 축적(신나는조합, 2020)<br>• 이직률 저하를 위해 교육 지원과 역량 제고 지원, 경력 활용 호조건의 타 기관 이직 가능성 제고 등으로 이직률 낮춤 |
| | 조직 개선 방안 | • 조직의 학습조직화, 직무순환 등을 통한 조직구조 차원의 방안 필요. 경력에 맞는 임금인상 가능한 인건비 지급 방안 마련 필요<br>• 사업비의 현실적 증액이 필수적 |
| 인력 및 고용 형태 | 인력 규모 | • 통지관·마지관·사경센터 중 단일 역할 또는 다중 역할에 따라 규모 상이<br>• 통지관·마지관·사경센터 등 겸업의 경우 30~40명 |
| | 인력 구성 | • 정규직과 비정규직 혼재가 일반적<br>• 모든 사경조직들이 비정규직 사용 최소화와 구성원 고용안정 제고 마인드를 구비하고 있음 |
| | 비정규직 | • 통지관·마지관 계약 및 프로젝트의 단기 특성으로 인해 프로젝트성 계약의 경우 1년 이내 계약<br>• 기관에 따라 매년 계약 갱신으로 고용기간 연장 노력<br>• 이로 인해 추가 외부 공모사업 지원·수주 불가피 |
| | 고용 기간 | • 정규직은 고용보장, 센터장은 위탁운영 계약기간까지의 임기제 |

| 대분류 | 소분류 | 내용 |
|---|---|---|
| 인력 및<br>고용 형태 | 구성원 마인드 | • 과거 당사자조직 소속인지, 중간지원조직 소속이었는지에 따라 서비스 제공 의욕 등이 다름<br>• 통지관·마지관은 행정업무 중심이므로 사무역량이 중요하지만 사경센터에는 기획역량이 중요<br>• 향후 행정사무 역량이 아니라 기획 역량과 (당사자조직과의) 네트워크 역량이 핵심 역량<br>• 구성원 사기진작 방안이 필요하며, 중간지원조직의 비즈니스 모델 개발이 필요하듯 구성원들의 사회적기업가정신 제고가 필요 |
| | 인력 관리 | • 광역단위 약 500명의 중간지원조직 인력에 대한 종합적 관리 필요. 이를 위해서 한국사회적기업진흥원의 교육기획/연구조사·제도 개선 노력이 필요<br>• 사회적경제교육원 설립보다 기존 진흥원 및 민간 노력을 통한 개선이 바람직 |
| 위탁<br>및 직영 | 직영 vs. 위탁 | • 지역에 따라 상이. 공공위탁에서 직영으로의 변화도 발견(경기). 현장 기반 유연한 대응과 이를 위한 자율성 구비를 위해서는 민간위탁이 보다 선호됨 |
| | 직영조직 위상 | • 일반적으로 센터, 향후 사회적경제원 설치로 조직 위상 확대 가능 |
| | 위탁기관 | • 통지관 초기에는 사경 이외 다수 공공기관 위탁 발생<br>• 이후 지역네트워크 형성 유도 후 위탁 진행<br>• 일부의 경우 대학·민간연구소 등 위탁기관 존재 |
| | 위탁기간 | • 통지관은 1년(우수 평가 시 3년으로 연장), 마지관 1년, 사경센터는 3년 |
| | 위탁 관련<br>경쟁 및<br>위탁기관 교체 | • 대부분 지역에서는 위탁기관 간의 경쟁이 높지 않음<br>• 초기에는 경쟁이 존재하지만 네트워크 구축 이후 낮아짐<br>• 운영과정에 경쟁적 단체의 참여폭을 넓히는 것이 불필요한 갈등 해결과 협력 확대에 필요<br>• 특정 위탁기관의 재계약이 일반적<br>• 위탁기관의 잦은 교체 발생 지역의 경우 단일지역 네트워크 미흡이 발견 |
| | 위탁기간<br>개선 방향 | • 매년 위탁 갱신은 평가·재선정의 업무 과중, 연말과 연초 사경 업무 공백기간 발생, 고용불안 등의 여러 문제점 파생<br>• 통지관·마지관·사경센터의 3년 계약 통일 필요.<br>• 장기적으로 5년 장기 위탁 검토 필요 |
| | 미래 과제 | • 향후 공공기관화(고용안정성 장점)와 정부 프로젝트 중심 사안 별 협업(고용불안정의 단점) 방식 간의 선택의 딜레마 |
| | 경기도<br>사회경제원 | • 사업 안정성 부족, 양적 성장 지체, 인력 고용불안 등이 사회경제원 설립의 이유 |
| | 광역 사회적경제원 설치과제 | • 일반 공공기관과 다른 사경 서비스 제공 가능하고 관료화가 되지 않을 수 있는 조직구조 및 조례 제정 검토 |

| 대분류 | 소분류 | 내용 |
|---|---|---|
| 타기관과의 관계 | 중앙부처(사업)와의 관계 | • 중앙부처 많은 사경 사업들을 기초단위에 전달하는 역할이 증가<br>• 중앙부처 사업이 광역 사경센터를 거치지 않고 기초단위 중간지원조직으로 직행하는 사업 많음<br>• 창업기업 숫자, 매출액, 고용규모의 양적 지표 외에 지역공동체 조성에의 기여와 사회안전망 제고 노력 등 사회적경제 생태계 조성에의 기여 및 지역공동체 활성화 기여를 측정하는 성과지표(마을기업·협동조합에서 조합원 수, 사회적기업에서 종업원의 회의 참여도, 종업원의 지역활동 참여도 등)를 개발 적용해야 통지관·마지관·사경센터가 살아날 수 있음<br>• 사회문제·지역문제 해결을 위한 사경 모델 개발이 광역 중간지원조직들의 주요 과제. 디지털전환·뉴딜전환의 지역 적용도 과제 |
| | 한국사회적기업진흥원과의 관계 | • 진흥원이 직접 사업을 하면서 광역단위센터 등과 경쟁하는 것을 피해야 함<br>• 사회적기업 성장지원사업처럼 지역현실·당사자 니즈에 맞는 사업을 해야 함<br>• 광역단위 성과를 진흥원이 가져가는 경우도 피해야 함 |
| | 한국사회적기업진흥원과의 관계 | • 통지관 평가 등 여러 평가에서 지역 특성을 보다 반영하고, 지표 선정에서의 지역 자율성을 넓혀줘야 함<br>• 잘하는 기업이나 큰 기업이 진흥원 여러 사업의 수혜를 보는 경향이 있어, 못하는 기업과 작은 기업이 혜택을 보게 발상을 바꿔야 함<br>• 진흥원 홈페이지가 사회적경제 포털로 제대로 기능하도록 만들어야 함<br>• 광역 중간지원조직 인력과 진흥원 인력 간의 인사교류 검토 필요 |
| | 사경센터와 광역시·도 사경팀 간의 관계 | • 센터 출범 초기 시도 사경팀과 사경센터 간의 윈-윈 경험의 상호 협력관계 중요<br>• 담당공무원의 사경분야 장기근속 중요. 행정에 대한 중간지원조직의 이해도 제고 및 적극적 제안·참여 태도·능력이 중요<br>• 협치에 대한 공무원들의 수용도가 사경분야 활성화에 중요<br>• 사업개발·심사 등 도의 행정업무를 사경센터 또는 통지관이 수행하는 경우 발생<br>• 광역지자체 공무원들의 행정과 민간 업무 엄격 구분 마인드 필요 |
| | 사경센터와 지역 타 공공 유관센터와의 관계 | • 현재는 대부분의 광역에서 사회적경제 단독 센터 설립<br>• 과거 경기 따복공동체지원센터는 마을공동체지원과 사회적경제지원이 공존, 이후 두 센터로 분리됨<br>• 공공기관 평가에서의 사회적가치 평가 비중 상향으로 인해 협력 요청이 증가 |
| | 광역단위 조직형태별 지원센터 필요성 | • 서울의 경우 사경센터와 협동조합지원센터 2개가 공존<br>• 타 지역은 단일 사경센터로 존재<br>• 향후 타 광역도 조직형태별 지원센터 별도 설치 가능성은 높지 않음 |

| 대분류 | 소분류 | 내용 |
|---|---|---|
| 기초센터와의 관계 | 기초센터 대상 사업 | • 서울시 사업진행방식이 경쟁방식이며, 불필요한 경쟁을 유발하는 문제점이 심각하다고 많은 기초사경센터들이 지적<br>• 지원사업들이 기초센터의 요구에 의해서가 아니라 탁상행정의 산물로 결정되는 하향식 방식<br>• 기초센터와 충분한 논의 후 정책 수립이 필요<br>• 지원금으로 자치구 기초센터를 활용하려는 도구주의적 사업방식<br>• 행정안전부 마을기업지원사업 교육 등에서 자치구 권한을 보다 많이 부여해야 함<br>• 기초센터 대상 지원금 상향해야 함 |
| | 기초센터와의 소통·협업· 역할분담 | • 광역센터는 전문교육(마케팅 인력 등), 기초센터는 기초교육으로 분담<br>• 광역은 사회적금융과 판로지원 등 전문기능 담당이 바람직. 기초와의 소통 및 협력 모색은 이제 시작 단계<br>• 통지관·사경센터·공무원 정책협의회 시작 중(경기)<br>• 일부 지역 내 기초 사경센터장 협의회 아직 미가동<br>• 기초 사경센터 설립 증가로 기초 사경센터 지원 역할이 광역센터의 주 역할로 등장 |
| 당사자조직들과의 관계 | 당사자조직에의 사업 지원·이양 | • 사경센터의 사업예산을 최대한 지역 당사자조직이 수행할 수 있도록 이양하는 것이 민간역량 강화에 부합<br>• 당사자조직 대상 공모사업 및 협업사업 제안을 확대하려 함<br>• 당사자조직들 간의 통합/규모화 지원<br>• 사경센터를 당사자조직에게 이양하는 사경센터 초기 합의에 따라 이를 장기적으로 고려하고 있음 |
| | 당사자조직들과의 관계 | • 신나는조합 임원이 서울사회적기업협의회 이사로 참여(신나는 조합, 2020) |
| | 자활과의 관계 | • 자활기업과의 연계가 약하다는 평가가 상당히 존재. 자활센터와의 협업은 아주 낮은 수준으로 평가됨<br>• 자활기업을 사회적경제조직으로 볼 것인가에 대한 이견도 존재. 광역시도 복지담당공무원을 사회적경제위원회에 포함시키는 등의 노력 발견<br>• 보건복지부 소속이라는 점이 작용하며, 이는 자활근로까지는 고용노동부 관할 사업으로 변경하는 등 중앙부처 수준에서 해결되어야 할 과제 |
| 유관 기관과의 관계 | 마을공동체· 도시재생 등 유관 기능과의 분화·통합 | • 지역에 따라 광역에 10여 개 이상 혹은 수십 개의 센터가 존재<br>• 거의 모든 광역단위 사경센터는 사회적경제에 특화되어 있음. 광역에 마을공동체센터가 별도로 존재하기 때문<br>• 과거 경기도의 경우 따복공동체지원센터는 마을공동체지원 기능이 주이고, 사회적경제지원 기능이 부였으나 분리·독립했음. 기초와 매우 상이한 현실 |

| 대분류 | 소분류 | 내 용 |
|---|---|---|
| 유관<br>기관과의<br>관계 | 마을만들기·주민<br>자치·도시재생과<br>의 협업 이슈 | • 공동체지원센터 네트워크에 사경센터, 마을만들기센터, 도시재생센터, 공익활동센터 등이 포괄될 수 있으며, 이들 간 협력 촉진이 중요<br>• 마을만들기의 최종 단계에 해당하는 마을관리협동조합은 도시재생센터와 사경센터의 협업에 의해 활성화될 수 있음<br>• 사경센터가 마을만들기지원센터까지도 위탁받는 경우도 고려할 수 있음<br>• 도시재생센터와 리빙랩사업을 함께 하며, 마을공동체와 마을기업 사업을 함께 함 |
| 금융과<br>전문성<br>강화 | 사회적금융 | • 사회적금융 이슈는 통지관·마지관의 직접 이슈가 아닌 사경센터의 이슈가 강함<br>• 임팩트투자와 같은 사회적금융은 서울 중심 금융방식이고, 지역에 맞는 금융시스템 개발이 필요함(강원)<br>• 부산(50억), 전북 등 사회적경제지원기금 조성 중임<br>• 사회적경제가치연대에 자조기금 조성(대구) |
| | 판로개척·<br>유통 지원 | • 여러 광역 사경센터마다 유통전문조직 설립(사경센터와 당사자조직의 합작인 강원곳간, 경북종합상사, 대구 무한상사, 제주 종합상사, 광주 가치키움 사협, 전남 사회적경제보부상단/전남 상사) |
| | 컨설팅·교육 | • 전문기업으로의 분사 계획 중인 광역 중간지원조직 존재 |

# 제4장 기초단위 중간지원조직

## 1. 사회적경제 활성화를 위한 기초단위의 중요성

우리나라 사회적경제 성공모델들은 모두 시군구 혹은 읍면동 단위의 사례였다. 협동조합모델로 널리 알려진 원주, 유기농 공동체로 유명한 충남 홍성의 홍동면, 공동육아로 시작하여 도시형 주민공동체의 전형을 만든 서울 마포의 성미산, 그리고 소셜벤처 집적지로 떠오른 서울 성동구의 성수지역이 모두 행정체계 상 기초단위에 해당한다.

경기도 사회적경제 관련자(320명), 공동체 사업 활동가(319명), 주민자치위원회(195명) 등 총 834명이 참여한 2016년 설문조사에서, 사회적경제 분야의 발전을 위해서는 기초지자체와 기초단위 중간지원조직의 역할이 가장 중요하다고 응답한 바 있다(최준규, 2016). 그러나 사회적경제 관련 활동이 가장 활발하게 발생하는 수준은 광역 수준인 것으로 인식하고 있어 현실사업과 당위성 사이의 괴리가 드러났다(최준규, 2016). 그 중요성에 걸맞게 기초단위 사회적경제 활성화를 위한 정부부처·지자체·중간지원조직·당사자조직들의 재조정이 필요하다.

최근 기초지자체가 자체 사회적경제지원센터라는 중간지원조직을 설립하는 경우가 빠르게 증가하고 있다. 현재와 미래 시점에서 우리나라 사회적경제 분야 활성화의 핵심적인 영역은 중앙부처나 광역지자체 수준이 아니라 기초지자체 수준이다.

## 2. 광역·기초단위 사회적경제 활성화 지표로서의 사회적경제지원센터 설립

광역지자체 산하 기초지자체 전체 중 기초단위 사회적경제지원센터가 설립된 기초지자체가 얼마나 되는가는 광역단위 사회적경제의 성숙도를 보여주는 중요한 지표가 될 수 있다. 서울의 경우 25개 전 자치구에 사회적경제지원센터가 설립되었고, 경기의 경우에도 31개 시군구 중에서 26개 시군구에 설치되는 등 최근 빠르게 증가하고 있다. 이 두 지역 소재 사회적경제조직의 숫자 등을 고려하면, 기초단위 사회적경제지원센터의 설립이 거의 완료된 점은 광역단위 사회적경제 활성화 및 성숙도의 수준이 높다고 평가할 수 있다.

또한 기초단위 사회적경제지원센터 중에서 사회적경제에 집중하는 센터의 비중 역시 사회적경제 활성화 및 성숙도의 지표로 사용될 수 있다. 마을공동체 기능, 주민자치 기능, 도시재생 기능, 공익활동지원 기능 등과의 분리·분화를 거쳤으며, 사회적경제지원 기능에의 집중과 전문화를 의미한다는 점에서 지역 내 사경분야 활성화 지표로 볼 수 있다.

## 3. 광역단위 대비 기초단위 중간지원조직

4개 조직 형태(사회적기업·협동조합·마을기업·자활기업) 각각에 대해 소관 중앙부처가 광역단위 중간지원기관을 선정하는 것과는 달리 기초단위의 중간지원조직을 중앙부처가 선정하지는 않는다. 기초단위 사회적경제지원 조직의 설립과 운영은 기초지자체의 권한이다.

단, 광역단위 사회적경제지원센터는 기초단위 사경센터의 설립과 운영을 지원할 수 있다. 이 기초단위 사경센터의 설립을 지원하는 역할은 사회적기업·협동조합 통합지원기관, 마을기업지원기관, 광역단위 사경센터 중에서 오직 광역단위 사경센터에만 해당되는 역할이다.

앞서 살펴본 것처럼, 광역단위에서는 지자체가 설립하고 직영하거나 민간 위탁운영하는 사회적경제지원센터 외에도 사회적기업·협동조합 통합지원기관이나 마을기업지원기관 등의 사회적경제 중간지원조직이 다양하게 존재한다. 또한 마을만들기지원센터, 공익활동센터, 도시재생센터 등 사회적경제와 관련성이 있는 중간지원조직 역시 존재하는 경우가 대부분이다.

하지만 시군구 단위의 기초지자체에서는 지자체가 설립한 사회적경제지원센터의 수가 제한적이며, 광역처럼 별도의 마을만들기지원센터와 공익활동센터, 도시재생센터 등이 모두 설립되어 있는 경우도 흔치 않다. 따라서 기초지자체 차원에서의 사회적경제 중간지원조직으로는 사회적경제지원센터가 유일하거나 이마저 없는 지역이 많다.

## 4. 시군구 기초단위 사경지원센터의 현황

〈표 3-13〉을 보면 2019년 8월 기준 '시군구의 기초단위'에 설립된 사회적경제지원센터의 수가 69개로 나타나며 이는 전국 기초지자체 226개의 30.5%이다. 2019년 상반기 기준 64개 기초단위 사경센터가 존재한다는 보고(김진영·정석호, 2020)에 비하면 그 수가 다소 증가한 것이다.

기초지자체에 설립된 69개의 사회적경제지원센터 중에서 서울에 설립된 사경센터의 숫자는 2019년 8월 기준 23개이며 이는 기초지자체 소재 사경센터 전체 숫자의 1/3에 해당한다. 또한 경기도 산하 기초지자체 소재 사경센터 숫자가 21개이며, 인천광역시 소재 기초지자체 사경센터의 숫자가 5개이다.

경기도와 인천 소재 기초지자체 사경센터의 숫자는 26개이며, 서울, 경기, 인천 등 수도권 소재 기초지자체 사경센터의 숫자는 전체 사경센터 숫자의 77.8%에 달한다. 즉 기초지자체 사경센터는 최근까지 수도권에서 집중적으로 설립되었으며, 수도권을 제외한 지역에서의 기초지자체 사경센터 설립은 활발하지 않음을 시사한다.

지자체에 따라서는 사회적경제에 대한 인식도가 낮고, 사회적경제 조직들의 수가 적고, 지자체장의 사회적경제에 대한 관심이 낮은 경우, 사회적경제 기본 조례가 제정되지 못하고, 기초단위 중간지원조직들이 설립되지 못하는 경우가 많이 발생한다. 사회적경제 관련 조례 제정과 중간지원조직 설립에 대한 지자체장·의회와 사회적경제조직들 간의 갈등, 심지어는 지자체장과 지방의회 간의 갈등(대구 동구)이 발견되기도 한다.

〈표 3-13〉 기초지자체 사회적경제지원센터 현황

| 구분 | 2019년 8월 말 기준* | | 지자체수 | 2021년 9월 말 기준** | |
|---|---|---|---|---|---|
| | 센터수 | 설치율(%) | | 센터수 | 설치율(%) |
| 서울 | 23 | 92 | 25 | 25 | 100 |
| 부산 | 0 | 0 | 16 | 2 | 12.5 |
| 인천 | 5 | 50 | 10 | 8 | 80 |
| 대구 | 0 | 0 | 8 | 0 | 0 |
| 대전 | 1 | 20 | 5 | 0 | 0 |
| 광주 | 3 | 60 | 5 | 3 | 60 |

| 울산 | 1 | 20 | 5 | 2 | 40 |
|------|-----|------|-----|-----|------|
| 경기 | 21 | 67.7 | 31 | 26 | 84 |
| 강원 | 2 | 11.1 | 18 | 7 | 39 |
| 경남 | 3 | 16.7 | 18 | 5 | 28 |
| 경북 | 3 | 13 | 23 | 1 | 4 |
| 전남 | 0 | 0 | 22 | 11 | 50 |
| 전북 | 4 | 28.6 | 14 | 10 | 71 |
| 충남 | 3 | 20 | 15 | 11 | 73 |
| 충북 | 0 | 0 | 11 | 3 | 27 |
| 합계 | 69 | 30.5 | 226 | 114 | 50.4 |

* 2019년 8월 자료, 출처: 관계부처 합동(2019. 11). [지역공동체 사회적경제 추진역량 제고 방안].
** 2021년 9월 자료, 출처: 필자 조사.

## 1) 2021년 8월 기준 사경센터 숫자

이 연구에서 조사된 2021년 8월 기준 기초단위 사경센터의 숫자는 〈표 3-13〉의 오른쪽에서 확인할 수 있다. 단, 사회적경제지원센터로 명명되거나 '사회적경제'가 명시된 사경센터 외에 마을공동체지원센터나 도시재생센터 혹은 공익활동지원센터에 사회적경제 기능이 포함된 경우도 집계하였음에 유의할 필요가 있다.

기관 명칭에 '사회적경제' 표현이 들어가지 않아도 사회적경제 담당자가 존재하고 사회적경제 업무를 수행하는 기능이 있을 경우 사회적경제센터로서 기능하는 것으로 간주하였다.

따라서 도시재생지원센터의 홈페이지에서 사회적경제까지 포괄하는 것으로 사업 소개를 하는 기관일지라도 실제로는 사실상 사회적경제 활동을 거의 수행하지 않았을 가능성이 존재한다. 따라서 위 수치는 다소의 오차가 있을 수 있다.

2021년 9월 말 기준으로 약 114개의 기초지자체 사회적경제지원센터가 존재하는 것으로 추정된다. 위의 표는 2년 만에 약 35개 정도의 사경센터가 추가적으로 설립된 것을 보여주며 이는 226개 기초지자체 중에서 약 50.4%에서 사경센터가 있는 셈이다. 2019년 8월의 69개에 비해 크게 증가하였음을 확인할 수 있다. 2년 간의 변화의 주요한 특징으로는 첫 번째, 서울과 경기 및 인천의 수도권에서는 사회적경제지원센터가 거의 모든 기초지자체에서 설립되었다는 점이다. 수도권 기초지자체 사경센터의 설립이 포화 상태에 이르고 있는 점과 지방에서의 사경센터가 증가하는 점이 맞물려, 2019년 8월 기준 전체 기초 사경센터에서 수도권이 차지하는 비율이 77.8%였으나, 2021년 9월 기준 51.8%까지 낮아지게 되었다. 두 번째로, 충남, 강원과 전남과 전북 등 비수도권 일부 지역에서도 기초 사경센터의 수가 크게 증가하고 있다. 세 번째로, 경북과 대구, 부산과 경남, 울산 등 영남권에서의 기초단위 사경센터의 수가 상대적으로 적다는 점이다.

### 2) 단독·공동·타명칭센터 구분

〈표 3-14〉는 2021년 9월 말 기준 기초지자체 사회적경제단독센터, 공동센터, 타명칭센터의 3가지로 구분한 기초지자체 사경센터의 현황을 보여준다. 타 명칭의 센터로 분류되는 경우는, 사회적경제지원센터로 명명되거나 '사회적경제(또는 '사회적')'가 명시된 사경센터를 제외하고, 마을공동체지원센터나 도시재생센터, 혹은 공익활동지원센터에 사회적경제 기능이 포함된 경우를 의미한다. 기능의 포함 여부를 확인하기 위하여 본 연구진에서 직접 기초지자체 관련 센터에 문의하여 확인한 결과이다.

사회적경제지원 기능에 집중하는 '사회적경제지원센터' 명칭의 단독센터는 64개로서 전체 114개의 56.1%이다. 반면 마을공동체지원 기능과 함께 기능을 수행하는 공동센터의 숫자는 17개로서 114개 전체의 14.9%이다. 마을공동체지원센터, 도시재생센터 공익활동센터 등 다른 명칭의 지원센터에 사회적경제지원 기능이 포함되어 있는 경우는 33개로서 전체 114개의 28.9%로 작지 않은 비중을 보이고 있다.

[그림 3-1] 전국 기초단위 사회적경제센터별 현황

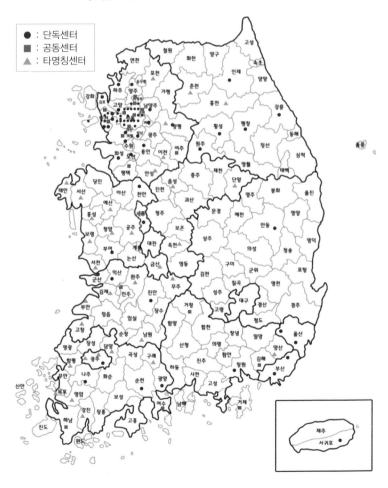

<표 3-14> 전국 기초지자체 단독/공동/타명칭 사경센터의 숫자 및 규모

| 구분 | 전체사경센터 | | | 단독사경센터 | | | 공동사경센터 | | | 타명칭센터 | | |
|---|---|---|---|---|---|---|---|---|---|---|---|---|
| | 센터수 | 총인원 | 평균인원 | 센터수 | 총인원 | 평균인원 | 센터수 | 총인원 | 평균인원 | 센터수 | 총인원 | 평균인원 |
| 서울 | 25 | 138 | 5.5 | 22 | 110 | 5 | 3 | 28 | 9.3 | | | |
| 부산 | 2 | 5 | 2.5 | 2 | 5 | 2 | | | | | | |
| 인천 | 8 | 21 | 2.6 | 6 | 14 | 2.3 | 2 | 7 | 3.5 | | | |
| 대구 | 0 | | | | | | | | | | | |
| 대전 | 0 | | | | | | | | | | | |
| 광주 | 3 | 7 | 2.3 | 1 | 2 | 2 | | | | 2 | 5 | 2.5 |
| 울산 | 2 | 5 | 2.5 | 2 | 5 | 2.5 | | | | | | |
| 경기 | 26 | 92 | 3.5 | 16 | 70 | 4.4 | 6 | 15 | 2.5 | 4 | 7 | 1.75 |
| 강원 | 7 | 25 | 3.6 | 5 | 17 | 3.4 | | | | 2 | 8 | 4 |
| 경남 | 5 | 14 | 2.8 | 1 | 5 | 5 | 3 | 6 | 2 | 1 | 3 | 3 |
| 경북 | 1 | 14 | 14 | 1 | 14 | 14 | | | | | | |
| 전남 | 11 | 32 | 2.9 | 3 | 8 | 2.7 | 2 | 10 | 5 | 6 | 14 | 2.3 |
| 전북 | 10 | 30 | 3 | 3 | 11 | 3.7 | 1 | 4 | 4 | 6 | 15 | 2.5 |
| 충남 | 11 | 25 | 2.3 | 2 | 6 | 3 | 0 | | | 9 | 19 | 2.1 |
| 충북 | 3 | 5 | 1.7 | | | | | | | 3 | 5 | 1.7 |
| 합계 | 114 | 418 | 3.7 | 64 | 267 | 4.2 | 17 | 70 | 4.1 | 33 | 76 | 2.3 |

출처: 필자 조사.

서울, 경기, 인천의 수도권에 위치한 단독센터의 숫자는 46개로서 전체 64개의 71.9%이다. 수도권에서 사회적경제지원 기능에 집중하는 단독센터의 설립이 압도적임을 알 수 있다.

타명칭센터의 분포를 지역적으로 살펴보면, 전남, 전북, 충남, 충북에서 많음을 알 수 있다. 따라서 광역시보다는 광역도에서 타명칭센터가 존재하며, 사회적경제지원 업무 담당자가 타명칭센터에 속해있을 가능성이 높음을 의미한다. 이는 사회적경제단독센터 혹은 마을공동체 기능과의 공동센터로의 분화 이전에 타명칭센터의 하위 기능으로 존재하는 미분화의 상태가 광역도에서 일반적임을 시사한다.

많은 시군구에서 사회적경제 전담 직원이 없이 여러 업무 중 하나로 처리하고 있으며, 사회적경제조직 지원 수준이라기보다 행정업무 수행 수준이라는 관찰과 평가(김보라 민주당 사회적경제위원회 부위원장, 공정경, 2019에서 인용)는 타명칭센터에서의 일부 현실을 반영하는 것으로 보인다. 사회적경제 기능 종사자의 규모를 보면, 전체 114개 센터 인원의 합은 418명이며 센터 1개소 당 약 3.7명 규모이다. 2019년 상반기 조사(김진영·정석호, 2020)에서의 기초 사경센터 운영인력 평균은 4.8명(309명/64개소)이었다. 따라서 지난 2년 간 증가한 기초 사경센터의 인력은 보다 소규모일 것이다. 특히 광역도 소재 기초센터의 경우 1~2명의 최소인원인 경우도 상당할 것이다. 단독·공동·타명칭센터로 분류할 때, 이 중 단독센터에 소속한 인력이 267명(전체의 63.9%)으로 거의 2/3에 육박하고 있는 반면 공동센터 소속 인력의 수는 70명으로 16.7%이다. 단독센터 1개소 당 인력 평균인 4.2명과 공동센터 1개소 당 인력 평균이 4.1명으로 거의 차이가 나지 않음을 알 수 있다. 반면 타명칭센터 소속 인력의 수는 76명이며, 전체의 18.2%이다. 타명칭센터 1개소 당 (사회적경제 업무 담당) 인력 규모는 2.3명이므로, 단독센터·공동센터의 1개소 당 인력 규모에 비해 현저히 적음을 알 수 있다.

### 3) 민간위탁·직영 구분

〈표 3-15〉는 직영과 민간위탁의 구분에 따라 기초지자체 사경센터를 구분한 현황이다. 전체 114개 센터 중에서 직영센터의 숫자는 49개(43%)이며, 65개(57%)는 위탁운영이다. 2019년 상반기 조사에서는 전국 76개소(광역 포함) 중 50개소가 위탁(66%), 26개소(34%)가 직영이

었다(김진영·정석호, 2020). 이는 최근 들어 많이 설립된 기초지자체 사경센터에서 직영 비율이 과거보다 더 높아졌음을 뜻한다. 경기, 인천, 전남, 전북, 광주 등에서 상대적으로 직영 비율이 높게 나타나고 있다.

직영과 위탁운영 방식에 따라 고용 규모도 상이하다. 직영의 경우 센터 당 2.8명 규모인데 반해, 민간위탁의 경우 센터 1개소 당 4.3명으로 보다 높게 나타나고 있다. 사경센터의 인력 규모가 증가할수록 지자체가 위탁운영을 선택할 가능성이 높아지는 것으로 해석될 수 있다. 2019년 상반기 조사에서는 위탁센터 1개소 당 평균 8.5명(425명/50개소), 직영센터 1개소 당 평균 3.5명(91명/26개소)으로 조사되었다(김진영·정석호, 2020). 위에서 살펴본 수치는 2019년 수치보다 훨씬 적은 수치이며, 이는 부분적으로 2019년 조사에 광역 중간지원조직도 포함되어 인력 규모가 과대평가된 결과이다.

〈표 3-15〉 전국 기초지자체 직영센터·위탁운영센터의 숫자 및 규모

| 구분 | 전체 사경센터 | | | 직영 | | | 위탁 | | |
|------|------|--------|----------|------|--------|----------|------|--------|----------|
| | 센터수 | 총인원 | 평균인원 | 센터수 | 총인원 | 평균인원 | 센터수 | 총인원 | 평균인원 |
| 서울 | 25 | 138 | 5.5 | 3 | 18 | 6 | 22 | 120 | 2.5 |
| 부산 | 2 | 5 | 2.5 | 1 | 1 | 1 | 1 | 4 | 4 |
| 인천 | 8 | 21 | 2.6 | 5 | 11 | 2.2 | 3 | 10 | 3.3 |
| 대구 | 0 | | | | | | | | |
| 대전 | 0 | | | | | | | | |
| 광주 | 3 | 7 | 2.3 | 3 | 7 | 2.3 | 0 | | |
| 울산 | 2 | 5 | 2.5 | 2 | 5 | 2.5 | 0 | | |
| 경기 | 26 | 92 | 3.5 | 16 | 41 | 2.6 | 10 | 51 | 5.1 |
| 강원 | 7 | 25 | 3.6 | 1 | 2 | 2 | 6 | 23 | 3.8 |
| 경남 | 5 | 14 | 2.8 | 2 | 3 | 1.5 | 3 | 11 | 3.7 |
| 경북 | 1 | 14 | 14 | 1 | 14 | 14 | | | |

| 구분 | 전체 사경센터 | | | 직영 | | | 위탁 | | |
|------|------|------|----------|------|------|----------|------|------|----------|
| | 센터수 | 총인원 | 평균 인원 | 센터수 | 총인원 | 평균 인원 | 센터수 | 총인원 | 평균 인원 |
| 전남 | 11 | 32 | 2.9 | 8 | 22 | 2.75 | 3 | 10 | 3.3 |
| 전북 | 10 | 30 | 3 | 4 | 11 | 2.8 | 6 | 19 | 3.2 |
| 충남 | 11 | 25 | 2.3 | 3 | 4 | 1.3 | 8 | 21 | 2.6 |
| 충북 | 3 | 5 | 1.7 | 0 | | | 3 | 5 | 1.7 |
| 제주 | 1 | 5 | 5 | 0 | | | 1 | 5 | 5 |
| 세종 | 1 | 4 | 4 | 0 | | | 1 | 4 | 4 |
| 합계 | 114 | 418 | 3.7 | 49 | 139 | 2.8 | 65 | 276 | 4.3 |

출처: 필자 조사.

2019년 8월 말 기준 기초단위 사경센터 예산은 평균 273백만 원 (16,932백만 원/64개소), 최대 1,600백만 원, 최소 21백만 원인 것으로 나타났다(김진영·정석호, 2020; p. 35). 2019년 8월 말 기준 광역센터의 평균 예산이 약 19억 원인 점과 비교하면 3억 원 미만의 기초 사경센터 예산은 광역에 비하여 크게 낮은 수치이다.

## 5. 지역별 기초 사경센터 설립의 특징

기초단위 사경센터 전체에서 서울과 경기 등 수도권의 비중이 높으므로 서울과 경기, 그리고 그 외 지역으로 구분하여 살펴보기로 한다.

### 1) 서울 기초 사경센터 특징

2012년부터 추진되기 시작한 자치구의 사회적경제통합지원센터는 2015년부터 설립되기 시작하였으며, 서울시 사회적경제 정책의 핵심 수단이다. 광역단위 정책 수행을 위해 서울시 사경센터를 설립하였고,

기초단위 정책 수행을 위해 자치구별 사경센터 설립을 지원해왔다. 서울시가 자치구별 사경센터 설립과 운영을 지원해왔으며 2020년까지 이 지원은 계속될 예정이다(이준영·이정용, 2019a).

자치구 사경센터에 대한 지원은 최대 9년 동안이다. 사회적경제생태계 사업단 지원이 3년(예산은 1년차 1억 원, 2년차 1.5억 원, 3년차 2억 원), 사경센터 지원이 최장 6년(1년차 1.5억 원 지원에서 6년만 8천만 원 지원까지 연차적으로 예산지원이 감소하는 방식)이다. 생태계사업단에서 사경센터로 전환되면 서울시 지원금액에 상응하는 매칭기금을 자치구가 조성, 지원하는 것이 조건이다(이준영·이정용, 2019a).

25개 서울 기초단위 사경센터의 운영 방식을 보면 3개 구(서대문구, 동작구, 중랑구)를 제외하면 모두 위탁운영 방식을 취하고 있다.

[그림 3-2] 수도권 기초단위 사회적경제센터별 현황

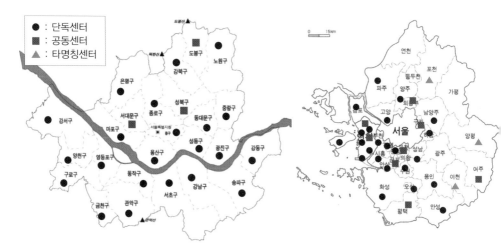

## 〈표 3-16〉 서울 25개 구별 사회적경제(통합)지원센터 현황

| 구분 | 명칭 | 설립연도 | 직영·위탁 | 특징 |
|------|------|----------|-----------|------|
| 강남구 | 사회적경제<br>육성지원센터 | 2019 | 위탁 | 상근인력: 4<br>구성: 센터장, 사무국장, 매니저, 직원<br>위탁운영: 강남구사회적경제협의회 |
| 강동구 | 사회적경제<br>지원센터 | 2012 | 위탁 | 상근인력: 6인 체계이나 현재 4인<br>위탁운영: 서울시립대 |
| 강북구 | 사회적경제<br>통합지원센터 | 2016 | 위탁 | 상근인력: 6<br>구성: 센터장, 사무국장, 팀장 4인<br>위탁운영: 서울북부실업자사업단강북지부 |
| 강서구 | 사회적경제<br>통합지원센터 | 2020 | 위탁 | 상근인력: 3<br>위탁운영: (사)강서구사회적경제협의회 |
| 관악구 | 사회적경제<br>통합지원센터 | 2015 | 위탁 | 상근인력: 4<br>구성: 센터장, 선임팀장, 행정팀장, 사업팀장<br>위탁운영: 사회적협동조합공동체관악 |
| 광진구 | 사회적경제<br>네트워크 | 2015 | 위탁 | 상근인력: 인원계는 3인이나 인턴 등도 있어<br>평균 6인 근무<br>구성: 이사장, 부장, 회계팀장의 구성<br>위탁운영: 광진사회적경제네트워크 |
| 구로구 | 사회적경제<br>통합지원센터 | 2016 | 위탁 | 상근인력: 3<br>구성: 사회적기업·마을기업분과, 협동조합<br>분과, 자활분과, 지역분과로 구성. 조합원 구<br>성은 개인조합원 3+사회적경제기업 조합원<br>(46개).<br>위탁운영: 구로사회적경제사회적협동조합 |
| 금천구 | 사회적경제<br>지원센터 | 2013 | 위탁 | 상근인력: 사경담당 4인<br>구성: 운영위원회, 센터장, 사업1팀, 사업2팀<br>위탁운영: (사협)금천사회경제연대 |
| 노원구 | 사회적경제<br>지원센터 | 2015 | 위탁 | 상근인력: 5<br>위탁운영: 노원사회적경제연대사회적협동<br>조합 |
| 도봉구 | 마을사회적<br>경제지원센터 | 2017 | 위탁 | 상근인력: 사경 담당 4<br>구성: 마을지원팀, 주민자치사업단, 사회적<br>경제지원팀<br>위탁운영: (사협)도봉이어서 위탁 |
| 동대문구 | 사회적경제<br>지원센터 | 2018 | 위탁 | 상근인력: 13<br>위탁운영: (사협)동사경센터 |
| 동작구 | 사회적경제<br>지원센터 | 2016 | 직영 | 상근인력: 2 |

| 구분 | 명칭 | 설립연도 | 직영·위탁 | 특징 |
|---|---|---|---|---|
| 마포구 | 사회적경제 통합지원센터 | 2016 | 위탁 | 상근인력: 5<br>위탁운영: 마포구고용복지지원센터 |
| 서대문구 | 사회적경제 마을자치센터 | 2017 | 직영 | 상근인력: 13<br>구성: 사회적경제, 마을공동체, 주민자치사업단 |
| 서초구 | 사회적경제 통합지원센터 | 2018 | 위탁 | 상근인력: 3<br>위탁운영: 서초사회적경제네트워크 사회적협동조합 |
| 성동구 | 사회적경제 지원센터 | 2017 | 위탁 | 상근인력: 6<br>위탁운영: 살림경제 사회적협동조합 |
| 성북구 | 마을사회적 경제센터 | 2012 | 위탁 | 상근인력: 11<br>구성: 마을·사회적경제실(마을공동체팀, 사회적경제팀), 통합지원팀<br>위탁운영: '함께살이'성북사회적협동조합 |
| 송파구 | 사회적경제 지원센터 | 2012 | 위탁 | 상근인력: 6<br>구성: 네트워크 활성화지원, 사업지원, 행정 및 시설지원. 운영위 구성·특징: 프로보노<br>위탁운영: (사협)굿임펙트 |
| 양천구 | 사회적경제 통합지원센터 | 2015 | 위탁 | 상근인력: 6<br>구성: 구청직원 2, 위탁직원 4<br>위탁 운영: 양천경제사회적협동조합 |
| 영등포구 | 사회적경제 지원센터 | 2015 | 위탁 | 상근인력: 3<br>위탁운영: 영등포사회적경제네트워크 |
| 용산구 | 사회적경제 통합지원센터 | 2018 | 위탁 | 상근인력: 3<br>구성: 센터장, 사무국장, 사업팀장, 행정팀장<br>위탁운영: 사회적협동조합 인사랑케어 |
| 은평구 | 사회적경제 허브센터 | 2014 | 위탁 | 상근인력: 6<br>위탁 운영: 은평사회혁신기업네트워크 |
| 종로구 | 사회적경제 통합지원센터 | 2019 | 위탁 | 상근인력: 8<br>위탁운영: 종로사회적경제네트워크 사회적협동조합 |
| 중구 | 사회적경제 지원센터 | 2021 | 위탁 | 상근인력: 7<br>구성: 운영위원회, 사무국(사업기획팀, 사업운영팀, 사업지원팀)<br>위탁운영: 사회적협동조합파인트리 |
| 중랑구 | 사회적경제 지원센터 | 2019 | 직영 | 상근인력: 3 |

\* 출처: 필자 조사.
\*\* 위의 인원은 센터장 포함 인원임.

사회적경제와 마을공동체, 도시재생 등의 여러 기능에서의 통합, 분화의 정도를 보면, 거의 모든 구에서는 사회적경제 기능에 특화된 센터를 운영하고 있으나 서대문구와 성북구, 도봉구 등은 여러 기능이 융합된 센터를 운영하고 있다. 서대문구 사회적경제마을자치센터의 경우 사회적경제, 마을공동체, 주민자치 기능이 융합되어 있다. 성북구의 경우 마을공동체 활성화 사업과 사회적경제 활성화 사업을 병행하고 있다. 서대문구에서는 마을공동체, 주민자치, 사회적경제의 시너지 효과가 있다고 평가하고 있고, 주민자치와 마을공동체로 시작하여 협동조합과 사회적기업으로 발전할 수 있으며, 사회적경제라는 개념에 주민들이 친숙하지 않은 상황에서 주민자치와 마을공동체 활동이 사회적경제로의 디딤돌 역할을 할 수 있다고 한다.

## 2) 경기도 기초 사경센터 특징

2019년까지 존재했던 경기도 따복공동체지원센터에서는 마을공동체 기능이 주(主), 사회적경제 기능이 부(副)의 형태로 공존하다가 2020년 각각의 센터로 분리되었다. 광역에서의 이러한 경향이 기초에서도 여러 곳에서 발생하여 마을공동체지원센터와 사회적경제지원센터로 분리되는 현상이 나타났다. 서울의 경우에는 두 기능이 분리, 병존의 형태로 시작하였다.

따복공동체지원센터 당시의 두 기능의 공존은 행정에 의한 강요된 통합이었고, 인적 통합이 아니었다고 평가된다. 마을공동체와 주민자치의 관점에서 사회적경제는 이윤추구의 비즈니스 마인드의 활동이라고 인식하는 것이 두 기능 간의 공존을 어렵게 만드는 요인이다(화성).

서울시가 지원금을 배부하면서 기초지자체 사경센터를 설립하였던 것과 달리 경기는 상당수의 기초지자체(성남, 부천, 남양주, 파주, 화성 등)에서 먼저 사경센터가 설립되었고, 경기도 사경센터는 이후에 설립되었다. 경기도는 사경센터가 미설립된 기초지자체를 대상으로 사경센터 설립·운영을 지원하지 않았다. 즉 기초 사경센터와 광역 사경센터 간의 관계가 서울과 경기 사이에 확연한 차이가 있으며, 경기 기초센터는 경기 광역센터에 대한 의존도가 낮다. 가평군, 광주시, 동두천시, 연천군, 의왕시의 5개 시·군을 제외한 26개 시군구에서 사회적경제 관련 센터가 설립되었다. 직영 비율이 약 2/3이며, 나머지 1/3 정도만 민간위탁으로 민간위탁이 90%를 넘는 서울과는 대조적이다.

직영인 기초 사경센터들을 '행정 중심 직영'과 '현장 중심 직영'으로 구분하기도 한다. 직영이지만 독립 공공기관처럼 인식되는 사경센터(부천), 사경 부문 종사자로서의 자의식이 강한 센터장이 있는 센터들(남양주)은 현장 중심 센터로 속칭된다. 공무원으로서의 정체성이 강하고, 상대적으로 사회적경제 부문 종사자로서의 정체성이 약한 센터장 특성이 강한 사경센터(광명, 파주, 안양, 양주, 포천, 가평, 구리 등)는 행정 중심 직영 센터로 속칭된다.

〈표 3-17〉 경기지역 기초 사경센터 현황

| 시군구 | 명칭 | 설립연도 | 직영·위탁 | 특징(상근인력, 구성, 위탁운영, 시 위탁기관, 운영위 특징) |
|---|---|---|---|---|
| 가평군 | - | | | - |
| 고양시 | 사회적 경제지원센터 | 2012 | 위탁 | 상근인력: 6<br>구성: 운영위, 센터장<br>위탁운영: 고양산업진흥원(명칭 변경) |
| 과천시 | 사회적경제·마을공동체 지원센터 | 2020 | 직영 | 상근인력: 4<br>구성: 사회적경제 3, 마을공동체 1 |

| 시군구 | 명칭 | 설립연도 | 직영·위탁 | 특징(상근인력, 구성, 위탁운영, 시 위탁기관, 운영위 특징) |
|--------|------|---------|---------|------------------------------------------------|
| 광명시 | 사회적경제센터 | 2013 | 직영 | 상근인력: 3<br>육성위 개최. 센터 성과보고서 작성 및 공개 및 관련 조례 업로드 등 홈페이지 관리가 모범적 |
| 광주시 | - | | | - |
| 구리시 | 공동체사회적 경제지원센터 | 2020 (시청 안에) | 직영 | 상근인력: 2<br>구성: 사경 1인, 마을공동체 1인<br>센터를 2020년 시청 안에 개소를 하여 사업진행 중이며 2021년 10월 중으로 분리 개소 예정 |
| 군포시 | 사회적경제 마을공동체지원 센터 | 2019 | 위탁 | 상근인력: 7 (사경 4, 마을공동체 3)<br>구성: 센터장, 사무국장, 사회적경제팀, 마을공동체팀. 센터장은 노인복지관, 시니어클럽 등 경력에 마을기업 창업, 경영 경력자.<br>위탁운영: 군포사회적경제협의회 |
| 김포시 | 사회적경제 지원센터 | 2012 | 직영 | 상근인력: 3 |
| 남양주시 | 사회적경제 지원센터 | 2011 | 직영 | 상근인력: 2 |
| 동두천시 | - | | | - |
| 부천시 | 사회적경제센터 | 2014 | 직영 | 상근인력: 6 |
| 성남시 | 사회적경제 지원센터 | 2011 | 직영 | 상근인력: 6<br>구성: 사무국, 사업지원팀, 공유경제팀 |
| 수원시 | 사회적경제 지원센터 | 2011 | 공공위탁 | 상근인력: 4<br>위탁운영: 수원시지속가능도시재단 |
| 시흥시 | 사회적경제 지원센터 | 2011 | 위탁 | 상근인력: 7<br>구성: 센터 5, 시청지원채용인력 2<br>위탁운영: (사협)시흥시사회적경제연대 |
| 안산시 | 사회적경제 지원센터 | 2012 | 위탁 | 상근인력: 6<br>구성: 센터장, 기획/총무팀, 사회적 기업팀, 협동조합팀, 공유경제팀<br>위탁운영: (사협)안산시사회적경제연대 |
| 안성시 | 사회적경제 지원센터 | 2021 | 직영 | 상근인력: 6<br>구성: 운영지원팀, 협동조합팀, 사회적 기업팀, 공유경제팀 |

| 시군구 | 명칭 | 설립연도 | 직영·위탁 | 특징(상근인력, 구성, 위탁운영, 시 위탁기관, 운영위 특징) |
|---|---|---|---|---|
| 안양시 | 사회적경제 지원센터 | 2013 | 직영 | 상근인력 규모: 3 |
| 양주시 | 사회적경제 지원센터 | 2017 | 직영 | 상근인력: 현재 센터 인원 0명이며 사경 업무는 시에서 총괄운영 중. 2022년에 민간위탁으로 돌릴 계획 |
| 양평군 | 어울림통합 지원센터 | 2020 | 직영 | 상근인력: 7(사회적경제 2, 기타 5) 구성: 센터장, 공동체·사회적 경제사무국장, 도시재생 사무국장 |
| 여주시 | 사회적공동체 지원센터 | 2020 | 위탁 | 상근인력: 5 (사경담당 2, 기타 3) 구성: 센터장, 마을공동체팀, 사회적 경제팀 운영위 구성 특징 |
| | 사회적공동체 지원센터 | 2020 | 위탁 | 위탁운영: (사협)여주시사회적공동체협의회 2019.12.31에 개소, 정식 업무는 2020년 시작 |
| 연천군 | - | | | - |
| 오산시 | 사회적경제통합 지원센터 | 2019 | 직영 | 상근인력: 4 구성: 센터장, 주무관, 공동체지원활동가, 협동조합 운영지원 |
| 용인시 | 사회적공동체 지원센터 | 2012 | 위탁 | 상근인력: 4 위탁운영: 강남대학교 산학협력단 |
| 의왕시 | - | | | - |
| 의정부 | 마을·사회적 경제지원센터 | 2018 | 직영 | 상근인력: 3 구성: 사무국장1, 사경1, 마을1 |
| 이천시 | 행복공동체 지원센터 | 2019 | 직영 | 상근인력: 3(기간제공무원 1명만 사경담당) 마을만들기 사업 중심. |
| 파주시 | 사회적경제 희망센터 | 2012 | 직영 | 상근인력: 2(사경담당 공무원) |
| 평택시 | 사회적경제마을 공동체지원센터 | 2017 | 위탁 | 상근인력: 4 구성: 센터장, 사회적경제팀, 마을공동체팀, 경영지원팀. 운영위 있음(사업논의 및 협력) 위탁운영: 평택협동사회네트워크사회적 협동조합 |

| 시군구 | 명칭 | 설립연도 | 직영·위탁 | 특징(상근인력, 구성, 위탁운영,<br>시 위탁기관, 운영위 특징) |
|--------|------|----------|----------|------------------------------|
| 포천시 | 공동체지원센터 | 2016 | 직영 | 상근인력: 7(사경담당 3)<br>도시재생센터, 공익활동지원센터, 기초정신건강복지센터 등과의 협업. 2019년까지의 센터장에 대한 두 번의 해임결정이 직영 전환 영향 미친 듯. 센터의 직영 운영에 대한 지역 활동가의 불만 표출. |
| 하남시 | 사회적경제<br>지원센터 | 2019 | 위탁 | 상근인력: 3<br>지역자활센터·청소년수련관·장애인단체·도시재생센터 등과 협업.<br>위탁운영: 강남대 산학협력단 운영, 3년 |
| 화성시 | 사회적경제센터 | 2012 | 위탁 | 상근인력: 11<br>구성: 센터장, 전략사업팀, 인재양성팀, 기반조성팀<br>위탁운영: (사)화성사회적경제네트워크 |

\* 출처: 필자 조사.
\*\* 위의 인원은 센터장 포함 인원임.


　협동조합이 강한 시군과 사회적기업이 강한 시군으로 지역을 구분할 수 있으며, 그에 따라 기초 사경센터의 역할도 다소 차이가 날 수 있다.


### 3) 그외 지역 기초 사경센터 특징

　〈표 3-18〉은 인천과 그 외 비수도권 지역에서의 기초 사회적경제 지원센터의 현황을 보여준다.

**〈표 3-18〉 인천 및 비수도권 기초 사경센터 현황**

| 광역 | 기초 | 명칭 | 설립<br>연도 | 직영/<br>위탁 | 특징<br>(상근인력, 구성, 위탁운영, 시 위탁기관) |
|------|------|------|------|------|------------------------------|
| 부산 | 기장군 | 사회적경제<br>허브센터 | 2014 | 직영 | 상근인력: 1 |

| 광역 | 기초 | 명칭 | 설립<br>연도 | 직영/<br>위탁 | 특징<br>(상근인력, 구성, 위탁운영, 시 위탁기관) |
|---|---|---|---|---|---|
| 부산 | 연제구 | 사회적경제<br>지원센터 | 2021 | 위탁 | 상근인력: 4<br>위탁운영: ㈜이비네트웍스 |
| 인천 | 계양구 | 사회적경제<br>지원센터 | 2015 | 직영 | 상근인력: 1(구청경제팀 근무) |
| | 남동구 | 사회적경제<br>지원센터 | 2015 | 직영 | 상근인력: 3 |
| | 동구 | 사회적경제<br>지원센터 | 2019 | 직영 | 상근인력: 2<br>구성: 일자리경제과, 사회적경제팀 |
| | 미추홀구 | 사회적경제<br>지원센터 | 2011 | 위탁 | 상근인력: 4<br>구성: 센터장, 사회적경제1팀, 사회적경<br>제2팀, 행정지원팀<br>위탁운영: 더좋은경제사회적협동조합 |
| | 부평구 | 나눔과더함<br>사회적경제<br>마을센터 | 2013 | 직영 | 상근인력: 9, 사경 4<br>구성: 사회적경제팀, 마을공동체팀 |
| | 서구 | 사회적경제<br>마을지원센터 | 2019 | 위탁 | 상근인력: 11(사경 3).<br>구성: 센터장, 사회적경제팀, 마을지원팀,<br>자치운영팀<br>위탁운영: (사)자치와공동체 |
| | 연수구 | 사회적경제<br>지원센터 | 2017 | 위탁 | 상근인력: 3<br>구성: 센터장, 사무국장, 사업팀, 운영팀<br>위탁운영: 이스코사회적협동조합 |
| | 중구 | 사회적경제<br>지원센터 | 2021 | 직영 | 상근인력: 1 |
| 광주 | 광산구 | 공익활동<br>지원센터 | 2013 | 직영 | 상근인력: 12명 체제이나 현재 3명,<br>충원 예정(사경담당 1~2인)<br>구성: 기획운영실, 마을자치팀, 풀뿌리공<br>동체팀, 협동경제팀<br>현재는 직영이나 2022년부터 위탁 예정.<br>현재 법인설립 중. 법인명은 가칭 '광산<br>구도시재생지원센터' |
| | 동구 | 사회적경제<br>지원센터 | 2020 | 직영 | 상근인력: 2<br>2019년 도시재생지원센터 내 팀으로 신<br>설되었다가 2020년 센터로 변경. |
| | 북구 | 마을만들기<br>지원센터 | 2015 | 직영 | 상근인력: 3 |

| 광역 | 기초 | 명칭 | 설립 연도 | 직영/ 위탁 | 특징 (상근인력, 구성, 위탁운영, 시 위탁기관) |
|---|---|---|---|---|---|
| 울산 | 남부 | 사회적경제 지원센터 | 2015 | 직영 | 상근인력: 5 |
| | 울주군 | 사회적경제 지원센터 | 2020 | 직영 | 상근인력: 3 |
| 강원 | 강릉 | 사회적경제 지원센터 | 2018 | 위탁 | 상근인력: 4(전담 1, 겸직 3) 위탁운영: 재단법인 강릉과학산업진흥원 |
| | 원주 | 사회적경제 지원센터 | 2019 | 위탁 | 상근인력: 4. 위탁운영: (사협)원주협동사회경제네트워크 |
| | 인제군 | 사회적경제 지원센터 | 2014 | 위탁 | 상근인력: 5 위탁운영: (사협)인제군사회적경제네트워크 |
| | 춘천 | 협동조합 지원센터 | 2019 | 위탁 | 상근인력: 5 구성: 발굴육성팀, 경영지원팀 위탁운영: 춘천사회적경제네트워크 |
| | 평창 | 사회적경제 지원센터 | 2021 | 직영 | 상근인력: 2 |
| | 홍성군 | 마을만들기 지원센터 | 2017 | 위탁 | 상근인력: 3 위탁운영: (사)홍성지역협력네트워크 |
| | 횡성군 | 사회적경제 지원센터 | 2021 | 위탁 | 상근인력: 2 위탁운영: 횡성사회적경제네트워크협동조합 |
| 경남 | 거제시 | 사회적공동체 지원센터 | 2020 | 위탁 | 상근인력: 3 구성: 센터장, 운영총괄, 지원상담 위탁운영: (사)경남사회적경제지원센터 |
| | 거창군 | 사회적기업 지원센터 | 2012 | 직영 | 상근인력: 1(공무원 1인) 센터 명칭 남아있음 |
| | 김해시 | 사회적공동체 지원센터 | 2018 | 직영 | 상근인력: 2 구성: 센터장, 시공무원 |
| | 양산시 | 도시재생 지원센터 | 2019 | 위탁 | 상근인력: 18, 사경 3 구성: 관리지원팀, 기획연구팀, 재생사업팀, 사회적경제팀 위탁운영: (사)경남도시재생연구원 |
| | 창원시 | 사회적경제 지원센터 | 2019 | 위탁 | 상근인력: 5 운영위 구성 특징: 운영위 존재 위탁운영: (사협)모두의 경제 |

| 광역 | 기초 | 명칭 | 설립 연도 | 직영/위탁 | 특징 (상근인력, 구성, 위탁운영, 시 위탁기관) |
|---|---|---|---|---|---|
| 경북 | 안동시 | 사회적경제 허브센터 | 2014 | 직영 | 상근인력: 14<br>구성: 경영지원국(유통사업팀, 회계팀), 사업국(일자리사업팀, 신사업기획팀, 생태계조성팀) |
| 전남 | 강진군 | 도시재생지원센터 | 2019 | 직영 | 상근인력: 현재 5+올해 추가 예정 2<br>사회경 업무 2 |
|  | 광양시 | 사회적경제 지원센터 | 2019 | 직영 | 상근인력: 2 |
|  | 구례군 | 도시재생 지원센터 | 2018 | 직영 | 상근인력: 3 중 사회적경제 1 |
|  | 나주시 | 사회적경제 지원센터 | 2020 | 직영 | 상근인력: 3<br>구성: 공동체지원팀,사회적경제지원팀<br>*나주시공익활동지원센터 건물 안에 있지만 사회적경제지원센터는 따로 분리되어 있음 |
|  | 담양군 | 풀뿌리공동체 지원센터 | 2017 | 위탁 | 상근인력: 5(사회적경제2, 기타3)<br>구성: 풀뿌리공동체팀, 사회적경제팀<br>위탁운영: 담양공동체활성화센터 |
|  | 목포시 | 도시재생지원센터 | 2015 | 직영 | 상근인력: 4(이 중 팀장1은 채용 예정) |
|  | 순천시 | 사회적경제 지원센터 | 2019 | 직영 | 상근인력: 3 |
|  | 여수시 | 사회적경제 마을통합지원센터 | 2021 | 위탁 | 상근인력: 5<br>구성: 센터장, 팀장, 연구원<br>위탁운영: (사)상생나무 |
|  | 영암군 | 도시재생 지원센터 | 2020 | 위탁 | 상근인력: 3<br>위탁운영: 공감피앤디 |
|  | 함평군 | 도시재생 지원센터 | 2018 | 직영 | 상근인력: 2 |
|  | 해남군 | 사회적공동체 지원센터 | 2021 | 직영 | 상근인력: 5 |
| 전북 | 고창군 | 공동체 지원센터 | 2018 | 위탁 | 상근인력: 10, 사경 3<br>위탁운영: (사)고창공동체협의회 |
|  | 군산시 | 사회적경제지원센터 | 2020 | 위탁 | 상근인력: 4<br>구성: 센터장, 팀장, 연구원<br>위탁운영: (사협)군산사회적경제네트워크 |

| 광역 | 기초 | 명칭 | 설립연도 | 직영/위탁 | 특징 (상근인력, 구성, 위탁운영, 시 위탁기관) |
|---|---|---|---|---|---|
| 전북 | 김제시 | 도시재생 지원센터 | 2018 | 직영 | 상근인력: 1<br>센터 자체가 사경업무를 하는 것은 아니나 협동조합 설립을 지원하는 일은 수행. |
| | 남원시 | 공동체 지원센터 | 2020 | 직영 | 상근인력: 8(사경 3)<br>2018 센터 개소, 2020 사경팀 신설 |
| | 무주군 | 도시재생 지원센터 | 2020 | 위탁 | 상근인력: 3+비상근 센터장<br>위탁운영: 목원대 산학협력단 |
| | 부안군 | 도시재생 지원센터 | 2019 | 직영 | 상근인력 : 3 |
| | 완주군 | 소셜굿즈센터 | 2019 | 위탁 | 상근인력: 14, 사경 2<br>구성: 경영지원, 기반조성, 성장지원<br>전국 최초 커뮤니티비즈니스 분야 중간지원조직. 2019년까지 완주공동체지원센터. social goods는 완주형 사회적경제를 통칭하는 브랜드 네이밍<br>위탁운영: (사협) 완주사회적경제네트워크<br>2010년부터 다른 이름으로 운영하다 2019년 소셜굿즈센터로 변경 |
| | 익산시 | 사회적경제 지원센터 | 2017 | 직영 | 상근인력: 4 |
| | 전주시 | 사회적경제 도시재생 지원센터 | 2015 | 위탁 | 상근인력: 15 중 사경 4<br>구성: 교육홍보팀, 기업지원팀<br>위탁운영: (사)지역농업연구원 |
| | 진안군 | 사회적경제 지원센터 | 2020 | 위탁 | 상근인력: 3<br>위탁운영: 진안협동조합연구소 |
| 충남 | 공주시 | 공동체종합 지원센터 '모여유' | 2019 | 직영 | 상근인력: 사경 1 |
| | 금산군 | 마을만들기 지원센터 | 2018 | 위탁 | 상근인력 센터 내 '신활력'팀에서 사회적경제 관련 업무담당: 8인 중 신활력팀 3<br>위탁운영: 풀뿌리주민네트워크(사)금산&사람들 |
| | 보령시 | 마을만들기 지원센터 | 2017 | 위탁 | 상근인력: 6+비상근 센터장<br>위탁운영: (사)만세보령공동체네트워크 |
| | 부여군 | 사회적경제 지원센터 | 2020 | 위탁 | 상근인력: 2<br>위탁운영: 협동조합 주인 |

| 광역 | 기초 | 명칭 | 설립 연도 | 직영/ 위탁 | 특징 (상근인력, 구성, 위탁운영, 시 위탁기관) |
|---|---|---|---|---|---|
| 충남 | 서산시 | 도시재생 지원센터 | 2019 | 직영 | 상근인력: 2+비상근 센터장 |
| | 서천군 | 지역순환 경제센터 | 2015 | 위탁 | 상근인력: 2(지역순환경제센터) 서천군이 출자하여 '서천군지속가능지역재단'을 만들어 2021년 초 재단 산하에 자연순환경제센터, 서천군마을만들기지원센터 등이 재단 아래로 다 들어가 개별 체로 활동. 서천군마을만들기지원센터도 사회적경제에 관한 교육 등을 조금씩 하고 있기는 하지만 구체적 사업진행은 지역순환경제센터에서 수행 |
| | 예산군 | 행복마을 지원센터 | 2015 | 위탁 | 상근인력: 10 중 사경 1 위탁운영: (사)예산군행복마을네트워크 |
| | 천안시 | 사회적경제 지원센터 | 2021 | 위탁 | 상근인력: 4 위탁운영: 천안사회경제연대 |
| | 청양군 | 마을공동체 지원센터 | 2020 | 위탁 | 상근인력: 10 중 사경 2 구성: 사회적경제팀, 마을만들기팀, 협력지원팀 위탁운영: 청양군지역활성화재단 |
| | 태안군 | 공동체통합 지원센터 | 2021 | 직영 | 상근인력: 5 중 사경 1 |
| | 홍성군 | 마을만들기 지원센터 | 2017 | 위탁 | 상근인력: 1 위탁운영: (사)홍성지역협력네트워크 |
| 충북 | 단양군 | 도시재생 농촌활성화 지원센터 | 2020 | 위탁 | 상근인력: 6 중 사회적경제 2 위탁운영: 세명대산학협력단 |
| | 옥천군 | 마을공동체 지원센터 | 2021 | 위탁 | 상근인력: 3 중 사경 1 위탁운영: (사)옥천순환경제공동체 |
| | 음성군 | 지역활성화지원센터 (역말센터) | 2019 | 위탁 | 상근인력: 현장지원센터(역말) 2 위탁운영: 청주대산학협력단 |
| 제주 | 서귀포 | 사회적경제 복지센터 | 2013 | 위탁 | 상근인력: 10 중 사경 5 구성: 활성화지원, 인식개선, 통합지원, 창업지원 운영위 구성 특징: 운영위 존재 위탁운영: (사)일하는사람들 |

| 광역 | 기초 | 명칭 | 설립 연도 | 직영/ 위탁 | 특징 (상근인력, 구성, 위탁운영, 시 위탁기관) |
|---|---|---|---|---|---|
| 세종 | 세종 | 사회적경제공 동체센터 | 2018 | 위탁 | 상근인력: 12 중 사경 4 구성: 시민주권대학장, 대외협력관, 운영 기획팀, 공동체지원팀, 사회적경제팀, 주 민자치팀 위탁운영: (사)한국협동조합연구소 |

* 출처: 필자 조사.
** 위의 인원은 센터장 포함 인원임.

부산은 16개 구·군 중에서 기장군 사회적경제허브센터와 연제구 사회적경제지원센터 2개 센터가 있다. 인천은 8개 구에서 사경센터가 존재하며 전체 인력 규모는 약 40명이다.

대구는 8개 구·군 중 센터 수가 0이다. 동구 사회적경제문화센터는 동구 사회적경제협의회가 자체 운영한다. 대전은 5개 구 중 1개로 대덕구 마을공동체지원센터 내에 사회적경제팀이 존재한다.

광주는 5개 구에 5개 센터가 있다. 서구만 사회적경제센터이고, 나머지는 마을공동체센터, 마을만들기센터, 도시재생지원센터, 공익활동지원센터에 포함되어 있으며 약 10명 인력 규모이다. 울산은 5개 구 중 3개로 동구에 사회적경제일자리센터가 2021년 설립되었다. 남구와 울주군에 사경센터가 설립되었으며 총 10명 인력 규모이다.

강원의 경우 18개 시군구 중에서 중간지원조직 설립은 9개 시군이다. 향후 5년 이내에 모든 시군구에 기초 사경센터를 설립하겠다는 계획을 세우고 있다. 인제군 사회적경제지원센터, 춘천시 협동조합지원센터, 원주시 사회적경제지원센터(총 5인, 사협 원주협동사회경제네트워크 위탁운영) 등이 설립되었으며 인원은 18명이다.

경남의 경우 거제, 창원, 고성, 김해 등 4개 기초단위에 사경센터가 있으며 인력은 총 12명이다. 경북은 안동에 사경허브센터가 있으나 안동시의 공식 사경센터가 아니다.

전남의 경우 6개이다. 2019년 8월 기준 기초단위 사회적경제지원센터의 수가 0으로 집계(앞의 표 참조)되었으나 그 이후 몇 개의 사회적경제지원센터가 추가되었다. 여수 사회적경제마을통합지원센터(수탁기관 사단법인 상생나무)가 2021년 2월 출범하였다. 광양 사경지원센터, 나주 공동체센터, 담양 풀뿌리 공동체지원센터, 순천 사경센터, 해남 사회적공동체지원센터가 존재한다. 사경센터 명칭은 4곳이다. 전북은 고창, 군산, 전주, 완주, 남원, 익산 등 6곳이며 총 20명 규모이다. 사경센터 명칭은 4곳이다.

충남은 금산, 논산, 천안, 당진, 보령, 부여, 서천, 아산, 예산, 청양, 홍성의 11곳이다. 사경센터 명칭은 3곳이며 33명이다. 충북은 3곳이며 모두 마을만들기센터이다.

비수도권 지역에서의 기초 사경센터의 숫자는 총 56곳이며 이 중 사경센터는 33개로 총원 약 158명이다.

센터는 민간위탁으로 운영되며, 센터 인력은 총괄매니저 1명(6급 상당 성과연봉 적용), 사무인력 2명(7급 상당 성과연봉 적용 1명, 8급 상당 성과연봉 적용 1명) 등 총 3인이며, 지방 시간선택제임기제 공무원 성과연봉 기준을 적용한 것이다.

센터 1년 사업비(4억 원) 중에서 44.67%인 1억 7,867만 원이 3인의 인건비로 책정되었으며, 직급 고려하지 않을 경우 1인당 5,956만 원(사회보험부담금 및 퇴직적립금 포함) 혹은 5,039만 원(사회보험부담금 및 퇴직적립금 미포함)이다. 이 금액은 월 평균 420만 원이다.

이 금액은 앞서 살펴본 사회적기업 통합지원기관 사업에서의 인건비 1인당 평균 236만 원, 협동조합 지원사업 인건비 1인당 평균 272

만 원보다 거의 2배에 가깝고, 앞서 살펴보았던 A광역시 사회적경제지원센터 인건비 1인당 평균 인건비인 375만 원보다도 약 12% 높은 금액이다. 2019년 금액과 2021년 금액의 단순비교가 어려운 측면은 고려되어야 한다.

따라서 직영으로 운영되는 광역과 기초 사경센터 인건비는 한국사회적기업진흥원의 통합지원기관에서의 사회적기업 관련 사업과 협동조합 관련 사업에서 책정된 인건비보다 훨씬 높으며, 소속 기관에 따라 급여 수준 차이가 현저함을 시사한다. 이는 종사자들의 급여 형평성과 사기 수준의 인식에 영향을 미칠 수밖에 없다.

통합지원기관 사업 종사자의 직무 내용과 사회적경제지원센터 종사자의 직무 내용의 직접 비교, 그리고 종사자들의 이전 경력 포함 보상요인의 유의한 차이가 있는지는 별도의 분석을 필요로 하지만, 큰 틀에서 사회적경제 분야 중간지원조직으로서의 유사한 목적과 업무 범위를 고려하면 통합지원기관 사업의 주관부처인 고용노동부와 기획재정부, 그리고 중앙단위 중간지원조직인 한국사회적기업진흥원이 이러한 차이를 해소하기 위한 제도적 노력이 필요한 사항이다.

## 6. 유관 중간지원조직: 마을공동체지원센터

〈표 3-19〉를 보면, 2019년 8월 말 기준 공동체지원센터가 설립된 기초지자체가 131개(전체 기초지자체의 58.7%), 도시재생센터가 설립된 기초지자체 숫자가 전체 지자체의 86.5%에 달하는 193개이다.

〈표 3-19〉 현행 지역 중간지원조직의 유형

| 구분 | 시·도 단위 | | 시·군·구 단위<br>(2018년 8월 기준) |
|---|---|---|---|
| 예산지원 | 중앙부처 | 시·도 | 시·군·구 |
| 유형 | 사회적기업·협동조합<br>권역별 통합지원기관<br>(한국사회적기업진흥원 선정) | 사회적경제지원센터<br>(시·도 지원) | 사회적경제지원센터(69개)<br>※ 공동체지원센터(131개)<br>도시재생지원센터(193개) |
| | 마을기업 지원기관<br>(국비·지방비 50:50, 시·도 지원) | | |

출처: 관계부처 합동(2019. 11). [지역공동체 사회적경제 추진역량 제고방안].

　　따라서 기초지자체에서의 사회적경제지원센터의 설립 정도는 도시재생센터 및 공동체지원센터에 비해 낮은 수준이다. 이는 기초지자체에서 유관 센터의 통합을 시도할 때 사회적경제지원센터가 주가 되기보다는 도시재생센터 혹은 공동체지원센터의 부분 기능으로 통합되어 시작될 가능성이 높음을 시사한다.

　　마을만들기의 중간지원조직은 2007년 경기도 안산 좋은마을만들기지원센터와 강릉시 마을만들기지원센터가 설립되면서 시작되었다(한국마을지원센터연합, 2019). 사회적경제지원센터의 설립 시기보다 빨리 설립되기 시작하였다. 대전 사회적자본지원센터, 정읍시와 고창군의 메이플스톤 공동체지원센터(2013~2016), 완주군의 커뮤니티비즈니스센터, 완주 소셜굿즈센터 등 다양한 명칭을 지닌 센터들도 마을공동체지원센터의 범주에 포함된다.

　　앞서의 사회적경제지원센터 중에서 타명칭센터의 경우와 유사하게 마을공동체지원센터의 범주에도 타명칭센터에 해당하는 대전 사회적자본지원센터, 전북 농어촌종합지원센터, 전주 도시혁신센터, 광주 광산구 공익활동지원센터 등이 포함되기도 한다(한국마을지원센터연합,

2019). 서울시의 경우 '마을만들기 생태계 조성지원사업'을 시행하면서 서울시 마을만들기종합지원센터가 설립되었다(김지헌, 2016).

2015년 21개의 마을만들기 중간지원조직 중에서 사회적경제조직 지원을 수행하는 중간지원조직 비율이 약 70%로 나타났다(박세훈, 2015). 예산과 인력의 측면에서 볼 때, 2015년에 조사된 21개 중간지원조직은 대체로 3억 원을 넘지 않는 소규모 예산이다(박세훈, 2015). 광역은 대체로 보다 크고, 기초는 보다 작으며, 기초 중에서도 10억 원을 넘는 예산을 가진 곳들이 있었지만 대체로 2억 원 미만이었다. 2019년 13개 기초단위 마을만들기지원센터들의 사업비(인건비 제외) 중위 규모는 약 1억 5천만 원이다(한국마을지원센터연합, 2019). 인력의 중위 규모는 7.8명, 하위 규모 집단의 규모는 약 2.9명이었다.

마을만들기지원기관의 경우 보수체계가 직급별 보수체계와 직책별 보수체계로 양분된다(한국마을지원센터연합, 2019). 직급(센터장/팀장/팀원 구분이 가장 일반적)별 보수체계는 공무원조직의 특성으로서 직영센터에서 일반적으로 발견될 것이며, 직책별 보수체계는 민영센터에서 일반적이다. 또한 호봉제는 직영센터, 연봉제는 민영센터에서 일반적인 보상체계이다. 이러한 특징은 사회적경제 부문 직영센터와 민영센터에도 동일하게 나타날 것으로 예상된다.

2019년 기초단위 마을만들기지원센터들의 1인당 인건비 중위 규모(11개 기관)에서의 1인당 인건비는 최소 3,100만 원에서 최대 4,300만 원 사이인 것으로 나타난다(한국마을지원센터연합, 2019).

지자체 예산의 비율이 100%인 곳의 비중이 약 41%에 달했다(박세훈, 2015). 80% 이상이 지자체 예산인 곳의 비율은 63%였으며 약 2/3가 이에 해당한다. 기초이면서도 광역 예산까지 받고 있는 곳까지 포함하면 그 비율은 80%로 증가한다. 공주, 완주, 정읍, 진안 등은 지자체 예산 비율이 50% 미만인데 이 중간지원조직들의 활동이 활발한 곳들이다. 결국 2015년 기준으로는 중간지원조직들의 지자체에 대한 예산 의존도가 아주 높은 실정이다.

예산의 경우 자치구 매칭 비율이 서울에서는 서대문, 양천, 노원 등이 높은 지역이며, 상대적으로 마포 등은 높지는 않다. 지자체 예산 외에 정부의 공모사업, 민간재단 공모사업, 민간기업의 사회적공헌사업 참여를 통해 지자체 예산 비율을 낮추어가는 사례(완주군)가 있다. 완주의 경우 지자체 예산 비율을 50%로 유지하려는 노력을 기울여왔다(박세훈, 2015).

2015년 기준 21개 마을만들기 중간지원조직의 인력 규모는 대체로 3~6명 수준이다(박세훈, 2015). 인력 규모는 예산과 비례한다. 지자체의 담당부서는 자치행정과, 주민자치과 등이었다. 대부분의 지자체에서 도시재생사업 주관 부서는 도시계획과이다.

〈표 3-20〉 경기도 사회적경제지원센터 및 마을공동체 지원센터 현황

| 연번 | 시군 | 방식 | 사회적경제지원센터(통합) | 마을공동지원센터 |
|---|---|---|---|---|
| 1 | 가평군 | 직영 | - | 가평군마을공동체통합지원센터 |
| 2 | 고양시 | 공공위탁 | 고양시사회적경제지원센터 | 고양시자치공동체지원센터 |
| 3 | 과천시 | 직영 | 과천시사회적경제·마을공동체지원센터 | 사경+마을공동체 통합 |
| 4 | 광명시 | 직영 | 광명시사회적경제센터 | 광명시마을자치센터 |
| 5 | 광주시 | | | - |
| 6 | 구리시 | 직영 | 구리시공동체사회적경제지원센터 | 사경+마을공동체 통합 |
| 7 | 군포시 | 위탁 | 군포사회적경제마을공동체지원센터 | 사경+마을공동체통합 |
| 8 | 김포시 | 직영 | 김포시사회적경제지원센터 | 김포시자치공동체센터 |

| 연번 | 시군 | 방식 | 사회적경제지원센터(통합) | 마을공동지원센터 |
|---|---|---|---|---|
| 9 | 남양주시 | 직영 | 남양주시사회적경제지원센터 | 남양주시자치참여센터 |
| 10 | 동두천시 | | - | |
| 11 | 부천시 | 직영 | 부천시사회적경제센터 | 부천시마을공동체지원센터 |
| 12 | 성남시 | 직영 | 성남시사회적경제지원센터 | 성남시마을공동체지원센터 |
| 13 | 수원시 | 공공위탁 | 수원시사회적경제지원센터 | 수원시마을르네상스센터 |
| | | | 수원지속가능도시재단에서 위탁, 센터 분리 운영 | |
| 14 | 시흥시 | 위탁 | 시흥시사회적경제지원센터 | - |
| 15 | 안산시 | 위탁 | 안산시사회적경제지원센터 | 안산시마을만들기지원센터 |
| 16 | 안성시 | 직영 | 안성시통합지원센터 | 사경+마을공동체 통합 (5월 설치예정) |
| 17 | 안양시 | 직영 | 안양시사회적경제지원센터 | |
| 18 | 양주시 | 직영 | 양주시사회적경제지원센터 | 사경센터에서 마을공동체업무 수행 |
| 19 | 양평군 | 직영 | 어울림통합지원센터 | 사경+마을공동체 통합 |
| 20 | 여주시 | 위탁 | 여주시사회적공동체지원센터 | 사경+마을공동체 통합 |
| 21 | 연천군 | 직영 | | 연천군마을공동체지원센터 |
| 22 | 오산시 | 직영 | 오산시사회적경제통합지원센터 | 사경+마을공동체 통합 |
| 23 | 용인시 | 위탁 | 용인시사회적경제지원센터 | 용인시마을공동체지원센터 |
| 24 | 의왕시 | 직영 | - | 의왕시도시재생지원센터 (마을통합) |
| 25 | 의정부시 | 직영 | 의정부시마을사회적경제지원센터 | 사경+마을공동체 통합 |
| 26 | 이천시 | 직영 | 이천시행복공동체지원센터 | 사경+마을공동체 통합 |
| 27 | 파주시 | 직영 | 파주시사회적경제희망센터 | - |
| 28 | 평택시 | 위탁 | 평택시사회적경제마을공동체지원센터 | 사경+마을공동체 통합 |
| 29 | 포천시 | 직영 | 포천시공동체지원센터 | 사경+마을공동체 통합 |
| 30 | 하남시 | 위탁 | 하남시사회적경제지원센터 | 사경센터에서 마을공동체업무 통합 예정 |
| 31 | 화성시 | 위탁 | 화성시사회적경제센터 | 화성시마을자치센터 |
| | 경기도 | 위탁 | 경기도사회적경제센터 | 경기도마을공동체지원센터 |

〈표 3-20〉은 경기도 기초단위별로 사경센터와 마을공동체센터 간의 통합·분리 현황을 보여준다. 표의 기초지자체 사경센터 관련 내용

은 2021년 6월 10일~13일 기준이다. 이러한 구분은 사경 부문과 연관관계가 상당한 마을공동체 부문 간의 관계가 복잡함을 의미한다. 이러한 두 부문의 관계의 복잡성은 기초지자체의 경우에 특히 뚜렷하게 발현되고 있다.

31개 시군 중에서 1) 사경센터와 마을공동체지원센터 모두가 존재하지 않는 곳, 2) 사회적경제센터는 존재하지 않지만 마을공동체지원센터는 존재하는 곳, 3) 마을공동체센터는 존재하지 않지만 사회적경제지원센터는 존재하는 곳, 4) 사경센터와 마을공동체센터 둘 다 존재하는 곳 등으로 구분 가능하다. 2)번과 3)번의 경우, 즉 어느 하나의 센터가 존재할 경우, 존재하지 않는 센터 업무에 해당되는 업무를 어떻게 포괄하는가에 따라 센터의 명칭 등이 상이하게 달라짐을 확인할 수 있다.

위의 경기도 내 31개 시군 기초지자체 중에서 사경센터가 없는 곳인 5곳을 제외한 26곳의 경우 사회적경제(지원)센터로 명명된 곳의 숫자는 18군데(69.2%)이다. 평택시, 군포시, 과천시는 사회적경제·마을공동체지원센터이고, 의정부는 앞과 뒤의 내용이 바뀐 마을사회적경제센터이다. 구리시도 거의 유사한 이름의 공동체사회적경제지원센터이다. 이천시는 행복공동체지원센터이고, 여주시는 사회적공동체지원센터이며, 포천시는 공동체지원센터이다. 결국 사회적경제 표현이 들어가지 않은 사경센터의 숫자는 2~3개로 약 10~15% 정도에 불과하다. 많은 기초지자체 사경센터에서는 이미 공동체지원 기능보다 사회적경제지원 기능이 가장 중요한 기능으로 부각되고 있음을 알 수 있다.

2021년 새롭게 개소식을 갖고 사경센터가 생겨나고 있는 기초지자체까지 고려할 경우 사회적경제지원 기능의 중요도는 더욱 높아질 것으로 보인다. 사회적경제조직이 적고, 농촌지역 성향이 강할수록 공동체 특징이 두드러지고 미분화되는 수준일 것이다.

26개 사경센터 설치 시군 중 직영·위탁운영 현황을 살펴보면 고양, 군포, 수원, 시흥, 안산, 여주, 용인, 평택, 하남, 화성 등 10개 시군이 위탁이며, 이들 중에서 고양과 수원은 공공위탁에 해당한다. 11개 시군의 경우 사경센터와 별도로 마을공동체지원센터(명칭은 다소 상이할 수 있음)가 존재하고 있으며, 사경지원과 마을공동체지원 업무의 조직 단위를 구분하기 시작하고 있음을 알 수 있다. 의왕시의 경우 사경지원센터는 없으나 도시재생지원센터가 있으며, 여기에서 마을공동체 업무도 병행하는 것으로 나타난다.

마을공동체지원센터의 관점에서의 분류를 보면, 경기도 31개 시군 중에서 마을공동체 단독형 센터의 숫자는 8개, 사회적경제와 마을공동체의 통합형 센터는 12개, 마을공동체와 주민자치의 통합형 센터는 3개, 마을공동체와 도시재생의 통합형 센터는 1개(의왕), 마을공동체와 공익활동의 통합형 센터는 1개(남양주), 마을공동체와 협동조합의 통합형 센터는 1개(하남)로 나타나고 있다(경기도 마을공동체지원센터 홈페이지).

우리나라 기초단위 마을공동체지원센터들의 수평적 연계조직인 한국마을지원센터연합은 2013년 9월 각 지역의 마을지원센터들이 모여 한국마을만들기지원센터협의회로 출범하였다(한국마을지원센터연합, 2019). 2016년 7월에는 협의회에서 연합으로 명칭을 변경하였다.

현재까지 전국의 기초단위 사회적경제지원센터들 간의 연계조직이 제대로 구축되지 못하고, 서울과 경기 등에서 센터장 회의가 시작 단계인 사경 분야와 비교할 때, 마을공동체지원센터들의 수평적 연계는 상대적으로 일찍 진행되었음을 알 수 있다. 이는 사회적경제 분야에서 사회적경제지원센터들의 수평적 연계 강화 및 네트워크 구축이라는 과제가 있음을 시사한다.

## 7. 유관 중간지원조직: 도시재생지원센터

위에서 살펴보았듯이 2019년 11월 기준 시군구 단위에서의 사회적경제지원센터의 숫자가 69개인데 반해, (마을)공동체지원센터의 수는 131개이며, 도시재생지원센터는 193개로서 228개 기초 시군구 중에서 거의 대부분의 지역에 설치되어 있다.

대부분의 시군구에서는 사회적경제지원센터가 아니라 도시재생센터가 설치되어 있으며, 다음으로 (마을)공동체지원센터가 설치된 지역이 많음을 알 수 있다. 따라서 사회적경제지원센터가 집중적으로 설립된 수도권을 제외한 비수도권 지역에서는 도시재생지원센터나 공동체지원센터에서 사회적경제지원 기능이 수행될 가능성이 높다.

비수도권에서는 일부 사회적경제조직들에게는 사회적경제지원센터보다 도시재생지원센터가 더 중요한 중간지원조직일 가능성도 있다. 도시재생지원센터가 사회적경제지원센터 대비 훨씬 더 큰 예산을 보유하는 점, 기초단위 도시재생센터의 숫자가 사경지원센터에 비해 압도적으로 많이 설립되어 있는 점, 많은 지역에서 사회적경제·마을공동체·도시재생센터의 기능들이 분리되기에는 시기상조라는 점 등이 이러한 원인으로 작용한다.

건축, 환경, 가구, 청소 등 업종의 사회적경제조직뿐 아니라 최근 들어 돌봄과 문화예술 등 도시재생과 1차적인 관련성이 적은 사회적경제조직들의 도시재생지원센터 사업에의 참여가 두드러지는 지역이 상당수 발견된다.

사회적경제지원센터장이 도시재생지원센터의 운영위원으로 임명되거나, 혹은 반대로 도시재생센터장이 사경센터 운영위원 등으로 활동하는 경우(시흥)와 같이 도시재생지원센터와 사회적경제지원센터 간의 인적 교류가 제도화되기도 한다.

## 8. 유관 중간지원조직: 공익활동지원센터 (NGO·NPO지원센터)

2015년까지 기초단위에서 NGO센터가 설립된 곳은 천안과 강릉, 광주 광산구 등인 것으로 보인다(송재봉, 2015).

경기도의 경우 공익활동지원센터의 설립이 빠르게 진행되고 있다. 2021년 개소 혹은 개소 예정인 지역은 군포, 구리, 평택, 성남, 광주이다(경기도 사회적경제지원센터 자료, 2021). 또한 공익활동촉진 및 지원에 관한 조례를 이미 제정한 지역이 5개 시(군포, 구리, 평택, 광주, 부천)이며, 제정 추진 지역이 8개 지역(안양, 용인, 양평, 연천, 포천, 김포, 의왕, 성남)이다. 아울러 의정부와 양주시 등에서는 조례 제정 관련 공론화 작업이 진행 중인 것으로 보고된다.

결국 경기도 31개 기초지자체 중에서 13개 지역에서 공익활동촉진 및 지원 조례를 제정 혹은 제정 추진 중이라는 점은 공익활동지원센터가 지역 내 사회적경제지원센터와의 접점이 발생하고 협업 필요성이 생겨날 수 있음을 시사한다.

기초지자체 중간지원조직인 천안 NGO센터 역시도 마을만들기, 사회적경제 활성화, 도시재생 등 지역공동체 형성 촉진을 기관 목적 중의 하나로 밝히고 있다(2021.9.1 검색). 광주 광산구 시민공익활동지원센터 역시 사회적기업, 마을기업, 협동조합 육성을 사업 중 하나로 설정하고 있다. 2012년과 2013년 시점의 대전 풀뿌리사람들의 경우 NGO 지원사업과 사회적기업, 협동조합의 통합지원기관 역할을 병행하였다.

## 9. 유관 중간지원조직: 고용복지센터

소수의 사경센터는 고용복지센터 산하에 위치(서울 마포)하거나 고용복지센터와 같은 공간을 사용하는 경우(제주)가 발견되었다. 고용복지센터의 복지사업을 사경센터와 사경 당사자조직에게 배분할 수 있는 장점도 있다. 마포의 경우 모든 돌봄 관련 사업을 사경센터와 당사자조직에게 맡기고 있으며, 이는 사경센터와 사경 당사자조직의 비즈니스 모델 확대에 기여하는 성과이다.

# 제5장 기초단위 중간지원조직 상세 내용

## 1. 직영·위탁 운영 방식

### 1) 직영·위탁 운영방식 현황

서울 25개 사경센터 중에서 서대문, 중랑, 동작만 직영 시스템이고 나머지는 민간위탁 방식으로 민간위탁 방식이 압도적으로 높다. 반면 경기의 경우 사회적경제지원센터가 있는 24개 기초지자체 사경센터의 운영 주체를 구분하면, 산하기관 2(수원, 고양), 민간위탁 8(용인, 화성, 안산, 평택, 시흥, 군포, 하남, 여주), 직영 14로 나타난다. 민간위탁의 비중은 1/3에 불과하고 직영의 비중이 아주 높은 것으로 나타났다. 이는 2곳을 제외한 23개 자치구 사회적경제지원센터가 민간위탁 방식을 택하고 있는 서울의 경우와 완전히 상반되는 양상이다.

서울과 경기의 민간위탁과 직영에 대한 상반된 선택은, 지역주민의 자율적 선택에 기반하는 사회적경제의 취지에 비추어 볼 때 지자체 직영보다 민간위탁 방식이 바람직하다는 일반론이 재고될 필요가 있음을 시사한다. 직영은 행정 관점에서 관리가 수월하고, 잡음과 사고 가능성이 낮다는 것이 장점이며, 민간위탁은 인사의 폐쇄성이 단점일 수 있다(부천). 직영의 경우 '현장중심 직영센터'와 '행정중심 직영센터'로 구분할 수 있는데, 사무관리비와 인건비만 지자체에서 지급되므로 별도의 사업비가 없어서 당사자조직들에 대한 참여 기회 제공을 위해 외부 사업비 수주가 필요한 상황이 발생한다(남양주).

운영방식 결정에서 사회적경제에 대한 지자체장이나 지역주민의 관심 정도, 지자체 규모, 기초지자체별 (예비/인증)사회적기업·협동조합·마을기업 규모 등의 요인들이 직접 직영 또는 민간위탁의 선택을 좌우하는 것은 아니다. 직영·위탁운영 선택에의 영향요인으로 위탁운영 가능한 지역 내 당사자조직네트워크의 존재 여부(예: 서대문) 또는 성숙 정도가 요인으로 작용한다(예: 네트워크가 법인화된 지 2년밖에 안된 마포).

### 2) 위탁운영의 방식

위탁운영의 경우에도 1) 공공기관·출연기관 위탁, 2) 민간조직 위탁, 3) 당사자조직 위탁, 4) 대학·연구소 위탁 등의 선택지가 존재하며, 각각의 장단점이 있다. 위탁운영임에도 조직편제 상으로의 특징은 마포의 경우 센터는 마포 고용복지센터 소속으로 편제되어 있다. 이러한 특이한 편제가 불가피하기도 하고, 시너지효과(고용복지센터의 복지사업을 사경센터와 사경 당사자조직에게 배분할 수 있다, 자원·인력 활용의 유연성, 프로젝트 인력의 고용안정성 제고 효과, 인력의 사업집중 환경 조성 등)도 존재하는 것으로 평가된다. 마포는 돌봄 관련 모든 사업을 사경조직들에게 다 맡기고 있는 거의 유일한 사례이자 성과라고 자평한다. 마포의 경우는 직영이냐, 민간위탁이냐의 이슈와 무관하게 타 기관 산하인가, 독립기관인가의 여부도 조직 특성 관련 이슈일 수 있음을 시사한다.

민간위탁도 당사자조직협의회 중심의 민간위탁인지, 지역네트워크 중심의 민간위탁인지 구분할 필요성이 있다. 당사자조직협의회 중심의 민간위탁이 장기적으로 바람직한 방향이지만 현재의 시점에서는 항상 효과적인 방식은 아니다. 민간위탁이더라도 재단에 의한 민간위탁이 선정·운영에 더 유리한 경우가 많아 민간 부문 성장과 민간기관의 위탁 가능성을 저해하는 양상이 존재한다. 재단 설립을 통해 구성원에 고용안정성을 높여주고, 외부 사업 수주에 집중하도록 하는 방안을 검토할 수 있다. 하지만 재단 설립 방안은 민간 역량강화 원칙에 위배되는 방안이며, 갑작스런 재단 해체의 위험성도 존재하는 방식이라는 평가가 존재한다.

### 3) 대학 위탁운영 방식

대학에 의한 민간위탁은 2021년 기준 광역단위 중간지원조직의 경우 경남 마을기업지원기관에 대한 경남대 마을공동체지원단의 위탁운영과 경북 사회적경제지원센터에 대한 대구대 산학협력단의 위탁운영의 2곳이다. 기초단위의 경우 여러 곳(한신대의 화성센터 위탁, 서울시립대의 강동구 센터 위탁, 강남대의 용인시 센터 위탁 등)에서 발견된다.

사경 분야 중간지원조직의 위탁에 대한 인터뷰에 따르면 대학 위탁운영에 대해 부정적 의견이 보다 많았다. 대학 위탁은 사경 분야 종사자 또는 전문가에 의한 운영이 아닐 가능성이 높으며, 역할 수행이 최소한의 범위에 그칠 가능성이 높다는 점이 반대의 논거이다.

하지만 대학 내부 시설을 활용하기 때문에 임대료 부담이 거의 없으며, 자체 자금 활용 등으로 인해 인건비 부담 역시 적어 운영상의 이점이 존재한다(김종걸, 2020). 보다 중요한 점은 교육기관이라는 점에서 청년에 대한 사회적경제 교육과정 개설을 통해 사회적경제 분야 인식 제고에 기여함과 아울러 교육의 결과 사회적경제 분야 소셜벤처 등 창업 인력을 배출하는 성과(사회적기업가 육성사업 참여)를 함께 거둘 수 있다는 점이다. 많은 중간지원조직이 외부에서 창업 희망 인력을 발굴해야 하는데 반해 대학은 내부에서 이러한 인력의 양성이 보다 용이하다는 큰 장점을 지닌다.

또한 교육기관으로서 대학의 위상은 사회적경제 내부 조직이 아니라는 단점이 있는 반면, 사회적경제 내부로부터 독립된 공익적 이미지가 지자체의 위탁운영 지정과 관련된 잡음이나 부담을 줄이는 데 기여하는 장점이 있다. 사회적경제네트워크의 위탁운영에 대한 지자체장·의회의 반대에 직면하여 대학교 위탁경영이 차선으로 선택된 경우이다(경남 마을기업지원센터, 화성 사경센터).

대학 입학 학령 인구 감소 등으로 인해 많은 대학들이 앞으로도 사회적경제 중간지원기관 위탁운영에 관심을 기울일 것이다. 따라서 대학에 의한 사회적경제 중간지원조직의 위탁운영은 최선의 선택은 아니지만 차선 혹은 차차선의 선택으로서의 가능성이 유지될 것이며, 찬반의 문제만은 아닐 것이다.

### 4) 위탁운영의 성과와 선택

위탁기관의 역량과 지역 내 사경 부문 대표성 및 위상에 따라 민간위탁 필요성과 성공 여부는 달라진다. 지난 기간 동안의 위탁운영의 경험은 대체로 긍정적이다. 많은 지역에서 위탁운영 경험을 통해 위탁운영기관 역량 제고와 지역 사회적경제 네트워크 및 당사자조직 네트워크 모두 성장했다고 보고하고 있다(노원, 제주네트워크). 하지만 지역에 따라서는 위탁운영 기관의 잦은 변동이 발생하고 있는 지역이 있으며, 다양한 논란과 잡음을 겪는 지역도 존재한다.

특정 운영방식이 기초단위 사경센터의 양호한 성과를 보장하는 것은 아니다. 양호한 성과를 보이며, 지역 사회적경제 활성화에 기여하는 성과를 보이는 직영센터가 있는가 하면, 민간위탁 센터 중에서도 운영 성과는 크게 차이가 발생한다. 보다 중요한 결정 요인은 사경센터 인력들의 역량과 의지이다.

따라서 직영과 민간위탁 등의 운영 방식의 선택은 지역의 자율적 결정 사항이다. 경기도 기초지자체의 창업지원센터 운영을 경기도 통합지원기관에서 위탁받아 운영 인력(1명)이 운영하며, 이 인건비는 기초지자체가 부담하는 현상이 발견된다. 광역단위 통합지원기관의 기초단위 위탁운영의 한 예이다.

## 2. 모법인의 인력운용 방식

〈표 3-21〉은 모법인에 의한 사경센터 인력운용 방식을 보여준다. 민간 위탁운영도 1) 위탁운영임에도 모법인이 상근 인력(센터장 포함)을 파견하지 않는 경우, 2) 센터장만 모법인이 파견(사경센터 사례), 3) 사경센터의 일부 인력(센터장 포함)을 모법인이 파견하는 경우, 4) 사경센터의 모든 인력을 모법인이 파견 또는 고용하는 경우 등으로 구분 가능할 것이다.

〈표 3-21〉 사경센터 위탁운영 모법인의 인력 파견 선택지

| 파견 범위 | 내용 |
|---|---|
| 최소 관여 방식 | 위탁운영임에도 모법인에서 상근인력을 센터에 파견하지 않음 |
| 센터장 파견 방식 | 모법인이 센터장만 파견 |
| 일부 인력 파견 방식 | 모법인의 일부 인력을 사경센터에 파견 |
| 인력 전체 파견 방식 | 사경센터에 센터장뿐 아니라 모든 인력을 투입하는 경우 |

사경센터를 일정 기간 동안 수탁받는 모법인이 사경센터의 모든 인력을 수탁기관 인력으로 대체하는 전권위임형 위탁운영 방식은 인력 운용과 관련하여 모법인의 관여 폭이 가장 강한 방안일 것이지만 현재까지는 발견되지 않았다. 전권위임형 위탁운영 방식은 직원들의 고용이 크게 위협받게 되는 단점을 지닌다.

센터장을 제외한 일부 인력을 사경센터에 투입하는 경우도 한두 곳에서만 발견된다. 사경센터가 개설되는 초기의 경우 위탁운영 법인이 자체 인력을 사경센터 인력으로 투입하는 경우, 또는 소속을 완전히 사경센터 소속으로 변경하는 경우가 발생할 수 있다.

아울러 위탁운영임에도 모법인이 센터장을 파견하지 않는 경우도 한 곳(노원구 마을공동체센터) 정도에서만 발견된다.

대부분은 센터장만 모법인에서 파견되고, 나머지 인력은 위탁기관의 변경에도 고용 승계가 유지되고 있었다. 사경센터의 설립 초 위탁운영의 경우에는 센터장 외 인력들도 모법인 인력으로 채워지는 경우도 일부 발견되었다.

## 3. 지역별 사경센터 역할

광역단위에서만 사회적기업·협동조합의 통합지원기관과 마을기업 지원기관이 분리되어 있을 뿐, 기초단위에서는 3개 조직 관련 지원사업들이 이미 통합되어 있다. 특별시·광역시 등의 도시형이나 시 단위의 도농형 지역의 경우 마을기업의 숫자가 증가하지 않으며, 이 지역 기초 사경센터에서의 마을기업의 사업 비중은 협동조합이나 사회적기업에 비해 적다. 반면 농촌형 지역에서는 마을기업의 사업 비중이 상

대적으로 높은 특징을 보인다. 서울 자치구마다 마을기업 설립 지원금
은 거의 없다.

지역에 따라 육성사업 중심인지, 업종·분야별 사업화 활동 중심인
지 달라질 수 있다. 사경센터 미설립 지역이거나, 설립 초기 지역인 경
우, 그리고 지역 사회적경제 생태계가 형성되는 초기의 경우 사회적경
제기업들의 육성사업이 중요 활동일 것이다. 그러나 사회적경제 분야
가 상대적으로 활발한 지역(예: 마포)의 경우 창업자의 지역 유입이 증
가하므로 창업자 육성사업의 비중은 낮으며, 이슈·업종별 사업화 활
동이 주를 이룬다.

기초 사경센터가 일찍 설립된 지역에서는 센터 설립 초기 자활사업
단의 자활기업으로의 전환이 빈번하게 발생하면서 자활기업 및 자활
센터와의 관계가 활발하였다. 하지만 최근 들어서는 자활사업단의 자
활기업 전환이 줄어들면서 자활 부문과의 협업이 대체로 감소하는 추
세이다. 자활센터와 운영위원을 서로 교차하여 수행하는 경우(화성)는
자활과의 교류를 제도화하기 위한 노력의 일환이다.

기초센터와 광역센터 모두 지자체 사회적경제 공무원들과의 상호
호혜적 관계 설정이 매우 중요하다. 지역 사회적경제 활성화 또는 지
역 사경센터 설립에 지자체 공무원이 크게 기여하는 예들(인제)이 상당
히 발견된다. 사회적경제 업무담당을 계기로 사회적경제의 중요성을
체감하고 사회적경제 부문에 대한 지자체 지원을 확대하는 데 노력하
는 경우도 상당히 발견된다. 중간지원조직은 지자체 사회적경제 담당
공무원들의 사회적경제에 대한 인식도를 높이고, 정책담당자로서 역
할을 잘 수행할 수 있도록 제안하고 지원하는 기능을 간과하면 안 된다.

예를 들어 마을기업의 경우 시군 단위에서 1차 선정이 이루어지는

데, 이 선정과정에서 사회적경제 담당 공무원들의 선정 관련 역할이 현실에서 중요하다(광주전남연구원, 2018). 합리적이고 공정한 선정이 이루어지도록 중간지원조직이 담당 공무원들을 지원하는 역할을 수행해야 한다.

지자체 공무원들의 사회적경제 업무 기피 현상이 지속되는 한 지자체의 지원 확대를 통한 사회적경제 활성화는 실현되기 어렵다. 중간지원조직은 공무원들의 사회적경제 업무 기피의 원인을 파악하여, 중간지원조직이나 사회적경제 부문에서 해결할 수 있는 원인들을 해결함으로써 행정과 당사자조직 간의 중간 역할을 보다 합리적으로 수행해야 한다(광주전남연구원, 2018).

## 4. 기초사경센터와 중앙부처·광역단위 사업 간의 관계

사경 분야가 도입기를 넘어서 성장기로 가고 있다는 정부 보고서들의 착각이 잘못된 정책을 낳는다. 사회적경제에 대한 국민들의 인식도는 30%에 미달하는 수준으로 여전히 도입기이며, 이에 맞는 정책을 펼쳐야 한다(화성).

서울시 자치구 센터의 경우 여러 가지 서울시 사업(주민기술학교사업, 사회적경제 특구사업 등)과 자치구 사업에 참여하고 있다. 서울시 사경센터 정책사업(돌봄, 소상공인 지원사업 등)을 마포구가 가장 많이 진행하고 있다. 서울시 생활상권 사업에 양천구가 참여한다. 마포 사경센터에게는 서울시 돌봄전략 사업(14개 구가 선정되어 2~3년째 받고 있으나 곧 종료될 수 있다. 이 사업은 다른 구에서도 중요할 듯하다.)의 중요성이 가장 크고, 서울시 클러스터공간 지원 사업(이 사업은 25개 구 중에서 소수의 구만이 선정되었고, 타 구에서는 중요성이 낮거나 없을 수 있음)이 다음으로 중요하다. 서울시 공모사업 중에서 주민기술학교 사업이 작년까지는 중요했었고, 타 구의 경우 중요도가 높을 수 있을 것이다(마포).

직영인 사경센터의 경우 지자체에서 사경센터의 광역단위 사업이나 그 외 외부 공모사업에 관여하거나 비중을 높이는 것에 대해 부정적으로 인식하면서 기초단위 사경사업에 집중할 것을 요구하는 경우가 많다.

중앙부처의 여러 사업들의 상대적 중요성은 지자체에 따라 상이하다. 문화관광부의 문화도시 사업(양천구) 등도 언급되었다. 중앙부처 사경사업의 종류는 크게 늘었으나 기초에서 실행하겠다는 취지로 설계된 정책은 별로 없는 듯하다(화성). 프랜차이즈 협동조합 지원사업은 기초에서의 발굴·연계가 필수적인데, 광역 단위에서 주도하는 문제점이 존재한다(남양주). 소상공인협업화지원사업과의 중복이 발생하며, 중앙부처 및 광역단위에서 개선이 필요한 사업이다. 전체적으로 보면 기초센터가 하는 사업을 광역센터도 유사하게 진행하는 경우가 자주 발생(화성)하므로 역할 분담에 대한 깊은 논의가 있어야 한다.

## 5. 사경센터의 거버넌스와 네트워크

지역 사경센터에 사회적기업협의회·협동조합협의회·마을기업협의회·자활기업협의회 등 당사자조직의 참여 및 마을공동체·도시재생·공익활동 등의 유관 공공 기능 및 지역시민단체 및 전문가들의 사경센터 운영위원회 참여 양상을 확인할 필요가 있다.

자치구 차원에서 사경센터와 자활센터가 통합된 곳은 전혀 없다(마포). 광역단위에서도 사경 부문과 자활 부문 간의 협력은 최소한으로만 이루어지는 것이 현실이다(마포).

사경센터 운영위원회의 구성에 당사자조직협의회들의 참여 비중이 높은지, 지역 여러 유관 네트워크와 전문가 등의 폭넓은 시민단체 참여 비중이 높은지 구분이 가능하다. 사경 당사자조직협의회들이 아닌, 전문가 개인들의 참여를 중심으로 운영위를 운영하면서 사경 네트워크와의 역할 분담을 시도하고 있는 지역도 발견된다(강원 사경센터).

사경센터가 인력지원(네트워크 사무국 역할을 센터 인력이 담당) 등의 방식으로 지역 내 사회적경제 네트워크 형성에 기여하는 사례가 많이 발견된다. 정보교류·사안별협력·인력교류 등 다양한 방식을 활용하는 네트워크 강화 방안이 필요하다(제주).

경기도의 기초 사경센터장 협의회는 2014년부터 시작되었던 반면 경기도 사경센터장과 기초사경센터장, 그리고 경기도 사회적경제과의 정책협의는 2020년부터 정례화될 정도로 늦은 편이다. 경기도의 경우 기초 센터들 간의 네트워크가 먼저 발달하고, 중층적 네트워크는 뒤늦게 시작되는 현상을 보인다. 이러한 흐름이 광역 사경센터와 기초 사경센터 간의 관계를 시사한다. 반면 서울의 경우 상대적으로 기초 센터장들의 수평적 네트워크가 경기에 비해 늦게 시작되었다.

## 6. 당사자조직들과의 관계

기초단위 사경센터를 사회적경제조직으로 인정하지 않는 당사자조직들의 인식의 문제가 존재한다. 아울러 당사자조직들의 일감을 중간지원조직들이 가져간다는 당사자조직들의 인식도 중간지원조직과 당사자조직 간의 협력을 저해하는 주요한 원인이다(남양주).

광역단위에서 마을기업협의체가 구성되지 않은 채 오랜 기간이 경과하는 경우가 있다. 기초단위 당사자조직협의회(예: 사회적기업협의회)가 제대로 구성되지 않은 상태에서 소수 인물들에 의해 형성된 광역단위 당사자조직협의회가 대표성을 가질 수 있는가의 문제가 지역의 문제로 제기된 바 있다. 일부 광역지자체에서는 특정 협동조합협의체가 지역 협동조합들을 대표하는 조직을 자처하지만 이를 인정하기 어렵다는 점이 이슈화되기도 하였다(광주전남연구원, 2018). 결국 당사자조직의 내실화가 당사자조직협의체의 대표성 인정 여부 판단의 전제조건이다.

사회적기업 당사자조직 내부에서 사회적가치를 추구하는 그룹과 개별 기업 이익만 추구하는 그룹들이 공존하고 있다(광주전남연구원, 2018). 당사자조직협의체 내부에서 사회적가치 지향 그룹의 역할이 확대될 수 있도록 중간지원조직이 지원할 필요가 있다(광주전남연구원, 2018).

## 7. 유관 기능과의 관계

유관 기능으로는 마을공동체·주민자치·도시재생 등이 가장 많이 언급된다. 아울러 공익활동 등도 일부 언급된다. 수도권 기초단위 사경센터의 경우 도시재생 부문보다 마을공동체·주민자치 분야와의 관련성이 더욱 크다고 평가된다. 광역에서는 분화·전문화가 바람직하지만 기초에서는 통합이 현실적으로 필요하다는 의견이 매우 많았다(서대문, 양천).

일부 기초지자체에서는 사경센터 위탁운영기관이 사경센터뿐 아니라 마을공동체지원센터, 마을자치사업단 등 유관 기능 관련 조직들을 함께 위탁운영하는 경우들도 발견되었다. 광역단위(강원, 대구, 제주)에서 사회적기업·협동조합 통합지원기관, 마을기업지원기관, 사경센터의 3가지 통합 여부가 쟁점인 것처럼, 기초단위에서도 사경센터, 마을공동제지원센터, 도시재생센터, 마을자치사업단 등의 여러 사업을 위탁운영하는가의 여부가 쟁점일 수 있음을 광진구와 노원구 사례는 시사한다.

지역 내 여러 센터들의 위탁운영은 모법인의 역량 보유 여부, 그리고 지역 내 위탁 관련 경쟁조직의 유무, 위탁받는 모법인의 지역 내 대표성·공신력의 정도 등에 따라 평가가 상이할 수 있다. 지자체에서는 수탁법인의 대표성과 공신력이 확고할 경우, 이 법인에 여러 센터 운영의 위탁을 선호하는 결과, 여러 센터 기능의 위탁운영이 발생하지만 때로는 모법인의 능력 범위를 초과하는 현상이 발생한다.

민간 주도성이 뚜렷한 서울 광진구의 경우 지역주민네트워크가 지역 내 대표성을 인정받고 있고, 공신력이 있어서 사경센터뿐 아니라 마을공동체지원센터까지도 위탁운영 중이지만 큰 무리가 없는 것으로 평가된다. 노원구 사경센터 수탁법인은 지역 내 위탁운영 가능 기관이 유일해서 마을공동체지원센터와 주민자치사업단까지 위탁받아 운영 중이다. 3개 사업의 동시 위탁운영에 대한 지역 내 반대 여론의 가능성은 낮으나, 기관의 역량(모법인 사무국 인력은 1명)과 모법인이 사경센터 운영에 충분히 기여하지 못하는 상황으로 볼 때 3개 사업의 동시 위탁운영은 무리라는 자체 평가가 있다.

위 사례들은 기초 사경센터 위탁기관의 타 유관 기능 조직의 위탁운영 시도에 대한 진단 내용들을 제공한다. 아울러 광역단위에서도 통합지원기관·마을기업지원기관·사경센터 위탁 등을 모두 진행하는 지자체(강원, 대구, 제주)에서 위탁운영기관의 역량 보유 여부, 위탁운영 기대성과 실현 정도, 지역 내 평가 등에 따라 시기상조 여부를 검토할 필요가 있음을 시사한다.

## 8. 중앙·광역·기초 역할 분담

사회적기업진흥원과 경기 기초센터들 간의 소통의 자리가 마련되어야 하며 통지관과 기초센터의 협업도 거의 없다. 서울 및 경기에서 광역 사경센터와 기초 사경센터 간의 갈등이 상당히 발생하였다. 광역 사경센터가 기초 사경센터와 유사한 직접사업을 진행하여 기초 사경센터의 영역을 침범한다는 견해가 상당히 존재한다. 경기따복공동체지원센터의 시기에도 기초센터와의 마찰이 발생하였다.

광역 사경센터는 광역단위 사회적경제 생태계 조성에 주력하고, 기초 사경센터는 개별 기업 접촉·육성에 집중하는 역할 분담에 대해서는 대체적으로 의견이 합의된다. 연구 기능은 광역이, 기초교육은 기초가, 전문인력 교육은 광역이 담당하는 역할 분담이 적절하다(강원). 서울 및 경기처럼 기초 시군구에 사회적경제지원센터들이 기초센터가 많을수록 광역 사경센터의 당사자조직 직접 지원 기능보다 기초 사경센터 지원 기능이 중요해질 것이다. 기초 사경센터가 적은 비수도권 지역의 광역 사경센터에서는 기초 사경센터 지원 기능의 중요성이 상대적으로 낮을 것이다.

아직은 자치구 사경지원센터 인력이 2~3명 수준이어서, 광역과 자치구 사경센터 간의 역할 구분을 명확하게 나누기에는 아직 시기상조이다(광주).

사경 분야가 활성화되어 육성사업 필요성이 적은 자치구(예: 마포)에서는 생태계 조성, 자치구 의제 발굴, 지역화사업 등에 주력하기도 한다.

## 9. 인력

사경센터의 인력들은 정규직 상시인력과 프로젝트성 인력으로 구분된다. 광역의 센터 인력과 광역 위탁운영기관 인력 간 처우의 상당한 격차가 존재하는 경우가 많다. 프로젝트 인력은 사업 수주에 따라 채용되는 인력으로서, 1년 혹은 11개월·6개월 등의 한시적 고용이다. 다만 센터에 따라서는 프로젝트 인력을 자체 예산 활용으로 다른 프로젝트로 연결시키면서 고용을 이어가는 경우가 상당히 많다. 현재의 프로젝트성 인력 고용 방식은 인력의 전문성 축적에 기여하지 못하는 제도이다(마포).

통합지원기관이나 마을기업지원기관 소속 인력의 경우 1년 또는 3년 단위 선정 변경 가능성으로 인해 구성원들의 고용불안이 심하다. 기초 사경센터의 경우 특히 고용불안과 낮은 처우(급여 수준의 고정화와 승진의 어려움)로 인해 장기근속자가 적고, 허리층 인력의 이직이 빈번하여 센터 기능 수행의 가장 큰 걸림돌이다(남양주).

# 10. 사회적 금융

대구 동구의 사회적기업협의회가 자조연대기금으로 조성한 동구우
애기금은 사회적기업협의회의 역할이 발전되는 단면을 보여준다. 사
회적금융은 반드시 사회적경제조직만이 해야 하는가, 그리고 사회적
경제조직들에게만 융자를 해주어야 하는가의 문제 제기가 있다. 사회
적경제 관련 시설·자원 민간위탁에도 대기업의 참여를 허용할 필요가
있다는 문제 제기도 존재한다.

**〈표 3-22〉기초단위 중간지원조직 인터뷰 주요 내용**

| 대분류 | 소분류 | 내용 |
|---|---|---|
| 운영<br>방식 | 직영 vs. 위탁 | • 직영·위탁 결정요인은 민간위탁 시 문제 제기·논란·비리 발생 여부와 정도, 지역 내 대표성·공신력 있는 수탁 운영 가능 기관 존재 여부, 지자체장 의지 등<br>• 서울은 위탁이 대부분이고, 경기는 직영이 많고, 비수도권은 기초단위 센터가 적으면서 광역지자체의 정책에 따라 직영 및 민간위탁이 나뉨<br>• 직영도 행정 중심 직영과 현장 중심 직영으로 구분될 수 있음<br>• 직영·위탁 형식에 따른 자율성보다 구체적 내용에서 자율성 파악 필요<br>• 직영·위탁에 따라 제공 서비스가 달라지지는 않음 |
| | 위탁의<br>세부 종류 | • 민간위탁 vs. 공공위탁. 재단 설립 후 공공위탁 방식이 민간위탁보다 유리할 수도 있으나, 재단 해체의 위험성 및 민간 자율성 확대라는 사경 분야 원칙 위배라는 단점도 존재 |
| | 직영 시 위상 | • 독립 센터로 존재하는 방식<br>• 타 센터 및 조직 산하(마을공동체지원센터, 공익활동지원센터, 도시재생센터, 고용복지센터 산하)에 존재하는 방식<br>• 타 센터(마을공동체)와 결합했다가 다시 분리, 독립된 사례 |
| | 수탁 계기 | • 관 주도의 제안과 뒤이은 조직 설립과 위탁운영(수도권의 대부분).<br>• 민관의 장기 구상과 모법인의 역량 확보 후의 위탁운영 |
| | 위탁 시 인력 관<br>여 범위 | • 1) 상근인력 파견 없음, 2) 센터장만 파견, 3) 센터장과 일부 인력 파견, 4) 모든 인력 파견 |

| 대분류 | 소분류 | 내용 |
|---|---|---|
| 운영 방식 | 직영·위탁 방식의 변경 | • 민간위탁 → 직영 → 민간위탁 → 직영의 잦은 변경 발생<br>• 직영 → 민간위탁의 사례(동대문구)<br>• 민간위탁 → 직영(남양주) |
| | 직영·위탁의 성과 | • 민간위탁도 불안정한 위험성이 있음<br>• 위탁이 지역 네트워크·당사자조직협의회의 성장에 기여<br>• 모법인 상근인력 확충 및 역량 제고 노력이 필요 |
| | 수탁법인의 특성 | • 지역 네트워크 중심 민간 위탁<br>• 당사자조직협의회 중심 민간 위탁<br>• 민간위탁 기관이 변경된 사례 존재 |
| | 수탁법인의 수탁 기관 수 | • 사경센터뿐 아니라 마을공동체지원센터 등 복수 센터 위탁 발견 |
| | 위탁 기간 | • 기간이 3년인 센터와 1년인 센터가 있음 |
| | 발견되는 특징, 문제점 | • 복수 센터 동시 위탁운영의 적정성 또는 역량 초과 여부<br>• 모법인의 지역 대표성·공신력에 대한 지자체의 위탁집중 선호 성향 존재<br>• 복수 센터의 원활한 운영과 모법인 역량 제고의 동시 실현은 난제<br>• 1년 단위 위탁을 선호하는 센터가 있지만 단기계약으로 인해 불안정성이 있음<br>• 심사평가를 상대평가가 아닌 적합 판정 기준의 필요성 |
| 조직 편제 | 독립 vs. 타 기관 산하 | • 고용복지센터 산하, 재단 산하, 공공기관 산하에 센터가 있는 사례<br>• 독립적으로 센터가 존재하는 사례 |
| | 인력 | • 수도권 제외 기초센터 인력은 1~2명인 경우 다수. 최대 14명의 직원이 있는 기초센터도 존재<br>• 인구감소 지역의 경우 귀농 인력 활용이 기초센터 활성화에 중요 요소(제주)<br>• 일반직원 근무 기간은 센터별로 차이를 보임 |
| | 발견되는 특징, 문제점 | • 지역 출신이 외지 출신보다 현장 파악 및 네트워크 형성에 유리함<br>• 기초센터는 현장과의 교감 등 사무역량보다 시민활동가와 같은 마당발의 네트워크 능력이 중요<br>• 센터장은 오랜 기간 근무하지만, 일반직원의 이직이 높은 편<br>• 낮은 복지수준, 즉 고정된 급여와 승진의 문제점<br>• 열악한 근무환경은 직원의 전문성 강화에 한계로 작용<br>• 사회적경제 영역에서 인력의 선순환 구조 필요<br>• 한시적으로 고용되는 인력의 인건비를 여러 프로젝트를 동시에 수행하면서 충당하는 구조-전문성 축적이 어려움<br>• 직원들이 자치단체 공무원과 대등한 관계의 필요성. 행정공무원은 공무원 시험 통과 여부로 차등을 두는 경향이 있음 |

| 대분류 | 소분류 | 내 용 |
|---|---|---|
| 예산 | 직영 vs. 위탁 | • 직영의 경우 행정에서 직접 관리하므로 예산 규모를 파악하기 어려운 예가 있음<br>• 서울시 광역단체의 지원만 받았던 자치구 센터는 9년이 지나면서 종료되기 때문에 자치구의 예산을 받아야 하는 상황임<br>• 마을공동체, 주민자치 등의 예산과 결합하여 파악이 어려운 사례도 있음 |
| | 직영 vs. 위탁 | • 위탁의 경우 광역에서 지원하는 예산과 자치단체에서 지원하는 예산으로 나눌 수 있음<br>• 기타 프로젝트를 통한 예산이 있음 |
| | 발견되는<br>특징, 문제점 | • 사무실 공간 협소하여 교육공간이 없어 사업이 어려운 예도 있음<br>• 자치구에 사회적경제 예산이 있음에도 단체장의 의지에 따라 센터로 예산이 배분되지 않은 기초센터도 있음<br>• 전체적으로 기초자치단체의 예산지원이 넉넉하지 않은 편이며, 어려운 여건에서 사업을 하게 됨 |
| 통합 및<br>분리 | 통합 | • 기초센터는 사회적기업, 협동조합, 마을기업이 기본적으로 통합하여 운영하고, 이 세 영역의 통합은 광역단위의 과제라 보는 곳이 많음<br>• 서울시는 기초센터에서 모니터링, 주체 육성, 판로 활성화, 공동사업, 거버넌스 등 6개 사업을 통합해서 진행해야 한다는 목표가 있음<br>• 기초단위에 재단을 설립하여 내부에서 사업별 협력하는 방식 |
| | 분리 | • 기초센터 중 마을공동체, 주민자치추진단과 통합보다 분명한 역할 구분을 하는 곳이 있음 |
| | 발견되는<br>특징, 문제점 | • 사회적기업, 마을기업, 협동조합의 통합·운영은 광역의 문제이고, 광역에서 정치력의 문제라고 기초에서는 판단함<br>• 사회적경제지원센터, 협동조합지원센터 등 각자 고유 영역이 있음을 인정해야 하지만, 사회적기업, 협동조합, 마을기업 등 각자의 프레임에 갇혀있지 말아야 한다는 시각<br>• 광역단위에 통합하더라도 민간자율성 담보를 위해 다양한 주체들이 결합하는 방식을 주장함<br>• 컨소시엄 형태의 통합은 예산 등 자원 배분의 균형이 필요 |
| 중앙,<br>광역<br>센터와<br>관계 | 사업 구상,<br>자율성 | • 광역 주도의 기초센터 설립 드라이브(서울) vs. 광역센터보다 먼저 기초센터 설립(경기)<br>• 광역이 주도의 경우, 기초의 상황을 고려하지 않고 사업과 예산을 구상하여 기초에 공모, 선정하는 방식으로 배분하는 방식의 문제점(많은 기초센터가 문제 제기)<br>• 상향식 의사결정에 따른 예산지원 방식을 제시<br>• 광역이 적은 예산을 지원하면서 기초센터의 에너지를 소모시키는 현실<br>• 광역 예산의 지원이 종료되면 기초센터가 사라질 위기에 직면한 센터들이 존재 |

| 대분류 | 소분류 | 내용 |
|---|---|---|
| 중앙,<br>광역<br>센터와<br>관계 | 사업 구상,<br>자율성 | • 사업 구상과 실천에서 상하관계로 보는 광역센터 시각과 파트너십 관계를 원하는 기초센터의 의견 존재<br>• 광역은 관리, 감독 역할에서 벗어나야 함. 성과를 측정할 때 현장의 현실을 반영하고 표준화 지표를 다시 검토할 필요성<br>• 따라서 일부 기초는 자체 자원·역량·경험 보유로 독립성을 확보한 상태이므로 자율성을 보존하기 위해 광역센터 개입·관여를 기피 |
| | 기초센터<br>설치에 대한<br>광역의 방안 | • 1) 시군구별 1인 담당자 지정·지원 방식, 2) 소권역별 사경센터(지역거점센터) 설치 방식(경북, 부산, 경기북부 논의, 서울(이준영, 이정용, 2019a))<br>• 소 권역별 설치방식은 강원도의 과거 춘천, 원주, 강릉의 지역별 컨소시엄 방식과 유사<br>• 기초센터 설립이 어려운 인구감소 시군에는 창업지원센터로 1명의 상근 인력을 배치할 필요성이 있다는 의견 |
| | 기초센터 설치<br>고려사항 | • 사업과 독립예산이 없으면 설치 불필요<br>• 광역은 기초의 다양하고 특수한 여건을 고려하여 심사하는 기준을 마련하고, 설립을 지원해야 함. 획일적 기준으로 설립조건을 제시하여 공모 심사에서 탈락하는 경우 발생 |
| | 광역/기초<br>역할 중복 | • 광역에 대한 비판적 견해가 기초에 광범위한데, 특히 유사사업을 광역센터도 실시하여, 기초와 경쟁하는 경우를 문제 제기-이와 같은 중복 사업으로 인하여 사업체 중에서 공모헌터가 존재했음<br>• 동일한 교육을 할 필요가 없음. 또한 인·지정을 위한 의무교육을 광역이 하지만 불필요한 교육 내용이 포함된 사례가 있음<br>• 광역은 생태계 조성, 기초센터 지원, 교육·인재양성, 발전계획 수립 지원 등<br>• 그리고 기초센터가 없어서 지원, 교육, 발전계획 수립 등을 할 수 없는 곳에 기초센터가 생길 때까지 한시적으로 광역이 직접 사업을 수행<br>• 기초는 현장 지원 중심. 기본 교육은 기초에서 충분히 소화할 수 있고, 보다 특화된, 전문적 교육을 광역이 할 필요성. 예를 들어 HACCP 인증 관련 교육<br>• 기초는 발굴지원, 광역은 성장 및 규모화 지원<br>• 협업사업을 통하여 광역과 기초 간 역할을 만들 필요성. 소상공인협동조합 협업화(프랜차이즈) 사업처럼 유기적 협업이 필요한 예가 있음<br>• 광역은 기초를 지원하고 데이터베이스를 구축해야 함<br>• 사회적 금융도 기초에서 참여 가능성을 차단해서는 안 됨<br>• 광역은 되도록 직접 사업을 지양해야 함<br>• 광역의 좋은 사례인 주민기술학교는 많은 기초센터에서 도움이 되는 프로그램이었다고 평가함 |

| 대분류 | 소분류 | 내용 |
|---|---|---|
| 중앙, 광역 센터와 관계 | 중앙부처, 진흥원 | • 기초와 중앙부처 간 직접적인 대화 창구가 부족하고, 광역을 거쳐 의견이 전달되기 때문에 제대로 된 의견 반영이 어려울 수 있음<br>• 진흥원이 되도록 직접 사업을 지양해야 함<br>• 기초의 현실을 반영하지 않아 형식적, 행정적 사업이 생기고 있음. 예로서 소상공인 협업화 등<br>• 통합지원기관이 데이터에 접근하지 못함으로 인해 기초에서 사회적경제조직의 구체적 현황 파악을 하지 못함<br>• 2020년 지역 자원조사를 긍정적으로 보는 기초센터가 많았음. 처음으로 진흥원과 교류가 있었다는 설명<br>• 진흥원은 정보 창고의 역할을 해야 한다는 의견. 홈페이지를 통하여 정보를 얻을 수 있도록 사용자 중심으로 바꿀 필요성 |
| | 기타 발견되는 특징, 문제점 | • 중앙에서 기초단위 사회적경제에 대한 정확한 분석(특히 농어촌 지역) 없이 성장 단계로 진단하는 오류가 발생해서는 안 된다고 함<br>• 광역의 사업 방향에서 기초 시군구의 사회적자본을 만들기 위한 노력이 필요함<br>• 시군구의 현실을 고려하여 광역단위에서 사업을 구상하고 예산을 편성해야 함<br>• 광역의 역할로 – 정보의 공유, 기초단위에서 할 수 없는 정책연구 및 방향성 제시, 데이터의 생산, 그리고 홍보를 통한 시민 인식 제고 등을 제시함<br>• 진흥원이 민간조직으로 가야 한다는 방향성 제시도 있음<br>• 서울시 협동조합지원센터는 그 기능이 명확하여 사회적경제 지원센터보다 더 도움이 된다는 의견이 많이 있음 |
| 사업, 활동 | 사업 초점 | • 육성사업 중심 vs. 성장지원사업·업종분야별 사업화 활동 중심(창업희망자 유입 잦은 마포)<br>• 기초단위에서 돌봄사업의 중요성 강조<br>• 사회적경제육성기본계획에 참여 – 현장 데이터에 근거하고, 할 수 있는 사업을 중심으로 계획 수립 강조<br>• 기업들이 원하는 사업을 발굴하고 진행할 필요성 강조<br>• 새로 생성되는 주거단지 중심으로 사업을 발굴 – 보육, 교육, 공동체, 환경 등 수요에 대응한 사업개발<br>• 사회적기업의 사회적 가치 측정을 위해 기초센터가 직접 사업체를 방문하여 실사하고, 데이터를 모으는 작업의 필요성 |
| | 중앙정부 사업 참여 | • 문화도시사업의 경우 새로운 시도이기 때문에 시군구 센터의 지원이 어려운 경우가 있음. 이러한 경우 중앙부처의 지원은 긍정적일 수 있음(양천구, 춘천시 등)<br>• 중앙부처가 기초센터와 상의 없이 예비사회적기업 지정을 할 때 기초단위에서는 현황을 제대로 파악할 수 없어 지정된 예비사회적기업이 정작 필요한 지원을 받지 못할 수 있음 |

| 대분류 | 소분류 | 내 용 |
|---|---|---|
| 사업, 활동 | 중앙정부 사업 참여 | • 중앙부처가 현재 사회적기업 수 등 성과기준에 의거한 성과 주의에서 벗어날 필요성<br>• 혁신도시 지정 - 대구, 원주, 광주, 군산 등 혁신도시 등. 광역에 따라 혁신도시를 지정할 자원을 고르게 배분하자는 의견이 있음 |
| | 광역지자체 사업 참여 | • 혁신도시 지정<br>• 서울시의 주민기술학교 사업 등에 대한 긍정적 평가 |
| | 사회적기업, 마을기업, 협동조합 | • 도시 및 도농복 합지역에서 마을기업의 활동이 상대적으로 저조<br>• 마을기업은 농촌 지역이 상대적으로 많이 있음<br>• 협동조합은 지원과 노력이 많이 들어가는 편이어서 광역보다는 기초에서 더 관심을 가져야 한다는 의견 |
| 지배 구조 · 네트 워크 | 지역 네트워크 강화 기여 | • 지역에 사회적경제 관련 네트워크가 없는 기초센터가 있고, 행정이 주도하여 센터를 만들고, 센터는 네트워크를 만드는 사업을 하는 곳이 있음<br>• 정도의 차이가 있지만, 사회적경제 네트워크가 존재하는 기초단위도 있음. 하지만 사회적경제지원센터를 위탁받을 만큼 역량이 충분하여 센터의 체계를 갖추고 생태계 조성에 노력하는 기초센터가 있음<br>• 반면 지역 네트워크가 주도하여 사회적경제 영역을 활성화한 기초가 있고, 중간지원조직은 네트워크 위의 네트워크로서 역할을 수행 (광진구, 원주시 등)<br>• 센터가 지역 내 사회적경제 협의체들의 네트워크 사무국 역할 수행<br>• 당사자조직협의회, 시민단체, 사회적경제 유관 단체, 대학·전문가 포괄 정도가 차이가 큼<br>• 신나는조합은 통합지원기관 지원을 위해 서울사회적기업협의회 및 서울지역 협동조합협의회와 3자 컨소시엄을 결성 |
| | 발견되는 특징, 문제점 | • 광역의 지원이 당사자조직, 네트워크, 중간지원조직 역량 강화에 이바지함<br>• 중간지원조직이 사회적경제 관련 네트워크를 불신하는 경향이 있는데, 네트워크와 그 구성원의 역량을 강화하는 과제가 있음<br>• 네트워크의 네트워크로서 중간지원조직이 행정의 역할까지 담당하는 형태에 대해 고민할 필요가 있다고 함<br>• 행정의 관점에서 중간지원조직과 네트워크의 네트워크로서 중간지원조직에 대한 역할을 구분해 볼 필요성 |
| 유관 기능 관련성 | 행정과 관계 | • 기초자치단체가 적극적으로 사회적경제센터 또는 팀을 구성하고 공간을 마련해주는 센터가 있음<br>• 자치구의회, 군의회, 시의회가 견제하는 사례가 많이 발견됨<br>• 행정과 사회적경제 사이에서 완충작용을 하는 센터가 존재 |

| 대분류 | 소분류 | 내용 |
|---|---|---|
| 유관 기능 관련성 | 행정과 관계 | • 반면 사회적경제에 대한 인식과 이해가 부족하여 기초센터를 만드는 데 오랜 시간이 필요한 곳이 존재. 더욱이 행정의 예산지원 등을 거의 받지 못하는 기초센터도 존재<br>• 행정은 새로운 사업에 대한 이해가 약하여 새로운 사업은 외부 프로젝트를 통해 진행하는 사례<br>• 행정에서 단체장의 의지 또는 조례에 근거하여 위탁하려 하지만 관내에 대표성 또는 역량을 갖춘 단체를 찾기 힘들어 유보 중인 곳도 있음<br>• 다른 한편으로 수탁 단체의 역량 부족, 비리 등으로 위탁을 직영으로 변경하는 사례도 존재<br>• 지역의 네트워크를 통해 성공한 사업을 행정이 정책에 반영하는 등 대응성이 전혀 없지는 않음 |
| | 인근 기초센터와 연대 | • 서울 서남권 7개 구는 교류와 협업사업을 추진 중<br>• 경기도처럼 기존 기초센터를 중심으로 인근 시군에 사회적경제지원센터 설립을 지원할 수 있는 권역별로 가는 방식이 있음<br>• 광역시도 안의 다른 센터와 연대하여 협의회를 구성하는 사례가 최근에 생기기 시작 – 서울, 경기도, 강원도 등<br>• 신생 기초센터는 인근 센터의 도움을 받는 사례가 많음 |
| | 유관 기능과 통합 | • 도시재생, 마을공동체, 주민자치, 문화도시 등과 함께 편성되어 시너지를 만든다는 기초센터 존재<br>• 돌봄공동체를 포함하여 사회적경제가 플랫폼 역할을 하기도 함 |
| | 유관 기능과 분리 | • 지역에서 사경센터, 마을공동체센터, 도시재생센터 등이 별도 존재할 필요가 있다는 기초센터가 있음<br>• 수도권의 경우 다수에서 마을공동체센터와 분리 및 양립 |
| | 통합과 분리 | • 인구증가 지역의 경우 유관 기능들의 별도 센터로의 독립 추세<br>• 인구정체·감소 지역에서는 사경·마을공동체·재생 기능의 일체화와 미분화 상태 지속될 것<br>• 수탁기관의 역량에 따라 통합 운영이 가능하거나 분리가 필요한 곳이 있음. 광진구는 통합 운영이 가능한 곳 중 하나 |
| | 도시재생, 마을공동체, 주민자치 등 관계 | • 사업별 협업을 하는 사례가 다수 보임<br>• 마을공동체 지원과 관련성이 가장 크며, 협력 필요성이 큼<br>• 공동체·주민자치 활동이 사업 영역으로 발전하게 되며, 사회적경제센터가 비즈니스 관점에서 개입 가능. 앞으로 협업해 볼 수 있는 사업이 많다는 의견을 제시함<br>• 비수도권 도에서는 마을공동체센터 기능이 사회적경제센터 기능보다 우위<br>• 사회적경제 기능이 마을공동체센터 내부에 위치<br>• 한 공간 안에 같이 있으면 각 센터 간 의사소통과 협업의 가능성이 커지는 효과도 있음(춘천, 수원 등) |

| 대분류 | 소분류 | 내용 |
|---|---|---|
| 유관 기능 관련성 | 도시재생, 마을공동체, 주민자치 등 관계 | • 시간이 지나면서 센터별 협업의 환경이 조성되는데 행정의 매개 역할이 중요한 부분도 있음<br>• 광역 시도의 주어진 환경에 따라 기초단위에서 도시재생, 마을공동체 센터가 없는 곳도 있음 |
| | 추가 통합 가능 기능 | • 분리된 사경·마을공동체·주민자치추진단을 하나의 센터로 묶는 방안, 행정안전부 사업들 및 성장지원센터 통합 |
| | 자활센터 관련 | • 전체적으로 자활센터와 관계는 없거나 의사소통하는 수준에서 머무를 때가 많음<br>• 자활기업이 별도로 필요한 경우에 지원<br>• 지역의 자활센터에서 출발한 자활기업들이 기초센터의 도움을 받아 사회적기업으로 전환하는 사례가 종종 있음<br>• 광역단위에서 자활센터가 없는 경우도 있음 |
| | 발견되는 특징, 문제점 | • 행정, 사회적경제 네트워크, 중간지원조직이 각각 역할을 구분하여 협력하는 기초센터가 있음<br>• 행정은 기본적으로 법과 조례에 근거하여 움직이기 때문에 사회적경제의 활성화에 대한 이해가 부족하고 지원이 쉽지 않음<br>• 자활기업을 사회적경제 영역에 포함하기 위해 중앙단위에서 자활센터와 사회적경제센터 간 함께할 구조가 필요한 듯 함<br>• 시간이 많이 지난 만큼 자활센터의 설계를 근본적으로 살피고, 사회적경제 영역과 역할 분담을 재조정할 필요가 있다는 진단 |
| 정보 제공 | 홈페이지 | • 홈페이지 관리가 부실한 경우가 많음. 심지어 광역에서도 미흡한 경우가 많음. 홈페이지 개선을 위한 진흥원·광역의 지원 필요 |
| 기타 개선, 방향성 | | • 시민들이 수용할 수 있는 사회적경제의 정당성을 사회적경제 주체들이 만들어가야 함<br>• 전체적으로 사회적경제는 민간의 자율성에 근거하고, 민간이 주도할 수 있어야 하며, 네트워크가 강화되어야 함을 강조. 당사자조직의 연합체와 시민단체 등이 결합한 모습<br>• 직영, 공공위탁, 민간위탁 등 형식이 중요한 것이 아니라고, 대부분 기초센터가 지적함. 기초단위 현실을 반영하여 운영형태를 결정하고, 중요한 것은 사업의 내용임<br>• 사회적경제기본법이 모든 문제를 해결하지 않지만 광역 및 기초에서 풀어야 할 과제를 상당한 정도로 해결해 줄 수 있어서 의회 통과를 기대하고 있음<br>• 광역단위 중간지원조직의 전문성을 확보해야 한다는 의견<br>• 연대와 사회적자본을 만들 수 있는 사업을 구상해야 함<br>• 사회적 가치 측정지표도 상호호혜성, 지역 시민 자산화 지표, 지역 네트워크 참여도 등 지표도 현재와 달라져야 함<br>• 센터 지원금을 상향할 필요성이 있음 |

# 제6장 당사자조직의 중간지원조직 인식과 평가

중간지원조직에 대한 당사자조직의 인식을 파악하기 위하여 당사자조직 소속 구성원을 대상으로 인터뷰를 진행하였다. 아래의 내용은 인터뷰 관련 주요 내용을 담고 있다.

## 1. 당사자조직(협의체) 특성

순수 당사자조직이 있고, 당사자조직이면서 민간 중간지원조직의 역할을 담당하는 복합형 당사자조직이 있다. 사회적기업이 지역에서 사업을 할 때 소비자는 그 지역의 사회적기업의 상품을 우선 구매하지 않고 가장 질 좋은 상품을 구매하는 것이 일반적이다. 그러므로 사회적기업은 일반기업과 시장에서 경쟁하기 때문에 더 좋은 상품을 만들기 위한 노력을 해야 하는 현실이다. 일반인은 사회적경제에서 근무하는 다양한 근무자(특히 취약계층)를 잘 이해하지 못할 수 있다. 사회적경제에서 중증장애인 등 취약계층을 고용할 때 이 계층을 수용할 수 있는 구조와 공간을 만들어야 한다.

사회적기업이 예비사회적기업에서 인증사회적기업 단계로 넘어갈 때 시장에서 살아남기 어려우면 인증 단계로 넘어가지 않고 포기하는 사례도 많이 존재한다. 사회적기업 등 당사자조직의 설립 후 5년이 경과하여 예산지원을 받을 수 없는 경우 시장경제에서 생존하기 위해 다양한 사업 구상과 제품 질의 제고 방안 마련 등 여러 노력을 기울이고 있다. 사회적기업들이 상호협업을 진행하여 사업을 수주할 기회를 스스로 놓치는 경우들이 있다. 이는 사회적기업가 개인들의 역량과도 연관된다.

지역 순환경제 개념은 이론적으로 존재하지만, 사회적기업들이 지역 내 소비 순환구조를 구축하려는 노력이 거의 없기 때문에 지역 순환경제가 실현되지 못하는 현실이다. 이는 사회적기업들 간의 상호협업이 저조한 현상의 원인이기도 하다.

사회적경제 관련 협의회를 구성하면 행정에 대응할 때 개별 기업보다 어느 정도 대표성을 확보할 수 있다는 장점이 있다. 사회적경제 당사자조직이 지역사회 안에서 사회서비스 제공 등의 활동을 수행함으로써 사회적경제의 이미지를 높이는 경우가 많다.

사회적기업들이 협의회를 구성할 경우, 협의회에 참여하지 않는 사회적기업들의 존재로 인해 협의회가 대표성을 가지는 데 한계가 있다. 개별 사회적기업도 사회적기업협의체에 가입하거나 접촉하기보다, 공적 지원에 대한 정보·자원을 보유한 중간지원조직(광역단위 통지관·마지관·사경센터 및 기초단위 사경센터)과 먼저 접촉하는 경우가 많은 현실이다. 하지만 광역 및 기초단위 사회적경제 중간지원조직이 정보 공유 등의 역할 수행이 미흡할 경우, 민간 영역에서 일종의 네트워크 역할을 하는 중간지원조직을 만드는 사례가 있다. 복지시설은 자활기업과 다른 영역으로 사회적기업을 창업할 때 자활센터의 도움을 받기 어렵다.

## 2. 중간지원조직 역할(생태계 조성, 컨설팅, 교육, 판로개척 등)

중간지원조직이 민간의 사회적경제 네트워크를 대표한다기보다 행정의 한 전달체계로 인식되는 경우가 상당하다. 따라서 중간지원조직의 사업이 수요자 중심으로 잘 이루어지지 않는다는 평가가 있다. 당사자조직들이 중간지원조직을 통해 원하는 사업 정보를 쉽게 얻을 수 있는가에 대한 의문이 제기된다. 중간지원조직이 진행하는 사업 내용이 지역과 맞지 않아 사업 성과가 제한적인 범위에 머무르는 경향이 있다.

중간지원조직이 생태계 조성 사업을 할 때 중견기업과 신생기업 간의 격차를 제대로 고려하여 설계하지 못하면 신생기업은 상대 업체(컨설팅업체 등)에 끌려가는 경우도 있다. 중간지원조직이 목적사업 방식으로 주어진 업무만 처리하고 생태계 조성 등 전체적인 맥락을 고려하지 않음으로써 사회적경제 활성화를 가져오지 못하는 문제점이 있다. 사업을 기획하고 하향식으로 전개하여 현장의 목소리를 제대로 반영하지 못하기도 한다. 또한 컨설팅을 제공하더라도 정보, 정관 내용, 법적 대응 등 단답식으로 처리하는 경우가 있어 종합적 컨설팅에 미치지 못하고 있다.

중간지원조직이 실시하는 교육프로그램이 형식적인 경우가 많아 필요 없다는 의견이 많다. 오히려 사회적기업 간에 경영전략 등 경험을 공유하는 교육프로그램을 스스로 만들어 공유할 때 효과가 더 있다는 사례도 존재한다. 사회적기업들이 상호협업을 진행하고 보다 많은 사업을 수주할 수 있도록 중간지원조직이 지원할 수 있어야 한다. 단,

중간지원조직이 컨설팅과 코디네이터 역할에서의 전문성이 있어야 가능할 것이다.

사회적경제조직들이 상품을 개발할 때 전문가들의 재능 기부 관련 지원이 있지만 전문가들이 시장의 흐름과 밀접하게 관련된 상품의 정보까지 알려주지는 않는다. 당연하기도 하지만, 상품의 특허권을 사회적경제 당사자조직과 공유하지 않는다. 따라서 상품 개발 관련 중간지원조직의 지원이 확대될 필요가 있다.

## 3. 기초·광역·중앙·민간 중간지원조직과의 관계

### 1) 중앙 - 진흥원의 기능, 중앙부처와 관계

중간지원조직과 그 직원들의 정체성 혼란과 비전 부재 속에서 행정의 하부 기관으로 전락할 가능성이 있다는 견해가 있다. 이러한 현실에서 중간지원조직 구성원들의 정체성 혼란이 존재한다. 중간지원조직이 사회적경제 안의 현장에서 당사자조직을 도와주고 지원하는 역할을 하지만 중간지원조직을 사회적경제의 현장 자체로 보는 시각도 있다. 이러한 혼란은 지역 내 사회적경제에 대한 경험이 없는 상태에서 중간지원조직이 만들어지고, 중간지원조직 담당자도 현장 경험이 없는 상태에서 지원 역할을 담당해야 하는 상황으로 인해 발생한다.

직원들은 정체성의 혼란으로 사회적경제와 중간지원조직의 비전을 보지 못해 퇴사하고, 이직률이 높을 수밖에 없다. 중간지원조직의 직원 스스로가 10년 후 무엇을 할 수 있는지에 대한 자신감 결여로 연결된다. 영국의 사례처럼 협동조합운동이 소비자협동조합과 신용협동조합 중심으로 만들어지고, 자생적인 네트워크를 만들어 중간지원조직으로 발전하는 경험이 없기에 발생하는 문제이다.

본래 사회적기업 및 협동조합의 취지와 활동, 그리고 그 사업 모델이 가시화되고 사회구성원들의 생활 속에서 체감되기 이전에, 중간지원조직인 한국사회적기업진흥원을 필두로 하는 중간지원조직들이 만들어지고, 이 조직들을 통해 지원자금이 풀리면서 중간지원조직들은 행정의 위치에 가깝게 위치가 설정된다. 「사회적기업육성법」이 사회적기업을 정의하고 있지만 한국사회적기업진흥원이 협동조합이나 사회적경제에 대해서는 잘 모른다는 인상을 준다. 그리고 유사한 사업이 당사자조직까지 전달될 때 중앙부처가 서로 달라 통합에 회의적이라고 본다. 행정의 관계망이 분절적이고, 행정편의주의가 있다고 한다.

한국사회적기업진흥원에 석·박사급 직원이 들어오면서 보고서 등에서 학술적 용어가 많이 사용되면서 사회적경제 기업가들과 괴리가 발생하고 있다. 현장에서 사용되는 현실 용어들과 학술 용어들이 부딪치는 상황이 발생한다. 사회적 가치 평가 기준을 만들었지만 일자리 창출에 집착하는 경향이 있다. 2007년 「사회적기업육성법」 제정 시점이나 심지어 1997년의 IMF 외환위기 시점에 머무르는 듯한 느낌을 줄 정도로 가치 측정 범위가 협소한 측면이 있다. 사회적기업을 설립하는데 진흥원의 홈페이지에서 인가와 지정에 대한 정보를 얻을 수 있었고, 유용했다고 한다.

## 2) 광역 - 통합지원기관, 마을기업 지원기관, 광역센터와 관계

서울의 통합지원기관과 접촉하여 예비사회적기업 인가 지원을 받았고, 꼼꼼하게 지원해주고 있다. 또한 업종별 네트워크를 형성하여 유사 업종 간에 교류 환경을 조성하여 유익하다. 통합지원기관이 실사를 나와 사회적기업의 매출액 등 성과 중심으로 접근하는 직원들이 있는가 하면, 다른 한편으로 사회의 사각지대를 보완하는 사회적기업의 필요성에 중점을 두고 접근하는 직원도 있다. 중간지원조직의 직원들의 개인적 편차는 있을 수 있지만 사회적경제 당사자조직의 성과를 어디에 둘 것인지 측정 방식에 대한 고려와 표준화가 필요할 것이다.

서울의 협동조합지원센터가 사회적경제지원센터보다 명확한 역할과 기능을 수행하고 있다는 의견이 있다. 협동조합지원센터는 협동조합에 대한 이해, 즉 '정의, 가치, 원칙'을 가지고 협동조합을 유지하고 있지만, 사회적경제지원센터는 협동조합에 대한 이해가 협소하다고 평가하고 있다.

기초단위 사회적경제 관련 협의회와 마을기업 지원기관과 접촉이 거의 이뤄지지 않는다는 곳이 있다. 그리고 당사자조직으로서 진흥원보다 통합지원기관에서 정보를 거의 얻을 수 없었고, 홈페이지를 봐도 사업과 관련된 해당 사항을 찾아보기 힘들다고 한다.

### 3) 기초센터와 관계

자치구 사회적경제지원센터와 만날 수 있는 계기가 없다. 오히려 민간의 중간지원조직과 만나는 계기가 더 많이 있다. 기초단위 사회적경제협의회가 사회적경제지원센터를 위탁받는 곳이 있다. 한편 기초단위 사회적기업협의회가 있지만 사회적경제지원센터와 관계가 없는 사례도 있다. 센터 인력들이 협의회의 회의에 나오지 않고, 반면에 협의회가 센터의 운영위원회에 참여하지 않아 상호 교류가 없다.

기초단위 사회적경제센터가 사업의 범위를 사회적경제에만 국한하여 마을공동체, 주민자치 등 타 사업과 연계하지 못하기 때문에 직접 중간지원조직으로 나서기도 한다. 사회적경제지원센터는 사회적기업, 마을기업, 협동조합, 자활센터와 더불어 마을공동체, 주민자치, 복지 등 타 영역을 포함하거나 연결하는 노력이 필요하다.

사회적기업의 본부가 ○○구에 있으면 △△구에 있는 사업소는 △△구 센터의 지원을 받을 수 없다. 사회적기업이 한 지역을 대상으로 사업을 하지 않고 보다 넓은 지역을 대상으로 하면 중간지원조직이 지원하는 방식에 대해 고민할 필요가 있다.

대기업이 사회적기업과 관계를 맺고, 사회적경제 당사자조직을 만나는데 성수동처럼 집단으로 사회적기업이 모여 있으면 접촉하기 쉬운 측면이 있다고 평가한다.

### 4) 중앙, 광역, 기초 역할 중복

광역과 기초의 보고서, 증빙서류의 양식도 제각각이어서 두 번씩 서류를 꾸며야 하는 번거로움이 있다.

## 4. 수요자의 지역 네트워크

### 1) 행정과 관계

기초 지방자치단체의 공무원이 적극적으로 사회적경제 업무를 잘 수행하는 곳이 있지만 그렇지 않은 기초가 더 많다. 특히 일자리지원사업은 시의 실적과 연결되어 사회적경제 영역의 업무를 열심히 하는 지자체가 있다. 또한 사회적기업의 특수성을 인지하여 예산지원을 꾸준히 하는 지자체도 있다.

자치구청, 시청, 군청 등 행정과 접촉이 많이 있는 사경센터가 있는가 하면, 행정에 요청하여도 지원을 하지 않는 사경센터도 존재한다. 담당자의 빈번한 교체, 증빙자료 제출 요구 등의 사유로 정해진 기간에 일자리지원사업 관련 행정의 예산지원이 이뤄지지 않는 경우가 있는 곳과 정기적으로 지원이 이뤄지는 곳이 있다. 행정에서 사회적경제 당사자조직을 지원할 때 공무원의 성향에 따라 많은 서류작업을 요구하기도 한다. 또한 행정의 권위의식 및 관리감독기관화의 경향이 강하다는 지적도 있다. 사회적경제지원센터가 중간에서 이러한 문제를 해결하려는 노력이 필요한데, 그렇지 않으면 센터와 당사자조직 사이에 거리가 멀어지기도 한다.

행정에서 생각하는 사회적경제조직의 범위와 사업에서 만나게 되는 사회적경제조직의 범위가 다르다. 기초지자체가 사회적경제의 당사자조직 협의체를 구성하고 네트워크를 만들려고 노력하지만 결국 당사자의 의지와 노력이 필요한 부분이 존재한다.

## 2) 관련 기관과 연대 (도시재생, 마을공동체, 주민자치, 자활센터, 협동조합센터 등)

지역의 특색, 환경이 사회적경제의 생태계를 만들어가는 데 중요한 변수여서 다른 곳에 복제하는 것이 어려울 수 있다. 도시재생센터, 또는 마을공동체센터가 사회적경제에 관심을 보이면서 상호 교류가 이뤄지고 연계하려는 움직임이 있고, 오히려 사회적기업이 사회적경제지원센터보다 도시재생센터와 빈번한 접촉을 하는 경우도 있다.

당사자와 투자자 간 네트워크가 발전하는 기초지자체가 있고, 투자자가 포트폴리오에 따라 지역에 필요한 자원을 조달하고 있다. 이러한 경우 지역에서 먼저 찾게 되어 중간지원조직을 군이 찾을 필요가 없게

된다.

사회적경제 당사자조직이 함께 연대하여 포럼을 만든 곳이 있다.

## 5. 종합 평가

〈표 3-23〉은 당사자조직 구성원들의 중간지원조직의 활동과 성격 등에 대한 인식 내용을 요약하여 보여준다.

〈표 3-23〉 중간지원조직에 대한 당사자조직의 인식과 평가 내용

| 분류 | 상세 내용 |
|---|---|
| 중간지원조직 사업 방식 | • 사회적경제 당사자 중심의 사업 진행이 미흡함<br>• 중간지원조직의 정보 제공 및 네트워크 역할이 미흡함<br>• 지역 특성에 맞지 않는 중간지원조직의 사업 진행<br>• 개별 사업 중심의 접근법으로 인해 지역 생태계 조성에 실패하는 경향<br>• 단편적 지원 치중으로 종합적 컨설팅 제공 미흡<br>• 지원에 대한 선별적 판단 능력이 적은 신생기업에 대한 정교한 지원 필요<br>• 형식적 교육이 많음. 사회적기업 간의 경험공유 기반 교육프로그램 발굴 필요<br>• 사회적기업 간 협업 촉진과 이를 통한 사업 규모화 지원 능력을 구비해야<br>• 제품·서비스 가치사슬에서 가장 중요한 상품개발에 대한 지원 강화가 필요 |
| 중간지원조직 정체성 | • 중간조직이지만, 사회적경제보다는 행정에 보다 가까운 조직이라는 이미지<br>• 중간지원조직은 사회적경제의 밖에 존재하는 조직인가, 사회적경제 안에 존재하는 사회적경제조직인가의 정체성 혼란<br>• 구성원들의 장기 비전(활동가와 노동자 간의 역할 갈등)의 부족과 이로 인해 발생하는 잦은 이직과 조직역량 유실의 문제 |
| 중앙부처 중간지원조직 | • 인건비 지원이 축소되는 가운데 새로운 지원 방식의 발굴이 필요함<br>• 사회적경제 사업들의 중앙부처가 상이한 현실에서 중간지원조직의 통합 필요성 및 실현 가능성에 대한 회의가 존재<br>• 사회적가치 평가기준이 일자리 창출 등에 치중하여 기준 범위가 협소하며, 10년 전~20년 전 기준에 머물러 있음 |

| 분류 | 상세 내용 |
|---|---|
| 중앙부처 중간지원조직 | • 사회적경제 종사자의 현실적 용어 사용과 중간지원조직 인력들의 학술적 용어 사이의 충돌<br>• 한국사회적기업진흥원이 사회적기업 외의 협동조합과 사회적경제에 대한 인식과 노력이 부족함 |
| 광역단위 중간지원조직 | • 사회적경제조직들의 성과 평가기준이 개선되어야 함<br>• 진흥원의 홈페이지에 비해 광역단위 중간지원조직들의 홈페이지 정보 제공 기능이 매우 떨어짐<br>• 광역과 기초의 행정서류 양식의 통일 필요성<br>• 서울협동조합지원센터 역할의 고유성이 사경센터와의 중복 단점보다 큼<br>• 사회적경제조직에 대한 투자가 증가하면서 사회적경제조직의 가치에 대한 과대평가가 발생하는 지역도 있음 |
| 기초단위 중간지원조직 | • 기초단위 사경센터 접근의 어려움. 미설치로 인한 어려움뿐 아니라, 지역 내 많은 사경조직이 존재하여 사경센터가 개별 사경조직에 관심을 쏟기 어려워서 발생하는 접근의 어려움도 존재<br>• 기초 사경협의체와 기초 사경센터 간의 교류가 없는 상황도 존재<br>• 지자체가 설립한 중간지원조직보다 민간 중간지원조직을 만나는 일이 더 잦기도 함<br>• 사경센터가 사회적경제 부문에만 집중하고 마을공동체·주민자치·도시재생·지역복지 등 유관기관 활동을 중개하는 역할을 소홀히 함<br>• 일부 지역에서는 사경센터보다 도시재생센터 등과의 협업을 사회적경제조직들이 더 선호하는 현상이 발견됨<br>• 사회적기업 본사 소재 기초 사경센터가 그 사회적기업을 관할하여, 타 지역 소재 지사·영업소·프랜차이즈에 대한 지원이 모호함<br>• 특정 지역 내 사회적경제조직들의 클러스터 조성이 필요<br>• 지역 내 사경조직들의 구성, 지역경제 상황, 지역 자원, 주민들의 사회적경제 관련 인지도, 정치적 지형 등 여러 요인에 따라 지역 사회적경제 생태계가 달라지므로, 사회적경제 발전계획의 인식은 어렵고, 지역에 맞는 생태계 발전 계획을 입안해야 함 |
| 사회적경제 공무원 | • 사회적경제 관련 기초지자체 공무원들의 관심과 지원 정도가 지역별로 크게 차이남<br>• 이는 지역 사회적경제 활성화에 큰 영향을 미침<br>• 일자리 재정지원도 행정에 따라 지연 지급이 많이 발생함<br>• 공무원들의 사회적경제 업무 기피 풍조 및 사경센터에 대한 관리감독 기관화 경향을 줄여나가기 위해서는 당사자조직들이 행정체계 및 관련 공무원과 긴밀한 협의체계를 구축하는 것이 중요한 과제임 |

앞의 내용을 정리하면 수요자 관점에서 중간지원조직에 대한 견해를 다음과 같이 요약해 볼 수 있다.

1) 전반적으로 중간지원조직이 현장을 제대로 파악하지 않으면서 사업을 기획하고 예산을 지원하는 경향이 있는데 중간지원조직은 현장을 제대로 알고 있어야 한다.

2) 중간지원조직은 지원하면서도 당사자조직을 평가하는 측면이 강하다. 사고 방지를 위한 서류작업을 중요하게 다루는데, 당사자조직의 관점에서 복잡한 서류작업은 부담스럽다. 사회적경제 당사자조직은 사회적 가치 기준으로 평가를 받아야 한다.

3) 중간지원조직은 생태계 조성, 판로지원(개척) 등 사회적경제 당사자조직의 시장을 찾아주는 역할을 고려해야 한다.

4) 국가 차원의 지원조직에 사회적경제 수요자가 빠져 있다. 중앙부처 유사 사업을 통합하는 것은 현실적으로 어려울 것이라는 불신이 있다.

5) 인건비 지원을 축소하고 있는데 신규 지원 필요성이 증가하고 있다.

6) 재정지원이 있다 보니 부정 수급의 사례가 있는데, 필요한 사람들만 지원하는 지원사업이 되도록 해야 한다.

7) 투자자의 관점에서 보면, 사회적기업이 적어서 실제 가치와 유리된 투자 인플레이션이 발생하는 지역도 있다.

8) 사회적경제 영역에서 활동하는 주체들이 활동가와 노동자 두 가지 자의식이 존재하여 사회적기업가의 정체성 혼란이 있다

고 진단한다. 즉 선한 일을 하는 활동가로만 생각하는 오판이 있다고 본다.

9) 사회적 금융의 필요성이 크다. 사회적경제 영역의 중간지원 조직보다 중앙부처(보건복지부)가 장비 투자를 할 수 있도록 저렴한 이자로 대출을 해주고 있는데 이는 사회적 금융에 대한 수요가 절실함을 보여주고 있다.

10) 5년 넘게 생존하는 사회적기업들이 자발적으로 협의회를 구성하여 상호 정보교환을 하고 필요에 따라 생태계 조성을 위해 노력한다. 그러나 기업의 역사가 짧고 경영 노하우가 부족한 가운데 생산하는 상품의 시장경쟁력이 없다. 생존을 위해 고군분투해야 하는 기업들은 생태계 조성까지 고려하기 어렵다. 좋은 뜻만 가지고 사회적기업이 생존하는 데에는 어려움이 있다. 시장에서 경쟁력을 확보할 수 있도록 돕는 방식에 대한 고민이 필요하다.

# 전달지원체계 개선 방향

# 제1장 중간지원조직 개선에 대한 기존 논의

〈표 4-1〉은 선행연구에서 나타난 사회적경제 중간지원조직의 개선 과제들을 보여주고 있다.

표에는 포함되지 않았으나 한국사회적기업진흥원(2020. 3. 6)의 〈광역단위 사회적경제 지원체계 구축 현황 보고〉에서는 사회적경제 지원체계(사회적기업·협동조합·마을기업·사회적경제) 구축 현황을 검토하여 지원체계 통합을 위한 시사점 및 고려사항을 검토한 바 있다. 마찬가지로 표에 포함되지 않은 연구로서, 법·제도, 지원조직, 지원사업의 3가지로 구분하여 사회적경제 전달지원체계를 검토한 연구(박수경·장동현, 2013)도 있다. 이 연구에서는 제도적 차원에는 사회적기업 인증제도와 조례·시행규칙을 검토하였고, 지원조직의 경우 부처별 유사사업의 중복 정도 및 업무재배분·통합 이슈 및 조직 간 연계 등을 살펴보았으며, 지원사업과 관련하여 지원사업의 인건비 비중의 과다, 금융지원 및 판로개척 지원의 미흡함을 지적한 바 있다.

이 표에서 여러 논자에 의해 강조된 공통분모들을 참조하여 이 연구에서의 사회적경제 중간지원조직 개선 과제를, 1) 고객 접근성 제고, 2) 범용적·종합적 중간지원조직의 역할보다 독자적·특화된 중간지원조직을 위한 전문성 제고, 3) 네트워크와 거버넌스의 개선, 4) 중장기적 차원에서의 민간조직화와 재정자립 기반 확립, 5) 역량 제고 및 인력 처우 개선의 5가지로 집약하였다.

⟨표 4-1⟩ 중간지원조직 개선 과제에 대한 기존 논의

| 출처 | 내용 |
|---|---|
| 강내영<br>(2008) | 1) 각 중간지원조직의 장점·개성을 살린 독자사업 전개 및 재원 다양화<br>2) 행정의존적인 취약한 지역네트워크의 개선과 관계망 확장<br>3) 현장지향형 인력 양성·교육<br>4) 지역사회 수요 기반 활동 수행. |
| 김종수<br>(2011) | 1) 지역 내 사회적자본의 형성<br>2) 지역투자전략으로서의 지역자산 개발·활용<br>3) 내적 운동의 외적 확산(시민의식을 깨우고 이를 행동으로 이어지게 할 것) |
| 이희수<br>(2011) | 1) 정부/지자체와 민간 연결의 좁은 역할을 넘기 위해 독자적 사업 기반과 재정적 기반을 확보할 것<br>2) 소셜금융 부문의 개발(지역개발기금 설치, 농어촌형 민간기금, 지역재단 설립 등)<br>3) 신협·농협·새마을금고 등 기존 협동조합 부문과 연계된 사회적기업 개발과 중간지원조직의 육성<br>4) 사회적기업은 시장실패·국가실패를 넘어 사회를 개혁하는 새로운 대안임을 공유하고, 홍보 |
| 김인선<br>(2011) | 1) 실천 과제를 중심으로 중간지원조직 간 네트워크를 형성,<br>2) 민간 사업강화를 위한 민간펀드 조성,<br>3) 사회적경제 지원기관 공모과정에서 지역 내 사회적기업협의회와 다양한 기관·단체들의 컨소시엄 형성 시도·노력을 장려할 것 |
| 마상진<br>(2011) | 1) 주민 중심의 통합적, 현장 위주의 관점과 현장 중심의 지역 차원 사업발굴을 위한 프로그램 구축<br>2) 훈련된 활동가가 부족한 농촌지역의 특수성 고려<br>3) 종합적 기능이 아닌 기능별·분야별로 전문화된 중간지원조직, 그리고 중간지원조직을 지원하는 중간지원조직의 필요<br>4) 독자적 사업모델과 다양한 재원 마련<br>5) 중앙·광역·기초 중간지원조직 간의 역할 분담체계 구축<br>6) 다양한 정부 차원의 사회적경제 관련 사업의 통합<br>7) 네트워킹 활성화 |
| 서정민<br>(2011) | 1) 사업 소요 비용을 충당하는 재원 확보 방안 마련<br>2) 기초단위에서의 네트워크 및 전문인력 양성<br>3) 위탁사업에서 탈피한 다양하고 독자적인 사업모델 개발,<br>4) 종합 기능의 중간지원조직이 아닌 기능별·분야별 전문화된 중간지원조직의 발굴<br>5) 중간지원조직과 활동가들을 재교육시킬 수 있는 중간지원조직을 지원하는 중간지원조직을 개발할 것 |
| 김성훈<br>(2011) | 1) 다양한 주체가 참여, 협력하는 거버넌스 구조를 만들 것,<br>2) 지역주민의 출자·기부와 행정 지원을 결합하여 지역재단을 설립,<br>3) 지역 사회적경제조직들의 니즈를 모아 정책을 생산하고, 지원이 이루어지도록 대변인의 역할을 수행할 것,<br>4) 코디네이터 교육훈련 프로그램을 바탕으로 전문성 강화 |

| 김종수<br>(2011) | 1) 관 지원 의존도를 낮추고, 주민이 공감하는 프로젝트를 기획해야<br>2) 에너지·자원이 중간지원조직에 충분히 제공되어야<br>3) 중간지원조직 내 상호학습조직을 형성하고 주민과 공동 목표를 설정해야<br>4) 주민들이 작은 성공을 체감해야,<br>5) 사회적경제에 맞는 지역 커뮤니티 재조직화가 필요,<br>6) 지역 성공사례를 전국에 전파,<br>7) 중간지원조직협의체 구성 및 중간지원조직 평가지표의 개발, 공유해야 |
|---|---|
| 유정규<br>(2011) | 권역별 지원기관을 사업별·특성별 세분화 지정. 중앙정부와 지자체가 중간<br>지원조직을 공동으로 운영 |
| 이자성<br>(2011b) | 1) 중간지원기관의 독자적인 개성과 강점 확보, 사업강화·조직체계·네트워<br>크·사업수익성이 잘 갖추어져야 함.<br>2) 수요에 기초한 지원사업 설정. 신규 수요 발굴 중요,<br>3) 지원사업을 유지하는 사회 구조. 중간지원조직 지원을 위한 행정조직·기<br>업·지역사회 네트워크 구축이 중요. |
| 고경호·<br>김태연<br>(2016) | 1) 자체 사업계획 수립·추진 능력 배양<br>2) 재정적 자립의 실현(회원사 확대)<br>3) 중간지원조직 인력들의 코디네이터 담당 역량 배양(회원사와의 접촉면<br>확대 및 네트워킹 경험 제고 지원),<br>4) 정책 추진 권한을 현행 지자체에서 중간지원조직으로 과감히 이양,<br>5) 지역 네트워크 활성화를 위해 더 많은 중간지원조직의 설립 지원,<br>6) 법적·제도적 권익 보호를 넘어, 회원사들의 경제적·기술적 애로사항까지<br>해결하려는 적극적인 태도,<br>7) 조직혁신과 기술혁신에 중간지원조직이 보다 기여하려는 적극적인 자세<br>8) 중간지원조직의 역량강화. |
| 이준영·<br>이정용<br>(2019a) | 1) 자치구별 차별화된 생태계모델의 상향식 구체화,<br>2) 자치구 역할 확대,<br>3) 중간지원조직들에 대한 서울시의 획일적 지원 지양 필요,<br>4) 중간지원조직의 권역별 통합운영 검토 권고,<br>5) 중간지원조직의 거버넌스·네트워크 개선 집중과 자원연계 기능 강조 |
| 김진영·<br>정석호<br>(2020) | 1) 중앙정부 주체로 현재 부처별로 운영되고 있는 중간지원기관을 통합운영<br>2) 광역자치단체 주체로 광역지자체 내 여러 중간지원조직들을 하나로 통<br>합·운영,<br>3) 광역·기초지자체 공동으로 중간지원기관 간 협력사업 발굴 및 처우 개선<br>을 통한 사업운영의 내실화 추진 |
| 이강익<br>(2021) | 1) 중간지원조직 역할에 대한 재인식 필요.<br>2) 사회적기업 인증 등의 사무 중심 업무 수행을 뛰어넘어 바이오산업진흥<br>원처럼 사회적경제의 산업 기반을 마련하는 정책전문기관으로서의 발전<br>가능성을 사고하고 준비해야 함.<br>3) 사회적경제조직들이 기술혁신을 이루어가는데 지원하는 '기술혁신 연계<br>조직'으로 중간지원조직을 상정하는 것이 필요할 것임.<br>4) 사회적경제조직들을 위한 미니공단 조성 등 보다 공격적인 중간지원조<br>직 역할 수행 고려 필요 |

이 연구에서의 개선 사항 5가지의 내용과 가장 유사한 선행연구는 〈서울시 중간지원조직〉의 발전방안에 관한 연구(정병순·황원실, 2018)이다. 1) 중간지원조직의 제도적 지원기반 조성, 2) 중간지원조직과 행정의 협력적 관계 재정립, 3) 중간지원조직의 재정적 자립 기반 강화, 4) 중간지원조직 내부 운영체계 개선, 5) 중간지원조직 간 연계 융합을 위한 운영모델 구축의 5가지 개선 방안(아래 〈표 4-2〉)을 권고하였다.

**〈표 4-2〉 서울시 사회적경제 중간지원조직 개선 과제**

| 과제 명칭 | 상세 과제 |
|---|---|
| 제도적 지원 기반 조성 | 중간지원조직 개념화 및 기준 정립 |
| | 「서울시 중간지원조직 활성화 및 지원에 대한 조례」 제정 |
| 행정과의 협력적 관계 재정립 | '민간협약제(가칭)' 도입 |
| 재정적 자립 기반 강화 | 후원금·기부금과 같은 사회적 재원조달 방안 마련 |
| | 시 산하 기관 재산 활용을 통한 자체 수익 기반 확충 |
| | 재단화에 기초한 공유재산 자산화 |
| 내부 운영체계 개선 | 운영위원회 활성화 및 위원 구성의 다양화 |
| | 「중간지원조직 인적역량 강화 계획」 추진 |
| 중간지원조직 간 연계 융합 촉진을 위한 운영모델 구축 | 중간지원조직 간 협의체 구축 |
| | 융합형 중간지원조직의 설치·운영 |

출처: 정병순·황원실(2018), p. iii.

# 제2장 전달지원체계 통합

## 1. 사회적경제 유관 조직·기능 통합의 3단계

〈표 4-3〉은 중앙부처, 광역 및 기초지자체 사회적경제 업무담당자 대상 설문조사를 통해 도출된 사회적경제 분야 통합의 단계 설정의 예를 보여준다.

〈표 4-3〉 사회적경제 유관 조직·기능 통합 3단계

| 구분 | 내 용 |
|---|---|
| 1단계 | 서로 다른 중앙부처들이 협동조합, 사회적기업, 자활기업, 마을기업 각각에 대해 관련 정책을 독립적으로 기획, 집행하면서 조율되지 않았으나 사회적경제 활성화를 통합적으로 모색하는 단계 |
| 2단계 | 4개 사회적경제조직들 간의 통합뿐 아니라 마을만들기, 도시재생, 마을공동체, 주민자치, 문화예술 등 다양한 유관 영역 간의 통합을 지향하는 단계 |
| 3단계 | 4개 사회적경제조직들과의 연관성이 높은 개별법에 의한 기존 조직들, 농협, 신협, 소비자생협 등과의 통합이 추진되는 단계 |

출처: 변종순(2014), 65.

유관 기능 통합의 1단계는 여러 중앙부처들에 의해 기획·집행되면서 분절되어 있던 협동조합, 사회적기업, 자활기업, 마을기업 각각의 정책들을 통합하는 단계를 뜻한다. 1단계는 현재 우리나라의 상황에 부합하고, 중앙부처뿐 아니라 사회적경제 분야 중간지원조직들에게도 적용되는 단계이다.

보통 사경 분야에서의 통합은 분절되어 있던 사회적기업·협동조합·마을기업·자활기업 관련 정책의 통합과 관련 중간지원조직의 통합만으로 이해되었다. 하지만 마을공동체·주민자치·도시재생·공익활동지원 등의 기능 통합과 분화에 주의를 기울이도록 하는 장점이 있다는 점에서 2단계 설정의 의미도 크다. 4개 사회적경제조직들 간의 통합뿐 아니라 마을만들기, 도시재생, 마을공동체, 주민자치, 도시재생 등 여러 유관 영역 간의 통합이 모색되는 2단계에서는 유관 영역의 범위를 지역화폐운동이나 사회책임 투자 및 소비운동으로까지 확장하는 시도도 나타나고 있다(이은애, 2017).

사회적경제조직들과 밀접하게 관련되는 개별법에 의한 사경조직들(농협, 신협, 소비자생협 등)과의 통합 시도가 3단계이다. 사회적경제조직들과의 조직 특성의 유사성을 기준으로 볼 때는 2단계에서 검토되는 마을공동체·주민자치·도시재생 기능들과의 통합보다 더 시급한 과제로 볼 수 있다. 하지만 법적 체계의 상이함과 서로 다른 역사적 경로와 현재의 협력 수준 등을 고려할 때 장기적으로 추진해야 한다.

위의 3단계의 통합 내용뿐 아니라 이를 실현하기 위해서는 주체들 내부에서의 통합과 확장도 필요하다(변종순, 2014). 당사자조직의 통합과 확장은 앞서 살펴본 4개 조직 간의 통합, 개별법 조직들과의 통합, 유관 기능들과의 통합을 의미한다.

민간 부문의 통합은 사회적경제 분야에 가장 가깝고 우호적인 시민단체(NGOs)에만 치중하지 않고, 민간기업 및 성향이 상이한 시민단체까지 포괄함을 뜻한다. 공공 부문의 통합은 사회적경제 관련 행정부서뿐 아니라 정부·지자체·공공기관 등 모든 공공 부문을 포괄하는 통합 시도를 뜻한다.

## 1) 통합과 분화·전문화

위의 3단계 구분과 당사자·민간·공공 영역 각각에서의 통합적 접근은 동심원적 확장을 시도한다는 점에서 의미를 부여할 수 있다.

하지만 통합의 범위 확장만을 언급하면서 통합의 과정에서 발생하는 많은 분화와 전문화를 언급하고 있지 않아 충분하지 않다. 1단계 이전의 분절 상태에서는 상호협력 제고를 위한 장치들이 필요하지 않으나, 단계의 상승에 따라 사회적경제 내부와 유관 기능들에 해당하는 조직들 간의 상호작용은 증가하기 마련이다. 이를 뒷받침하기 위해서는 보다 특화되고 전문화되는 조직들이 필요하고, 이 수요에 따라 사회적경제조직들의 분화도 촉진될 것이다.

광역단위에서는 사회적경제지원센터와 마을공동체지원센터, 도시재생센터들이 모두 분리되었다(예: 경기도 따복공동체지원센터의 마을공동체지원센터와 사회적경제센터의 분리). 기초단위에서는 사회적경제 기능과 마을공동체 기능을 합친 조직들이 많이 존재하며, 때로는 여기에 도시재생 기능까지 추가로 수행하는 기초센터들이 존재하는데 이는 통합이 아니라 미분화의 상태를 뜻한다. 사회적금융의 등장, 판로개척·유통·공공구매 특화 중간지원조직의 등장 등은 모두 통합의 가속화에 상응하여 발생하는 분화·전문화의 경향을 보여주는 사례들이다. 따라서 사회적경제 전달지원체계와 중간지원조직의 통합 이슈에 주목할 때 상응하는 분화·전문화 이슈를 함께 고려해야 한다.

## 2. 관계부처 합동 「지역공동체 사회적경제 추진역량 제고 방안」

2019년 11월 관계부처 합동으로 위의 방안이 발표되었다. 1) 지역 추진 기반 공고화(전담부서 확대 및 자치단체 추진체계 구축, 민·관 협치기구 운영 및 내실화, 중간지원기관 운영방식 개선), 2) 현장활동 지원(유관 사업에 대한 사회적경제 연계 확대, 유휴 국·공유시설 활용 확대, 서류 감축 및 행정부담 경감), 3) 지역별 특성에 맞는 환경 조성(지역의 교육역량·인프라 강화 및 교육 확대, 금융의 지역편차 해소 및 사회적가치 반영, 공공기관의 우선구매 확대) 등의 내용으로 구성되어 있다.

이 연구 주제와 직결되는 내용은 중간지원기관 운영 방식 개선의 내용(〈표 4-4〉)이다. 중간지원기관 개선과 관련된 상세 내용은 크게 3 가지로서, 1) 중앙부처 소관 중간지원기관의 역량강화와 기관 간 협업, 2) 시·도 단위 중간지원기관의 기능 조정과 통합·연계, 3) 시·군·구 단위 중간지원기관의 운영 확대, 운영방식, 권역단위, 기능통합, 장소통합의 내용이다.

〈표 4-4〉 '지역공동체 사회적경제 추진역량 제고 방안(2019. 11)' 중 중간지원조직 관련 내용

| 대분류 | 소분류 | 상세 내용 |
|---|---|---|
| 1. 중앙부처 소관 중간지원 기관의 역량강화와 기관 간 협업 | 1) 중앙부처 소관 중간지원기관의 역량강화 | 권역별 통합지원기관 대상 수준별 맞춤형 교육과정, 직무(실무·전문·기획 등)·직급(1년 미만, 3년 미만, 관리자급 등으로 구분)별 특화 교육과정을 추진, 아울러 창업멘토와 성장지원센터 운영기관 종사자 대상으로도 역량강화를 추진 |
| | 2) 중앙부처 소관 중간지원기관들 간 협업 촉진 | 자치단체와 지역 내 중간지원기관들의 상호협업 체계 제도화를 추진하고, 중앙부처 소관 중간지원기관의 사회적경제위원회 참여를 명시 |

| 대분류 | 소분류 | 상세 내용 |
|---|---|---|
| 2. 시·도 단위 중간지원기관의 기능 조정과 통합·연계 | 1) 시·도 단위 중간지원기관의 기능 조정 | 시·도 및 중앙부처 소관 중간지원기관 간 기능·역할이 중복되지 않도록 협의·조정하도록 하며, 중앙부처 지원 '권역별 통합지원기관'과 '마을기업 지원센터'는 일원화를 추진 |
| | 2) 시·도 단위 중간지원기관들 간의 통합·연계 | 지역 여건에 따라 시·도 단위의 3가지 중간지원기관(자활 중간지원기관 제외)을 통합·연계하도록 지원. 부처와 시·도 간 사전협의를 통해 1개 기관으로 통합 지정해 운영하거나 컨소시엄 등 기관 간 수평적 협업체계 마련을 지원. 3가지 중간지원기관들을 1개 법인으로 지정, 통합 운영 중인 부산, 대구, 강원의 사례를 언급 |
| 3. 시·군·구 단위 중간지원기관의 운영 확대, 운영방식, 권역단위, 기능통합, 장소 통합의 내용 | 1) 시·군·구 단위 중간지원기관의 운영 확대 | 지역 예산·인력·역할 등을 고려하여 신설 또는 유사 기능의 중간지원기관(마을만들기지원센터, 공동체지원센터, 도시재생센터 등) 지정 등 자율적으로 확대되도록 함. |
| | 2) 시군구 단위 중간지원기관들의 운영방식 개선 | 중간지원기관 신설 및 여러 중간지원기관들 간의 연계 여부는 지역 여건에 따라 결정하도록 함 |

예산·인력 부족으로 기관 신설이 어려운 지역은 다수 시·군·구 관할의 권역별 기관 운영 검토 권고. 23개 시군구로 구성된 경북이 3개 권역(남부·서부권, 북부권, 동부권)별로 운영하는 것을 사례로 언급

기능통합과 관련하여, 1개 법인이 사회적경제·도시재생·공동체 등 사무 수탁하고, 각 사무 수행 조직들은 수평적으로 협업하고, 해당 법인은 협업 총괄·조정을 하는 방안을 제시하였음. 이의 사례로 사회적경제·공동체·도시재생지원센터를 통합운영 중인 전주시 도시혁신센터를 들고 있음

장소 통합과 관련하여, 별도 기관을 운영하여 영역별 전문성을 확보하되, 이용자 편의 증진을 위해 동일 시설 입주·운영을 통해 기관들 간의 연계를 촉진하는 방안을 제시. 사회적경제·공동체·지역신용보증이 동일 시설에 입주 중인 전남과 서민금융 및 사회적경제가 동일 장소에 입주 중인 제주의 사례를 언급

출처: 관계부처 합동, '지역공동체 사회적경제 추진역량 제고방안'.

위의 내용 중에서 재고가 필요한 사항이 몇 가지 있다.

1) 중앙부처 소관 중간지원조직들 간 협업 강화를 위한 상호협업 체계화와 중간지원기관의 사경위원회 참여 명시의 실질적인 개선 효과와 실적이 없는 것으로 보인다.

2) 통합지원기관과 마을기업지원기관 간의 일원화 추진이 그 이후 실질적으로 강화되었다고 보기는 어렵다. 한국사회적기업진흥원이 선정하는 사회적기업과 협동조합을 위한 통합지원기관과 달리, 마을기업지원기관은 광역시도가 선정한다. 따라서 광역이 이미 자체적으로 설립 운영 중인 광역단위 사회적경제지원센터가 마을기업지원기관 역할까지 병행하도록 하는 것이 보다 용이할 수 있다.

3) 3가지 중간지원조직을 1개 기관으로 통합 지정해 운영하는 것 혹은 컨소시엄 등을 통해 수평적 협업체계를 개편 지원하는 두 가지 중 난이도와 실현 가능성 기준으로 볼 때 수평적 협업체계 구축이 보다 실현 가능하며, 1개 기관으로의 통합 지정은 훨씬 오랜 시간이 소요될 것이다. 따라서 병렬적인 선택의 문제는 아니며 수평적 협업체계 구축의 과정을 거치고 난 후 1개 기관으로의 통합 지정을 지향할 수 있을 것이다. 아울러 이미 1개 기관으로 통합된 지역이 2개 혹은 3개 기관에 의해 각각 역할들이 수행되는 지역에 비해 반드시 바람직한 모습이라고 단정하기 어렵다.

4) 시군구 단위 중간지원기관들의 운영 방식 개선과 관련하여 가장 실현 가능성이 높은 방안은 장소 통합이며, 이는 공간이 확보되면 조기에 실현이 가능할 것이다. 시군구 단위에서 전주시 도시혁신센터와 같이 1개 법인(특히 사회적경제 관련 법인 또는 시민단체 법인)이 사회적경제, 도시재생, 공동체 등의 여러 사무를 묶어서 수탁하는 시도는 매우

제한된 지역에서 나타나지만, 난이도의 측면에서 볼 때 대단히 어려운 과제이다. 사회적경제와 공동체 등의 기능을 묶어서 수탁하는 것이 보다 실현 가능성이 높을 것이다. 아울러 사회적경제, 도시재생, 공동체 등의 기능이 하나의 법인에 의해 수탁될 경우, 사회적경제네트워크나 사회적경제조직에 의한 수탁이 아닌 경우 사회적경제 기능이 부수적 기능으로 전락할 가능성이 상당히 높아 기능들 간의 시너지 효과를 기대하기 어렵다.

5) 권역단위 기관 운영과 관련하여, 경북처럼 광역을 몇 개의 권역으로 나누어 권역센터를 설치하여 운영하는 방안을 제시하고 있으나, 권역센터 설치가 바람직한 방안인지, 시군구 별로 1인이라도 사경담당관을 두거나 1인 연락사무소를 두는 것이 나은지는 불확실하다. 지역에 따라 선택하도록 하는 것이 좋을 것이다.

위의 방안이 발표된 지 2년 가까운 시간이 경과하였으나 위의 중간 지원조직 개선 방안이 실행에 옮겨지고 변화를 낳은 것은 거의 없는 것으로 판단된다. 방안들을 언급한 것은 좋으나 최선의 방안을 제시하였다고 볼 수도 없고, 이 방안들의 실행을 위한 적극적 자원 투입과 제도 변화와 실질적 개선 노력이 거의 없었다.

# 제3장 사회적경제 조례·기본법 개선 방향

## 1. 기초지자체 사회적경제 관련 조례 제정 및 개선 방향

　[국가법령정보센터]에서 '사회적경제' 및 '사회적기업', '협동조합', '마을기업', '자활기업'을 핵심어로 전국 지자체별 조례 제정·개정 여부를 검색하였다. 기준 검색일은 2021년 9월 30일이다. 검색 결과, '사회적경제' 검색어 결과가 258건(14건의 시행규칙 제외), '사회적기업' 검색 결과가 125건(21건의 시행규칙·운영규칙 제외), '협동조합' 검색 결과가 100건, '마을기업' 검색 결과가 3건, '자활기업' 검색 결과는 0건으로 나타났다. 사회적경제 관련 조례의 수가 사회적기업 관련 조례 숫자와 협동조합 관련 조례 숫자의 합보다 더 많음을 알 수 있어 사회적경제로 점차 통합되고 있는 추세를 보여준다.

　자활기업 육성지원 조례는 전국 어느 기초·광역 지자체에서도 제정된 바가 없다. 마을기업 육성지원 조례는 제주도에서만 「마을기업 등 육성지원 조례」가 제정된 바가 있다. 따라서 조례 제정 현황을 중심으로 볼 때, 사회적기업·협동조합·마을기업·자활기업의 4개 사회적경제 조직 형태 중에서 사회적기업과 협동조합의 중요성이 사회적경제의 대부분을 차지하는 것으로 지자체에서 인식되는 것으로 보인다.

　'사회적경제' 핵심어 검색 결과에서 나타난 사회적경제 관련 조례의 가장 일반적인 제목은 '○○○지역 사회적경제 육성 및 지원 조례'

방식이었다. 사회적경제 육성지원 조례 외에 '사회적경제조직 제품 구매촉진 및 판로개척 지원 조례'가 44건 발견된다. 그 외 사회적경제 육성지원 조례와 별도로, 사회적경제 기금 설치·운영 관련 조례를 제정한 지자체는 경기, 경남, 전북, 충남, 서울 성동구, 경기 화성이다.

광역 차원에서 보면, 대부분의 광역지자체에서 사회적경제 육성지원 조례가 제정되어 있으며, 아울러 사회적경제조직 제품 구매촉진 및 판로개척 지원 조례 역시 제정되어 있다. 경기와 경남 등의 지자체에서는 사회적경제기금 설치 및 운영 조례 역시 제정한 바 있다.

사회적경제기금 설치 및 운영 조례나 제품 구매촉진 및 판로개척 지원 조례를 별도로 제정하지 않았더라도, 사회적경제 육성지원 조례의 내용을 통해 기금이나 제품 구매촉진 및 판로개척 지원까지 담을 수 있다는 점을 고려하면 광역지자체 차원에서는 사회적경제 지원 관련 조례 제정의 지역별 뚜렷한 차이를 발견하기는 어렵다.

〈표 4-5〉는 기초지자체별 사회적경제 지원 조례 제정 현황을 보여준다. 이 표에서의 숫자에는 제품 구매촉진 및 판로개척 지원 조례 또는 사회적경제기금 설치, 운영 지원 조례의 숫자는 포함되지 않았다. 전체 226개 기초지자체 중에서 64.2%에 해당하는 145개 지자체에서 사회적경제 지원 조례를 제정하였음을 알 수 있다. 이는 기초지자체 사회적경제지원센터 설치 비율은 50.4%(114개 지자체)의 비율보다 높은 비율이다. 사회적경제지원 조례는 제정하였으나 지원의 내용에 중간지원조직 설립 내용이 포함되지 않는 등의 이유로 인해 중간지원조직의 설립에는 이르지 못한 지자체가 상당히 존재함을 뜻한다.

2021년 9월 말 기준**

| 구분 | 기초지자체 수 | 조례 제정 지자체 수 | 설치율(%) |
|---|---|---|---|
| 서울 | 25 | 22 | 88 |
| 부산 | 16 | 5 | 31.3 |
| 인천 | 10 | 9 | 90 |
| 대구 | 8 | 6 | 75 |
| 대전 | 5 | 5 | 100 |
| 광주 | 5 | 5 | 100 |
| 울산 | 5 | 5 | 100 |
| 경기 | 31 | 26 | 84 |
| 강원 | 18 | 9 | 50 |
| 경남 | 18 | 5 | 27.8 |
| 경북 | 23 | 16 | 69.6 |
| 전남 | 22 | 19 | 86.4 |
| 전북 | 14 | 5 | 35.7 |
| 충남 | 15 | 8 | 53.3 |
| 충북 | 11 | 0 | 0 |
| 합계 | 226 | 145 | 64.2 |

출처: 필자 조사.

지역별로 조례 제정 비율은 상당한 차이가 있다. 대부분의 특별시·광역시의 경우 지원 조례의 제정 비율이 전국 평균을 훨씬 상회하는 수치를 보이고 있다. 유일한 예외는 31.3%의 낮은 비율을 보이는 부산이었다. 부산의 경우 사회적경제 지원 조례를 제정하기에는 사회적경제에 대한 지자체와 의회에서의 공감대가 미흡함을 시사한다. 광역도의 경우는 특별시·광역시의 제정 비율(77%)에 비해 낮은 제정 비율인 57.9%(152개 지자체 중 88개 지자체에서 제정)를 보였다. 이 비율마저도 전남과 경기의 높은 제정 비율에 의해 가능하였다. 전남과 경기 지역에서의 기초지자체 조례 제정 비율은 80%를 상회하였다. 결국 위의 표는 충북, 경남, 부산, 전북, 강원, 충남 등에서의 사회적경제 육성지원 조례의 제정이 시급함을 시사한다.

기초 사회적경제지원센터의 경우 마을공동체 기능과의 공동센터의 숫자가 상당하였으나, 조례 제정의 경우에는 마을만들기와 사회적경제를 포괄하는 조례가 제정된 경우는 매우 적은 것(경기 의정부시, 인천 계양구 등)으로 나타났다. 결국 기초지자체에서 발견되는 사회적경제 기능과 마을만들기 기능의 공동센터의 설치는 조례 제정에 의해 직접 발생한 것이라기보다 시행규칙이나 행정처분 차원에서 진행된 결과인 것으로 보인다. 따라서 공동센터에서 단독센터로의 변경이 반드시 조례 개정 필요 사항은 아닌 것으로 여겨진다.

사회적기업 육성지원 조례의 경우 총 125건의 지자체(특별시·광역시도·교육청 51건, 기초지자체 49건)에서 제정된 바 있다. 사회적경제 육성지원 조례 제정의 상세 내용 분석과는 별도로, 사회적경제 육성지원 조례뿐 아니라 사회적기업 육성지원 조례도 많았다. 2007년 「사회적기업육성법」 통과 이후에서부터 사회적경제 개념이 확산되기 전인 2010년대 중반까지만 사회적기업 육성지원 조례들이 제정된 것이 아니라 2021년까지도 관련 조례들이 제정되거나 개정된 곳이 많다. 이는 사회적경제 조례가 사회적기업 관련 조례를 포괄하는 것이 아니라 분리되어 제정되어 존재하는 경우가 상당함을 시사한다. 보다 포괄적인 법에 해당하는 「사회적경제기본법」이 제정되지 못한 상태에서 「사회적기업육성법」과 「협동조합기본법」 등 개별 조직 형태 관련 법들을 통해 사회적경제에 부분적으로 대응하고 있는 전국 차원에서의 법 관련 상황과 유사하게, 사회적기업 육성 조례는 제정되었으나 사회적경제 조례는 제정하지 못하고 있는 기초지자체의 수도 상당한 편이다.

협동조합 육성지원 조례의 경우 총 100건의 지자체(특별시·광역시도·교육청 51건, 기초지자체 49건)에서 제정된 바 있다. 학교협동조합에 대한 지원을 담은 교육청에 의한 조례 제정을 제외할 경우, 협동조합 지원 조례는 크게 「협동조합 육성지원 조례」와 「중소기업협동조합 육성지원 조례」(광주, 강원, 경기, 경남, 경북)로 양분된다. 2012년 「협동조합기본법」 제정 직후의 시기에 일찍이 협동조합 육성 조례를 제정한 기초지자체가 일부 있으나, 대부분의 지자체에서의 협동조합 관련 조례 제정은 최근 2~3년 이내에 이루어졌다는 특징을 보인다. 특별시·광역시·광역도에 해당하는 서울, 부산, 대구, 대전, 광주, 울산, 전북 및 기초지자체인 부산 강서구, 전북 군산시, 익산시와 경남 고령군 등의 지역에서는 두 유형의 조례를 모두 제정하였다.

중소기업협동조합 지원 조례를 제정한 기초지자체는 서울 금천구, 노원구, 마포구, 부산 서구, 동구, 연제구, 중구, 대구 북구, 대전 동구, 서구, 경북 고령군, 경기 고양, 군포, 남양주, 동두천, 부천, 성남, 수원, 시흥, 안산, 전남 여수, 전북 군산, 남원, 부안 등이다. 특별시·광역시는 서울, 부산, 인천, 대구, 대전, 광주, 강원, 경기, 경남, 경북, 전남, 전북이다.

협동조합 지원 조례를 제정한 기초지자체는 서울 서대문구, 성북구, 부산 강서구, 금정구, 기장군, 북구, 중구, 해운대구, 강원도 양구군, 연천군, 경남 사천시, 경북 고령, 경기 과천시, 광명시, 김포, 의왕, 경남 밀양, 전북 군산시, 순창군, 익산시, 임실군 등이다. 특별시·광역시는 서울, 부산, 대구, 대전, 광주, 울산, 전북이다.

조례 제정과 관련된 현황을 종합하면,

1) 사회적경제 관련 조례는 광역지자체 차원에서는 거의 제정되었고, 초점은 기초단위 지자체이다.

2) 기초지자체 차원에서는 전체 기초지자체의 약 2/3에서 조례가 제정되었다. 하지만 약 35.8%의 지역에서는 아직 조례가 제정되지 않아, 미제정 지역(충북, 경남, 부산, 전북, 강원, 충남 등)에서의 사회적경제 육성지원 조례의 제정이 필요하다.

3) 사회적기업 관련 조례나 협동조합 관련 조례의 숫자보다 사회적경제 관련 조례의 숫자가 많아, 사회적경제로의 통합의 추세는 강화되는 것으로 보인다. 하지만 조례 수준에서도 사회적경제, 사회적기업, 협동조합의 병행 현상이 지속되는 것으로 보여 사회적경제 조례로의 통합을 촉진할 필요가 있다.

4) 사회적경제 육성지원 조례뿐 아니라 제품 구매촉진 판로개척 지원 조례 및 사회적경제기금 설치 및 운영 조례가 최근 증가하고 있다. 이러한 조례의 다양화는 사회적경제에 대한 지원이 세분화·구체화되는 것을 뜻하므로, 바람직하며 이 추세는 보다 강화될 필요가 있다.

5) 2021년 9월 말 기준 전국 기초지자체 중 절반 가까운 49.6%에서 사회적경제지원센터가 설립되지 않고 있는 점은 해당 지역에서의 사회적경제 육성지원 조례의 미제정 때문일 가능성이 높다. 센터 설립을 위해서는 조례 제정을 확대하는 조치가 필요하다. 단, 기초지자체별 육성지원 조례의 상세내용(특히 중간지원조직 설치 명문화 포함 조례의 숫자 분석)까지 분석하지 않았다는 점에서 위의 분석에 한계가 있을 수 있다.

## 2. 「사회적경제기본법」의 의원입법안 비교

문재인정부는 「사회적경제기본법」과 함께 공공기관의 사회적가치 실현에 관한 기본법 및 사회적경제 기업 제품의 구매촉진 및 판로지원에 관한 특별법까지 포함하는 사회적경제 3법 제정을 '사회적경제 활성화'(국정과제 26번)의 주요 과제로 설정하였다. 하지만 3개 법의 제정은 2021년 9월 말 현재까지도 실현되지 못하고 있다.

사회적경제원 설립과 관련하여 중앙단위에서 기획재정부(장관)에 의한 사회적경제원의 설립에는 3개의 의원입법 안(김영배 의원 안, 윤호중 의원 안, 장혜영 의원 안)이 모두 동의하였다. 조직 성격을 공공기관으로 구체화하고, 고용노동부와 행정안전부의 공동출연에 의해 사회적경제원이 설립되어야 한다는 측면에서 김영배 의원 안과 윤호중 의원 안이 일치하는데 반해, 장혜영 의원 안은 조직 성격과 출연 주체 등의 내용은 없다.

권역별 사회적경제지원센터의 설립과 관련하여 시·도 지역별 사회적경제지원센터와 구분된다. 김영배 의원 안에서는 관련 내용이 없다. 윤호중 의원 안에서는 시·도 단위를 권역으로 하는 권역별 사회적경제지원센터를 중앙정부가 지정할 수 있다고 명시한다. 이 경우 공공기관에 대해서는 참여 자격을 제한하고 있다. 윤호중 의원 안에서는 권역별 사회적경제지원센터와 구분되는 것으로 시·도 지역별 사회적경제지원센터를 시·도 지자체장이 설치·운영할 수 있다고 명시한다. 따라서 시·도 지역별 사회적경제지원센터는 기존의 광역단위 사경센터와 기초단위 사경센터를 모두 아우르는 것이며, 중앙정부가 지정 가능한 권역별 사회적경제지원센터는 현재의 사회적기업·협동조합 통합지원기관이나 마을기업지원기관과 같은 권역별 지원기관을 뜻하는 것으로 보인다. 이는 단기간에 통합지원기관 및 마을기업지원기관의 통합 필요성이 높지 않다고 판단하거나 통합이 용이하지 않음을 가정하는 것으로 보인다.

특화 중간지원조직의 지정·운영과 관련하여, 윤호중 의원 안은 권역별 사회적경제지원센터와 관련하여 정부가 교육·공공조달·판로촉진·사회적금융·지역공동체개발 등 특화 중간지원조직을 지정, 운영할 수 있도록 규정하고 있다.

시도 지역별 사회적경제지원센터의 설립·운영과 관련하여, 윤호중 의원 안과 김영배 의원 안 모두 시·도 지원센터의 운영과 관련하여, 관설민영, 민·관 공동운영, 민간 사무위탁 등 다양한 운영 방안 선택을 권고하고 있다. 반면 장혜영 의원 안에서는 시·도 지역별 사회적경제지원센터와 관련된 구체적인 내용은 없다. 하지만 장혜영 의원 안은 시도 단위의 광역 사회적경제지원센터를 시장, 도지사가 지정하도록 의무화하고 있다. 단, 윤호중 의원의 안과 유사하게 공공기관의 참여자격을 제한하고 있다.

중앙단위 사회적경제원의 업무 범위와 관련하여, 세 의원 안 모두 1) 사회적경제조직 (사업)모델 개발, 2) 조사연구·자료수집, 3) 정책개발과 제도 개선사업, 4) 모니터링과 정책평가, 5) 통합정보시스템 구축, 6) 사회적가치 평가 및 측정지표 개발 등의 업무를 공통적으로 언급하고 있다. 그밖에 사회적경제조직 네트워크 구축, 사회적경제 인지도 제고 노력, 각종 교류 활동과 교육사업 등을 각 의원 안들이 업무로 손꼽고 있다.

광역센터·기초센터 예산·인력 지원과 관련하여, 세 의원 안 모두 정부가 광역 사경센터와 기초 사경센터에 대한 예산과 인력 등의 지원을 할 수 있도록 규정하고 있다. 따라서 위의 세 의원 안에 기초한 사회적경제기본법이 제정될 경우, 광역 및 기초단위에서의 사회적경제지원센터에 대한 중앙정부의 지원이 증가할 것으로 예상되어 광역단위 사경센터의 확대가 예상되며, 아울러 아직 사회적경제지원센터가 설립되지 않은 (226개 기초지자체 중) 130개 이상의 기초지자체에서 사경센터가 설립될 가능성이 높을 것으로 예상된다.

## 3. 그 외 사회적경제 관련 법 개정 계획

그동안 법적 근거가 없었던 마을기업에 대한 정부지원의 법적 근거 마련을 위해 '마을기업법' 제정을 계획하고 있다(관계부처 합동, 2021). 또한 법적 근거가 취약했던 소셜벤처에 대한 법적 근거를 마련하기 위하여 '벤처기업법' 개정을 진행 중이며 생협 활성화를 위해 '생협법' 개정을 준비 중이다(관계부처 합동, 2021).

# 제4장 중앙부처 사회적경제 관련 57개 사업

## 1. 중앙부처 57개 사업 개요

중앙단위 전담부서와 별개로 여러 중앙부처 각각이 수행하는 사회적경제 정책들이 존재한다. 〈표 4-6〉은 2021년 중앙부처별 사회적경제 사업의 내용과 상세 내용을 담고 있다. 총 57개 사업으로서 12개 부처(고용노동부, 중소벤처기업부, 문화체육관광부, 산업통상자원부, 보건복지부, 교육부, 행정안전부, 국토교통부, 농림축산식품부, 기획재정부, 환경부, 해양수산부) 및 산림청과 금융위원회에서의 사업을 담고 있다.

12개 부처에서 사회적경제 사업을 시행하고 있으므로 정부부처 전체 18개 부처 중에서 2/3에 해당하는 부처에서 사회적경제 사업을 시행 중이다. 부처별 사업의 수는 중소벤처기업부 10개, 고용노동부 7개, 문화체육관광부 6개, 산업통상자원부 5개, 행정안전부 5개, 보건복지부 4개, 금융위원회 4개, 교육부 3개, 농림축산식품부 3개, 산림청 3개, 국토교통부 2개, 과학기술정보통신부 2개, 기획재정부 1개, 환경부 1개, 해양수산부 1개이다.

57개 사회적경제 지원사업의 예산 규모 총액은 약 1조 8,339억 원이다. 사업별 예산 크기를 부처별로 보면, 해양수산부가 5,219억 원으로 가장 크고, 중소벤처기업부가 3,011억 원으로 두 번째로 크고, 행정안전부가 2,629억 원으로 세 번째로 크며, 금융위원회가 2,248억 원으로 네 번째, 보건복지부가 1,549억 원으로 다섯 번째, 고용노동부가

1,547억 원으로 여섯 번째, 농수산부가 1,136억 원으로 일곱 번째, 산
업통상자원부 346억 원, 문화체육관광부 317억 원, 산림청 100억 원,
과학기술정보통신부 71억 원, 교육부 69억 원, 기획재정부 67억 원,
국토교통부 25억 원, 환경부 5억 원 등의 순서로 나타난다.

〈표 4-6〉 중앙부처별 사회적경제 사업 현황 (2021년 기준)

| 부처 | 사업 내용 | 사업 상세 내용 | | | |
|---|---|---|---|---|---|
| | | 사업분류 | 대상 | 2021년 예산(억 원) | 지원 규모 |
| 고용노동부 | 1. 사회적기업 일자리 창출 | 인력·금융 | (예비)사회적기업 | 880 | 7,775명 |
| | 2. 사업개발비 지원 | 기술·경영 지원 | 사회적경제기업 | 213 | 1,137개소 |
| | 3. 청년 등 사회적기업가 육성 사업 | 창업 | 예비창업팀, 초기창업 기업 | 298 | 850개팀 |
| | 4. 사회적기업 성장지원센터 조성 | 경영지원 | 초기 사회적경제조직 | 21 | 기존 13개소, 신규 2개소 |
| | 5. 사회적경제기업 판로지원 통합플랫폼 운영 | 판로 | 사회적경제조직 | 5 | 무제한 |
| | 6. 사회적기업 제품 공공기관 우선구매 | 판로 | 사회적기업 | 비예산 | |
| | 7. 사회적경제기업 모태펀드 | 금융 | 사회적경제기업 | 130 | |
| 중소벤처기업부 | 8. 사회적경제기업 성장집중지원(2021년 신규 사업) | 기술·판로·경영지원·기타 | 사회적경제조직 (소셜벤처 포함) | 19 | 15개사 내외 |
| | 9. 소상공인 협업 활성화 | 기술·판로·경영지원 | 소상공인협동조합 | 166 | 400개 조합 |
| | 10. 중소기업협동조합 육성사업 | 기타 | 중소기업협동조합 및 중소기업 | 52 | |
| | 11. 소셜벤처 육성 | 기타 | 소셜벤처 중간지원조직 및 소셜벤처기업 | 22 | |
| | 12. 소셜임팩트 펀드 | 금융 | 소셜벤처기업 | | 누적 2,250억 원 펀드 조성 |
| | 13. 소셜임팩트 보증 | 금융 | | 1,350억 원 보증공급 | |

| 부처 | 사업 내용 | 사업 상세 내용 | | | |
|---|---|---|---|---|---|
| | | 사업분류 | 대상 | 2021년 예산(억 원) | 지원 규모 |
| 중소벤처기업부 | 14. 사회적경제기업 정책자금 지원 | 금융 | 사회적경제기업 | 800 | 최대 100억 원 이내 |
| | 15. 소상공인 사회적경제기업 전용자금 | 금융 | 사회적경제기업 | 350 | |
| | 16. 사회적경제기업 특례보증 | 금융 | 사회적경제기업 | 600 | |
| | 17. 예비창업패키지 | 창업 | 예비창업자 | 1,002 | 1,500여 개 내외 |
| 문체부 | 18. 문화예술분야 사회적경제 활성화 지원 | 창업·경영지원 | 문화예술분야 사회적기업, 협동조합, 소셜벤처 | 26 | 30개 |
| | 19. 토요문화학교 운영 | 기타 | 문화예술교육 기관·단체 | 28 | 22개소 |
| | 20. 작은미술관 조성 및 운영 지원 | 인력, 기타 | 작은미술관 운영 희망 또는 운영 중인 단체 | 7 | 11개소 |
| | 21. 작은도서관 독서문화프로그램 운영 | 기타 | 작은도서관 70개소 | 2 | 1개당 약 300만 원 |
| | 22. 스포츠클럽 육성 | 경영지원 | 기존·신규 공공스포츠클럽 | 228 | |
| | 23. 관광두레 조성 | 창업, 경영지원 | 관광두레 PD, 관광두레 주민사업체 | 26 | PD 22명 선발, 주민사업체 200개 |
| 산자부 | 24. 사회적경제혁신성장(R&D) | 기술 | 지역 사회적경제조직 또는 지역혁신기관 주관 컨소시엄 | 58 | |
| | 25. 사회적경제혁신성장(사업화) | 판로 | 지역 사회적경제조직 또는 지역혁신기관 주관 컨소시엄 | 59 | |
| | 26. 사회적경제 혁신타운 | 기타 | 광역 지자체 | 188 | 기존 5개지역 + 신규 1개 |
| | 27. 디자인 주도 사회적기업 혁신역량 강화 | 금융, 기술 | 사회적경제조직 및 사회혁신 추구 기업 | 32 | 최대 60개사 |
| | 28. 사회적경제기업 해외진출 지원 | 판로 | 해외진출 희망 사회적경제기업 | 9 | |
| 보건복지부 | 29. 자활기업 활성화 지원 | 금융·기술·인력·판로·창업·경영지원 | 2인 이상 수급자, 차상위자가 1/3 이상인 기업 | 비예산 | 시도/시군구 367억 원 지원 |

| 부처 | 사업 내용 | 사업 상세 내용 | | | |
|---|---|---|---|---|---|
| | | 사업분류 | 대상 | 2021년 예산(억 원) | 지원 규모 |
| 보건복지부 | 30. 사회서비스 분야 사회적경제 육성 지원 | 기타 | 사회적경제조직 컨소시엄 | 8(국비 기준, 지자체 경상 보조) | |
| | 31. 사회적경제 연계 발달장애인 자조모임 활성화 | 기타 | 성인 발달장애인 | 총1,359 | 성인발달장애인 9,000명, 청소년 발달장애인 10,000명 |
| | 32. 지역사회 통합돌봄 선도사업 | 기타 | 통합돌봄대상자(노인, 장애인, 정신질환자) | 182 | |
| 교육부 | 33. 학교협동조합 활성화 | 창업, 경영지원 | 7개 시도교육청 | 11 | |
| | 34. 인문사회연구소(문제해결형) 지원 | 기타 | 대학부설연구소 및 일반연구소 | 52 | |
| | 35 대학 창업교육체제 구축 | 창업, 기타 | 4년제 대학 | 6 | |
| 행정안전부 | 36. 마을기업 육성 | 금융·기술·인력·판로·창업·경영지원 | 마을기업 | 104 | |
| | 37. 지역주도형 청년 일자리 | 인력, 창업 | 만 39세 이하 미취업 청년 | 2,350 | 2.63만 명 |
| | 38. 지역거점별 소통협력공간 조성 사업 | 기타 | 신규 지자체 | 20 | |
| | 39. 지역자산화 지원 사업 | 금융 | 지역자산화 추진 사회적경제기업 | 연간 125억 | 단체 당 10억 원 이내 |
| | 40. 사회적경제 협업체계 구축 사업 | 금융, 판로, 경영지원 | 기초지자체 | 30 | 30개 시군구 |
| 국토부 | 41. 마을관리협동조합 육성 | 창업, 경영지원 | 도시재생 뉴딜지역 내 마을관리협동조합 | 25 | 개당 최대 5,000만 원 지원 |
| | 42. 사회주택 공급 활성화 | 금융, 경영지원 | 사회주택 관련 임대업 희망 사회적경제조직 | 비예산 | |
| 농수산부 | 43. 사회적 농업 활성화 지원 | 경영지원 | 사회적 농업 실천 농촌조직 | 25 | 60개소 |
| | 44. 농촌 신활력플러스 사업 | 기술, 창업, 경영지원 | 123개 일반 농산어촌 시군 | 1,078 | 시군 별 4년 동안 70억 원 |
| | 45. 농촌 교육·문화·복지(축제·유학 포함) 지원 | 기타 | 마을·권역 단위 축제 69개소, 농촌유학시설 29개소, 주민마을공동체 145개 | 33 | |

| 부처 | 사업 내용 | 사업 상세 내용 | | | |
|---|---|---|---|---|---|
| | | 사업분류 | 대상 | 2021년 예산(억 원) | 지원 규모 |
| 산림청 | 46. 산림형 사회적기업 발굴·육성 | 창업, 판로, 경영지원 | 사회적기업 희망 산림형 기업 | 6 | 200개소 |
| | 47. 산림일자리발전소 운영 | 창업, 판로, 경영지원 | 주민참여 지역공동체 | 44 | 50개 지역 |
| | 48. 신품종 생명자원 활용 공동체 활성화 | 경영지원 | 지역주민 참여 사회적 협동조합 | 50 | 2개 지역 |
| 금융위원회 | 49. 신용보증기금 사회적경제 보증사업 | 금융 | 사회적경제기업 | 1,000 | 사회적기업·협동조합 최대 3억 원, 마을기업·자활기업 최대 1억 원 |
| | 50. 사회적경제기업 평가시스템 활용 확대 | 금융 | 사회적금융 수행기관 | | |
| | 51. 서민금융진흥원 사회적경제 대출 지원 | 금융 | (예비)사회적기업 및 사회적 협동조합 | 70 | 10개 기관 |
| | 52. 사회투자펀드 조성 및 운영 | 금융 | 소셜 임팩트 투자 및 사회적기업 투자 | 7개, 1,178억 원 | |
| 기획재정부 등 | 53. 협동조합 활성화 | 인력, 판로, 창업, 경영지원 | 협동조합 종사자 및 협동조합 창업 희망자 | 67 | |
| | 54. 과학기술인 협동조합 육성·지원 | 기술, 창업, 경영지원 | 과학기술 협동조합 설립 희망자 및 운영자 | 16 | |
| | 55. 환경분야 사회적경제 육성 | 기술, 창업, 경영지원, 기타 | 사회적경제기업 또는 예비창업자 | 5 | |
| | 56. 혁신적 기술 프로그램(CTS) | 기술, 창업 | 예비창업자, 스타트업, 사회적기업 | 55 | |
| | 57. 어촌뉴딜 300 | 경영지원 | 법정 어항, 소규모 항·포구, 배후어촌 | 5,219 | 190개소 |

## 2. 57개 사업 특징

부처별 예산 크기와 관련하여, 가장 의외의 결과는 사회적기업 및 사회적협동조합 소관 부처인 고용노동부, 마을기업 소관 부처인 행정안전부, 자활기업 소관 부처인 보건복지부, 협동조합 소관 부처인 기획재정부 등이 아니라 해양수산부가 첫 번째, 그리고 소셜벤처 소관 부처인 중소벤처기업부가 두 번째로 큰 사업예산을 보이고 있다는 점이다.

위 부처별 예산 크기의 비교는 사업 중에서 비예산 사업이 존재하는 점, 국비 외에 지방비 매칭으로 진행되는 사업의 경우 지방비를 고려하지 않은 점, 그리고 금융 관련 사업에서의 지원금 성격은 일반 사업 지원금과 상이할 수 있다는 점, 예산 크기가 가장 큰 부처로 나타난 해양수산부의 예산 크기는 어항, 항·포구, 배후어촌에 지원되는 '어촌 뉴딜 300' 사업예산으로서, 사회경제적 조직 지원에만 국한되지 않는다는 점 등으로 인해 정확한 비교라고는 할 수 없으므로 개략적인 정보로만 수용할 필요가 있다.

'부처별 분절된 지원체계'의 유무 및 정도를 살펴보면 〈표 4-7〉은 고용노동부, 중소벤처기업부, 문체부, 산자부, 보건복지부, 교육부, 행정안전부, 국토부, 농수산부, 산림청, 금융위원회, 기획재정부 등 여러 중앙부처의 사업들이 포함되어 있는데 이는 사회적경제 관련 정책들이 부처별로 대단히 분절되어 있음을 여실히 보여주고 있다. "부처별 분절된 지원체계로 인한 유사·중복사업"의 정도를 심화시키는 원인 중의 하나는 중앙정부·광역지자체·기초지자체 등 수준별 분절된 지원체계이다.

'유사·중복사업'의 유무 및 정도를 살펴보자면, 예를 들어, 1) 창업·금융·판로지원·경영지원·인력지원·기술·기타 등으로 정책의 사업이 구분되는데 각각의 지원성격별로 여러 부처에 산재해 있다. 협동조합 지원 역시도 과기부 과학기술협동조합, 문화체육관광부의 문화예술협동조합, 교육부의 학교협동조합 지원 등으로 부처에 따라 협동조합 지원 사업이 나뉘어 있음을 쉽게 알 수 있다. 이러한 유사 성격의 사회적경제 정책과 지원사업이 기획되고, 추진됨에 있어서 중앙부처들 간의 협의가 충분하게 진행되지 못하고 있으며 모니터링 역시 미흡하다는 지적이 있었다. 또한 사업 구분이 보다 세분화될 필요가 있는데, 예를 들어, 교육·컨설팅 등으로 구분하여야 한다. 현재 57개 중앙부처 사업 분류표에서는 경영지원 등으로 구분되어, 교육과 컨설팅은 모두 경영지원으로 묶여 분류되므로 사회적기업이나 마을기업 등이 쉽게 구분하여 신청하기 어려운 상황이다.

〈표 4-7〉 사업 분류에 따른 57개 사회적경제 사업 분류

| 사업 분류 | 해당 부처 | 지원사업 명칭 |
|---|---|---|
| 창업 | 고용노동부 | 3. 청년 등 사회적기업가 육성사업 |
| | 중소벤처기업부 | 17. 예비창업패키지 |
| | 문화체육관광부 | 18. 문화예술 분야 사회적경제 활성화 지원 |
| | | 23. 관광두레 조성 |
| | 보건복지부 | 29. 자활기업 활성화 지원 |
| | 교육부 | 33. 학교협동조합 활성화 |
| | | 35. 대학 창업교육체제 구축 |
| | 행정안전부 | 36. 마을기업 육성 |
| | | 37. 지역주도형 청년일자리 |
| | 국토부 | 41. 마을관리협동조합 육성 |
| | 농수산부 | 44. 농촌 신활력플러스 사업 |
| | 산림청 | 46. 산림형 사회적기업 발굴·육성 |
| | | 47. 산림일자리발전소 운영 |
| | 기획재정부 | 53. 협동조합 활성화 |
| | 과기부 | 54. 과학기술인 협동조합 육성·지원 |
| | | 56. 혁신적 기술 프로그램(CTS) |
| | 환경부 | 55. 환경분야 사회적경제 육성 |
| 판로 | 고용노동부 | 5. 사회적경제기업 판로지원 통합플랫폼 운영 |
| | | 6. 사회적기업 제품 공공기관 우선구매 |

| 사업 분류 | 해당 부처 | 지원사업 명칭 |
|---|---|---|
| 판로 | 중소벤처기업부 | 8. 사회적경제기업 성장집중지원 (2021년 신규 사업) |
| | | 9. 소상공인 협업 활성화 |
| | 산자부 | 25. 사회적경제혁신성장(사업화) |
| | | 28. 사회적경제기업 해외진출 지원 |
| | 보건복지부 | 29. 자활기업 활성화 지원 |
| | 행정안전부 | 36. 마을기업 육성 |
| | | 40. 사회적경제 협업체계 구축사업 |
| | 산림청 | 46. 산림형 사회적기업 발굴·육성 |
| | | 47. 산림일자리발전소 운영 |
| | 기획재정부 | 53. 협동조합 활성화 |
| 금융 | 고용노동부 | 1. 사회적기업 일자리 창출 |
| | | 7. 사회적경제기업 모태펀드 |
| | 중소벤처기업부 | 12. 소셜임팩트 펀드 |
| | | 13. 소셜임팩트 보증 |
| | | 14. 사회적경제기업 정책자금 지원 |
| | | 15. 소상공인 사회적경제기업 전용자금 |
| | | 16. 사회적경제기업 특례보증 |
| | 산자부 | 27. 디자인 주도 사회적기업 혁신역량 강화 |
| | 보건복지부 | 29. 자활기업 활성화 지원 |
| | 행정안전부 | 36. 마을기업 육성 |
| | | 39. 지역자산화 지원사업 |
| | | 40. 사회적경제 협업체계 구축사업 |
| | 국토부 | 42. 사회주택 공급 활성화 |
| | 금융위원회 | 49. 신용보증기금 사회적경제 보증사업 |
| | | 50. 사회적경제기업 평가시스템 활용 확대 |
| | | 51. 서민금융진흥원 사회적경제 대출지원 |
| | 금융위원회 | 52. 사회투자펀드 조성 및 운영 |
| 인력 | 고용노동부 | 1. 사회적기업 일자리 창출 |
| | 문화체육관광부 | 20. 작은미술관 조성 및 운영지원 |
| | 행정안전부 | 36. 마을기업 육성 |
| | | 37. 지역주도형 청년일자리 |
| | 기획재정부 | 53. 협동조합 활성화 |

| 사업 분류 | 해당 부처 | 지원사업 명칭 |
|---|---|---|
| 기술 | 고용노동부 | 2. 사업개발비 지원 |
| | 중소벤처기업부 | 8. 사회적경제기업 성장집중지원 (2021년 신규 사업) |
| | | 9. 소상공인 협업 활성화 |
| | 산자부 | 24. 사회적경제혁신성장(R&D) |
| | | 27. 디자인 주도 사회적기업 혁신역량 강화 |
| | 보건복지부 | 29. 자활기업 활성화 지원 |
| | 행정안전부 | 36. 마을기업 육성 |
| | 농수산부 | 44. 농촌 신활력플러스 사업 |
| | 과기부 | 54. 과학기술인 협동조합 육성·지원 |
| | | 56. 혁신적 기술 프로그램(CTS) |
| | 환경부 | 55. 환경 분야 사회적경제 육성 |
| 경영 지원 | 고용노동부 | 2. 사업개발비 지원 |
| | | 4. 사회적기업 성장지원센터 조성 |
| | 중소벤처기업부 | 8. 사회적경제기업 성장집중지원 (2021년 신규 사업) |
| | | 9. 소상공인 협업 활성화 |
| | 문체부 | 18. 문화예술 분야 사회적경제 활성화 지원 |
| | | 22. 스포츠클럽 육성 |
| | | 23. 관광두레 조성 |
| | 보건복지부 | 29. 자활기업 활성화 지원 |
| | 교육부 | 33. 학교협동조합 활성화 |
| | 행정안전부 | 36. 마을기업 육성 |
| | | 40. 사회적경제 협업체계 구축사업 |
| | 국토부 | 41. 마을관리협동조합 육성 |
| | | 42. 사회주택 공급 활성화 |
| | 농수산부 | 43. 사회적 농업 활성화 지원 |
| | | 44. 농촌 신활력플러스 사업 |
| | 산림청 | 46. 산림형 사회적기업 발굴·육성 |
| | | 47. 산림일자리발전소 운영 |
| | | 48. 신품종 생명자원 활용 공동체 활성화 |
| | 기획재정부 | 53. 협동조합 활성화 |
| | 과기부 | 54. 과학기술인 협동조합 육성·지원 |
| | 환경부 | 55. 환경 분야 사회적경제 육성 |
| | 농수산부 | 57. 어촌뉴딜 300 |

| 사업 분류 | 해당 부처 | 지원사업 명칭 |
|---|---|---|
| 기타 | 중소벤처기업부 | 8. 사회적경제기업 성장집중지원 (2021년 신규 사업) |
| | | 10. 중소기업협동조합 육성사업 |
| | | 11. 소셜벤처 육성 |
| | 문화체육관광부 | 19. 토요문화학교 운영 |
| | | 20. 작은미술관 조성 및 운영지원 |
| | | 21. 작은도서관 독서문화프로그램 운영 |
| | 산자부 | 26. 사회적경제 혁신타운 |
| | 보건복지부 | 30. 사회서비스 분야 사회적경제 육성지원 |
| | | 31. 사회적경제 연계 발달장애인 자조모임 활성화 |
| | | 32. 지역사회 통합돌봄 선도사업 |
| | 교육부 | 34. 인문사회연구소(문제해결형) 지원 |
| | | 35. 대학 창업교육체제 구축 |
| | 행정안전부 | 38. 지역거점별 소통협력공간 조성 사업 |
| | 농수산부 | 45. 농촌 교육·문화·복지(축제·유학 포함) 지원 |
| | 환경부 | 55. 환경 분야 사회적경제 육성 |

## 3. 재정사업 자율평가 결과

매 회계연도마다 중앙부처별로 재정사업 자율평가를 실시하고 그 결과를 공개하고 있다. 부처별 자체평가단 구성에 의한 자체 평가이므로 평가 점수 및 등급의 부처 간 비교는 적절하지 않다. 부처별 자율평가에서는 사경 분야 57개 정책 각각에 대한 평가에 없는 경우가 많으며, 예산 규모가 훨씬 큰 상위 사업의 한 범주로 포함되어 사경 정책 각각의 평가를 확인하기 어려운 경우가 대부분이었다.

평가 기준은 사업의 적정성(10점, 정부지출 필요성 5점 및 사업방식 효과성 및 재정분담 적정성 5점), 집행률 제고 노력(30점), 성과목표 달성도(40점), 사업성과 우수성(10점), 제도 개선 노력(10점)으로 구성된다. 사회적가치 구현 사업인가에 따라 최대 5점까지의 가산점이 부여될 수 있다.

### 1) 행정안전부 마을기업 지원사업 및 청년일자리 사업 평가

행정안전부 '37. 지역주도형 청년일자리 사업'은 행정안전부 사회적경제 정책 중에서 예산 기준으로 압도적으로 큰(2,350억 원) 사업이다. 행정안전부 지역일자리 창출사업의 일환으로 포함되며, 지역일자리 창출사업에는 희망근로 지원사업도 포함된다. 청년일자리 사업은 예산집행률 99.9% 등으로 인해 '우수' 평가를 받았으며 우수협력모델 사업으로 평가되었다.

행정안전부의 '36. 마을기업지원사업'은 지역공동체 기반 조성 및 역량강화 사업의 일환이다. 지역공동체 기반 조성 및 역량강화 사업은 2020년 평가에서 '우수' 평가를 받았다. 마을기업육성(지원)법 제정 추진 노력이 경주되고 있으나, 제정되지 못함에 따라 아직 마을기업에 대한 행정·재정 지원의 법적 근거가 취약하다는 오랜 지적을 불식시키지 못하고 있다(행정안전부, 2021).

홈플러스, E-Bay코리아와의 협력을 통한 마을기업 판매활동 지원, 지방재정공제회와의 협약을 통한 컨설팅 지원으로 마을기업 회생 지원, 마을기업 활동을 통한 지역 순환경제 공헌 등의 사회적 가치 기여가 인정되지만 정량적 자료를 제시하지 못하고 있어 직접적 효과 입증을 하지 못한다는 지적이 있었다(행정안전부, 2021).

### 2) 고용노동부 사회적기업 지원사업 평가

'1. 사회적기업 일자리창출' 사업의 적절성 평가에서는 일자리 제공형 사회적기업이 취약계층에게 다양한 순기능을 제공하고 있으며, 사회적기업에 대한 컨설팅은 사회적기업의 지속가능성을 높이고, 재정지원 수혜 사회적기업이 사회적기업의 지속가능성을 유의하게 높인다는 선행연구를 인용하면서 사업 적절성이 있는 것으로 평가하였다(고용노동부, 2021).

사회적기업 일자리 창출 사업의 성과목표는 1) 신규 인증 사회적기업 개수, 2) 사회적기업 3년 생존율(%), 3) 창업성공팀의 (예비)사회적기업 전환율(%) 3가지이다.

이는 사회적기업의 개수를 늘리고, 사회적기업 생존율을 높이는데 집중하고 있는 양적 성장 패러다임에서 벗어나지 못한 지표들이다. 아울러 신규 사회적기업 개수의 비중이 30%, 사회적기업 3년 생존율 비중이 40%, 창업성공팀의 (예비)사회적기업 전환율의 비중이 30%로 설정되어 있어 창업성공팀의 사회적기업 전환율의 비중이 과대평가되어 있고, 사회적기업 생존율은 더 높아져야 할 필요성이 있는 등 비중 설정도 정교하다고 보기 어렵다. 또한 초기 사회적기업에 대한 3년 간의 인건비 지원이 이루어지는 현실에서, 3년 간의 생존율 지표는 지나치게 단기적이며 지속가능성을 잘 드러내는 지표로 보기 어렵다.

사업성과의 우수성 지표와 제도적 개선 노력 지표에서 높은 점수를 획득하지 못하여 고용노동부 사회적기업육성사업은 '보통' 평가를 받았다.

대부분의 정부·지자체에서 수립되는 사회적경제 발전모델에서 사회적기업의 역할과 위상을 고려하는 사회적기업 관련 중장기 목표가 없다. 아울러 마을기업과 협동조합, 자활기업에 대해서도 마찬가지이다. 어떤 경제조직들로 구성된 사회적경제의 미래상을 그리고 있는지, 사회적경제가 민간기업들과의 관계 및 정부·지자체 등 공공 부문과의 관계를 어떻게 설정해야 하는지, 사회적경제조직들의 노동·개별법협동조합·유관 기능 등과의 관련성을 어떻게 기대하는지 등에 따른 사회적경제 전반에 대한 청사진이 없음으로 인해 개별 사회적경제조직별 성장목표만을 설정하고 이를 점검할 뿐이다.

### 3) 기획재정부 협동조합활성화사업

성과목표 달성도 평가에서 사용된 성과목표는 전문가만족도 조사 결과 및 협동조합 설립 목표 수의 2가지이다(기획재정부, 2021). 따라서 설립 중심의 양적 성장 성과지표 사용이 사회적기업지원사업 평가뿐 아니라 협동조합지원사업 평가에서도 중시됨을 알 수 있다.

### 4) 보건복지부 자활지원사업

자활지원사업에서 자활기업 및 자활센터에 대한 별도의 평가 관련 언급이 존재하지 않았다.

## 4. 한국사회적경제연대회의 정책모니터링 평가

### 1) 정책모니터링 평가 개요

한국사회적경제연대회의(2021)는 2020년 말 기준 16개 중앙부처 산하 56개 사회적경제 정책에 대해 정책모니터링을 실시하여 발표하였다.

조사에 참여한 324명의 유효응답(사회적경제기업 소속 140명, 민간지원조직 소속 133명, 정부중간지원조직 소속 31명, 공무원 3명)에 기초하였으며, 질문 문항들은 사회적경제 정책에 대한 참여 경험, 정책에 대한 인지도, 정책에 대한 만족도, 정책의 개선에 대한 인지 정도 등으로 구성되었다.

사회적경제기업 소속이 사회적기업·협동조합·마을기업·자활기업 등으로 세분화되지 않았으며, 중간지원조직 역시도 정부와 민간의 구분 외에 조직형태별 중간지원조직 구분(통합지원기관·마을기업지원기관·사회적경제지원센터(직영·위탁운영))이나 수준(중앙부처 산하, 광역 중간지원조직, 기초 중간지원조직 등)의 구분이 없었던 점, 그리고 개별 정책에 대한 참여 경험이 낮아 정책에 대한 객관적 평가가 충분하였는가의 문제 제기가 가능한 점 등은 조사의 한계로 보인다. 특히 개별 정책에 대한 평가는 설문조사에서 어느 정도 기초하고 있는지가 명료하지 않아 대표성의 측면에서 향후 보완이 필요하다.

## 2) 정책 참여 경험, 정책인지도, 정책만족도 결과

56개 정책 각각에 대해 참여한 경험이 있다고 응답한 비율이 높은 정책들의 순서는 1) 사회적기업 일자리 창출(고용노동부, 33.3%), 2) 사업개발비 지원사업(고용노동부, 20.7%), 3) 청년 등 사회적기업가 육성사업(고용노동부, 13.3%), 4) 산림일자리 발전소 운영(산림청, 10.8%), 5) 사회적기업 제품 공공기관 우선구매(고용노동부, 9.3%), 6) 사회적기업 성장지원센터 조성사업(고용노동부, 9%), 7) 협동조합 활성화 사업(기획재정부, 8.3%), 8) 산림형 사회적기업 발굴·육성(산림청, 8.3%), 9) 사회적경제기업 판로지원 통합플랫폼사업(고용노동부, 7.1%), 10) 소상공인 협업 활성화(중소벤처기업부, 6.8%), 11) 사회적경제 혁신성장(사업화)(산업통상자원부, 6.2%), 12) 마을기업 육성사업(행정안전부, 5.9%), 13) 지역주도형 청년일자리 사업(행정안전부, 5.9%), 14) 도시재생뉴딜 주민 역량강화사업 지원(국토부, 5.6%)의 순서(5% 이상 참여)로 나타났다. 괄호 안 숫자는 개별 정책에 대한 참여 경험이 있다고 응답한 비율이다.

56개 정책 중에서 인지도가 높은 정책들의 순서는 1) 사회적기업 일자리 창출(고용노동부, 90.4%), 2) 청년 등 사회적기업가 육성사업(고용노동부, 89.2%), 3) 사업개발비 지원사업(고용노동부, 77.5%), 4) 지역주도형 청년일자리 사업(행정안전부, 75.6%), 5) 사회적기업 제품 공공기관 우선구매(고용노동부, 75.3%), 6) 마을기업 육성사업(행정안전부, 74.7%), 7) 사회적기업 성장지원센터 조성사업(고용노동부, 67.6%), 8) 사회적경제기업 정책자금 지원(중소벤처기업부, 67.6%), 9) 소셜벤처 육성사업(중소벤처기업부, 67%), 10) 사회적경제기업 판로지원 통합플랫폼사업(고용노동부, 65.7%), 11) 도시재생뉴딜 주민역량 강화사업 지원(국토부, 65.4%), 12) 소상공인 협업 활성화(중소벤처기업부, 60.5%), 13) 협동조합 활성화 사업(기획재정부, 60.4%)의 순서로 나타났다. 괄호 안 숫자는 인지하고 있다는 응답의 비율이다. 고용노동부 사업들이 참여 경험과 인지도 두 기준 모두의 평가에서 높은 순위들을 차지하고 있는 것을 알 수 있다.

324명 응답자 중 34%는 문재인 정부의 사회적경제 정책들이 수요자 중심의 정책 설계임에 동의하였다. 37%의 응답자들은 사회적경제 분야 현장과 원활하게 소통하면서 정책을 시행하고 있다고 응답하였다. 동의의 비율은 둘 다 40% 미만이라는 점에서 문재인 정부의 사회적경제 정책들이 높은 평가를 받고 있다고 보기는 어렵다. 아울러 51%의 응답자들은 그 정책들이 사회적경제 생태계 조성에 기여한다고 응답하였다.

### 3) 개별 정책 평가

1) 사회적기업 일자리 창출(고용노동부)의 경우 2020년 사업 공지의

잦은 연기로 인한 종업원 고용유지 어려움 유발의 문제점이 지적되었다. 고용 관련 지원금의 기업 자율적·탄력적 활용 폭을 넓혀줄 필요성이 지적되기도 하였다.

2) 사업개발비 지원사업(고용노동부)은 사회적가치 중심 선정으로의 전환이 미흡하며, 선정과정에서 단기성과 중심 및 민간기업 동일 평가방식 사용 등이 문제로 지적되었다.

3) 청년 등 사회적기업가 육성사업(고용노동부)은 단기적 관점에서의 양적 지표 기준 평가방식이 문제로 지적되었다.

4) 사회적경제기업 판로지원 통합플랫폼사업(고용노동부)은 2019년 누적 매출액이 12억 원에 불과하여 서울시 운영 함께누리몰 매출(약 300억 원)에 비해 현저히 부진한 점이 지적되었다.

5) 기획재정부 사회적경제 관련 사업 모니터링에서는 사회적경제 범부처 통합지원체계 구축을 주도하겠다고 표방하였으나 가시적인 성과가 없는 것으로 지적되었다. 고용노동부를 제외한 사회적경제 관련 주요 부서들인 보건복지부, 환경부, 국토부 등에 사회적경제 관련 부서가 없는 점은 사회적경제 정책의 질적 발전에 장애로 작용하는 것으로 보이며, 이는 기획재정부의 범부처 통합지원체계 구축의 기조와도 맞지 않는 현실이라고 평가되었다(한국사회적경제연대회의, 2021).

### 4) 정책모니터링 평가 종합

1) 사회적경제 정책의 만족도, 전년 대비 개선 정도, 현장과의 소통 원활 정도, 생태계 조성에의 기여 정도에 대한 답변 결과는 개선의 여지가 상당한 것으로 나타났다. 사회적경제 정책들에 대한 기획재정부 중심의 범부처 통합관리체계 구축을 표방하였으나, 지난 몇 년 간 제

대로 가시화되지 못했다. 56개 정책들의 실질적 통합관리가 이루어지지 않고 있는 점은 중요한 문제점이며, 정책들 간의 시너지를 낳지 못하는 현실로 평가된다. 심지어 56개 사회적경제 정책 중 상당수는 기존 정책을 사회적경제 정책으로 명명한 것에 지나지 않는다는 비판도 제기된다.

사회적경제 정책의 계획, 집행, 평가의 전 과정에 대해 '사회적경제 민관위원회' 설치, 지방정부와의 협의구조 강화, 민간 참여 확대 등이 필요하다는 개선 과제가 제시되었다.

기획재정부는 사회적경제조직(사회적기업·협동조합·마을기업·자활기업·소셜벤처) 및 중간지원조직을 대상으로 2021년 하반기 사회적경제 정책 이해도 및 만족도 조사(한국사회적기업진흥원 시행)를 진행할 계획이다. 이는 기획재정부가 사회적경제 정책들을 개선하기 위한 노력의 시작일 것이다.

아울러 사회적경제에 대한 통합적·체계적 홍보가 이루어지지 않고 있는 문제점도 지적되었다. 이는 범부처 통합관리체계 구축과 작동의 실패뿐 아니라 사회적경제 전반에 대한 발전계획이 부재한 가운데, 사회적기업·협동조합·마을기업·자활기업 등 개별 조직 단위 기본계획 수립에 매몰된 현실의 결과인 것으로 보인다. 따라서 사회적경제 발전계획과 개별 조직의 기본계획 등을 대대적으로 정비하고 체계화하는 노력이 경주될 필요성이 크다.

## 5. 본 연구 면접과정에서의 중앙부처 정책 평가

〈표 4-8〉에서 볼 수 있듯이 기초 사경센터가 중요하게 생각하는 중앙부처의 사회적경제 사업으로는 사회적기업 일자리 창출, 사업개발비 지원, 청년 등 사회적기업가 육성사업, 사회적기업 제품 공공기관 우선구매, 사회적경제기업 모태펀드, 사회적경제기업 정책자금 지원, 사회적경제기업 특례보증, 문화예술 분야 사회적경제 활성화 지원, 사회적경제 혁신성장(R&D), 사회적경제 혁신성장(사업화), 사회적경제 혁신타운, 사회서비스 분야 사회적경제 육성지원, 지역사회 통합돌봄 선도사업, 학교협동조합 활성화, 지역거점별 소통협력공간 조성 사업, 지역자산화 지원사업, 사회적경제 협업체계 구축사업, 사회주택 공급 활성화, 산림형 사회적기업 발굴·육성, 신용보증기금 사회적경제 보증사업, 사회적경제기업 평가시스템 활용 확대, 서민금융진흥원 사회적경제 대출지원, 사회투자펀드 조성 및 운영, 협동조합 활성화, 환경 분야 사회적경제 육성 등 총 25개가 선택되었다.

광역센터가 중요하게 생각하는 중앙부처의 사회적경제 사업으로는, 사회적기업 일자리 창출, 사업개발비 지원, 청년 등 사회적기업가 육성사업, 사회적기업 성장지원센터 조성, 사회적경제기업 판로지원 통합플랫폼 운영, 사회적기업 제품 공공기관 우선구매, 사회적경제기업 모태펀드, 소셜벤처 육성, 소셜임팩트 펀드, 소셜임패트 보증, 사회적경제기업 정책자금 지원, 소상공인 사회적경제기업 전용자금, 사회적경제기업 특례보증, 예비창업패키지, 사회적경제 혁신성장(R&D), 사회적경제 혁신타운, 사회적경제기업 해외진출 지원, 사회서비스 분야 사회적경제 육성지원, 사회적경제 연계 발달장애인 자조모임 활성화,

지역사회 통합돌봄, 선도사업, 학교협동조합 활성화, 마을기업 육성, 지역자산화 지원사업, 사회적경제 협업체계 구축사업, 마을관리협동조합 육성, 신용보증기금 사회적경제 보증사업, 사회적경제기업 평가시스템 활용 확대, 서민금융진흥원 사회적경제 대출지원, 사회투자펀드 조성 및 운영, 협동조합 활성화 등 총 30개 사업이 선택되었다.

기초와 광역이 함께 중요하다고 보는 사업으로는, 사회적기업 일자리 창출, 사업개발비 지원, 청년 등 사회적기업가 육성사업, 사회적기업 제품 공공기관 우선구매, 사회적경제 모태펀드, 소셜임팩트 펀드, 사회적경제 기업 정책자금 지원, 사회적경제기업 특례보증, 사회적경제 혁신성장(R&D), 사회적경제 혁신성장(사업화), 사회적경제 혁신타운, 사회서비스 분야 사회적경제 육성사업, 지역사회 통합돌봄 선도사업, 학교협동조합 활성화, 지역자산화 지원사업, 사회적경제 협업체계 구축사업, 사회주택 공급 활성화, 신용보증기금 사회적경제 보증사업, 사회적경제 기업 평가시스템 활용 확대, 서민금융진흥원 사회적경제 대출지원, 사회투자펀드 조성 및 운영, 협동조합 활성화, 환경 분야 사회적경제 육성 등 총 22개가 선택되었다.

중요하다고 평가한 사업의 숫자가 광역센터에서 좀더 많았다. 소셜벤처 육성, 소셜임팩트 펀드, 소셜임패트 보증, 소상공인 사회적경제 기업 전용자금, 사회적기업 해외진출 지원, 마을관리협동조합 육성 등 사회적금융과 관련 있거나, 더 광범위한 사업을 중심으로 중요하다고 판단하고 있는 것으로 보인다.

기초센터는 사회적경제 혁신성장(사업화), 지역거점별 소통협력공간 조성 사업, 사회주택 공급 활성화, 산림형 사회적기업 발굴·육성, 환경 분야 사회적경제 육성 등 주로 지역밀착형이거나 구체적 사업을 중심으로 사업의 중요성을 생각하고 있음을 알 수 있다.

한편, 사회적경제기업 성장집중지원, 소상공인 협업 활성화, 중소기업협동조합 육성사업, 토요문화학교 운영, 작은미술관 조성 및 운영지원, 작은도서관 독서문화프로그램 운영, 스포츠클럽 육성, 관광두레 조성, 디자인 주도 사회적기업 혁신역량 강화, 자활기업 활성화 지원, 인문사회연구소(문제해결형) 지원, 대학 창업교육체제 구축, 지역주도형 청년일자리, 사회적 농업 활성화 지원, 농촌 신활력플러스 사업, 농촌 교육·문화·복지(축제, 유학 포함) 지원, 산림일자리발전소 운영, 신품종 생명자원 활용 공동체 활성화, 과학기술인 협동조합 육성·지원, 혁신적 기술 프로그램, 어촌뉴딜 등 문화, 농어촌 관련 사업에 대한 중요도는 상대적으로 낮게 나오고 있다는 점을 고려할 필요가 있다. 사회적경제 영역에서 필요가 없다고 생각하고 있거나 아니면 구체적 필요성을 인식하는 홍보가 부족한 면이 있을 수 있다. 하지만 중요도와 예산 크기 등이 균형적인지 검토할 필요가 있으며, 사업의 지속 필요성을 정기적으로 평가할 필요가 있음을 짐작할 수 있다.

〈표 4-8〉 인터뷰에서의 중앙부처 사회적경제 사업 중요도 의견

| 중앙부서 | 프로그램 | 분야 | 기초 (8개) | 광역 (4개) | 종합 (12개) |
|---|---|---|---|---|---|
| 고용노동부 | 1. 사회적기업 일자리 창출 | 인력/금융 | 9 | 7 | 15 |
| | 2. 사업개발비 지원 | 기술/경영지원 | 9 | 7 | 16 |
| | 3. 청년 등 사회적기업가 육성사업 | 창업 | 7 | 7 | 14 |
| | 4. 사회적기업 성장지원센터 조성 | 경영지원 | | 5 | |
| | 5. 사회적경제기업 판로지원 통합플랫폼 운영 | 판로 | | 6 | |

| 중앙부서 | 프로그램 | 분야 | 기초 (8개) | 광역 (4개) | 종합 (12개) |
|---|---|---|---|---|---|
| 고용노동부 | 6. 사회적기업 제품 공공기관 우선구매 | 판로 | 9 | 5 | 15 |
| | 7. 사회적경제기업 모태펀드 | 금융 | 6 | 7 | 11 |
| 중소벤처기업부 | 8. 사회적경제기업성장집중지원 (2021년 신규 사업) | 기술·판로·경영지원·기타 | | | |
| | 9. 소상공인 협업 활성화 | 기술·판로·경영지원 | | | |
| | 10. 중소기업협동조합 육성사업 | 기타 | | | |
| | 11. 소셜벤처 육성 | 기타 | | 7 | |
| | 12. 소셜임팩트 펀드 | 금융 | | 6 | 11 |
| | 13. 소셜임팩트 보증 | 금융 | | 6 | |
| | 14. 사회적경제기업 정책자금 지원 | 금융 | 10 | 5 | 16 |
| | 15. 소상공인 사회적경제기업 전용자금 | 금융 | | 7 | |
| | 16. 사회적경제기업 특례보증 | 금융 | 7 | 5 | 14 |
| | 17. 예비창업패키지 | 창업 | | 6 | |
| 문체부 | 18. 문화예술분야 사회적경제 활성화 지원 | 창업·경영지원 | 7 | | |
| | 19. 토요문화학교 운영 | 기타 | | | |
| | 20. 작은미술관 조성 및 운영지원 | 인력, 기타 | | | |
| | 21. 작은도서관 독서문화 프로그램 운영 | 기타 | | | |
| | 22. 스포츠클럽 육성 | 경영지원 | | | |
| | 23. 관광두레 조성 | 창업, 경영지원 | | | |
| 산자부 | 24. 사회적경제 혁신성장 (R&D) | 기술 | 11 | 7 | 17 |
| | 25. 사회적경제 혁신성장 (사업화) | 판로 | 9 | | 13 |
| | 26. 사회적경제 혁신타운 | 기타 | 8 | 5 | 15 |

| 중앙 부서 | 프로그램 | 분야 | 기초 (8개) | 광역 (4개) | 종합 (12개) |
|---|---|---|---|---|---|
| 산자부 | 27. 디자인 주도 사회적 기업 혁신역량 강화 | 금융, 기술 | | | |
| | 28. 사회적경제기업 해외 진출 지원 | 판로 | | 6 | |
| 보건복지부 | 29. 자활기업 활성화 지원 | 금융·기술·인력·판로·창업·경영지원 | | | |
| | 30. 사회서비스 분야 사회적경제 육성지원 | 기타 | 10 | 5 | |
| | 31. 사회적경제 연계 발달장애인 자조모임 활성화 | 기타 | | 5 | |
| | 32. 지역사회 통합돌봄 선도사업 | 기타 | 9 | 5 | 14 |
| 교육부 | 33. 학교협동조합 활성화 | 창업, 경영지원 | 5 | 5 | 10 |
| | 34. 인문사회연구소(문제해결형) 지원 | 기타 | | | |
| | 35 대학 창업교육체제 구축 | 창업, 기타 | | | |
| 행정안전부 | 36. 마을기업 육성 | 금융·기술·인력·판로·창업·경영지원 | | 5 | |
| | 37. 지역주도형 청년일자리 | 인력, 창업 | | | |
| | 38. 지역거점별 소통협력 공간 조성 사업 | 기타 | 7 | | |
| | 39. 지역자산화 지원사업 | 금융 | 9 | 5 | 14 |
| | 40. 사회적경제 협업체계 구축사업 | 금융, 판로, 경영지원 | 12 | 5 | 17 |
| 국토부 | 41. 마을관리협동조합 육성 | 창업, 경영지원 | | 6 | |
| | 42. 사회주택 공급 활성화 | 금융, 경영지원 | 7 | | 11 |
| 농수산부 | 43. 사회적 농업 활성화 지원 | 경영지원 | | | |
| | 44. 농촌 신활력플러스 사업 | 기술, 창업, 경영지원 | | | |

| 중앙<br>부서 | 프로그램 | 분야 | 기초<br>(8개) | 광역<br>(4개) | 종합<br>(12개) |
|---|---|---|---|---|---|
| 농수산부 | 45. 농촌 교육·문화·복지<br>(축제·유학 포함)<br>지원 | 기타 | | | |
| 산림청 | 46. 산림형 사회적기업<br>발굴·육성 | 창업, 판로, 경영지원 | 5 | | |
| | 47. 산림일자리발전소<br>운영 | 창업, 판로, 경영지원 | | | |
| | 48. 신품종 생명자원<br>활용 공동체 활성화 | 경영지원 | | | |
| 금융위원회 | 49. 신용보증기금 사회적<br>경제 보증사업 | 금융 | 13 | 6 | 19 |
| | 50. 사회적경제기업 평가<br>시스템 활용 확대 | 금융 | 7 | 5 | 13 |
| | 51. 서민금융진흥원 사회<br>적경제 대출 지원 | 금융 | 7 | 6 | 12 |
| | 52. 사회투자펀드<br>조성 및 운영 | 금융 | 9 | 6 | 15 |
| 기획재정부 등 | 53. 협동조합 활성화 | 인력, 판로, 창업, 경영<br>지원 | 5 | 6 | 11 |
| | 54. 과학기술인 협동조합<br>육성·지원 | 기술, 창업, 경영지원 | | | |
| | 55. 환경분야 사회적경제<br>육성 | 기술, 창업, 경영지원,<br>기타 | 7 | | 11 |
| | 56. 혁신적 기술 프로그<br>램(CTS) | 기술, 창업 | | | |
| | 57. 어촌뉴딜 300 | 경영지원 | | | |

\* 이 표에서 '상당히 중요'는 1점, '매우 중요'는 2점을 부여하고 합산하여 상대적 중요성을 보고 있음. 특히 중요도 2점을 부여한 센터가 2곳 이상인 곳을 표시하고 있음. 기초센터와 광역센터 중 응답하지 않은 곳을 제외하고 나머지를 합산하였기 때문에 일반화하기 어렵고, 다만 상대적 중요성을 알아볼 수 있음.

# 제5장 광역·기초지자체 사회적경제 지원 사업

## 1. 광역단위 사업 개요

### 1) 지자체 사회적경제정책 평가사업

〈표 4-9〉 사회적경제정책 평가사업 지표별 평가방법

| 순번 | 코드 | 평가지표 | 평가방법 |
|---|---|---|---|
| 1 | 1_1 | 통합조례제정 | 1, 3, 5점 부여 |
| 2 | 1_2 | 기본계획의 수립 및 실행 | 5점척도(평가위원 부여) |
| 3 | 1_3 | 연도별 실행계획 관리 | 5점척도(평가위원 부여) |
| 4 | 1_4 | 특색있는 육성정책의 개발 | 건별 1점, 최대 5점 |
| 5 | 2_1 | 예산: 총예산 대비 비율 | 평균 3점(각 ±20%, 40% 가감점) 1~5점 부여 |
| 6 | 2_2 | 사경 조직 편재 | 계, 과, 국(1, 3, 5점 부여) |
| 7 | 2_3 | 자체 중간지원조직 종사자 수 | 평균 3점(각 ±20%, 40% 가감점) 1~5점 부여 |
| 8 | 2_4 | 공공조달 비율 : 사회적기업 | 평균 3점(각 ±20%, 40% 가감점) 1~5점 부여 |
| 9 | 3_1 | 인구 1천명 당 사경조직 개소 수 | 평균 3점(각 ±20%, 40% 가감점) 1~5점 부여 |
| 10 | 3_2 | 조직평균 매출액 | 평균 3점(각 ±20%, 40% 가감점) 1~5점 부여 |
| 11 | 3_3 | 우수사례 선정 | 건별 1점, 최대 10점 |
| 12 | 3_4 | 사회적경제 통한 지역문제 해결 사례 | 건별 1점, 최대 10점 |
| 13 | 4_1 | 위원회·실무협의회 운영 | 회의당 1점 : 평균 3점(각 ±20%, 40% 가감점) |

| 14 | 4_2 | 민간 정책제안 수렴 수준 | 건별 1점 : 평균 3점(각 ±20%, 40% 가감점) |
|---|---|---|---|
| 15 | 4_3 | 사경 정책 평가 여부 및 환류 | 최저 3점, 최대 10점까지 부여 |
| 16 | 4_4 | 민간과의 관계, 언론노출, 대시민 교육 등 | 5점척도(평가위원 부여) |

　

사회적경제활성화전국네트워크는 2019년부터 지자체 사회적경제 정책 평가사업을 진행하고 있으며, 2021년 11월에는 제3회 평가사업 이 진행될 예정이다.

평가에는 1) 정책기반 정비, 2) 지원수준, 3) 정책성과, 4) 거버넌스 의 4가지 분류로 이루어진 14개 지표가 사용되었다. 〈표 4-9〉는 2019 년 제1회 평가사업에서 사용된 16개 지표 관련 내용이다. 〈표 4-10〉 은 평가지표별 근거자료 내용을 보여주고 있다.

**〈표 4-10〉 사회적경제정책 평가사업 지표별 제출 서류**

| 순번 | 코드 | 평가지표 | 평가 근거서류 제출 내용 |
|---|---|---|---|
| 1 | 1_1 | 통합조례 제정 | 통합조례 |
| 2 | 1_2 | 기본계획의 수립 및 실행 | 1) 기본계획 서류 혹은 파일<br>2) 기본계획 수립 일정<br>3) 의견수렴 회의 개최 문서(간담회, 토론회, 공청회 등) |
| 3 | 1_3 | 연도별 실행계획 관리 | 2018년 실행계획 제출 및 기본계획 연관성 분석표 |
| 4 | 1_4 | 특색있는 육성정책의 개발 | 특색있다고 생각하는 정책(추출) |
| 5 | 2_1 | 예산: 총예산 대비 비율 | 1) 비율계산식(예산서 사경예산, 총예산액 근거 자료 첨부) |
| 6 | 2_2 | 사경 조직 편재 | 행정조직도 |
| 7 | 2_3 | 자체 중간지원조직 종사자 수 | 조직도 및 업무분장표 |
| 8 | 2_4 | 공공조달 비율 : 사회적기업 | 행정안전부 지자체합동평가자료 (기존 자료 제출) |
| 9 | 3_1 | 인구 1천명 당 사경조직 개소 수 | 계산식, (사경조직2** 리스트, 2018년 말 인구 자료) |

| 10 | 3_2 | 조직평균 매출액 | 사경조직1의 총매출액/개소수 계산 |
| 11 | 3_3 | 조직, 정책 우수사례 선정 | 우수사례 근거자료 |
| 12 | 3_4 | 사회적경제 통한 지역문제 해결사례 | 지역문제 해결 근거자료 |
| 13 | 4_1 | 위원회·실무협의회 운영 | 위원회·실무위원회 소집 공문 등 근거자료 |
| 14 | 4_2 | 민간 정책제안 수렴 수준 | 민간 정책 제안 내용 및 정책 반영 근거서류 |
| 15 | 4_3 | 사경 정책 평가 여부 및 환류 | 정책평가서 + 관련서류 |
| 16 | 4_4 | 민간과의 관계, 언론노출, 대시민 교육 등 | 근거자료<br>- 대시민 교육은 지자체장의 강의가 아니라 교육프로그램 인사 등도 포함 |

서울시 기초사경센터 대상 지원사업들의 공모·선정 방식이 대부분 경쟁방식이며, 불필요한 경쟁을 유발하는 문제점이 심각하다고 많은 인터뷰 참가자들이 의견을 피력하였다. 이와 관련하여 통합지원기관 선정·평가 지표에 한국자활복지개발원 평가지표 및 행정안전부 사회혁신센터 설치과정에서의 지역 자율성 제고 방안 등을 벤치마킹할 필요성이 지적되기도 한다. 사회적경제 활성화 발전계획과 전략 구체화에 중앙정부가 더욱 집중해야 한다는 의견도 있다.

## 2. 기초단위 사업 개요

### 1) 지자체 사회적경제정책 평가사업

기초지자체 대상 사회적경제 정책 평가사업에서의 평가지표 상세 내용은 앞서 살펴본 광역지자체 대상 평가지표 내용과 거의 동일하다. 2020년 제2회 평가사업 결과 성동구 포함 3개 지자체가 수상하였다.

## 2) 사회적경제 친화도시 선정

위의 지자체 사회적경제정책 평가사업과는 별개로, 고용노동부와 한국사회적기업진흥원이 진행하는 사회적경제 친화도시 선정 사업 결과도 지자체별 사회적경제정책 평가의 일환일 것이다. 사회적경제 관련 사업과 인재 양성을 모범적으로 수행하는 기초지자체를 사회적경제 친화 도시로 선정하였다(고용노동부, "사회적경제 활성화와 사회적 가치 실현을 위해 중앙·지방·공공기관이 한 자리에 모이다", 2019.12.12 보도자료). 사회적경제 전담조직 구성, 사회적경제 활성화 지원 조례 제정, 사회적경제 교육인프라 구축, 주민 대상 사회적경제 교육 실시, 교육청·학교 연계 청소년 대상 사회적경제 교육, 교육 내용 적정성 등 6개 분야 기준에 의거 선정했다. 사회적경제정책 그 자체보다는 사회적경제 인재양성과 교육을 보다 중점적으로 평가하는 방식이다.

2019년의 제1회 선정에서는 전북 완주군, 광주 광산구, 서울 금천구가 선정되었다. 2020년에는 경기도 화성시, 서울 광진구, 전북 전주시 3개 기초지자체가 선정되었다. 2021년에는 서울 영등포구 포함 2개의 기초지자체가 선정되었다.

## 3. 사회적경제 57개 정책 분석 요약

57개 사업 특징 분석과 재분류, 중앙부처별 재정사업 자율평가, 한국사회적경제연대회의 정책모니터링 평가 등의 내용을 종합하면 다음과 같다.

첫째, 유사 사업별 그룹핑 관리가 필요하다. 유사 사업별로 주무부처를 지정하고, 이 주무부처 주간으로 유사 사업의 기획·집행·평가의 범 부처별 통합관리가 필요하다.

둘째, 우리나라 경제발전 방향과 내용에 발맞추어, 기획재정부의 사회적경제 전반에 대한 청사진(발전모델) 구체화가 선행되어야 한다. 이에 기반하여 사회적기업 육성 기본계획, 협동조합 기본계획 등이 함께 구체화되어야 시너지가 발생할 수 있다.

셋째, 사회적경제조직 숫자, 매출액 목표, 고용창출 등의 정량적 목표에 치중하지 말고, 사회적경제 생태계의 조성을 반영하는 지표 설정과 활용이 필수적이다.

넷째, 사회적경제 정책으로 분류된 정책들이 사회적경제 생태계 활성화에 기여하는 정책인가에 대한 지속적인 모니터링이 필요하며, 이 과정에 민간과 당사자조직협의체 등의 참여를 확대해야 할 것이다.

| 제5부 |

# 중간지원조직 개선 방향

앞서 살펴본 것처럼, 사회적경제에 대한 이론적, 역사적 배경과, 사회적경제조직들의 국내외 성장과정, 중간지원조직의 개념과 역할 등에 대한 선행연구를 검토하였다. 아울러 우리나라 중앙·광역·기초 수준에서의 중간지원조직의 최신 현황을 연구진이 직접 조사하면서 검토하였다. 또한 여러 층위의 중간지원조직 종사자와 서비스 이용자들에 대한 인터뷰를 50회 가까이 수행하면서 중간지원조직의 현황과 개선 방안에 대한 여러 정보와 의견을 취합할 수 있었다.

이러한 과정을 통해 다음과 같은 5가지의 큰 범주에서의 개선 과제를 구체화하였다. 또한 각각의 개선 과제와 관련한 상세 내용을 함께 설명하고자 한다.

# 제1장 개선 과제 1: 고객 접근성 제고

## 1. 기초단위 사경센터 설치

사회적경제 현장으로서의 기초지자체: 우리나라 중앙·광역·기초 수준 중에서 사회적경제 활성화를 위한 가장 중요한 수준은 기초지자체 수준이다(이준영·이정용, 2019a). 2013년부터 9년 간 서울시가 기초지자체 사회적경제지원센터 설립을 지원한 것도 사회적경제를 활성화할 수 있는 기초단위가 자치구이기 때문이다(이인애 외, 2016). 기초단위 사회적경제 중간지원조직의 설립은 지역주민들의 생활공간에서 사회적경제를 활성화시키기 위해 최우선적으로 노력해야 하는 과제이다.

중간지원조직의 낮은 접근성: 2018년 KDI가 실시한 〈사회적경제 현황 및 정책만족도 조사〉 결과 사회적경제기업들이 방문한 기관들에 대한 접근성은 중간지원조직보다 지자체가 높은 것으로 나타났다(KDI, 2018). 지자체 행정조직은 모든 시군구에 존재하지만, 기초 사경센터는 미설치 지역이 많고, 광역 사경센터마저 미설치 상태인 광역지자체들도 있기 때문이다.

「사회적경제기본법」이 제정되어 기초 사경센터 설립에 대한 중앙정부의 재정지원이 실현될 경우 기초 사경센터의 전국 모든 기초지자체에서의 설립은 빠르게 실현될 수 있다. 그러나 관련법의 제정이 오래 지연될 경우, 기초단위 사경센터 미설립 지역에 대한 설립 방식의 선택지는 크게 다기능센터(마을공동체·사회적경제·도시재생·농촌살리기) 설립 방안, 기초지자체별 사경 담당관 배치 방안, 권역별 사경센터 설립 방안, 공동 사경센터 설립 방안, 사업위탁 방안 등으로 구분할 수 있다.

### 1) 사경센터 부재 지역에 대한 설립 방안

#### (1) 다기능센터 설립 방안

다기능센터란 마을공동체, 사회적경제, 도시재생, 각종 농촌 관련 기능들을 복합적으로 수행하는 센터를 의미한다. 이는 앞서 기초지자체 사경센터 현황 분석 파트에서 언급되었던 '타명칭센터'에 해당한다. 여러 기능들이 공존하며 아직 미분화된 형태가 다기능센터이다. 사회적경제에 집중하는 센터는 아니더라도 최소한도의 사회적경제 기능 수행이 가능한 형태가 다기능센터이다. 사회적경제 단독센터 혹은 사회적경제 기능과 마을공동체 기능의 두 기능 수행의 센터는 사회적경제가 먼저 시작되고, 사회적경제에 대한 인지도와 지자체(장)의 관심이 상대적으로 큰 수도권에서 주로 발견된다. 반면 다기능센터의 설립은 군 또는 시 단위 사회적경제센터 미설립 지역에서 가장 먼저 고려할 수 있는 센터 설립 방안이다.

#### (2) 사회적경제 담당관 지정 방안

사회적경제 담당관 지정 방안은 사경센터 미설립 지역에 대해 광역과 기초가 협업하여 사경 담당관을 두는 방안이다. 광역과 기초 간의 합의에 의해 단기에 실행이 가능한 아이디어이다.

군 단위에서 독립적 전담조직을 설치하기에는 재정적 부담과 어려움(예: 지자체장·의회의 반대)이 있을 경우, 광역과 기초가 예산을 매칭해서 사회적경제 담당관으로 전담인력을 기초에 지정하여 광역에서 정보와 정책을 전달·연계하도록 하면 정보 흐름이 잘 관리되고 지역 사회적경제 활성화를 촉진할 수 있을 것이다. 이 경우 사경 담당관의 인건비를 광역지자체 또는 광역 사경센터가 지원하는 것이 현실적이다. 지역 인터뷰에서도 지역 출신 또는 지역에서의 사회적경제 경력 또는 네트워크 보유자를 담당관으로 활용하는 것이 효과적일 것이라는 의견들이 피력되었다.

이 담당관 지정 방안은 위의 다기능센터 설립 방안과 병행될 수 있다. 충북은 2022년부터 11개 시군별로 사경 활동가 1인씩을 시군별 공동체지원센터 산하에 배치하는 것을 계획하고 있다(충북연구원, 2019). 이는 광역지자체에 의한 담당관 배치 지원의 예이다. 아울러 다기능센터에 대한 인력 배치의 예이기도 하다. 문화관광부 '관광두레' 사업에서 중앙부처가 현장활동가(PD형 활동가)의 인증·관리를 지원하고 있는 예를 참조할 수 있다. 이는 중앙부처에 의한 담당관 배치 지원의 예이다. 「자원봉사기본법」에 의해 기초지자체 자원봉사센터에 대한 2인(IT 코디네이터 및 행정 코디네이터) 인력에 대해 지원되는 사례도 참조 가능하며 청년디지털일자리 활용의 사례도 검토될 수 있다.

## (3) 광역 내 권역별 사경센터 설립 방안

'지역공동체의 사회적경제 추진역량 제고 방안'(관계부처 합동, 2019. 11)에서는 시군구 중간지원조직을 시군구 차원에서 운용하기 어려울 때, 광역단위 지자체의 권역별 사경센터 운영을 대안으로 권고하였다. 경북을 21개 시군구 대상 남부·서부권, 북부권, 동부권의 3개로 구분하여 각 권역별 사경센터를 설립하려는 움직임을 사례로 제시하였다. 하지만 경북 사례는 현재까지 실행되지 않았다.

경북 외에도 서울시 기초단위 사경센터의 불균형발전을 해결하기 위한 방안으로 서울 내 권역별 사회적경제통합지원센터를 설립하는 방안(이준영·이정용, 2019a)이 제기된 바 있다. 전남의 경우 4대 권역별(광주 근교, 서남부, 중남부, 동부) 사경센터 설치가 제안된 바 있다(광주전남연구원, 2018). 서울에서는 권역별로 직장맘센터를 설치, 운영하고 있으며, 그 성과가 긍정적으로 평가되기도 한다. 하지만 서울이나 수도권이 아닌 비수도권 광역도의 경우 면적이 넓어서 몇 개의 군을 묶어 권역별 사경센터를 설치한다 해도 큰 효과를 기대하기 어려울 것으로 예상된다.

광역단위 사경센터뿐 아니라 기초단위 사경센터가 설립된 지역에도 권역별 사경센터를 추가로 설치하자는 견해도 존재한다. 여성인력개발원과 50+센터의 권역별 센터 운영 경험이 사회적경제 분야 권역별 센터 설립과 운영에 유용할 것이라는 제언(이준영·이정용, 2019a)이 있었다. 그러나 여성인력개발원과 50+센터의 권역별 센터 운영과는 달리 서울 25개 자치구에 모두 기초단위 사경센터가 설립된 사회적경제 분야에서 권역별 센터를 설립하는 것은 옥상옥에 해당하는 또 하나의 위계를 만드는 것에 그칠 가능성이 높기 때문에 그 효과가 낮을 것으로 예상된다.

### (4) 공동 사경센터 설립 방안

인접한 기초지자체들이 협업하여 공동 사경센터를 설립하여 단독 설립의 부담을 줄이는 방안도 선택 가능하다. 광역단위 내 권역별 사경센터의 설치는 광역지자체와 광역단위 사경센터의 주도적 역할이 중요한 반면, 인접 지역들의 공동 사경센터는 해당 지역들의 자율적 합의에 의해 시작될 수 있다는 장점이 있다. 예를 들어 인접한 두 지역인 전북 정읍시와 고창군은 2013년 10월 메이플-스톤 공동체지원센터를 설립하여 2016년까지 운영하였고 현재는 정읍시 공동체활성화센터로 운영되고 있다. 경기도 북부의 경우 사회적경제지원센터가 없고, 사경조직이 미미한 지역들(연천, 동두천)이 있다. 이 때문에 인접 지역 기초 사경센터들을 사경센터 미설립 지역을 지원하는 지역거점센터로 지정하는 의견이 인터뷰 과정에서 제기된 바 있다.

공동 사경센터 설립을 위한 지방정부 간 협력을 위한 장치로는 2개 이상의 지방자치단체에 관련된 사무의 일부를 공동으로 처리하기 위한 행정협의회 구성, 지방자치단체조합의 설립, 지방자치단체의 장 등의 협의체, 사무의 위탁 등이 있다(이달곤 외, 2012; 변종순, 2014에서 재인용).

### (5) 민간네트워크·민간조직에 대한 사업위탁 지원 방안

위의 4가지 방안들이 여의치 않을 경우, 광역 사경센터 혹은 기초지자체가 사회적경제 지원사업들을 민간 중간지원조직이나 당사자조직 또는 민간네트워크에 위탁할 수 있다. 센터 미설립 상태이므로 기관위탁운영이 아니라 사업위탁에 해당한다. 사업위탁이므로 보다 손쉽게 기초지자체에서 시행할 수 있는 장점이 있다. 경북 안동과 제주 서귀포의 경우를 예로 들 수 있다. 사업위탁이므로 수탁기관의 관점에서 불안정한 방안으로 인식할 수 있지만 반대로 수탁기관의 자율성이 보다 보장되는 방식일 수도 있다. 따라서 센터의 설치와 기관 위탁만을 기대하는 사고에서 탈피할 필요가 있다.

### (6) 설립 방안 선택 방안

경기도와 강원도 등에서의 군 단위 사경센터의 설립 속도를 고려했을 때 다기능센터의 설치가 가장 바람직한 방안이다. 나머지 방안들 중에서는 권역별 사경센터보다는 군 단위 사경 담당관 또는 연락사무소를 설치하고 가까운 장래에 군 사경센터를 설립하는 방안이나 비수도권 지역에서 인접 기초지자체들이 공동 사경센터를 설립하는 방안을 선택하는 것이 보다 현실적일 것이다.

「사회적경제기본법」이 통과되지 않을 경우 광역과 기초지자체의 관심과 지원을 촉진하기 위한 중앙부처 차원의 인센티브 부여 방안을 마련하는 것이 필요하다.

## 2) 시군구 순차적 기초 사경센터 설치 선택과 목표

구 단위 사경센터, 시 단위 사경센터, 마지막으로 군 단위 사경센터 순서대로 설립이 진행될 가능성이 높으므로 이를 고려한 계획 입안과 지원 방안 수립이 필요하다. 지난 10년 간의 설립 경험과 속도를 고려할 때 2025년까지는 전국 모든 시군구 기초지자체에 사경지원센터 설립을 완료하는 것을 목표로 설정하였다.

〈표 5-1〉 사경센터 미설립지역 설립 방안

| | 사경센터 미설립지역 설립 방안 |
|---|---|
| 기초 단위 | • '구 단위 설치 → 시 단위 설치 → 군 단위 설치'의 순서의 설치 방안<br>• 2025년까지 모든 시군구 사경센터 설치 목표 수립<br>• 다기능센터(마을공동체·사회적경제·도시재생·농촌 관련) 설립 방안, 광역·기초 매칭에 의한 군 단위 사경 담당관 배치 방안, 광역 내 권역별 사경센터 설치 방안, 인접 지자체 공동의 센터 설립 방안, 사업위탁 방안 중 선택<br>• 지역 특성의 중요성, 기존 군 단위에서의 사경센터 설치 속도, 여러 군 단위 면적 등을 고려했을 때 다기능센터의 설치를 최우선으로 권고함. 아울러 다기능센터 내 사경 담당관 배치 방안을 병행 사용하거나 차선책으로 검토할 수 있음 |

## 2. 광역단위 중간지원조직 체계화·통합

동일 대상, 동일 목적의 공공서비스는 관할 부처가 달라도 공동으로 할 수 있는 통합지원 프로세스가 구비되어야 한다는 것을 논거로 부처별로 흩어져 있는 사회적경제 중간지원조직을 하나로 통합하자는 의견(박혜연, 2018)이 있다. 2019년 관계부처 합동 [지역공동체의 사회적경제 추진역량 제고 방안]에서도 '사회적기업·협동조합 권역별 통합지원기관'과 '마을기업지원기관'은 일원화하는 것으로 방향을 잡고 있다.

2007년 육성법 제정 이후 사회적기업 중심 사고가 있었으나 2012년 「협동조합기본법」 제정 이후 사회적경제로 사고가 확장되었다. 이제 사회적경제라는 포괄적 개념에 대한 공감대가 높아졌다. 따라서 사회적경제 전반적·포괄적 접근이 필요하다는 최근의 인식은 통합의 현실적 당위성을 뒷받침한다.

사회경제조직 대상 사업과 정책의 연계를 강화하고, 사회경제 부문 조직형태별 시너지효과를 기대할 수 있고, 지역문제 해결을 위한 센터로 사경센터의 위상을 제고할 수 있어서 통합에 찬성할 수 있다. 한 광역단위에서 사회적기업과 협동조합 관련 중앙의 지원사업은 A 통합지원기관이 수행하고, 사회적기업 및 협동조합에 대한 그 광역지자체 사업은 광역 사회적경제지원센터(B기관에 의해 위탁운영되기도 함)가 수행함에 따라 중앙부처 사업과 광역지자체 사업 간의 조율이 어려워지는 문제가 발생(최석현 외, 2013)하였다. 이러한 혼란을 최소화하기 위해 통합적 중간지원조직이 필요하다. 중앙정부·광역지자체·기초지자체 등 여러 수준별로 급증하는 사회적경제 정책과 관련하여 정보의 사각지대가 생기지 않도록 하기 위해서도 통합이 중요하다.

그러나 지원체계의 통합이 사회적경제 획일화 및 단순화로 귀결될 위험성을 경고하는 목소리도 있다. 실제로 마을기업, 사회적기업, 사회적협동조합, 자활기업 등이 각각 상이한 특성을 지니고 있고 이들을 지원하는 중간지원조직들도 상이한 조직 특성을 지니고 있기 때문에 상이한 조직 형태 지원 목적의 중간지원조직의 통합은 순탄하기 어렵다. 중간지원조직 관련 인위적인 통합이 단기간에 무리하게 추진될 경우, 중간지원조직 간 충돌, 중간지원조직과 연대조직 간의 충돌, 중간지원조직 소속 인력들의 불안감과 이탈 등의 문제점이 발생할 수 있다 (이강익, 2021).

여러 중간지원조직의 존재는 대표성과 역량을 획득한 단일 중간지원조직이 부재하여 통합에 이르지 못한 지역 상황의 산물이며, 여러 중간지원기관 간의 경쟁과 공존은 통합으로 가기 위한 불가피한 과정일 수 있다. 지역에 따라 통합지원기관, 마을기업지원기관, 사경센터로 각각 분리된 상황이 당사자조직에게 혼란을 낳고 정보 사각지대를 발생시킨다는 비판이 있으나 실제로 지역에서는 해당 중간지원조직들이 오랫동안 구분되어 있어 그렇게까지 혼란스럽지는 않다는 응답도 상당하다. 또한 서울과 경기 등 일부 지역을 제외하면 광역단위의 통합지원기관·마을기업지원기관·사경센터 인력이 소규모여서 통합을 해도 큰 효과를 기대하기 어려울 수 있다.

마을기업과 사회적기업·협동조합의 분리는 지역 현실에서 먼저 발생한 것이 아니라, 정부 부처 간의 관계에서 발생하였으므로 분리의 해결 역시 정부 부처 간의 관계 재설정을 통해 실행하는 것이 적절하다.

민간기업들 간의 인수합병이 성공하려면 두 조직 간의 기계적 결합이 아니라 화학적 결합이 되어야 하며, 통합 이전의 준비 과정이 치밀해야 한다는 점은 널리 알려져 있다. 그리고 사회적경제 유관 분야 중간지원조직 통합 경험에서도 통합 논의 단계(통합 대상 조직의 정체성과 이해관계)가 통합 후 운영 단계(통합조직 목표 설정과 운영통합) 및 통합조직의 운영 성과를 좌우한다(정연경·김태영, 2018). 따라서 사회적경제 중간지원조직 통합 이슈에서도 통합 시도 이전에 소통과 연계가 최우선 과제이다.

## 1) 광역단위 중간지원조직 간 소통·연계 강화가 최우선

중간지원기관의 통합운영에 필요한 화학적 결합이 진행되기 위해서는 협력사업을 통한 상호이해와 사회적경제의 큰 틀에서의 동질적 정체성 확인, 그리고 개인 간, 조직 간 신뢰 구축 등의 선결과제가 존재한다. KDI 보고서(2018)도 관련 부처의 무리한 통합보다 관련 부서·조직 간 소통 촉진과 모니터링 강화를 주문하고 있다.

사회적경제 전문가 델파이조사에서는 31개 관련 이슈별 중요성 수준을 보면 중간지원기관 통합운영 중요성의 순위는 전체 31개 이슈 중 30위로 매우 낮게 나타났으며, 중간지원기관 간 협력사업 발굴 및 처우개선 중요성은 20위인 것으로 나타났다(김진영·정석호, 2020). 또한 이슈별 시급성 기준으로 볼 경우에도 중간지원기관 통합운영 시급성의 순위는 27위로 매우 낮게 나타났으며, 중간지원기관 간 협력사업 발굴 및 처우개선 시급성은 14위인 것으로 나타났다. 이를 종합하면 중간지원기관 통합운영의 시급성과 중요성은 중간지원기관 간 협력사업 발굴 및 처우개선 시급성 및 중요성에 비해 낮은 것으로 나타났고, 중간지원조직 관련 개선 노력을 실행할 경우, 중간지원기관 간 협력사업 발굴 및 처우개선의 시급함을 먼저 개선하고, 보다 긴 안목으로 중간지원기관 통합운영을 진행해야 함을 시사한다.

같은 전문가 델파이조사 결과, 전달체계 개선 관련 2개 이슈(중간지원기관 통합운영 이슈 및 중간지원조직 간 협력사업 발굴 및 처우개선 이슈)의 해결 주체로는 광역단위 정부 역할이 가장 중요하다고 응답하였다(김진영·정석호, 2020). 중앙정부, 광역정부, 기초정부 3자의 역할을 묻는 질문의 응답으로서, '중간지원기관 통합운영' 이슈 해결에서의 역할은 중앙정부(40%), 광역지자체(52%), 기초지자체(8%)로 나타났으며, '중간지원기관 간 협력사업 발굴 및 처우개선'의 해결에서의 가장 중요한 주체도 중앙정부(20%), 광역지자체(52%), 기초지자체(28%)로 나타났다. 기초지자체 사경센터가 많이 설립되고 운영되는 광역지자체일수록 기초지자체의 역할 중요도가 증가할 것이며, 광역지자체(광역사경센터 포함)의 역할은 상대적으로 감소할 것으로 예상되었다.

문재인정부 들어 사회적경제 분야 중앙부처별 연계를 위한 사경 TF를 운영한 것처럼, 광역단위에서 중간지원조직들 간의 연계 방안이 강구되어야 한다. 광역단위 사회적경제조직 실태조사와 성과, 당사자조직협의체의 역량, 지역 사경센터와 기타 중간지원조직의 역량, 지역 사회적경제 발전 방향에 대한 비전과 미션, 전략의 존재 여부와 이에 대한 공감대 형성 정도 등 여러 요인들을 함께 고려하면서 광역단위 중간지원조직 통합 방향, 방법, 단계별 접근 등을 결정해나가야 할 것이다. 인위적인 급격한 통합으로 인한 부작용을 방지하기 위해 통합 이전의 연계·협력 강화 방안과 함께 통합으로 인한 일자리 상실의 위험성을 방지하는 방안도 필요하다.

## 2) 광역단위 중간지원조직 간 통합 이슈

정부가 통합지원기관과 마을기업지원기관의 일원화를 할 것을 정책 방향으로 명시(관계부처 합동, 2019)함으로써 이의 통합을 위한 찬반 양론이 등장하게 되었다(이강익, 2020a). 부산, 대구, 강원은 1개 기관으로 통합운영 중이라고 사례를 명시하고 있으며 바람직한 발전상인 것으로 묘사되고 있으나 이 통합운영이 왜 바람직한 것인가에 대한 근거는 제시되지 않았다.

〈표 5-1〉은 광역단위 사회적경제 지원기관의 운영 현황을 유형별로 구분하여 보여주고 있다. 사회적기업·협동조합·마을기업·사회적경제지원센터 등 사회적경제조직들의 지원기관 조직과 운영에서 어느 정도 분리되어 있거나 통합되어 있는가를 보여준다. 단 일반적으로 사회적경제 부문에 포함되는 자활기업은 포함되지 않음에 유의할 필요가 있다.

유형 1은 사회적기업 및 협동조합을 위한 권역별 통합지원기관, 마을기업지원기관, 그리고 사회적경제지원센터 등 사회적경제조직들을 위한 3가지 지원기관 역할들이 하나의 지원기관에 의해 수행되는 경우를 의미한다. 대구, 제주, 강원 지역이 이 유형에 해당한다. 유형 1에 해당하는 기관들은 통합지원기관 및 마을기업지원기관 역할까지 병행하고 통합하면서 시너지효과를 내고 있다고 평가되고 있다(이강익, 2021). 사회적기업가 육성사업에서의 멘토링을 통합지원기관의 멘토링, 전문가 멘토링 등과 결합하여 진행할 수 있으며, 이를 통해 가용 자원을 확대하고 자원을 유연하게 활용하는 여력을 만들 수 있다(이강익, 2021). 반면 통합 수준은 타 유형들보다 높지만 통합 효과가 충분히 가시화되고 안정화된 수준은 아니어서 내부 운영 수준의 개선 여지(예:

일부 지역 컨소시움 방식의 운영으로 인한 내부 갈등)가 있으므로 지속적 개선 노력은 필요한 유형인 것으로 보인다.

유형 2는 사경센터가 따로 존재하며, 나머지 사회적기업·협동조합 통합지원기관과 마을기업지원기관의 2가지 역할은 단일한 조직체가 수행하는 경우이다. 경북, 광주, 부산(최근까지 오랜 기간 유형 1에 해당하는 지역이었음)이 이에 해당한다.

유형 3은 하나의 조직체가 사경센터와 마을기업지원기관의 2가지 역할을 동시에 수행하며, 사회적기업·협동조합을 지원하는 별도의 통합지원기관이 존재하는 경우이다. 서울, 경기, 전남, 전북, 충남, 세종이 해당된다. 광역지자체 중에서 가장 많은 수가 이에 해당되는 것을 알 수 있다. 이는 앞서 언급하였듯이, 행정안전부가 마을기업지원기관 선정을 광역지자체에 위임함에 따라 지자체는 자체의 사경센터 위탁기관에 마을기업지원기관의 역할까지 추가하도록 함에 따라 발생하는 유형이다.

유형 4는 마을기업지원조직과 사경센터가 각각 따로 존재하고, 사회적기업·협동조합 지원을 위한 통합지원기관 역시 따로 존재하는 지역이다. 결국 3가지 중간지원조직들이 각각 존재하는 지역이며, 인천과 경남이 이에 해당한다.

〈표 5-2〉 사회적경제 지원기관 운영 유형

| 구분 | 지원기관 통합 유형 | | | 권역(17) | 정책 과제 |
|------|------|------|------|----------|----------|
| 유형 1 | 사회적기업·협동조합·마을기업·사경센터 | | | 대구, 강원, 제주 | |
| 유형 2 | 사회적기업·협동조합·마을기업 | | 사경센터 | 광주, 경북, 부산 | 중간지원조직 간 소통·협의 촉진 |
| 유형 3 | 사회적기업·협동조합 | 마을기업·사경센터 | | 서울, 경기, 전남·전북, 충남, 세종 | |

| 유형 4 | 사회적기업·협동조합 | 마을기업 | 사경센터 | 인천, 경남 | 사회적경제<br>네트워크 육성 |
|---|---|---|---|---|---|
| 유형 5 | 사회적기업·협동조합 | 마을기업 | 사경센터<br>미 설립 | 대전, 울산, 충북 | 광역 사경센터<br>설치 |

마지막으로 유형 5는 광역단위에 사경센터가 존재하지 않는 상황에서 사회적기업·협동조합 통합지원기관과 마을기업을 지원하는 기관이 서로 분리되어 두 개의 지원기관이 존재하는 경우를 의미한다. 대전, 울산, 충북이 이에 해당하는 지역이다.

광역단위 사회적기업·협동조합 통합지원기관과 광역지자체 사회적경제지원센터가 하나의 조직에 의해 운영되고, 마을기업지원기관은 별도로 존재하는 유형에 해당되는 지역은 없는 것으로 나타났다. 마을기업지원기관이 최종적으로는 행정안전부가 추인하지만, 실질적으로 광역지자체에 의해 선정되기 때문에 이 유형이 발생하지 않는 것으로 보인다. 사회적기업·협동조합 통합지원기관을 선정하는 한국사회적기업진흥원이 광역 사경센터에 의한 통합지원기관 겸업을 바람직하지 않은 것으로 인식함에 따라 발생한 결과일 가능성이 있다.

위의 표에서 광역단위 중간지원조직들 간의 통합의 관점에서 유형 1이 가장 바람직한 수준이지만, 예를 들어 유형 4에 비해 유형 5가 더 미흡하다고 단정하기는 어렵다. 따라서 유형 5로부터 유형 1의 방향으로의 선형적 발전을 가정하는 것은 옳지 않다. 하지만 유형 5처럼 광역단위 사회적경제지원센터가 공백인 경우, 인·지정 업무에 주력하는 사회적기업·협동조합 통합지원기관이나 마을기업지원기관이 그 공백까지 메우기는 어려우며, 이는 광역 내 사회적경제조직에 대한 지원 부족을 초래할 가능성이 높다. 그러므로 유형 5는 통합의 관점보다도 지역 사회적경제조직에 대한 충분한 서비스의 제공이라는 관점에서 볼 때 상당히 문제적이다. 그러므로 표 오른쪽에 표시된 유형 5 지역의 최우선 정책 과제는 광역단위 사경센터를 조속히 설치하는 것이다. 충북은 2023~2024년에 20억 원의 사업비로 충북사회적경제통합지원센터 설립을 계획하고 있다(충북연구원, 2019). 이와 아울러 이 센터의 충북 북부출장소와 남부출장소의 운영(출장소별 인력 배치 비용 3억 원 계상)도 계획하고 있다.

유형 4의 경우 사회적기업·협동조합 통합지원기관과 마을기업지원기관, 그리고 광역 사경센터의 3종류 중간지원조직이 별도로 존재하는 지역이다. 분리되어 존재하지만 세 기관 간의 소통과 역할 분담, 그리고 조율과 협업이 원활할 경우 지역 내 사회적경제조직들에 대한 서비스 제공의 측면에서 문제가 되지 않을 수 있다. 이를 위해서는 세 역할 담당조직들이 각각의 역할을 오랜 기간 안정적으로 수행하면서 협업시스템을 발전시켜야 한다. 하지만 두 지역은 세 가지 중간지원조직의 잦은 교체 등으로 인하여 사회적경제조직 대상 서비스를 충분하게 제공하지 못해온 것으로 보인다. 따라서 개선을 위한 노력이 필요한 지역으로 평가되며, 유형 4 지역을 위한 정책 과제는 3종류 중간지원조직들을 포함하는 사회적경제네트워크의 육성이다.

광역단위 사회적경제 중간지원기관의 발전 방향을 고려할 때, 세 가지 사회적경제 중간지원조직들 간의 결합 정도가 광역단위별로 상이하다. 그러므로 이러한 유형의 차이를 낳은 광역 수준에서의 원인과 향후 중간지원조직 통합 고려 시 유의사항 등을 유형별로, 광역단위별로 고려할 필요가 있다.

이와 관련하여 위의 표가 시사하는 점은 다음과 같다. 1) 광역단위 사회적경제지원센터가 없는 대전, 울산, 충북(유형 5 지역)에 대한 광역 사경센터 설립 방안이 필요하다는 점 2) 광역단위 통합지원기관, 마을기업지원기관, 사회적경제지원센터가 각각 존재하는 인천과 경남(유형 4 지역)에 대해 사회적경제네트워크에 대한 지원을 강화할 필요가 있다는 점, 3) 통합지원기관·마을기업지원기관·사경센터 간의 통합 또는 기능 조정 이슈는 시도의 상황에 따라 방안을 찾아나가는 것이 최선이라는 점이다.

결국 광역단위 중간지원기관의 세 가지 역할의 통합 유형을 어떻게 결정하는지는 광역단위의 선택의 문제이지만, 광역 사경센터가 없음으로 인해 사회적기업·협동조합·마을기업·자활기업 등에 대한 원활한 지원이 이루어지지 않는 지역에 사경센터가 조속히 설립되도록 지원하는 것이 필요하다. 또한 광역단위 통합지원기관·마을기업지원기관·사회적경제지원센터의 통합이 가장 지체되는 지역의 경우 가장 주요한 원인이 사회적경제네트워크가 충분하게 구축되지 못한 것이 가장 큰 걸림돌이므로 이 네트워크의 구성에 광역단위 중간지원조직이 적극적인 기여를 해야 한다. 예를 들어 혁신타운 완공에 맞추어 도가 광역단위 중간지원조직의 통합을 추진하며 사경네트워크와 논의 중인 경우를 들 수 있다. 전북의 경우 현재 재단 설립을 통한 통합도 검토하고 있다는 인터뷰가 있었다.

마을기업지원기관에 대한 중앙부처의 예산지원이 조만간 종료될 가능성이 높다는 점을 감안하여, 마을기업지원기관과 광역 사경센터 두 역할이 분리된 지역(인천, 경남)의 경우 우선적으로 두 기관 역할의 통합을 추진할 필요가 있다. 광역 사경센터에 이어 마을기업지원기관의 선정과 지원 역시 광역단위에서 전담하게 된다는 점에서 사회적기업·협동조합 통합지원기관을 선정하는 한국사회적기업진흥원과 광역 간의 통합 관련, 더욱 긴밀한 논의와 조율이 이루어져야 한다. 현재는 사회적기업·협동조합 통합지원기관 역할과 마을기업지원기관 역할을 하나의 조직에서 담당하고 있는 지역(유형 2의 광주, 경북, 부산)의 경우에 도 마을기업지원기관의 역할이 지금까지와 같이 통합지원기관에서 수행해야 할 것인지, 점진적으로 광역단위 사경센터로 이관하는 것이 나을 것인지 판단해야 할 것이다.

사회적경제조직이 밀집한 서울과 경기지역의 경우 복수의 중간지원조직 체제가 다양한 조직 형태에 대한 전문적 대응 및 지원 효과성 제고에 오히려 긍정적으로 작용한다는 의견이 많으므로(2019년 '사회적 경제 지역기반 및 정책역량 강화 TF'의 지역 간담회 자료), 서울, 경기에서의 중간지원조직 통합 이슈는 시급하지 않은 것으로 보인다.

### 3) 중간지원조직들의 통합 관련 광역 중간지원조직들의 경험

강원도 경험(이강익, 2020a & 2021)은 1) 통합지원기관·마을기업지원기관·광역사경센터의 3개 역할을 통합하여 실행하였을 때의 과정·내용·효과·시사점을 관찰할 수 있으며, 2) 관설 중간지원조직에서 민간조직과 같은 자율성이 제고될 수 있는가를 가늠할 수 있다는 점에서 의미가 있다.

첫 번째로 강원도는 통합지원기관, 마을기업지원기관, 광역사회적경제지원센터의 3가지 역할을 동시에 수행하고 있다. 이러한 다중 역할이 강원도의 제한된 자원 속에서 역할 수행을 극대화하기 위해 필수불가결한 조치였으며, 긍정적 효과가 더 크다는 점을 시사한다. 긍정적 효과의 구체적인 내용으로는 첫째, 당사자조직에 대한 라이프사이클에 따른 전 주기 대상 지원을 보다 효과적으로 할 수 있다는 점이다. 사회적기업·협동조합 통합지원기관이나 마을기업지원기관의 경우 인·지정 사무에 집중되는 육성사업 중심이었으며, 사회적경제지원센터의 경우 성장지원에 보다 초점을 맞추기 때문에 각 역할들이 당사자조직이 처한 상황의 일면만을 대상으로 활동을 해왔으나 3가지 역할이 통합될수록 당사자조직에 대한 성장단계별 지원이 보다 촉진되는 장점이 있다. 둘째, 당사자조직의 업종 네트워크 등에 대한 실질적 지원을 수행할 수 있다는 점이다. 3가지 역할을 동시에 수행하는 중간지원조직이 자신의 자원과 활동을 당사자조직에게 최대한 이양하면서 당사자조직을 육성하고자 한다면, 통합으로 인해 확보되는 역할과 자원을 당사자조직에게 보다 원활하게 배분할 수 있게 된다.

관설 중간지원조직의 자율성 제고 가능성과 관련하여, 2012년 8월 강원도산업경제진흥원 내 강원도 풀뿌리기업지원센터 개소로부터 시작된 광역단위 사경센터가 2016년 5월 (사)강원도사회적경제지원센터로 조직전환을 하고, 2016년 6월 강원도 사회적경제지원센터의 위·수탁 변경 협약을 체결하면서 (재)강원도경제진흥원 산하에서 (사)강원도사회적경제지원센터로 독립하게 되었다. 이는 광역지자체 산하로 출발한 사경센터가 보다 독립성과 자율성을 높인 형태의 (사)강원도사회경제지원센터로 탈바꿈할 수 있음을 보여주는 사례이다. 따라서 사실상 관설관영에서 출발한 사회적경제지원센터도 지역 사회적경제 분야 네트워크의 구축 여부와 지자체장의 지원 등이 구비될 경우 보다 민간화되는 방향으로의 조직 전환이 가능함을 시사한다. 관설관영에서 관설민영, 그리고 민설민영으로의 경로가 가능할 수 있음을 시사하는 사례(물론 완결되었음을 뜻하는 것은 아님)이다.

3가지 역할의 통합은 지역 내 모든 중간지원조직 역할을 하나의 조직으로 집중하는 것이므로 자칫 독점으로 흐를 가능성도 있다. 따라서 역할 통합이 중간지원조직 역할 제고와 지역 사회적경제 활성화의 산파 역할 수행으로 이어지도록, 그리고 중간지원조직만을 위한 역할 통합으로 이어지지 않도록 중간지원조직 자체 평가 및 외부로부터의 객관적인 성과 평가가 진행되어야 한다. 아울러 중간지원조직의 역할이 통합되고 많아질수록 인력과 활동은 늘어나고 조직은 비대화되고, 내부 의사결정과 운영이 투명하게 공개되지 않을 가능성은 높아질 것이다. 그러므로 지역에서 대표성 있는 사회적경제네트워크에 의한 모니터링과 점검이 필수적이다. 그리고 대규모화되는 중간지원조직이 스스로를 위한 조직으로 안주하지 않도록 자신의 자원과 역할을 지역 사회적경제조직들과 네트워크와 공유하고, 점진적으로 이양하려는 분명한 지향성을 유지해야 한다.

통합지원기관(약칭 통지관)과 마을기업지원기관(약칭 마지관)의 역할 통합과 관련하여 장기적으로는 불가피하지만, 단기적인 인위적 통합에는 찬반 양론이 존재한다(이강익, 2021). 1) 통합 찬성의 경우 통합의 효과가 분명하다는 점을 내세운다. 2) 통합 반대론자의 경우 조직 특성의 차이에 따른 분리된 지원기관이 필요하다는 점을 언급하고 있다. 농촌 지역의 경우 많은 마을기업 종사자들은 마을기업도 사회적기업이나 협동조합과 유사하거나 같은 사회적경제조직이라는 점을 부인하고 있다. 지난 10여 년 간 지속되어온 중간지원조직 체계를 무너뜨릴 경우, 중간지원조직들 간의 갈등과 불화, 그 속에서 구성원들의 동요가 발생할 수 있다는 점도 고려되어야 한다. 아울러 서울과 경기 등 압도적으로 큰 지역의 경우 하나의 조직으로의 통합은 전문화를 저해하는 결과를 낳을 수 있다.

통합이란 이질적인 여러 조직들이 일시에 일체화된 하나의 조직으로 변모하는 것만을 뜻하지는 않는다. 서로 느슨하게 연결된 컨소시움으로서의 중간지원조직을 의미할 수 있다. 중간지원사업이 지역 내 어느 특정 조직 하나에 의해 독점적으로 수행되기보다는 지역 내 여러 기관의 결합과 협동에 의해 진행되는 것이 진일보한 방식일 수 있다.

### 4) 자원 기반 관점에서의 분리·통합

여러 지원기관을 분리할 것인가, 통합할 것인가의 의사결정 이전에 지역 맥락을 이해하는 것이 필요하다(이강익, 2020a). 지원기관 1개에 5명 안팎의 소규모인 경우에는 행정인력 제외 시 신규사업·지원사업을 제대로 수행하기 어렵다. 따라서 여러 지원기관 역할을 통합할 때 행정의 중복(예: 3개 중간지원조직 각각 따로 판로사업·교육사업 등을 수행)을 줄일 수 있는데, 한 기업에 통합지원서비스(인재양성, 판로개척, 전문 컨설팅)를 제공하려면 사경센터도 여러 지원기관 역할을 최대한 통합시켜 자원을 병합하는 것이 필요하다.

일반적으로 창업과정은 창업이전단계, 창업단계, 기업성장단계 등의 단계별 성장으로 구성된다. 5년 이상 기업에 맞는 지원을 5년 이상 제공하려면 사경센터가 여러 지원기관 역할을 통합해야 가능하게 된다. 이러한 이유로 강원도와 대구 등은 3개 역할의 통합을 실행하게 되었다. 반면 자원 부족 문제가 심각하지 않은 수도권 지역의 상황은 다르다. 수도권 일부 지역에서는 사경지원센터(마을기업지원기관도 병행)가 통합지원기관을 담당하고 있는 사회적협동조합에 역할의 확대를 권고하였으나, 사회적기업·협동조합 통합지원기관의 역할만 수행하는 민간조직의 유지를 선택하는 경우도 있었다.

3개 중간지원조직 역할이 하나의 조직에 통합되면 사회적기업·마을기업·협동조합 간의 이해조정이 보다 원활해지는 장점이 있다. 중간지원조직 실무자는 창업 희망자에게 소셜벤처, 사회적기업·마을기업, 협동조합 중 어느 조직형태를 추천해야 할지를 합리적으로 권고할 수 있다. 창업 목표 달성을 위해 통합지원기관에서는 사회적기업이나 협동조합 방식을 우선적으로 추천하고 있으며, 마을기업지원기관이라면 마을기업 조직 형태의 창업만을 추천할 가능성이 높은 것이 현실의 모습이다.

## 5) 사경센터와 마을공동체지원센터 간의 통합 사례

우리나라에서 마을공동체와 사회적경제지원센터의 통합 시도의 첫 번째 사례는 성북구 마을사회적경제지원센터이다(정연경·김태영, 2018). 2011년 성북구 마을만들기지원센터가 만들어지고 이를 지역 단체인 (사)나눔과 미래가 위탁받아 운영하게 되고, 2012년 다른 단체인 성북구사회적기업협의회가 성북구 사회적경제지원단의 사업을 위탁받아 사업을 하게 되면서 통합의 필요성이 대두하였다. 2012년 마을만들기, 사회적경제, 시민단체 등이 망라된 성북구 네트워크 조직이 결성되면서 마을만들기와 사회적경제, 시민단체들 간의 교류와 연대의 장이 열리기 시작하였다. 그러나 통합법인 논의와 통합지원센터 위탁에 쫓겨 통합목표, 전략, 사업 내용 및 역할 분담 등의 논의가 소홀하여 조직 간 갈등이 증폭되었다(정연경·김태영, 2018). 또한 마을공동체, 사회적경제, 시민단체 간의 정체성의 차이가 문제되고, 통합과정에서 조직구조, 인사운영, 리더십이 핵심 쟁점으로 부상하였다. 그 외에 보직 배분과 사업예산 배분 등이 잠재적인 갈등 요인으로 작용하였다.

통합 대상 조직들의 정체성과 관련하여 분야별로 특징의 차이가 존 재한다(정연경·김태영, 2018). 마을활동은 세금을 쓰면 되는 활동이지만, 사회적경제는 세금을 써서 수익을 창출하는 구조를 만들어야 한다는 점에서 차이가 있다. 마을활동은 여유있는 관계지향·소통지향 활동들 이지만, 사회적경제는 사업지향·실적지향의 활동들이라는 점에서도 차이가 있다. 사회적경제는 현실지향적이며, 쉽게 결론이 나지 않을 일에는 관심을 두지 않는 경향을 보이는 반면 시민단체들은 가치지향 적이며, 문제의 본질에 집착하는 경향을 보였다.

통합 대상 조직의 이해관계들도 상이했다. 마을공동체 쪽의 주민들 에게 통합지원센터의 필요성은 절박하게 체감되는 이슈가 아니었고 (정연경·김태영, 2018), 사회적경제 쪽은 마을공동체지원조직과의 통합이 사회적경제조직들의 사업에 큰 변화를 초래할 것 같지 않아 통합을 관 망하는 분위기기 강했다. 특히 사회적기업들의 사업이 성북구에 한정 되지 않아 통합의 필요성을 강하게 느끼지 않았고, 느슨한 네트워크에 만족하는 경향도 있었다. 시민단체의 경우, 지역 내 건강한 거버넌스 구축 및 지역 활동가의 양성 측면에서 통합을 적극적으로 주장하였다.

통합지원센터 내부에서는 마을공동체와 사회적경제를 빠르게 통 합시키고자 하였지만 구청과 서울시청 내부의 두 사업 분리, 활동방식 및 대상, 사업의 분리 등이 이러한 통합을 어렵게 만드는 요인으로 작 용하였다(정연경·김태영, 2018). 사회적경제 분야 출신 센터장에 대한 마 을공동체 인력들의 불신과 소외감이 지속되었으며, 마을공동체 업무 의 조직 내부 공유를 기피하고, 업무 진행에서의 자기주도권을 강화 하려는 움직임을 낳았다. 업무 배치와 직급체계에 대한 불만도 발생하였다.

시사점은 다음과 같다. 1) 통합지원센터의 전략과 사업 내용이 지역주민의 니즈에 따라 민간의 주도로 결정되어야 한다는 점이다. 마을공동체와 사회적경제 간의 충분한 논의를 통해 서로의 차이를 조율·조정하는 것이 필요하다. 2) 통합지원센터의 운영에서 다양한 이해관계자들의 의견을 수렴하고 논의를 촉진하기 위해서 통합을 실현하고 조직문화를 만들어나가는 리더십이 필요하다. 3) 구청과 서울시, 중앙부처 등의 마을공동체와 사회적경제 사업의 내용과 주체, 예산, 방식이 상이함으로 인해 통합지원센터의 통합이 계속 지연되어왔기 때문에 마을공동체와 사회적경제의 칸막이를 해소하고 통합하는 개편이 필요하다. 4) 민간위탁사업이 보조금 사업화되면서 계속 관의 보조적 역할에 통합지원센터가 머물게 되는 구조적 문제점이 존재하므로 민간위탁사업을 관리감독의 대상으로서가 아니라 파트너십을 통해 진행할 수 있는 방안의 모색이 필요하다는 것이다.

위의 시사점은 비록 마을만들기센터와 사회적경제센터 간의 통합과정에 대한 관찰로부터 나온 것이지만, 사회적경제조직들 간의 통합에도 적용될 수 있는 내용들이라는 점에서 의미를 지닌다. 다만 지역에서 마을만들기센터와 사회적경제센터 간의 협업과 소통이 증가하는 경우, 통합을 추진하는 시점에 따라 통합과정과 결과는 차이가 있을 수 있다.

# 제2장 개선 과제 2: 전문성 제고

## 1. 지역 사회적경제 생태계 발전모델 수립 전문성 개발

### 1) 양적 성장 패러다임 기반 발전계획

중앙부처·광역지자체·기초지자체들이 5개년 사회적경제발전기본계획 등을 수립하여 왔으나 현재까지 사회적경제의 생태계 전반에 대한 구체적인 발전모델이 존재하지 않는다. 전체 GDP에서 사회적경제가 차지하는 비중, 사회적경제조직들의 매출규모·고용규모 등에 대한 통계만 존재하며, 이의 확대에 대한 방향성만 공유하고 있을 뿐이다.

사회적기업 지원사업에 대한 고용노동부의 성과평가지표는 1) 신규 인증 사회적기업 개수, 2) 사회적기업 3년 생존율(%), 3) 창업성공팀의 (예비)사회적기업 전환율(%)이다(고용노동부, 2021). 이는 사회적기업의 개수를 늘리고, 사회적기업 생존율을 높이는 데 집중하고 있는 양적 성장 패러다임에서 크게 벗어나지 못하는 지표들이다. 이 연구 인터뷰과정에서 사회적경제 부문 사회적기업·협동조합·마을기업·자활기업의 숫자 및 고용규모 등의 정량적 외형에만 치중하는 목표치 설정을 바꾸어야 한다는 의견이 많았다.

### 2) 개별 사경조직 발전계획의 한계

사회적경제 발전모델에서 사회적기업·협동조합·마을기업·자활기업의 역할, 위상, 상호작용이 반영된 사회적경제기업 관련 중장기 목표가 없다. 어떤 경제조직들로 구성된 사회적경제의 미래상을 그리고 있는지, 사회적경제가 시민사회들과의 관계, 민간기업들과의 관계, 정부·지자체 등 공공 부문과의 관계를 어떻게 설정해야 하는지, 사회적경제조직들의 개별법 협동조합 및 유관 기능 등과의 관련성을 어떻게 기대하는지 등에 따른 사회적경제 전반에 대한 청사진이 없다(KDI, 2018). 이로 인해 개별 사회적경제조직별 성장목표만을 설정하고 이를 점검할 뿐이다. 사회적기업, 마을기업, 협동조합, 자활기업 각각의 조직형태별 발전모델에서도 유사하다.

사회적경제 발전모델은 고용노동부, 행정안전부 등 하나의 부처에서는 수립되기 어려우며 기획재정부와 관계부처 합동으로 종합적 발전모델을 수립해야 한다. 또한 발전모델은 어느 시점에서 완결되기 어려우므로 지속적으로 개선하는 기구와 프로세스가 필요하다.

### 3) 지역 개념으로서의 기초단위 사경 활성화

사회적경제의 지역이 재정의되는 가운데, 기초단위 생활공간을 중심으로 사경 활성화가 모색되어야 한다. 현재 사회적경제의 지역 범위는 주민등록 소재지 기준으로서의 지역 개념이며, 주민들의 정주를 가정한 지역 개념이다. 이를 개인의 이동(직장, 여행, 쇼핑, 고향 방문, 일시 체류 등)과 개인 간 관계 형성을 고려한 시간 분할에 따른 공간 사용의 변화의 관점에서 지역을 재정의해야 한다. 사회적기업 등의 법인 관점에서도, 소재지 중심이 아니라 구매, 생산, 판매 등 모든 가치사슬에서의 부가가치 창출 활동을 검토하고 종합하는 유량적 관점 및 거래 네트워크 관점에서 사회적경제조직의 공간 개념을 고려해야 한다.

광역지자체 사회적경제 정책 발전단계의 구분에서, 1단계를 기본조례 제정, 통합지원기관, 지자체 내 전담부서의 3가지의 유무로 측정, 2단계 발전단계는 기본계획 수립, 광역지원조직, 민관협의체 운영의 3가지 유무로 측정, 3단계의 성숙단계는 기타조례 제정과 연구기관의 2가지로 설정한다(KDI, 2018). 이러한 구분은 행정편의주의적 구분이다.

사회적경제 정책발전 단계 구분이 중요한 것이 아니라 지역에서의 사회적경제 활성화 정도가 중요하다. 사회적경제의 중심축이 기초단위라면, 대부분의 기초지자체에서 사회적경제 부문이 성숙단계에 올라섰을 때 그 기초지자체들을 포괄하는 광역지자체는 성숙단계라고 평가할 수 있다. 사회적경제 단계가 중간단계인 기초지자체가 많으면 그 광역단위는 중간단계이고, 대부분의 기초지자체가 사회적경제 도입 단계라면 광역단위도 도입단계일 것이다.

### 4) 지역에서의 사회적경제 활성화 방안

사회적경제조직들의 지역화 실천전략은 1) 사회적경제조직들의 고유 가치와 성과를 지역사회에 확산시킬 것, 2) 사회적경제조직들 간의 정체성 확립과 협력 증진, 3) 지역 내 다양한 시민사회조직과의 소통 강화 및 협력 증진, 4) 지방정부와의 협치 및 파트너십을 강화, 5) 지역자원 활용과 사회적경제의 지역 주체 형성에 주력, 6) 사회적경제의 지역발전 패러다임에 기초한 지역사회운동을 실천해야 하는 것 등이다(이해진, 2015). 전국·광역·기초 지방자치단체 수준에서의 전달체계의 지역화 전략이 필요하다고 주장되기도 한다(조득신, 2014).

사회적경제조직들의 기능은 지금껏 국가와 시장이 충족시키지 못했던 취약계층에 대한 일자리 공급(노동통합)이나 사회서비스 제공을 넘어 지역재생과 지역공동체의 강화에 기여하는 모든 활동(교육, 안전, 건강, 돌봄, 지속가능성, 환경보전 등)이어야 한다(이해진, 2015). 이에 사회적 경제 발전모델을 지역사회운동으로 발전시킨 원주모델과 홍동모델 등을 확대 발전시켜야 하며 혁신시켜야 한다는 의견(이해진, 2015)이 제기되고 있다.

그러나 원주모델과 홍동모델은 기초단위에서의 발전모델인데 그 모델을 광역단위나 전국단위로 확대 발전시킬 수 있는 것인지를 검토해야 한다. 만약 가능하지 않다면, 광역단위 발전모델과 전국단위 발전모델을 수립하기 위해서는 다른 광역단위 또는 전국단위 모델을 탐색해야 할 것이다. 이와 관련하여 스페인 바스크지역(인구 210만 명)의 기푸스코아주(인구 70만 명) 몬드라곤(바스크어로 아라사테, 인구 2만 명) 모델과 이탈리아 에밀리아-로마냐(인구 450만 명) 모델, 캐나다의 퀘벡(인구 850만 명) 모델, 그리고 벨기에(인구 1,100만 명, 경남·경북 면적) 모델(왈론족이 전체 인구의 33%)의 경우를 참조해볼 수 있다.

특정 지역 기반 사회적경제 생태계가 조성된다고 가정할 때 '특정 지역'의 공간적 범위가 우리나라 사회적경제 중간지원조직들이 기초하고 있는 광역·기초의 행정구역 경계와 과연 일치하는가의 문제가 제기되었다(이준영·이정용, 2019a). 이는 사회적경제 생태계의 실제적인 공간적 범위에 대한 주요한 문제 제기이며, 정부·지자체·사경조직들이 암묵적으로 가정하는 행정구역 구분에 기초한 사회적경제 발전모델이 부정확하거나 비현실적일 수 있음을 시사한다.

한 예로, 서울 사회적기업협의회 변형석 대표는 박원순 시장 시절 서울시 사회적경제 민관정책협의회가 충분한 실행력을 구비하지 못한 점, 서울시 여러 사회적경제 정책들이 부서 간 칸막이를 넘지 못한 점,

사회적기업과 마을기업 및 자활 중간지원조직 등 민민 거버넌스가 어떻게 발전해야 하는지에 대한 구상이 불분명한 한계가 존재한 점 등을 지적하였다(황세원, 2014). 이는 서울시의 사경 발전모델이 민관 거버넌스 실행력, 유관 정책 조정 능력, 유관 기능들과의 협업 구현 능력 등의 측면에서 구체적이지 못한 것에 대한 지적으로 볼 수 있다.

지역사회를 강조하는 지향을 가지고 있더라도 큰 사회적경제를 지향하는가, 작은 사회적경제를 지향하는가에 따라 차이가 나타난다. 즉 커뮤니티 비즈니스가 지역사회를 잘 알고, 지역사회에 기여할 수 있다고 확신하면 커뮤니티 비즈니스를 강조하면서 사회적경제조직들의 규모의 경제화를 반대하고, 통합을 통한 전국 브랜드화(전국에 1개로 통합된 돌봄서비스 사회적기업을 지향)에 강하게 반대할 것이다(박현수·이정현, 2017). 반대로 큰 사회적경제를 지향할 경우, 사회적경제조직의 규모화를 위한 전국 브랜드화를 강조하고, 사회적경제조직들 간의 통합을 촉진하는 방안을 강조하게 될 것이다. 따라서 지역 내부의 순환경제를 강조하는지, 인접 지역과의 협업에 초점을 두는지, 아니면 보다 외부로의 경제적 확장을 추구하는지 등 어떠한 사회적경제를 지향하는지가 구분되지 않은 상황에서 입안되는 사회적경제 장기발전전략은 구체성을 확보하기 어려울 것이다.

## 5) 지역 발전모델에 따른 중간지원조직의 영향

지역에서 합의된 사회적경제 발전모델이 있어야 그에 입각하여 법·조례, 전담조직, 중간지원조직, 네트워크 등의 지원체계의 구체적 내용과 방향이 결정될 것이다. 아울러 그에 따라 중간지원조직의 성격, 운영방식, 참여주체, 주요 활동, 조직구조, 조직운영, 조직변화 방향·비즈니스모델 등도 달라질 수 있다. 사회적경제 혹은 사회적기업이나 협동조합 관련 조례들이 대부분의 지역에서 동일한 내용인 현상은 지역에서 합의된 사회적경제 발전모델 없이 타 지역의 관련 조례들을 무분별하게 도입한 것을 보여주는 단적인 예이다.

광역단위와 기초단위를 막론하고 중간지원조직은 지역별 맞춤형 의제 선정을 통해 지역에 특화된 사회적경제 생태계를 조성하는 데 전문성을 발휘해야 하는 과제를 실행해야 한다(한겨레신문, 2017.7.26).

## 6) 발전모델 결정에서의 사경 부문과 정부·지자체 간의 관계

1800년대 초중반부터 사회적경제가 태동한 이래 사회적경제에 대한 정부의 관심과 지원이 두드러진 시기는 전 세계적으로 최근 약 30여 년 정도에 불과하다(김진환, 2021). 이 때문에 아직까지는 발전모델의 내용에서 사경 부문과 정부·지자체 간의 관계가 구체적으로 정립되지 못했다. 현재 사경 부문의 발전모델 실현을 위한 네트워크 구축에서 정부 부문과의 협력관계를 어느 정도로 설정할 것인지는 중요한 문제이다. 정부·지자체와의 적극적인 협력 관계 추구는 캐나다, 영국, 벨기에, 스웨덴 등에서 상당히 잘 발견된다. 하지만 지나친 협력관계의 추구는 정부에의 의존도를 높이고, 사경 부문의 자율성과 독립성을 훼손하는 결과로 귀결될 수 있다. 사경 부문 전달지원체계의 큰 축 중 하나인 중간지원조직 역시 정부와 사경 부문 간의 협력관계의 실질적인 내용과 관계에 따라 달라질 것이다.

지역 내 사회적경제 활성화 방안은 1) 원주 사례와 같이 기존 민간 중심 사회적경제 생태계를 활용하는 방안, 2) 성남, 완주 사례와 같이 지자체의 사회적경제 대상 지원을 확대하는 방안의 두 가지가 있다.

성남 모델의 특징은 활동가들이 사회적경제지원센터 인력으로 들어가고, 관은 이를 지원하는 적극적인 민관 합작 모델이다. 민간 모델인 원주와 대비된다(최석현 외, 2013). 원주의료복지사협처럼 안정기에 접어든 사회적경제조직에 대해서는 지자체가 지역 파트너로 공동사업을 제안하기도 했다(임상연 외, 2016). 지자체로서는 지역주민에게 인정받고 안정적으로 운영되는 사회적경제조직을 지역의 파트너로 삼아 협업을 하는 것이 관 주도의 폐해를 최소화하는 방법이다.

성남모델과 원주모델의 선택의 문제는 광역지자체 단위의 선택의 문제라기보다는 기초단위 지자체의 선택의 문제이다. 다만, 지역 사회적경제 생태계의 성숙 정도 등에 따라 지자체의 사회적경제 주체들과 공공 부문이 논의하여 선택 가능한 결정이다. 경기 남부의 여러 지역처럼 사회적경제가 발전한 지역에서는 기존 사회적경제 생태계를 활용하는 방안의 활용도가 높을 수 있으며, 공동체의식이 발전한 농촌지역이나 도시원주민 비율이 높은 지역의 경우 성남과 같은 지자체 지원 확대 방안이 적용 가능할 수 있을 것이다(최석현, 2013; p. 124).

위의 방안이 타당하다고 수용할 경우에도, 지자체의 사회적경제 지원전달체계의 중요성이 상이할 것이며 이에 발맞추어 중간지원조직의 역할(전달지원체계의 실행자 역할에 충실한 중간지원조직과 현장니즈에 충실한 중간지원조직)도 상이해질 것이다.

## 7) 도시형·도농형·농촌형에서의 사경 부문·공공 부문 파트너십

도시지역주민, 복합지역주민, 농촌지역주민 각각이 느끼는 삶의 질의 수준과 삶의 질의 여러 영역에 대한 만족도가 상이하다(네모토, 2013). 이는 지역 특성에 따라 사회적경제의 특성 역시 상이할 수 있음을 시사한다. 도시와 복합지역, 농촌지역에 따른 상이한 사회적경제조직 모델을 지역 차원에서 선별할 필요가 있다. 예를 들어 울산과 창원 등 1인당 GDP가 높은 지역의 경우 민간기업이 다수 포진해 있고, 이로 인해 사회적경제의 지역경제 활성화에 대한 기여 가능성이 상대적으로 낮다. 이로 인해 사회적경제에 대한 주민들의 인식도가 낮아 사회적경제 생태계 조성을 빠른 속도로 달성하기 어려울 수 있다.

과거 지방의제21 추진협의회 준비 과정은 민간주도형과 행정주도형의 두 가지로 구분 가능하다. 도시화된 지역은 민간 주도가 우세하고, 농촌지역은 행정 주도 방식이 우세한 것으로 평가되었다(이대수, 2007a). 이를 준용하면, 사회적경제조직의 밀집도가 보다 높고, NGO의 발전 조건 등이 보다 양호한 시와 구의 경우 민간 주도형 민관 시스템 적용(예: 중간지원조직 운영 방식으로서의 지역사회적경제네트워크에의 위탁운영)이 우선 고려될 수 있다. 반면, 농촌지역인 군의 경우 행정주도형 민관 시스템 적용(예: 중간지원조직의 직영 방식 채택)이 우선 고려될 수 있을 것이다. 이는 위의 '원주모델 vs. 성남모델'의 선택과는 다른 지역적 기준에 의한 선택일 것이다. 한편 충남 홍성군 홍동면을 보면 농촌에서의 행정주도형 시스템 적용이 반드시 성공하기 어려움을 시사하기도 한다.

### 8) 생태계 관점의 지역 기반 질적 성장 발전전략 수립 전문성으로의 전환

농촌지역의 경우 사회적경제 활동가가 될 수 있는 인적자원이 절대적으로 부족하다. 이로 인해 제한된 인물들이 과도하게 겹치기 출연을 하는 일이 비일비재하다(김태영, 2016). 때문에 차별적인 전략의 입안이 불가능하고, 이로 인해 지역 특성에 맞는 사회적경제 발전모델의 입안은 불가능하고, 타 지역의 모방만이 횡행하고 있다. 따라서 지역 참여·숙의과정으로서 사회적경제 지역 발전전략 수립에 대한 중간지원조직의 핵심 연결고리로서의 연결 역할이 중요하다. 지역에서의 항상적 숙의 메커니즘으로서 발전모델 개발이 이루어지는 데에 대한 중간지원조직의 기여와 전문성이 요청된다.

## 2. 사회적경제 통합전산망 구축·운영을 통한 데이터 기반 전문성 개발

### 1) 사회적경제조직 통합 전산망 구축

사회적경제 통합정보시스템 혹은 통합 전산망이란 사회적기업·협동조합·마을기업·자활기업·사회서비스 등 5대 영역 사회적경제조직들의 기업체, 매출액, 인력, 자금흐름 등 각종 정보망 구축을 의미한다. 현재 사회적경제조직들이 참여하는 사회적경제조직 통합 전산망이 미비하고 사회적경제 중간지원조직들은 사회적경제조직들의 자율공시율 제고에 집중하고 있다. 「사회적경제기본법」 제정 이후 전산망 구축을 계획(관계부처 합동, 2021)하고 있으나 입법이 지연되는 현실이다. 중소기업벤처부에서 창업진흥원을 통해 창업 관련 다양한 정보를 창출하고 있음에도 사회적경제조직 관련 창업 정보는 거의 없는 것이 현실이다(KDI, 2018: 66). 이러한 이유로 통지관과 기초 사경센터 간의 부처형 (예비)사회적기업 선정 등을 둘러싼 광역단위 통합지원기관과 기초 사경센터 간의 정보 사각지대 문제가 발생하고 있다. 지원사업에 대한 중복 지원 및 중복 수혜의 방지 차원과 재정지원사업에 대한 국민 신뢰성 제고와 투명성 제고 차원에서도 전산망이 필요하다.

기초지자체 산하 어떤 사회적기업이 통합지원기관에 의해 지원받는지에 대한 정보를 기초 사경센터가 제공받지 못하고 있는 현실이다. 전체 중간지원조직들 간의 정보 통합 시스템의 구축이 필요하다. 자치구가 파악하는 사회적경제조직들의 현황을 광역 중간지원조직과 공유하는 시스템도 미흡하다. 이러한 이유로 폐업·활동정지된 협동조합에 대한 정보가 지역으로부터 관련 부처에 제공되지 않으며 시간이 경과하면 중앙부처에서는 지역에 폐업한 협동조합 관련 정보를 다시 요청하는 현상도 발생하고 있다. 사회적기업·협동조합 대상 경영공시가 기업에게 부담으로 작용하는 것도 통합 시스템의 미비와 연관된다.

통합지원기관, 마을기업지원기관, 사회적경제지원센터 역할을 모두 통합하여 운영하는 광역단위 중간지원조직 내부에서도 통합지원기관 업무 담당자가 개별 기업 자료를 같은 기관의 사경센터에 공개하기를 기피하는 등의 경우가 있다. 따라서 개인 간의 관계가 아니라 중앙부처 간에 사업 관련 정보의 공유·공개 수준을 서로 협의하고, 이를 광역단위 및 기초단위 중간지원조직 및 당사자조직들과 합의할 필요가 있다. 전남도는 빅데이터 분석을 활용한 사회적경제 통합정보시스템의 구축을 사회적경제 기반 조성 사업의 중간지원조직 역할 강화 방안의 하나로 설정한 바 있다(광주전남연구원, 2018).

## 2) 사회적경제 제품 판매 통합 유통 플랫폼 구축

사회적경제기업들의 마케팅, 판로개척, 소비자 분석 등의 목적을 위해 통합 유통 온라인 플랫폼이 필요하다. 현재는 한국사회적기업진흥원이 구축한 유통 플랫폼 등이 있으나, 사회적경제조직들이 포괄적으로 참여하는 사회적경제 제품의 통합 유통 플랫폼이 부재 또는 미비하여 현재 광역단위 유통 전문조직이 그 기능을 대신한다.

### 3) 중간지원조직 간 통합관리시스템 구축

현재 중앙·광역·기초 중간지원조직 간의 온라인 통합관리시스템이 미구축 상태이다. 무수히 많은 기초지자체 사경센터의 홈페이지가 없고, 페이스북, 인스타그램을 통한 기초적인 온라인 홍보를 진행하고 있다. 광역 사경센터에서도 제공 정보의 수준이 매우 낮은 경우가 많이 발견된다. 경기도 기초지자체 사회적경제지원센터 홈페이지에 예산이 나타나 있는 경우는 거의 없다. 센터 소속 인원도 명시하지 않는 경우도 많다. 이와 같이 기초단위 사경센터의 홈페이지가 대부분 부실하기 때문에 사경센터 홈페이지 경진대회 등을 개최하여 질적 개선을 유도할 필요가 크다. 또한 사경센터 운영 관련 성과보고서를 업로드하는 기관도 광명시 등 매우 소수이다. 성과보고서를 매년 작성하고 업로드, 공개하도록 유도할 필요가 크다. 아울러 온라인에서 광역단위 중간지원조직 간의 연결 및 기초단위 사경센터들 간의 연계가 이루어질 수 있도록 하는 것도 필요하다.

### 4) 통합전산망 구축에 대한 지원

사회복지 분야 전산망, 자원봉사 분야 전산망 등을 참조하여 사회적경제 관련 통합전산망을 구축할 필요가 있다. 사회적경제조직들에 대한 정보, 사회적경제 제품·서비스 유통 관련 정보, 사회적경제 네트워크에 대한 정보, 그리고 중간지원조직들 간의 연계 정보는 중간지원조직들의 큰 자산이자 전문성과 정보의 원천이기 때문이다. 전산망 구축을 위해서는 기초 사경센터 등에 대한 IT 코디 인력 지원이 필수적이며, 기초센터에 대한 IT 코디 인력이 지원되는 「자원봉사기본법」의 사례 참조도 필요하다.

사회적경제기업, 지자체, 중간지원조직, 민간 중간지원조직, 민간 IT 기업 등의 공동출자로 사회적경제 통합 전산망을 구축하는 방안을 검토해야 하며 이때 예산 편성은 고용노동부가 아닌 기획재정부에서 하는 것이 바람직할 것이다.

충북에서는 사회적경제조직들의 통합플랫폼 구축사업에 대한 투자 규모를 2020~2024년 기간 동안 총 17억 5천만 원으로 추정한 바 있다(충북연구원, 2019). 1개 광역지자체 단위가 아닌 전국 단위 통합 전산망 구축에는 훨씬 더 많은 비용이 소요될 것이며, 이를 위해서는 기획재정부 차원에서의 지원이 불가피할 것이다. 사회적경제 제품 유통 통합플랫폼 구축 예산의 경우 사회적경제조직 및 민간기업 등의 투자 참여를 허용하는 것이 필수적이다.

## 3. 전문성에 기초한 권한 이양과 분사

### 1) '중앙 → 광역' 및 '광역 → 기초'로의 권한 이양

세부 정책 주관 기능을 중앙부처가 지역으로 이양해야 하며, 거버넌스 구축, 지원정책 수립(관련 법 제정, 인증·평가제도 개선, 사회적금융 조성 등), 인프라 확충, 중장기 목표 제시 등에 집중하는 권고가 제기된 바 있다(KDI, 2019). 또한 중앙정부가 현장 관련 업무들을 지자체로 이양하는 한편, 사회적경제기업 관리체계(인증·인가)가 지역 중심으로 재편하고, 지금까지 한국사회적기업진흥원에 위탁집행하고 있는 사회적기업 창업가육성사업이나 사회적기업 대상 지원 업무를 지자체 보조사업으로 전환할 것을 권고하였다(KDI, 2019).

이러한 권고와 맥을 같이 하여 정부는 2021년 하반기 사회적기업 인증제도의 등록제로의 변경을 추진할 계획이다(관계부처 합동, 2021). 등록제로 변경될 경우 경영지원, 사업보고서 접수, 등록 취소 등 기존 한국사회적기업진흥원의 담당 업무가 지자체로 이양되고, 한국사회적기업진흥원과 권역별 지원센터는 등록 기업 중 정부지원사업 대상 기업 선정을 위한 사회적가치평가(SVI) 및 경영공시 등의 사업에 집중할 가능성이 높다(이강익, 2020a). 이 경우 지자체로 이양되는 업무에 대한 지원이 권역별 지원센터와 시도별 지원센터 중 어디로 배분될 것인가에 대한 정리가 필요하다. 이러한 상황을 염두에 두고 양 지원기관의 위상과 역할, 기능 배분, 조정이 효과적으로 이루어져야 한다.

「사회적경제기본법」이 제정될 경우 사회적경제원이 설립 가능하게 되어 이러한 통합적 지원체계의 중심 역할을 할 것으로 예상된다. 아울러 광역단위 사경센터에서도 기초단위 사경센터가 계속 설립될 경우 지역의 사경조직 지원 업무는 기초지자체 사경센터에서 직접 수행하는 것이 바람직할 것이다.

광역과 기초 간의 관계의 경우 광역에서는 총괄 기획업무에 집중하고, 기초에서는 개별 조직·사업 관리 등 당사자조직에 밀접한 사업에 집중하도록 역할을 구분할 것을 제언한다. 광역은 과 이상 조직 설치 및 기초에서는 팀 이상 조직을 설치할 것을 권장한다. 기초단위에서는 읍면동 주민자치와 사회적경제의 결합을 강화하고, 교육 및 상담 등을 중심 활동으로 권장한다(KDI, 2018: 99). 기초사경센터 역시 행정사무 업무의 비중을 최소화하고, 사경조직 지원 업무를 최대화하는 방향으로 전문화가 이루어져야 할 것이다. 이를 위해서는 중앙부처·광역 중간지원기관·기초사경센터 간의 업무 분담 현황이 보다 세밀하게 조사되어야 하며, 이양 가능한 권한 및 사무에 대한 합의가 시도되어야 한다.

### 2) 전문성에 기초한 분사

우리나라 사회적경제 중간지원조직의 당면 과제 중 하나는 중간지원조직들이 종합적·사무적 기능에서 벗어나 독자적·전문적 조직으로 전환하는 것으로 사회적경제 중간지원조직의 분화와 전문화는 이미 여러 경로로 발생하고 있다. 따라서 광역단위 중간지원조직들은 전문 기능이 분사되기 전까지 끊임없이 전문 기능을 개발하여 분사 가능할 때가 되면 분사시키는 역할을 해야 한다.

조직분화 사례 1: 도청 이전으로 기존 광역시·광역도 권역 통합기관이었던 중간지원조직에서 광역도 통합지원서비스 제공 조직단위가 분사·분화된 사례이다. 이는 세포분열의 관점에서의 분사였으며, 분사된 조직은 모 조직을 복제하여 제대로 기능하는 것이 단기적 목표였다. 분화·분사이지만 전문화 수준이 높아지는 분사는 아니다.

분사 사례 2: 최근 광역단위 중간지원조직(주로 통합지원기관과 마을기업지원기관 등)이 기초단위 사경센터 및 유사 기능(창업지원센터 등) 위탁운영기관으로 선정되는 사례가 증가했다. 장기적으로 이러한 위탁운영은 광역단위 중간지원조직의 일부가 기초단위 사경센터로 인적 분할될 가능성이 높다.

분사 및 전문화 동시 추구 사례 1: 여러 광역단위 지역에서 사회적경제 제품들의 판로개척·유통·공공구매를 지원하는 조직(예: 강원곳간,

경북종합상사, 대구 무한상사, 충남 따숨상사, 전남 사회적경제보부상단·전남상사 등)
을 설립하는 과정은 지역 내 중간지원조직의 분화·전문화 과정이다.

　분사 및 전문화 동시 추구 사례 2: 현재 통지관과 마지관 역할을 수행 중인 광역단위 중간지원조직이 현재의 위탁운영 역할을 광역단위 사회적경제지원센터에 이관하고, 교육컨설팅전문기관으로 변모하는 것을 장기적 목표로 설정했다. 이는 업무·권한 이양과 조직통합, 그리고 분사와 전문화가 함께 발생할 수 있는 사례이다.

　분사 및 전문화 동시 추구 사례 3: 지자체 산하 기초사경센터의 위탁운영은 모법인의 재정지원 의존 성향을 낮추지 못하고, 사회적경제조직들에 필요한 서비스를 적시 제공하지 못하므로 위탁운영을 중단하고, 지역 네트워크 산하 민간 중간지원조직으로 전환하려는 계획을 추진 중인 사례이다.

# 제3장 개선 과제 3: 네트워크·거버넌스 개선

## 1. 사회적기업·협동조합·마을기업·자활기업 네트워크 강화

### 1) 사회적경제조직들 간의 상호거래·협력 네트워크 지원

사회적기업과 협동조합의 수는 대도시에 많이 편중되는 경향을 보인다(박대호, 2015). 특히 서비스를 공급하는 협동조합이나 사회적기업이 대도시에 편중되는 경향이 뚜렷하다. 사회적기업은 지역 문제 해결에 대한 적극성이 상대적으로 떨어지고, 구성원들의 지역사회 참여도 역시 낮은 것으로 나타났다(최석현 외, 2013).

2014년 기준으로 전체 사회적기업(1,251개)의 23.1%(289개), 전체 협동조합(6,055개)의 19.2%(1,160개), 전체 마을기업(1,249개)의 60.1%(751개), 전체 자활기업(1,202개)의 27.9%(336개), 전체 농촌공동체회사의 100%(867개)가 농촌지역에 존재한다(김정섭·임지은, 2016). 총 10,624개의 사회적경제조직들 중에서 농촌에 존재하는 사회적경제조직들의 비율은 32.0%로 약 1/3만이 농촌지역에 존재하고 있다. 농촌에 존재하는 사회적기업이나 협동조합의 숫자가 이렇게 적을 경우, 농촌지역에서의 사회적경제 성장모델은 도시형 사회적경제 성장모델과 달라져야 할 것이며, 이 문제가 어떻게 시군구에 따른 중간지원조직과 행정 전달체계의 차이로 이어질지에 대한 고민도 필요하다.

국내에서의 사회적기업의 출현은 취약계층에 대한 일자리 제공에 초점이 맞추어져 있어 지역공동체의 발전을 주도하는 주체로서 사회적기업을 상정하는 인식은 낮은 편이다(유평준·한상일, 2013). 또한 마을기업은 기초지자체 연계 특성이 아주 강한 데 반해, (특히 제조업 분야의) 사회적기업은 규모 증가에 따라 기초지자체 범위를 넘어서는 경향이 강하기 때문에 기초지자체 연계 범위에서의 차이가 존재한다. 사회적기업이나 마을기업, 자활기업, 농어촌공동체회사 등은 정부의 재정지원의 대상이 되지만 협동조합(사회적협동조합 제외)은 정부의 재정지원 대상이 아니라는 점에서도 차이가 있다. 마을기업의 경우도 정부 재정사업에 대한 의존도가 낮은 것으로 평가되었다(엄한진·권종희, 2014).

사회적기업의 설립은 민간 주체의 역량에 크게 좌우되지만, 마을기업의 설립은 지자체별 자원 배분의 영향을 많이 받게 되며 지역별로 상대적으로 균등하게 분포되는 경향을 보인다(박대호, 2015). 마을기업과 농어촌공동체회사의 경우 농산물의 상품 생산에 집중되는 경향을 보인다. 즉 농업과 식품 분야 마을기업이 다수를 이룬다(박대호, 2015; 김정섭·임지은, 2016). 한편 자활센터는 광역단위뿐 아니라 시·도 단위에도 많이 설치되어 있다. 사회적기업이나 자활기업은 취약계층의 일자리 제공 등을 목적으로 기업가가 단독으로 설립하는 경우가 많아 설립과정에서 주민들의 주도성 또는 참여 정도가 마을기업이나 협동조합 등에 비해 상대적으로 낮다(김정섭·임지은, 2016). 반면 지역 일자리 창출에 대한 기여도는 사회적기업이나 자활기업의 공헌도가 협동조합 등에 비해 높을 수 있다.

다소 오래전 수치이지만, 충북지역 사회적기업의 경우 영리기업 대상 매출 비중은 62%, 비영리법인 대상 매출 26%, 협동조합 대상 매출 7%로 나타나고 있다(박대호, 2015). 원자재 매입 비중도 영리기업 대상이 80.7%로 압도적인 반면, 비영리법인으로부터의 매입 비중(9.1%)이나 사회적기업으로부터의 매입 비중(7.1%)은 매우 낮다(충북발전연구원, 2013: 박대호, 2015에서 재인용). 사회적경제조직들 간의 호혜와 협동의 원리에 기반한 내부 시장 조성이 매우 취약하고, 상호거래 수준이 지극히 낮음을 보여준다. 이는 광주지역 사회적경제조직들의 네트워크 분석에서도 고스란히 반복된 바 있다(변장섭·나주몽, 2016).

이 점은 사회적경제 당사자조직들 간의 연대와 협력이 사회적경제의 발전을 위해 중요함을 시사한다. 아울러 성미산마을과 원주에서 생협이 사회적경제조직 벤처 투자자 역할을 담당했던 점과 성미산마을에서 사회적경제조직들이 서로 매출 신장에 기여하는 노력을 경주하는 점 등은 사회적경제조직들 간의 협동에 의해 사회적경제 활성화가 가능함을 보여주는 경험이다. 사회적경제조직들 간의 상호거래와 협력 촉진은 중간지원조직의 주요한 사명 중 하나이다.

## 2) 당사자조직협의체의 대표성 제고 지원

사회적경제 당사자조직(협동조합·사회적기업·마을기업·자활기업 등)과 정부·지자체의 중간에서 지원 역할을 담당하는 중간지원조직이 제대로 역할을 하기 위해서는 당사자조직들의 협의체가 대표성을 확보하고 있느냐가 매우 중요하다. 당사자조직협의체가 대표성이 없을 경우, 중간지원조직이 개별 당사자조직들의 목소리를 일일이 청취하고 반영하기는 어렵다. 현재 우리나라 사회적경제 당사자조직협의체의 대표성 수준은 낮은 수준이다. 광역단위와 중앙단위로 갈수록 대표성의 한계가 뚜렷하다. 이탈리아와 스페인 등 유럽과 같이 사회적경제조직들이 수익 수준에 따라 회비를 납부하여 회원 자격을 획득하고, 임원 선출 등 의사결정 권한을 갖는 방식(정병순·황원실, 2018)을 통해 대표성을 강화하는 노력을 당사자조직들이 펼쳐야 한다. 이 노력에 대해 중간지원조직은 지원해야 한다.

### 3) 당사자조직협의체 위탁운영 역량강화

사경센터 등 중간지원조직을 민간위탁하려는 지자체의 경우 지역사경네트워크의 성숙도를 고려해야 한다. 위탁 결정 이전에 법인 설립 등의 외형적 준비에 집중하기보다 역량 제고 및 관리능력 제고 등의 내실을 기하도록 지원하는 것이 중요하다. 경기 사회적경제원의 공공기관화 추진은 그동안의 민간위탁이 실패한 결과로서 당사자조직의 민간위탁이 항상 좋은 성과를 내는 것은 아니라는 것을 보여준다.

지자체가 위탁경영을 실시하기 이전의 조치는, 모법인이 민간위탁을 충분하게 준비하여 위탁운영하는 경우와 지자체 권유에 의해 준비 없이 위탁운영을 하는 경우로 구분 가능하다. 어떠한 경우든 위탁경영 효과성을 제고하기 위해서는 모법인의 상근인력 확충과 위탁관리역량 제고가 이루어져야 한다.

지역 내 사회적경제조직들의 가입률이 가령 80%를 넘고, 회비를 통해 당사자조직협의회 또는 지역사경네트워크가 안정적으로 운영된다면, 예를 들어, 지자체 산하 지원센터 운영비의 절반을 자체 조달할 수 있다면, 나머지 절반은 사업위탁 등을 통해 지원하는 방안을 병행하는 조건에서 당사자조직협의체 또는 사회적경제네트워크로 인증 업무나 경영컨설팅 업무 등의 인력을 이관할 수 있을 것이다.

2012년 11월 서울시는 지자체 최초로 '서울시 협동조합 상담지원센터'를 개소하였고, 이를 통해 협동조합 선배그룹이 신설 조합의 설립 컨설팅 및 지원이 이루어지도록 했다(이은애 외, 2016). 이는 당사자 조직이 설립과 인증 업무를 담당하는 선례이며, 당사자조직의 역량강화를 위한 제도적 장치로 볼 수 있다.

### 4) 개별법 협동조합과 연계 강화 지원

농협, 축협, 수협, 임협, 신협, 중소기업협동조합, 생협 등 개별법에 근거한 7개 협동조합과 협업 역시 중요하다. 개별법 협동조합도 협동조합이기 때문에 사회적경제조직 중 협동조합협의회에 포함되어야 하겠지만, 지난 과거의 역사와 현재의 수준, 조직운영에서의 특성 등을 고려하면 지역별 협동조합 당사자조직의 협의회 참여는 당분간 힘들 것이다. 따라서 개별법에 근거한 협동조합들은 지역별 사회적경제 관련 거버넌스에 참여하는 것이 바람직하다.

농협 등 개별법에 근거한 협동조합의 성과평가에서 사회적기업과 협동조합 성장에 얼마나 기여했는가를 성과평가의 주요 항목으로 격상시키는 것이 필요하다. 국제협동조합연맹(International Cooperative Alliance: ICA)의 협동조합의 원칙 중 하나인 협동조합 간의 연대에 얼마나 충실했는가를 평가해야 한다. 협동조합의 모든 활동 프로세스에서 지역 사회적경제조직들과 어떻게 협업하였으며, 동반성장하기 위해 어떻게 노력하였는가를 세밀하게 평가할 수 있어야 한다. 이를 위해서는, 현재 농협 등 개별법에서의 협동조합 내부의 중앙집권적 내부 통제 시스템이 보다 지역 기반 의사결정 방식으로 전환되어야 한다. 각 광역단위, 기초단위에서 지역 내 사회적경제조직들과의 협업 노력 및 사회적경제조직들의 성장을 위한 지원 활동이 자율적으로 결정되고 실행될 수 있어야 할 것이다.

## 2. 마을공동체·주민자치·도시재생·공익활동 유관 기능 공공네트워크 강화

### 1) 마을만들기·지역만들기의 행위자로서 사회적경제조직 역할

원래 사회적경제 분야 중간지원조직의 통합은 사회적기업·협동조합·마을기업·자활기업 관련 중간지원조직의 통합만을 의미해왔으나 마을공동체·도시재생·사회적경제·공익활동지원 등 공동체 기능들의 통합과 분화도 생각해야 한다. 이때 기능은 분화되고, 중간지원조직은 통합되는 상호상충되는 관계를 고려할 필요가 있다. 시군구 단위 혹은 읍면동 단위를 기반으로 하는 지역 사회적경제 생태계 또는 클러스터와 사회적기업(읍면동 지역 의존도가 매우 낮고 시군구 범위를 넘어서는 지역 기반을 갖는) 간에는 긴장관계가 존재하기 때문에 두 영역 간의 협업 가능성에 따라 지역 사회적경제 생태계의 미래가 달라질 수 있다.

사회적경제조직들이 '지역사회 구축의 행위자'(문순영, 2010) 또는 '지역사회 사회적자본 확장의 매개자'(김도균·정선기, 2014) 역할을 올바로 수행할 때 상호호혜와 연대에 입각한 사회적경제는 활성화될 것이다. 캐나다 퀘벡주와 이탈리아, 스페인 등에서의 경험이 이를 말해주고 있다. 사회적경제조직들이 외부 지원 획득에만 집중하지 않고, 지역사회의 사회적자본 축적에 기여하는 모습을 보일 때, 지역 내 사회적경제조직에 대한 인식 개선 및 사회적경제의 활성화가 촉진될 수 있는 것이다(김정원, 2009). 또한 사회적경제조직의 경제적 성과와 사회적 성과를 공개하고, 지역에 알리는 투명한 기업경영 및 민주적 기업경영을 실천한다면 이해관계자들의 신뢰 획득으로 이어질 수 있다.

사회적경제조직의 상호호혜 정신·투명성·민주성을 높이는 것에 지자체 및 중간지원조직이 적극적인 지원을 해야 할 것이다. 우리나라 중간지원조직들과 지자체들이 사회적경제조직들의 자원 획득을 지원하는데 과도하게 집중한 측면이 있었으나, 앞으로는 당사자조직들이 지역에서 제대로 역할을 수행하도록 지원하는 역할을 더욱 강화해야한다. 이러한 맥락에서 정부는 2021년 기초지자체 지역 민관협의체 구축 및 협의체 발굴 사업 대상 지원을 진행할 계획이다(관계부처 합동, 2021). 2020년 91개 기초지자체 대상 조사사업의 결과로 만들어진 사회적경제 데이터(지역자원뱅크)를 활용한 특화사업의 진행을 검토할 예정이다(관계부처 합동, 2021).

사회적경제조직이 지역공동체가 필요로 하는 사업을 진행하면서 지역공동체에 기여하기 위해서는 주민자치위원회 및 지역공동체 종사자들이 필요로 하는 사업의 우선순위가 무엇인가를 검토하고, 그 기대에 최대한 부합하려는 노력을 경주해야 할 것이다. 광역지자체와 기초지자체의 사회적경제 중간지원조직에서는 지역주민이 원하는 사회적경제조직의 사업과 지역 내 사회적경제조직이 실제 진행하는 사업 간의 간극이 크지 않은가 지속적으로 확인할 필요가 있다. 실제로 경기도 사회적경제조직과 주민자치위원회, 그리고 공동체 활동 종사자들을 대상으로 진행된 설문조사에서 사회적경제조직 종사자들이 선호하는 사업은 제조 및 생산, 기술기반사업, 농업 및 유통, 사회서비스의 순서로 나타났다(최준규, 2016). 그러나 주민자치위원회 구성원들과 공동체 활동 종사자들이 필요로 하는 사회적경제조직들의 사업은 교육, 환경, 문화, 육아·보육 등의 순서로 나타나 커다란 차이가 있는 것을 알 수 있다.

마을기업 활성화를 위해서는 다음과 같은 일이 필요하다. ① 사회적경제조직 CEO와 종사자 대상 교육을 보다 강화해야 한다(생산관리 및 인적자원관리 관련 교육 보강 필요). ② 사회적경제조직의 지역성, 공동체성 등의 가치 내재화와 구성원 간 공유 확대가 필요하다. ③ 내부 갈등 대처 전략(소통, 협력 분위기 조성, 최소한의 소득 창출, 정체성 합의 등)과 외부 환경 변화 대응전략(차별화, 수익구조 개선, 조직화 등)의 교육 강화와 공유, 확산 노력이 필요하다. ④ 사회적경제조직과 지역사회와의 관계 강화가 필요하다, 특히 마을기업의 마을 이해하기(마을 범위 규정, 사업 대상 범위 파악, 지역 역사·특성·주민 이해 및 이에 기반한 업종 선정 및 사업 아이템 선정 등)와 마을의 마을기업 이해하기(사회적경제조직 홍보 캠페인, 지역 내 사회적경제조직 전체에 대한 마케팅 전략 실행)의 동시 진행이 중요하다. ⑤ 지역사회 차원의 네트워킹과 연대활동 전략이 필요(다른 사회적경제조직들과의 협업 및 공공·민간 협력체제 구축 필요)하다. ⑥ 사회적경제 지원 프로그램의 질적·양적 확대가 필요(지속적인 전문 경영컨설팅 강화와, 선배 사회적경제조직 CEO 등의 경험 전수 필요)하다. ⑦ 마을기업에 대한 법적 근거 마련이 시급하며, 정부 주관부처 결정이 필요하다. ⑧ 지역에 존재하는 사회복지조직들의 마을기업에 대한 관심과 설립·운영이 필요(지역사회복지관의 3대 기능 중 지역사회조직사업 추진 과정에서 지역사회 주민을 조직하고, 주민조직이 마을기업을 운영하도록 하는 전략이 추진될 필요)하다(권지성, 2015).

마을만들기 성공을 위해서는 다음과 같은 일이 중요하다. ① 지역 주민의 자발적·적극적 참여가 가장 중요하며, 이를 위해서는 분명한 목표(육아, 교육, 먹거리 등)가 공유되어야 한다. ② 주민들 간의 긴밀한 인간관계가 중요하며, 이를 위해서는 리더가 존재해야 한다. ③ 다수 참여자 확보만큼이나 반대자 최소화가 중요하다. ④ 행정적·재정적 지원은 그야말로 지원에 그쳐야 한다(주도적 역할 자임이나 과도한 개입을 삼가야 하며, 주민의 니즈·목표 발굴과 자발적 활동의 여건 지원에 집중되어야 함)(양영균, 2013).

지금까지의 마을만들기 운동 등은 정부의 위로부터의 획일적 지원에 의해 추진되면서 성과를 거두지 못하였다(임경수, 2006). 주민자치역량이 없는 상태에서 정부의 지원이나 외부 전문가 지원에 의해 진행되는 '마을만들기'는 실제로는 '마을만들어주기'로 그치고, 외부 지원이 종료되면 마을도 과거처럼 황폐화되는 악순환이 계속될 수 있다(임경수, 2006). 기존의 마을만들기 사업의 경우 지역이나 마을의 특성에 대한 고려 없이, 주민들의 공동 목표 설정을 위한 사전의 노력도 없이 일정 조건이 충족되면 지원 자금이 투입되는 방식이 실패의 가장 큰 원인이었다(이홍택·정성훈, 2012).

마을만들기 등이 성공하기 위해서는 주민들이 원하는 사업을 선정하여 민주적이고 합리적으로 진행해야 할 것이다. 이것이 가능하려면 주민자치 능력을 구비하는 것이 절대적인 조건이다(임경수, 2006). 실제로 마을만들기 성공 사례인 성미산공동체에 대한 분석에서는 1) '심의(deliberation)' 혹은 '이야기나누기(storytelling)를 통한 관계 구축(relational organizing)', 2) '내재화된 연방제 전략(nested federal strategy)', 3) 기존 네트워크의 재활용전략(recycling strategy) 4) 마을축제전략(art performance strategy), 5) 인터넷과 마포FM(2005년 일부의 정부 지원으로 개국) 등의 방식 사용이 성공요인으로 제시되었다(김의영·한주희, 2008).

향후 마을만들기 지원사업이 성공하기 위해서는 첫째, 공동체 활성화 계획이 얼마나 지역·마을의 특성을 반영하는 구체적인 계획인가를 확인하여야 하며 둘째, 공동의 목표 설정을 위한 주민들이 얼마나 주체적으로 노력하는가의 문제를 평가해야 하며 셋째, 공동의 목표 설정이 이루어졌는가를 판단하여야 한다. 넷째, 하드웨어 중심의 지원(마을회관 신축 등)에서 소프트웨어 중심의 지원(프로그램 개발 지원, 조직관리 지원, 홍보전략 수립 지원 등)으로 전환이 모색되어야 한다.

사회적경제·마을공동체·도시재생·청년·공익활동지원 등의 여러 기능들과 관련된 중간지원조직들이 각자의 조직 형태의 좁은 이해관계에 갇히지 않고 지역활성화 혹은 시민사회 발전의 큰 목표를 향해 협업하는 모습을 보일 때 각 기능과 관련된 당사자조직들 간의 협업 역시 촉진될 것이다((사)마을 외, 2018). 서울시는 서울시 NPO지원센터, 청년허브, 서울시 도시재생지원센터, 서울시 사회적경제지원센터, 서울시 청년활동지원센터, 서울시 마을공동체종합지원센터, 서울혁신센터 등 7개 기관을 혁신형 중간지원조직으로 통칭하고 있다(서울시NPO지원센터, 2019). 2018년부터 진행된 서울시의 혁신형 중간지원조직 7개 기관들 간의 협업 증진을 위한 융합과제(예: 특정 지역 개발 또는 지역 회생에 대한 협업) 발굴 노력을 참조할 수 있다((사)마을 외, 2018). 타 지역에서도 이러한 센터 기능들의 네트워크를 강화하는 것을 시도할 수 있다.

인천에서도 2021년 3월 인천시의 공공서비스를 수탁운영하는 14개 조직들이 인천시 중간지원조직 상호협력 협약을 체결하였다. 이 14개 기관은 인천건강가정·다문화가족지원센터협회, 인천광역자활센터, 인천노인인력개발센터, 인천녹색구매지원센터, 인천도시재생지원센터, 인천마을공동체만들기지원센터, 인천민주화운동센터, 인천사회적경제지원센터, 인천상생유통지원센터, 인천인재평생교육진흥원, 인천시자원봉사센터, 인천주민참여예산지원센터, 인천시환경교육센터, 인천테크노파크 등이다(인천투데이, 2021.3.30). 이 협약을 통해 민관협치 프로그램 공동개발과 공동협치 의제사업 발굴 등을 진행할 계획이다.

이러한 여러 기능 간의 연계 네트워크는 지자체 내 위탁운영 공공서비스 기능들 간의 협업네트워크이며, 지자체 내에 소재하는 중앙부처 산하 기관의 지역 조직과 공기업, 공공기관 등의 협업네트워크는 보다 큰 공공네트워크로 볼 수 있다. 이보다 사회적경제 부문과 광의의 공공네트워크와의 협업시스템 구축 지원 역시 중간지원조직의 장기적인 과제일 것이다.

## 3. 사경·시민단체 중심의 연대 또는 민간기업·공공영역·시민단체·사경의 넓은 연대

### 1) 넓은 연대 혹은 좁은 연대

비영리조직 등 시민사회와 사회적경제 부문 간의 네트워킹이 지역 사회적경제 네트워크의 최소 범위라고 할 때, 공공 부문과 민간기업 부문까지도 폭넓게 포괄하고자 하는 네트워크는 최대 범위 네트워크이다. 많은 사회적경제조직들이 외부 자원·지원 유치 극대화를 위해 거버넌스와 네트워크를 확대하려 시도한다. 하지만 관리 내실화를 고려하면 적정 거버넌스와 적정 네트워크의 추구를 지향해야 한다. 소비자 대상의 적정 기술은 중시하면서 적정 네트워크·거버넌스를 간과하는 것은 역설이다. 지역사경센터의 민간위탁이라 하더라도 수탁기관이 폭넓은 사경네트워크인지, 당사자조직협의체 성격이 강한 네트워크인지가 구분될 필요가 있다. 예를 들어 인터뷰 과정에서 전북의 사회적경제연대회의의 수탁은 당사자조직 중심의 성격이 강한 위탁운영에 해당한다는 의견이 있었다.

지역 특성에 기반한 사회적경제 발전전략에 따라 네트워크의 범위를 신축적으로 설정하고 관리하는 지역 사경 부문의 노력이 필요하다. 지역 사경 네트워크의 사무국 역할을 하는 중간지원조직 역시도 이러한 기조에 따라 네트워크의 구축과 운영을 진행해야 한다. 아울러 중간지원조직의 운영위원회 역시 이러한 전체 네트워크의 범위와 연동되도록 설정하는 것이 바람직할 것이다. 예를 들어 퀘벡주의 중간지원조직 중의 하나가 지역 사회적경제조직들 간의 네트워크를 제공, 지원하는 RHSE(Regional Hub of Social Economy)였다. 이는 퀘벡 모델의 성공요인 중의 하나였다.

사회적기업은 지자체 등 공공기관 의존도가 높은 반면, 생협은 지역주민단체 및 시민단체 네트워크의 활용도가 높게 나타나는 특징을 보인다. 기초지자체 차원에서 볼 때 사회적기업보다 생협이 지역공동체 밀착도가 보다 높음을 의미한다. 이 차이는 생협의 경우 인근 생산자·제조업체 의존도가 높은데 반해 사회적기업들은 생산자·제조업체가 보다 광역 단위일 가능성이 높은 점과 연관된다. 즉 조직 형태의 제품구매 풀(생산자 또는 제조기업)의 차이가 영향을 미친다. 하지만 생협의 경우 오랜 기간 지역에 뿌리내려온 점도 존재한다(박현수·이정현, 2017). 지역 내 사회적경제조직들의 특징과 성격에 따라 당사자조직들의 네트워크가 달라지므로 이를 고려할 필요가 있음을 뜻한다. 아울러 기초지자체 차원에서 사회적경제 활성화를 추구할 경우 생협 활성화를 우선적으로 검토할 것을 시사한다.

## 2) 민간기업과의 네트워크 강화

사회적경제는 영리조직과 비영리조직의 하이브리드를 지향하는 조직 형태이기 때문에 비영리조직의 지원뿐 아니라 영리기업의 지원도 필요하다. 사회적경제조직들의 생존과 성장을 위해서는 민간기업과의 원활한 네트워크 구축과 상호협력이 매우 중요하다. 그러나 지역에 따라 민간기업 부문이 활성화된 지역이 있는가 하면, 민간기업 부문의 규모가 작은 지역도 존재한다. 민간기업 부문이 활성화된 지역일수록 민간기업과의 협력을 촉진하고, 자원을 활용하기 위한 사회적경제 주축의 네트워킹이 중요하다. 그러나 우리나라 사회경제적조직들은 민간기업과의 네트워크 구축에 매우 소극적인 모습을 보여왔으며, 그 결과 민간기업과의 네트워크 수준은 매우 취약한 상태이다(강병준, 2014; 길현종 외, 2020).

이에 대한 적극적인 태도 전환이 필요하며, 사회적경제 활성화를 위한 여러 수준별 네트워크에서 이를 적극적으로 구현하는 노력(기업후원, 모기관지원, 일반 기부 등)이 경주되어야 한다(길현종 외, 2020). 아울러 사회적경제 전달지원체계와 중간지원조직도 이를 뒷받침하는 역할을 충분히 수행해야 한다.

기초지자체 4곳을 비교분석한 연구(김기태 외, 2019)에서 지역 내·외 일반기업과 사회적경제기업 간의 연계 수준은 도시에서 농촌으로의 4가지 분류에 따라 뚜렷한 차이가 나타난다. 성동(특광역시)은 14.7%, 천안(거점도시)은 10.6%, 화성(도농복합도시)은 9.6%, 완주군(농촌지역)은 8.5%의 순서이다. 이는 도시지역 대비 농촌지역에서 민간기업과의 연계가 적고, 이는 농촌지역 사회적경제기업들의 자원 부족 문제를 유발할 수 있음을 의미한다. 일본 고베의 가가와 도요히코의 협동조합 운동의 성공에는 지역 내 협동조합의 활성화 취지에 찬동하고, 협동조합 활성화를 자기 인생의 마지막 사명으로 여기는 지역 부호들의 참여가 결정적이었다. 우리나라 사회적경제 중간지원조직에서도 지역별로 민간기업 및 지역유지들과의 결합을 촉진할 수 있는 방안을 보다 적극적으로 마련해야 하며, 또한 민간기업과의 네트워크 강화를 담당하는 전담인력 배치가 필요하다.

## 4. 네트워크 강화 통로로서의 중간지원조직 운영위원회 운영

중간지원조직의 운영을 심의, 의결하는 운영위원회는 직영 센터보다 민간위탁 센터일 때 설치되는 비율이 높은 것으로 나타났다(한국마을지원센터연합, 2019). 아울러 평균적인 운영위원회 위원의 숫자가 10명 안팎인 경우가 일반적이다.

1) 운영위원회가 구성되지 않은 중간지원조직의 경우 운영위원회를 구성하는 것이 필요하다. 2) 운영위원회 위원의 구성에 당사자조직(사회적기업·협동조합·마을기업·자활기업) 각각의 협의체 대표들이 참여하는 것이 필요하다. 당사자조직의 대표들이 참여하는 것이 일반적이지만, 일부 당사자조직 대표만 참여하는 경우 또는 당사자조직협의체 대표가 거의 참여하지 않는 경우도 발견된다.

3) 당사자조직협의체 대표가 운영위원으로 참여하더라도 중간지원조직 운영위원회의 참여가 당사자조직협의체의 사전과 사후 논의를 통해 실질적인 대표자 참여의 역할에 도달하지 못한 채 개인적 차원의 참여에 그치는 경우가 많다. 따라서 당사자조직협의체 대표의 중간지원조직 운영위 참여를 조직적 참여로 격상시킬 수 있는 실질적 방안(예: 회의 전 회원사 의견 수렴 명문화 및 확인, 회의 후 회의 결과의 공표 및 회원사

전달 확인, 회의 관련 내용의 회원사 적용 가능성 확인 등) 마련이 필요하다.

4) 당사자조직협의체 대표의 운영위원회 내부 비중의 이슈가 있다. 일부 중간지원조직에서는 당사자조직협의체 대표들의 운영위 참여 비중을 절반 이상으로 유지하고자 하는 등의 제도적 장치를 구비한 곳이 있다. 반면 당사자조직협의체의 미 결성 혹은 낮은 대표성으로 인해 이러한 제도적 장치를 명문화하기에 시기상조인 지역도 존재한다. 지역 사회적경제 분야에서의 당사자조직의 대표성과 성숙도, 그리고 당사자조직협의체를 제외한 기타 시민단체와 유관조직 및 전문가들의 중요성을 잘 반영하는 운영위원회의 구성이 필요하다.

중간지원조직 운영위원회의 실질적 개최와 의사결정 권한 부여는 별도의 이슈이다. 많은 중간지원조직의 경우 운영위원회가 실질적인 의사결정 기구로서 기능하지 못하고, 대부분의 중간지원조직의 활동에 대한 중간지원조직 내부 결정을 추인하는 수준에 머무르는 경우가 발견된다.

# 제4장 개선 과제 4: 민간조직화·재정자립

## 1. 민간조직화·당사자조직화 장기비전 선언·추구

### 1) 사회적경제 전문조직으로서의 장기 비전 공유

유럽 중간지원조직의 사회적기업화·사회적경제네트워크화: 해외 많은 사회적경제 중간지원조직들이 스스로 사회적기업(영국 CDA) 또는 협동조합(캐나다 퀘벡주의 중간조직인 CDR)으로 정의하면서 사회적기업들의 조직 확장전략의 일환으로 간주(컨소시엄·그룹)하거나, 사회적기업들의 네트워크(연합체)로 인식한다(엄형식, 2011).

법적·행정적 기준으로 본 우리나라 중간지원조직의 성격: 해외에서의 사회적경제조직들에 대한 법적·행정적 기준이나 협동조합의 원칙, 혹은 사회적경제조직의 원칙들을 우리나라 사회적경제 중간지원조직(특히 직영)에 대입하면 우리나라 중간조직들은 사회적경제조직으로 분류되지 않을 가능성이 높다. 국내 중간지원조직들이 현재는 사회적경제조직이 아니어도 향후 사회적경제조직으로 점차 변화할 가능성이 있는지, 중간지원조직들의 구성원들은 소속 조직이 사회적경제조직이라고 인식하는지, 사회적경제조직으로의 전환을 기대하는지, 사회적경제 당사자조직들은 중간지원조직들의 민간조직화 또는 당사자조직화를 원하는지 등에 대한 근본적 질문이 필요하다. 중간지원조직 구성원들이 그 생태계를 이해하고 그 변화 방향을 공유하며, 이를 향해 나아가지 않으면 그 변화의 목표는 결코 실현될 수 없기 때문이다.

## 2) 중간지원조직으로서의 정체성

행정과 사회적경제 당사자조직들 사이에서 어느 쪽을 주로 지원하는가에 대한 오해와 혼란이 중간지원조직의 안팎에 존재한다. '우리'쪽 조직인가, '어느 쪽 조직'인가의 의문은 중간지원조직에 대한 근본적 비판이다(김지헌, 2016). 이는 중간지원조직 자체와 사업들이 사회적경제조직들의 수요와 사회적경제조직들의 노력에의해 탄생한 것이 아니라는 해석과 연관된다.

정부·지자체장 교체(예: 서울시장 교체 또는 서울 기초지자체장 교체)에 따른 사회적경제지원사업의 종료 또는 사회적경제지원센터의 폐쇄 이후 사경센터 인력들은 사경센터가 아닌 다른 기능의 지원센터 등으로 이동을 시도할 것인가? 아니면 사회적기업·협동조합·마을기업·자활기업 등 당사자조직(협의체)으로의 이동이나 민간 사회적경제 중간지원조직 등으로 이동을 시도할까? 당사자조직(협의체) 등은 이러한 이동을 시도하는 중간지원조직의 인력들을 환영하면서 영입하고자 노력할 것인가? 아니면 일자리 뺏기의 일환으로 경계할 것인가? 중간지원조직 인력들의 진로는 자기정체성에 따라 결정될 것이며, 아울러 당사자조직(협의체)들의 반응 역시 기존 중간지원조직과 당사자조직들 간의 관계에 따라 달라질 것이다.

## 3) 당사자조직에 의한 중간지원조직화 촉진

지난 10여 년 동안 일부 지역에서의 권역별 사회적기업·협동조합 통합지원기관은 컨소시엄형 중간지원조직이었다. 이때의 컨소시엄은 지역 사회적경제의 여러 당사자조직, 시민단체 등의 결합체였다. 유럽의 경험을 보면 공공형 중간지원조직보다 연합체형·컨소시엄형·그룹형 중간지원조직이 장기적 관점에서 보다 안정적이고 효과적으로 작동함을 알 수 있었다. 유럽에서의 연합체형·컨소시엄형·그룹형은 단일한 조직 형태의 당사자조직들의 결합 방식이라는 점에서 우리나라 통합지원기관 선정에서의 컨소시엄과는 성격을 달리한다. 광역과 기초 모든 단위에서 중간지원조직의 설립 방식을 공공설립 운영 방식에서 점차 연합체형·컨소시엄형·그룹형 방식으로 서둘러서 전환하는 것이 바람직하다. 그러나 컨소시움이 지역에서의 대표성을 지니고 있지 못한 경우 컨소시엄의 정당성을 둘러싼 갈등이 분출되는 경우가 있었다.

당사자조직이 관할구역 내에서 대표성을 획득할 경우 제도적 인센티브(사경센터 위탁운영 장기계약 제안 및 인수 요청)를 부여하는 것이 필요하다. 대표성 관련 일정 조건(예: 관할 범위 조직 대상의 80% 이상 대표, 기관 운영 투명성 확보, 활발한 회비 납부 및 회의 개최, 지역 내 대표성 경합조직의 미존재 등)을 충족시키는 경우, 이 당사자조직의 연합체에 대해 유럽처럼 산하 조직들에 대해 지도감독권을 법으로 부여하는 것도 고려할 필요가 있다. 한편 기관·구성원들의 모럴해저드를 방지하기 위해서는 비영리 조직의 특징을 강화시켜 나가야 한다.

## 2. 직영 중간지원조직에서 민간 중간지원조직으로 전환

### 1) 중간지원조직의 민간위탁

유럽은 중간지원조직이 대부분 민간조직이고, 당사자조직에 의해 설립되는 경우가 보다 많은 것에 비해, 우리나라는 '정부 주도'형이 대부분이라는 점에서 뚜렷하게 대조된다. 중간지원조직의 역할이 중요함에도 민간 중간지원조직이 등장하지 못하는 사회적경제 출범 초기에는 자원조달과 운영의 체계화를 위해서도 관 주도의 '공설공영' 방식이 적합하다. 국내에서도 최근 들어 '민설 민영'형 중간지원조직이 출현하기 시작했다. 앞으로는 중간지원조직의 설립 주체와 운영 주체에서의 변화를 시사한다(정수화 외, 2011). 향후에는 '공설공영 → 공설민영 → 민설민영'의 발전과정을 거칠 것으로 예상되기 때문에 중간지원조직들의 현재 특징들은 일시적인 특성일 것이다.

민간 위탁운영의 실패: A광역자치단체에서 광역단위 사경센터의 운영을 당사자조직네트워크에 위탁운영하였으나 당사자조직네트워크가 튼튼하지 못한 상황에서 임원진들의 리더십 부족과 비리 발생으로 취지가 훼손되었다. 즉 당사자조직 기반 중간지원조직의 위탁운영이 시기상조임을 절감한다.

민간화에 대한 장기적 관점 필요: 관설직영의 조직 형태일수록 중간지원조직의 성과가 양호한 것으로 나타났다는 한 연구결과(조경훈·최준규, 2016)는 민간 자율운영의 장점이 쉽게 발현되는 것이 아니라는 점을 시사하는 결과일 수 있다.

민간 수탁기관들의 재정지원 한계 인식: 통합지원기관 및 마을기업지원기관을 담당하는 많은 민간조직들과 사경센터를 수탁운영하는 많은 민간조직들은 보조금 수혜의 한계와 재정지원사업 참여의 한계를 잘 인식하고 있다.

민간 조직화 준비 단계인 사례: 이미 국내 중간지원조직들도 독립기관화를 추진하는 경우가 나타나고 있으며, 당사자조직의 일부로 편입되는 미래를 구상하고 있기도 하다.

직영 사경센터 전환 어려움: 직영 사회적경제센터에서 민간 사회적 경제 중간지원기관으로의 변신은 사례는 많지 않다. 구성원들의 고용 안정과 처우개선 및 그 외 장점을 고려하면 이러한 변화 사례는 단기 적으로 발생할 것 같지 않으나, 사회적경제조직으로서의 정체성의 지 속적인 추구 노력은 장기적으로 이러한 민간조직화로 이어질 가능성 이 높다.

민간조직화 장기 계획 발표: 정부·지자체가 설립·지원하여 10년 이상 경과한 중간지원조직의 경우 향후 10년 후부터의 민간기관화 또 는 당사자조직화를 선언하여 준비하도록 명문화할 필요가 있다. 민간 기관화와 관련하여, 서울시의 경우 서울시와 민간이 공동출연하여 설 립하는 '민관합작재단' 방식이 제기된 바 있다((사)마을 외, 2018).

민간조직화 준비 상황 평가: 오래전 설립된 중간지원조직의 경우 지자체 예산의 비중을 낮추면서 자립 기반들을 갖추어가고 있는지(예: 안정화 이후 민간화를 상정한 W군)를 주기적으로 평가할 필요가 있다. 다음 에서 언급되는 재정 자립 방안을 실행하고 있는지, 그리고 이에 기반 하여 자립이 발생하는지를 확인해야 한다.

민간 중간지원조직으로의 전환 재원 확보 방안: 1) 스웨덴 LKU의 매칭펀드 방식(지역에서 조달한 자금의 매칭펀드로 중간지원조직 보조금 지급)을 활용하여, 직영·민간위탁 중간지원조직에 대한 지역 사회적경제네트 워크의 기금 조성에 상응하는 매칭펀드를 조성하여, 이를 민간 중간지 원조직 전환의 재원으로 활용하는 방안이 있다. 2) 농협·신협·생협· 민간기업 광역시·도 본부가 전환 재원을 출자하되, 운영을 다시 지역 사회적경제네트워크에 장기 위탁하는 방식이 있다. 3) 영국 사회적경제 중간지원조직에서 사용되었던 채권 발행 방식의 활용 등이 선택 가능하다.

영국 CDA의 다양한 조직 특성 참조: 지역 사경조직(네트워크)들이 지분을 소유하는 유한회사 방식, 컨설턴트들이 직원협동조합을 설립하는 유한책임파트너십 방식, 지자체 산하기관 방식(예: 지자체 공기업 (BRAVE)에 소속된 Avon CDA, 스코틀랜드 공기업(Scotland Enterprise) 소속 스코틀랜드 중간지원조직 CDS), 지역사회이익기업(CIC) 방식 등이다(엄형식 외, 2011).

민간 독립조직화 및 당사자조직화의 선택: 장기적으로는 공설민영의 형태가 민설민영의 형태로 점차 바뀌어야 할 것이다. 이 전환에서 1) 공설민영 중간지원조직이 민영화되어 독립적인 중간지원조직으로 변화하는 방법과, 2) 당사자조직의 산하조직으로 편제되는 방법 중에서 선택이 필요할 수 있을 것이다.

조직 형태 전환: 1) 중간지원조직의 구성원들이 출자하는 직원협동조합으로의 전환 방식이 있다. 2) 지역 사회적경제네트워크와 사회적경제조직(협의회), 직원, 시민단체 등이 참여하는 사회적협동조합으로의 전환 등이 있다.

민간조직화 전환 지연 시 지역 간 장벽 일시적 해제 필요: 10년 후 민간조직화·당사자조직화를 선언하였으나 진행이 어려울 경우, 지역 범위를 넘어서는 사회적경제조직(네트워크·기금)에 의한 인수 시도 허용이 필요하다.

## 2) 민간위탁의 조건(위탁 관계, 위탁평가, 위탁기간, 위탁수수료) 변경

서울시의 경우 2018년 4월 기준 380건(예산 규모 7,000억 원 초과)의 민간위탁사업을 진행 중이다. 이 중 92.6%는 예산지원형(시설위탁 및 사무위탁 포함), 2.6%는 수익창출형이다. 또한 2016년 기준 민간위탁 종사자 수는 14,551명이며, 이 중 85.7%가 정규직이다(정병순·황원실, 2018). 즉 서울시 380건의 민간위탁 중 사회적경제 관련 민간위탁은 3건에 불과하다.

현행 행정기관의 우월적 지위를 보장하는 민간위탁 방식에서 협업 명시 민간위탁 방식으로의 변경 필요: 현행 사경센터 민간위탁 방식은 민간의 전문성과 효율성을 활용하기 위한 제도로서, 지자체장의 지시사항에 대한 무제한적 이행 의무를 수탁기관에게 부과한다는 점에서 지자체를 갑, 수탁기관을 을로 하는 갑을관계에 다름 아니다((사)마을 외, 2018; 이준영·이정용, 2019b). 이 민간위탁 제도는 당사자조직들에 대한 지원을 핵심 역할로 하는 사회적경제지원센터 민간위탁의 취지에 부합하지 않는다.

보다 대등하고 협력적인 민간위탁 관계로의 전환에 대한 필요성 제기: 서울시는 2015년부터 민간위탁사무에 대한 종합성과평가를 실시하기 시작했다. 2016년 평가부터 기존 '시설형'과 '사무형'의 두 가지로만 존재하는 사무 유형 분류에 '중간지원기구형'을 추가하여 2017년 기준 370개 민간위탁 사무 중 혁신형 중간지원조직 7개(사경센터, 협동조합지원센터, 마을공동체지원센터, NPO지원센터, 서울혁신센터, 청년허브, 도심권50+센터)를 '중간지원기구형'으로 분류한다(서울시NPO지원센터, 2019). 성과평가 항목과 관련하여 '중간지원기구형'의 몇몇 항목('의사소통 노력도' 및 '네트워크를 통한 외부 사업 연계')이 추가되는 등의 미세한 변화는 있었으나, 계약 방식의 커다란 변화나 민간위탁 관계의 수직적 관계와 성과평가 방식에서의 유의미한 변화라고 평가받지는 못하는 정도이다 (정병순·황원순, 2018; 서울시NPO지원센터, 2019).

평가 방식과 관련하여, 지자체가 진행하는 민간위탁사업 전체에 대한 평가의 일환으로 사회적경제지원센터 위탁운영 평가가 이루어지는 것보다는, 민간평가기관에 의한 평가(예: 서울시 NPO지원센터(2019)에서 소개된 일본비영리조직평가센터 사례) 또는 지자체·당사자조직·기타 이해관계자들이 참여하는 성과평가 방식으로 전환될 필요가 있다.

중간지원조직별 상이한 위탁기간: 지원기관 선정 계약 기간이 광역사경센터의 경우 대체로 3년이다. 우수 등급으로 평가된 광주, 서울, 경기, 제주, 충남의 5개 지역 사회적기업·협동조합 통합지원기관 선정 계약의 경우도 3년이다. 앞의 5개 광역시도를 제외한 나머지 11개 광역 시도 통합지원기관 선정은 1년이다. 마을기업 지원기관 역시 계약 기간이 1년이다. 따라서 사업마다, 그리고, 지역마다 계약 기간이 서로 일치하지 않는 문제점이 존재한다.

단년 계약의 문제점과 3년 계약의 필요성: 단년 계약으로 인해 수탁기관의 장기 예측 불가능, 종사자 신분 불안정과 잦은 이직, 매년 말과 연초의 시기 지원 사업의 공백 발생 등의 문제점이 심각하게 나타난다. 따라서 통합지원기관 및 마을기업 지원기관의 계약 기간 역시 3년으로 통일하는 것이 바람직하다. 그럼에도 3년 계약을 가로막는 문제(예를 들어 예산상의 문제 등)가 무엇인지 파악하여 그 장애물을 제거할 필요가 있다.

5년 장기계획의 출현: 전북 완주의 '완주공동체지원센터'의 경우,

위탁기관 주기를 5년으로 설정하고 있다, 1~2차연도에는 100%, 3~5차연도에는 50% 등으로 지원을 줄이고, 자체 수익사업으로 운영비를 사용하는 방식이다(박혜연, 2018). 향후에는 다른 광역에서도 5년 장기 위탁을 도입할 가능성이 크다. 일본 치바현의 지정관리자 사업을 수탁한 특정비영리활동법인의 계약 기간 역시 5년이다(이자성, 2011b).

장기 위탁계약에의 장애요인 검토: 하지만 지자체 의회 등의 반대로 3년 위탁기간이 단년으로 단축되는 반대의 사례도 발생하고 있다. 장기 위탁에 따른 서비스 질의 저하를 방지하기 위해서는 평가 방식의 정교화, 대외적 신뢰 확보 방안 마련 및 실행이 필요하다. 민간조직화·당사자조직화의 장기계획 실행 정도를 계약과정에서의 기준 중 하나로 포함시킬 필요가 있다.

위탁수수료 신설: 2019년 49개 마을만들기지원센터 위탁계약 중에서 민간위탁 수수료 또는 일반관리비가 책정된 경우는 9곳에 불과하였다(한국마을지원센터연합, 2019). 사회적경제지원센터의 위탁계약에서도 위탁수수료가 책정된 경우는 매우 희소하다. 민간수탁기관의 지속가능성과 재무건전성 제고를 위해 합리적인 위탁수수료가 책정되어야 한다. 앞서 마을만들기지원센터의 예에서 전체 예산 대비 위탁수수료의 일반적인 범위가 1.5~3%였다(한국마을지원센터연합, 2019). 이 비율도 낮은 수준이지만 사회적경제지원센터의 위탁운영 계약에서도 위탁수수료의 비중을 시범적으로 적용하는 것이 필요하다.

### 3) 기본법에서의 공공기관 위탁 금지 여부

기본법에서 중간지원조직에 대한 공공기관 대상 위탁금지 조항: 「사회적경제기본법」 관련 여러 의원입법 안에는 권역별 지원센터와 시도별 지원센터의 운영 주체 이슈가 포함되어 있다(이강익, 2020a). 지역 지원센터의 관 주도 또는 민간 주도 여부의 결정과 관련하여, 윤효중 의원의 안과 강병원 의원의 안의 차이는 권역별 지원센터의 선정에 공공기관이 참여할 수 있도록 할 것인가(강병원 의원 안), 공공기관이 참여하지 못하도록 할 것인가(윤효중 의원 안)의 차이이다.

공공기관 위탁금지 조항의 영향과 지역 위탁방식 결정의 자율성 필요: 공공기관 참여를 막을 경우(윤효중 의원 안), 현재의 전북경제통상진흥원, 경기일자리재단, 울산경제진흥원, 충북기업진흥원 등과 같은 공공기관들이 마을기업지원기관 사업에 참여하는 것은 불가능해질 것이다. 따라서 광역지자체 내 마을기업지원기관 운영을 담당할 광역 사경센터나 지역 사회적경제네트워크가 준비되지 못한 지역에서는 혼란이 발생할 가능성이 있다. 여러 이유로 중간지원조직 역할을 공공기관에 위탁시키는 현실이 해소되지 않은 상황에서 공공기관의 위탁운영을 법으로 차단하는 것이 바람직한 것인가의 문제도 제기될 수 있다.

## 3. 중간지원조직의 비즈니스 모델 및 재정자립 방안

지금까지 우리나라 사회적경제 관련 중간지원조직들이 자립적인 모습을 보이지 못한 채 정부사업 위탁 수행에 편중된 모습을 보였던 가장 큰 이유는 재원 부족 때문이었다. 제대로 된 중간지원조직으로 자리매김하기 위해서는 공공재원 의존 방식에서 탈피하여 독립적 민간재원 조성이 시급하다(송두범, 2011; 박대호, 2015; 최석현 외, 2015). 때문에 다양한 재정자립 방안 모색이 필요하다.

## 1) 보조금과 위탁운영에서 프로젝트성 지원인 사업위탁으로의 전환

영국 등의 유럽에서 2000년을 경과하면서 중간지원조직에 대한 지원이 상시적 보조금에서 특정 과제 중심 프로젝트로 변모하였다(엄형식 외, 2011: 16). 이는 중간지원조직에 대한 사경 분야의 비판적 인식과 국민들의 비판적 시각 등이 작용하였기 때문이었을 것이다. 한국에서도 중간지원조직에 대한 지원이 설립 초기에는 상시적인 보조금 형태를 띨 수 있으나, 시간 경과에 따라 많은 중간지원기관들 간의 경쟁이 강화될 것과 맞물려 프로젝트 발주 방식의 지원으로 바뀔 가능성이 높을 것으로 예측된다.

중간지원조직 설립 초기에는 안정적 운영이 가능한 최소 규모의 지원이 절실하지만 점차 공공지원 의존도를 줄여가야 한다. 중간지원조직 자체에 대한 지원 대신 그 조직이 제공하는 컨설팅 등 서비스에 대한 지원을 강화하는 방식으로 전환이 필요하다. 중간지원조직에 대한 지원이 아니라 중간지원 기능에 대한 지원으로 전환되면, 이는 결국 기관에 대한 보조금이 아니라 사업에 대한 지원과 프로젝트성 지원이 된다.

지금까지 국내에서는 간헐적 프로젝트성 지원에서 상시적 보조금 지원으로 지원 규모가 확장되는 방향으로만 중간지원조직들이 사고하는 경향이 강하였다. 하지만 중간지원기관의 자립성 확대를 추구할 경우에는 보조금 방식에서 프로젝트 사업 지원 방식으로 변화하는 것에 대해 보다 개방적 태도를 취해야 한다. 이제 사업위탁 방식은 불안정한 것이고 정부 지원의 초기에나 가능한 방식이라는 인식에서 탈피해야 한다. 이는 중간지원기관의 사회적 기업가적 특성이 강화되어야 함을 시사한다(엄형식 외, 2011).

## 2) 다양한 재정자립 방안의 탐색

〈표 5-3〉은 중간지원조직들이 사경조직을 대상으로 수익을 확보하는 방식과, 사경조직 외의 고객을 대상으로 수익사업을 진행하고, 이 수익을 기반으로 조직을 운영하는 방식의 예를 보여준다. 기금·후원 모금 방식에는 모법인으로부터의 재정지원이 포함될 수 있으며, 모법인은 사회적기업이나 협동조합 등 사회적경제조직일 가능성이 높다. 하지만 사경조직이 아닌 개인·조직으로부터 기금을 모금하는 경우는 유형 2에 해당한다.

커뮤니티비즈니스 기업 대상 지원 활동만으로는 자립이 어려우므로 공공시설 위탁운영 등 별도의 수익사업을 병행하는 경우(송두범, 2011)는 표에서 유형 1의 예이다. 사회적경제조직 대상 유료 서비스 제공으로 중간지원조직이 자립적으로 운영될 수 있다면 이상적인 형태의 유형 3에 해당하게 될 것이다. 사경조직 외의 고객을 대상으로 수익사업을 진행하는 방식은 이 수익사업 전담 조직의 분사가 일반적일 것이다. 또한 유료 서비스 제공 방식은 조직 내 별도 사업본부 설치 혹은 조직 외 분사의 방법을 함께 고려해야 할 것이다.

〈표 5-3〉 중간지원조직의 재정자립 방안의 예

| 유형 | 내 용 |
|------|-------|
| 유형 1 | 자주사업 모델: 사경조직이 아닌 다른 고객을 대상으로 진행하는 사업(지정관리자시설 수탁운영, 인큐베이션 시설 운영, 영상컨텐츠 제작 등 민간기업형 사업 등)을 통해 생긴 이익을 사경 관련 중간지원조직 역할에 투입 |
| 유형 2 | 기금모금 모델: 사경조직이 아닌 사람·조직으로부터의 기부금·보조금 등을 확보하여 사업을 진행하는 경우 |

| 유형 3 | 사경 조직 대상으로 서비스를 제공하고 대가로 수입을 얻는 모델: 여러 사업자들 간의 네트워킹을 형성하고 서비스를 제공하면서 수익을 창출하는 경우가 이에 해당함. 공동사업자들 간의 중간지원조직 설립 가능성도 언급됨 |
|---|---|

출처: 이자성(2011d).

스웨덴 LKU와 벨기에의 사회적경제컨설팅기관(agence de conseil en économie sociale) 등의 공유서비스(shared services) 내용은 사경 부문·시민사회 부문 내부 자원 동원, 공공 지원 활용(유럽연합 프로젝트 활용), 유료서비스(급여관리(사회보험 및 세금처리 포함)), 세무관리, 법률서비스, 인력관리, 회계관리, 웹사이트 및 홍보물 제작 등이다. 스웨덴 LKU의 경우 시간당 상담은 100유로, 장부정리 등 단순작업은 시간당 50유로, 법률자문 등 전문서비스는 시간당 100유로 이상을 청구한다. 위의 3가지 방법을 모두 활용하면서 안정적으로 운영자원을 확보하고 있다 (엄형식 외, 2011; 65).

스코틀랜드 자치정부나 브리스톨시청과 같은 영국 지자체로부터 보조금을 받는 일부 CDA는 공공기업지원서비스인 Business Link와 협동조합·사회적기업 상담 서비스 계약을 진행하고, 이와 연계하여 상담 수수료를 Business Link로부터 받는 방법, 그리고 이용자에게 지급되는 컨설팅 바우처를 받는 방법 등을 활용한다. 스웨덴과 영국 모두 위에서 언급된 유형 3의 예로 볼 수 있다.

국내의 경우 아직까지 공공지원 활용에 치중한 모습을 보이는 것이 현실이다. 사경 부문 자원 확보 수준이나 유료서비스 운영 수준은 매우 낮다. 유럽의 중간지원조직 유료 서비스 내용을 참조하면 우리나라 중간지원조직 서비스의 직무분석과 서비스 가격분석이 이루어져야 함을 알 수 있으며, 지원 서비스의 분야, 제공 인력 전문성과 시장가격,

그리고 서비스의 효과성 등을 고려하면서 서비스 가격을 책정해야 한다. 이를 준용하면, 현재 통합지원기관·마을기업지원기관 등의 서비스의 과업 분석과 가격 분석이 이루어지고 이 결과에 근거한 용역계약이 이루어져야 한다.

국내 기초지자체에서도 공유자전거운영사업, 공원관리, 시 보안영상 장비의 운영·관리를 사회적기업들이 담당하는 등 앞서의 유형 1에 해당하는 시도를 보이고 있다(이로운넷, 2020.10.30). 중간지원조직의 민간조직화가 진행될 경우, 사회적경제조직의 새로운 사업모델 개발과 실행에 중간지원조직이 지원하고 투자하며 이에 따라 수익을 창출하는 것도 먼 미래의 일은 아닐 수 있다.

중간지원조직들이 다양한 재정자립 방안을 발굴하는 것을 지원, 촉진하기 위하여 현재의 예산지원형 위탁운영계약과 별개로, 사회적경제 수탁기관이 운영을 통해 수익을 창출할 수 있는 수익창출형 위탁계약 방식(정병순·황원실, 2018)을 추가로 제시하는 것이 필요하다.

### 3) 기금 조성

국내 농촌지역 소재 사회적경제조직들의 이익(또는 잉여)의 재투자 비율은 45%(이는 몬드라곤의 45%와 동일)이며, 조합원 배분 비율은 15.2%이다. 조합원 배분 비율 15.2%는 몬드라곤의 45%에 비하면 매우 적은 편이다. 조합원 배분 비율 외에 배당 비율은 5.5%를 더해도 몬드라곤에 비하면 절반에 미달한다. 사회 환원 비율은 12.5%로서 일반기업에 비해 크게 높은 수치로 볼 수 있다(김정섭·임지은, 2016). 하지만 타 조직 지원에 사용되는 이익금의 비율은 2.3%로서 타 조직과의 연대협력이 활발하다고는 볼 수 없는 듯하다(김정섭·임지은, 2016).

민간 당사자조직에 의한 중간지원기관 설립의 예로서 1990년대 후반 소비자협동조합에 해당하는 Oxford, Swindon & Gloucester Co-op은 협동조합과 사회적기업의 설립, 발전을 위해 수익의 1%를 투자하겠다고 발표하였다. 이를 위해 1999년 Cooperative Futures를 설립하였다. 이는 정부·지자체 등 공공의 지원이 아닌, 민간 부문의 한 부분인 소비자협동조합이 사회적경제 중간지원기관을 설립한 경우에 해당된다. 2010년부터 Cooperative Group이 기금을 조성하여 신규·기존 협동조합 대상 4일 간의 컨설팅을 제공하는 Cooperative Enterprise Hub 프로그램을 시작하였고, 여기에 25개의 CDA가 참여하고 있다.

영국 CDA 수입구조는 주로 회비이다. 컨설턴트파트너십 조직 형태에서는 컨설턴트가 CDA를 통해 얻는 수입의 일부(2%)를 CDA의 운영비로 지급함에 따라 수입이 발생한다. 유료서비스로 인한 수입의 비중은 Social Enterprise London(SEL)의 경우 약 5%에 지나지 않는다. 극소수 CDA는 채권 발행 방식을 사용하기도 한다. 2000년대 들어 영국 CDA에 대한 공공지원은 축소되는 반면 정부지원 방식은 다양화되고 있다. 지원 방식의 다양화는 영국 중간지원조직들이 보다 기업가적인 접근을 채택하도록 강제함으로써 보조금 시장의 시장메커니즘을 작동시킨 것으로 해석할 수 있다(엄형식 외, 2011).

스웨덴 중간지원조직인 LKU에 대한 정부보조금은 LKU가 지역에서 조달한 자금의 매칭펀드로 제공된다. 상한선은 340만 크로네(1 크로네 당 134원 기준, 약 4억 5천만 원)이다. 정부보조금은 330만 유로(유로당 1,400원 기준 약 46억 원)이며 LKU 하나 당 1억 8천 5백만 원이다(엄형식 외, 2011). 중간지원조직의 서비스 대가로 정부가 지원을 할 수도 있겠으나 자체 조성한 기금에 상응하는 지원을 하는 것도 방법일 수 있음을 스웨덴 사례는 보여준다.

벨기에 중간지원조직 수입구조에서 정부보조금은 기본이 32,000유로(유로 당 1,375원 기준 4,400만 원)이며, 서비스의 양과 질에 따라 추가 보조금을 최대 40,000유로(유로당 1,375원 기준 5,500만 원)까지 지급받을 수 있다. 받을 수 있는 금액의 상한선이 약 1억 원(2011년 기준)이므로, 의외로 보조금이 적은 편이다. 역시 유료컨설팅서비스를 제공하며 벨기에 중간지원조직인 AGES(법률 전문가, 품질관리 전문가, 경영학 전공자, 디자인 전문가, 회계 등 기능을 가진 9명으로 구성)의 경우 유료서비스 수입과 정부보조금 비율이 1:2로 유료서비스 수입 규모가 상당하다(엄형식 외, 2011; p. 67).

국내 사회복지시설의 사례를 보면 지자체가 사회복지 관련 사회적협동조합에 직접 출자(또는 장기 비유동부채)하여 조합의 자금으로 시설을 설립하도록 하고, 장기적으로 비용 상환하는 방법, 즉 사회적경제 조직의 자본 축적을 지원하는 방법(KDI, 2018: 104)을 사용하기도 한다. 이러한 방식은 재단설립 방식, 민간위탁 방식과 사업 발주 방식과는 다른 자본 참가에 해당하는 방식으로서 사경센터 지원에도 사용할 수 있는가를 탐색해볼 필요가 있다.

보조금에서 공익적 서비스계약 또는 프로젝트성 사업비로의 변화가 유럽에서 발생하고 있다. 우리나라에서도 이러한 변화에 대해 중간지원조직들이 긍정적으로 바라보고 준비해야 한다. 유럽에서 발견되는 다양한 기금조성과 재정자립 관련 여러 창의적 방법들을 눈여겨 볼 필요가 있다. 그리고 기업가정신의 창의성이 사회적경제 중간지원조직에서도 갈수록 강하게 요청되고 있는데, 우리나라 중간지원조직에서는 이러한 기업가정신과 창의적 혁신이 얼마나 장려되고, 고양되고 있는지 돌아보는 것이 좋을 것이다.

# 제5장 개선 과제 5: 역량 제고·처우개선

## 1. 중간지원조직 인력 역량 제고

우리나라 사회적경제의 발전 가능성을 좌우하는 핵심 요인들 중 하나가 중간지원조직의 인적 역량 제고와 사회적경제 분야 인력 양성이다(박대호, 2015; 이은애 외, 2016; 최준규, 2016).

2021년 현재 기초단위 사경센터 소속 인력의 숫자(타 명칭센터 소속 사경 업무 담당자 포함)가 약 418명이다. 광역단위 사회적기업·협동조합 통합지원기관과 마을기업지원기관, 그리고 광역단위 사경센터의 인력 규모는 약 434명이다. 여기에 중앙부처 산하의 한국사회적기업진흥원과 한국자활인력개발원의 인원을 모두 포함하면 사회적경제 기초·광역·중앙 중간지원조직 인력 규모는 약 1,000명이다.

이 1,000명의 중간지원조직 인력에 대한 역량강화는 중간지원조직 발전을 위한 중요한 개선 과제이다. 사회적경제 분야 최대 중간지원조직인 한국사회적기업진흥원의 규모 역시 100명을 초과하는 정도의 소규모라는 점을 고려할 때, 중간지원조직 인력관리를 개별 조직단위, 기초·광역·중앙단위, 조직형태별 중간지원조직 단위, 지역별 등으로 관리하면 실질적으로 관리되지 않는다. 특히 기초단위 중간지원조직의 경우 2~3명 규모도 허다하다. 따라서 1,000명 전체에 대한 인력리와 역량강화 방안이 모색되어야 한다. 중간지원조직 역량강화를 위한 적극적 지원책이 필요하지만(박혜연, 2018), 현재 정부정책에서는 중간지원조직 역량강화를 위한 예산이 거의 없다.

2018년 KDI가 실시한 조사결과 사회적경제기업들이 방문한 기관 중에서 '중간지원조직'에 대한 전체적인 만족도가 가장 높았으며, 사회적경제조직이 중간지원조직에 대해 인식하는 전문성과 신뢰성 역시 높았다(KDI, 2018). 이는 사회적경제 중간지원조직 구성원들의 서비스 제공 역량과 태도 모두 긍정적이라는 것을 의미한다.

영국 등 외국 사례를 보면, 컨설팅인력은 사회적경제에서의 풍부한 경험을 바탕으로 장기적 안목으로 생태계 전체를 보면서 솔루션을 제공하는 인력이다. 사회적경제조직들에 대해 중간지원조직은 지역별·조직목적별로 차별화된 컨설팅을 제공해야 한다(유정규, 2011). 기업 소재 지역(농촌·도시·도농복합지역 등)에 따라 일자리 창출형(취약계층 범위와 지원 기간이 핵심 이슈), 사회서비스 제공형(안정적 서비스 제공처 확보가 핵심 이슈), 지역개발형(지역주민 참여 유도와 추진 역량이 핵심 이슈) 등의 목적 등을 구분하여 컨설팅을 제공해야 한다. 이를 위해서는 현장 전문가들을 발굴해서 컨설팅그룹을 만들고, 이 컨설팅그룹을 당사자조직이나 연대조직 소속으로 배치하여, 사회적경제지원센터들이 이 컨설팅그룹을 지원하는 모델을 고려해야 한다는 제안(이로운넷, 2021)은 핵심인력 양성과 관련하여 중요하다. 충북은 2024년까지 8억 원의 사업비로 (사협)충북사회적경제컨설팅(가칭)을 설립할 계획이다. 이 사회적협동조합은 R&D, 마케팅, 인사조직, 회계·세무 등 전문 영역 컨설팅을 제공할 것이다. 이러한 충북 사회적경제 컨설팅전문회사 설립 및 충북 사회적경제 통합연구소 설립 계획(충북연구원, 2019)들은 중간지원조직 기능의 전문화에 따른 분사 계획이자 중간지원조직 인력들의 전문화 추세와 맥을 같이 하는 계획이다.

## 2. 사경센터들 간의 상호협력

### 1) 기초센터들의 협의체 결성

'전국사회적경제지원센터협의회(가칭)'를 설립하여 중간지원조직들 간의 수평적 네트워크를 강화해야 한다. 현재 서울, 경기, 강원 등의 광역단위 내부에서 기초 사경센터장회의 등이 가동되고 있거나 가동 초기이다. 반면,전국 협의체는 구성되지 않았으나 이 협의체 구성이 시급하다. 참고로, 한국마을지원센터연합은 2020년 상반기 기준 63개 마을센터가 가입되어 있는 협의체 조직이다(한국마을기업센터연합 홈페이지). 「사회적경제기본법」과 유사한 취지에서의 「마을공동체기본법」 제정, 마을공동체기금 설치·제도화, 주민자치제도 혁신, 마을요양원 설립 등의 10대 과제의 실현을 추진하고 있다. 또 다른 예로서, 비영리조직(NGO) 중간지원조직들의 14개 센터 및 법인들은 한국시민센터협의회를 구성하여 하계·동계 합동워크숍과 총회를 매년 진행하면서 협업을 추진해왔다.

### 2) 광역센터에 의한 기초센터 지원

기초단위에서의 중간지원조직이 충분하게 설립되어 있지 않은 상황에서 광역지자체 중간지원조직은 지역사회 사회적경제에 접근할 수 있고 영향을 미칠 수 있어 매우 중요하다(김태영, 2016). 광역자치단체의 중간지원조직의 경우 개별 사회적경제조직에 직접적으로 지원하기보다는 기초지자체나 커뮤니티 차원의 중간지원조직이 설립되어 사회적경제조직 대상으로 지원과 컨설팅이 이루어지도록 돕는 코디네이터와 가교 역할을 담당하는 것이 바람직하다(송두범, 2011). 하지만 기초지자체 차원에서 별도의 지원조직이 없는 경우 직접 지원하는 상황이 지금까지는 불가피하였다. 아울러 기초지자체의 경우 전문인력의 부족이 더욱 심각한 원인으로 작용하였다.

현재 광역단위 중간지원조직의 규모는 장기적으로 축소될 것이라고 전망되고 있는데(김태영, 2016), 광역단위 중간지원조직의 인력이 기초단위 중간지원조직으로 흡수되는 것이 기초단위 사회적경제 발전에 도움이 될 것으로 판단된다.

현재 직영 사경센터의 민간조직화·당사자조직화가 장기적으로 진행될 경우, 당사자조직협의체가 현재 중간지원조직이 수행하는 많은 역할을 직접 수행하게 될 것이다. 따라서 장기적으로는 중간지원조직 인력들이 당사자조직의 협의체 등으로 이동하는 것이 바람직하다(박현수·이정현, 2017). 그리하여 광역 중간지원조직은 정책적 측면과 조정 역할, 그리고 미흡한 지역을 독려하고, 사람을 키워내는 역할을 담당해야 한다. 기초 중간지원조직은 지역의 사회적경제조직들을 실질적으로 지원하는 역할에 집중해야 한다(김태영, 2016).

중간지원조직들의 여러 문제점들을 개선하기 위해서는 중간지원조직을 지원하는 중간지원조직이 필요하다(김태영, 2016: p. 93에서 재인용). 이는 「사회적경제기본법」에서 설치를 고려하고 있는 가칭 '한국사회적경제원'이 역할을 담당해야 할 것으로 보인다. 아울러 민간에서도 이러한 메타 중간지원조직(예: 희망제작소)이 출현해야 할 것이다.

## 3. 인력 처우개선

### 1) 인건비 격차 해소

인터뷰를 통해 K지역 중간지원조직은 관련 사업들의 인건비를 통합하여 배분함으로써 사업에 따른 담당자 인건비 격차를 해소하고 있음을 확인하였다. 다른 지역의 경우 광역지자체의 지원을 통해 인건비 격차를 메워가고 있기도 하다. 반면 많은 지역의 중간지원조직(특히 통합지원기관과 마을기업지원기관 등의 여러 역할을 수행하는 기관)에서는 사업별 인건비 격차로 인해 구성원들 간의 갈등을 겪고 있다. 모든 위탁사업 관련 인건비를 조사·비교하여 이 자료를 중간지원조직들이 공유할 경우 센터 인력 간 임금 격차를 없애는 데 활용될 수 있다.

몇 년 전에 비해 사회적기업과 협동조합 설립이 급증하면서 상담, 인·지정 업무 등 통합지원기관의 업무가 폭증하였다. 그러나 통합지원기관에 대한 예산에는 이러한 변화가 전혀 반영되지 않고 있다. 광역 중간지원조직 소속 인력들 간의 인건비 차이를 유발하는 고용노동부 사회적기업 관련 사업비에서의 인건비 단가 및 비중과 기획재정부 협동조합 사업비에서의 인건비 단가 및 비중이 조정되어야만 한다. 이러한 조정을 통해서만 인건비 격차 해소와 인건비 상향 조정을 위한 실마리가 마련될 수 있다. 아울러 사회적기업·협동조합 통합지원기관과 마을기업지원기관, 그리고 사회적경제지원센터 간의 인건비 격차 문제 해결을 위한 중앙부처 차원의 노력이 필요하다. 개별 중간지원조직 내부에서 사업비를 병합하여 균등 배분하는 방식, 모법인의 보조에 의해 인건비 불균형을 시정하는 방식은 근본적 처방이 될 수 없다. 광역지자체의 지원에 의해 불균형을 완화하려는 방식 역시 문제를 완전하게 해결하는 방식일 수 없다.

## 2) 인건비 수준 개선

서울시 비영리조직 인력들에 대한 주요 과제 우선순위 조사에서 적정한 경제적 보상 제공이 가장 중요한 사안으로 손꼽혔다(서울시NPO지원센터, 2019). 다음으로 전문성·경력 인정과 활동에 대한 사회적 인정의 2가지가 뒤를 따르는 사안으로 나타났다.

서울시의 경우 기초 사경센터에 대한 서울시 지원이 2021년부터 종료될 예정이다. 지원 종료 시점에 도달한 센터들의 경우 2억 원(인건비 포함)의 지원금으로는 사업을 제대로 하기 어려우며 지속가능하기 어렵다. 결국 단기적으로는 지자체에 의한 지원금액의 상향이 불가피하다. 부족한 인건비를 외부 사업 수주를 통해 해결하는 방식은 외부 사업 의존도를 높이게 만드는 악순환이다. 복지 분야의 경우 센터 인건비까지 지원하는데, 사경 분야는 인건비 지원이 안 되는 불균형을 개선할 필요가 있다. 앞으로도 정부지원금의 변동이 없다면, 1인당 평균 인건비는 계속 상승하므로 중간지원조직 인력 규모를 향후 계속 줄여야 하는 상황을 피할 수 없다.

광역 중간지원조직과 기초 중간지원조직에 소속된 구성원들의 장기근속을 유도하기 위해서는 구성원 개인들의 역량 제고 및 전문성 축적이 임금 수준 향상 다음으로 중요한 요인이다. 조직의 자원 여력, 조직 자체의 재량권 정도 등에 따라 제약조건이 다르므로 실행의 폭은 기관별로 큰 차이를 보일 것이다.

5년 근속 시 1개월의 유급휴가 제공, 연 1회 해외연수 기회 제공, 상급학교 진학 시 주 1회의 유급휴가 보장, 신입인력에 대한 멘토제 실시, 역량강화를 위한 case-study 회의의 정기 개최 등 다양한 방법을 활용하는 광역단위 중간지원조직(신나는조합, 2020)의 노력을 참조할 필요가 있다.

### 3) 고용안정 및 업무 체계화

대부분의 기초 사경센터의 경우 수탁운영기관이 변하더라도 센터장을 제외한 인력에 대해서는 고용 승계를 통한 고용안정이 보장되고 있다.

일본의 경우 수탁기관이 인력을 채용하고, 인력은 수탁기관 소속이 되며, 이 수탁기관이 지자체의 위탁업무를 수행하는 경우가 있다(서울시NPO지원센터, 2019). 개인의 입장에서는 민간 비영리조직에 소속된다는 점에서 고용의 불안정이 보다 심한 형태일 수 있으나, 이는 민간 사회적경제조직들의 성장 가능성을 높인다는 점에서 긍정적일 수 있다. 따라서 구성원들의 관점에서만 보상과 고용 이슈에 접근할 경우 사회적경제 부문 전체의 발전과 성장과는 유리된 경로를 밟을 가능성이 있음에 유의할 필요가 있다. 현 시점에서 중간지원조직에서의 업무를 체계화하기 위한 방안의 하나로서 IT인력 등 전문인력 지원(자원봉사기본법 참조)의 가능성을 검토할 필요가 있다.

### 4) 광역·기초 간 대우 차이

경기도는 2022년을 목표로 경기도사회적경제원의 출범을 준비하고 있다. 경기도사회적경제원은 경기도 산하 공공기관으로 출범할 계획이다. 아울러 현재 규모보다 훨씬 더 큰 규모로 출범할 계획이다. 이와 관련하여, 장기적으로 민간 자율조직화를 지향해야 하는 사회적경제지원센터의 발전적 조직이 어떻게 공공기관화로 퇴보하게 되었는가에 대한 문제 제기가 인터뷰 과정에서 확인되었다. 이미 오래전 광역단위 사회적경제지원센터(당시에는 사회적기업지원센터)가 출범하던 시기에도 광역단위의 대규모 사경센터 설립이 인력의 블랙홀로 작용하여 기초단위 사회적경제의 공동화를 낳을 것이라는 우려가 있었다(송재봉, 2012).

고임금의 안정적 임금을 제공하는 센터의 설립이 현장밀착형 코디네이터의 수를 축소시키는 결과를 낳을 수 있다. 논란의 여지가 크지만, 높은 급여를 받는 소수의 정직원 중심 센터 운영이 아니라 최소한의 정직원과 다수의 코디네이터(임금은 정직원보다 상당히 낮은)로 구성된 센터의 구성이 필요할 수도 있다. 현장 코디네이터를 거쳐 정직원이 되도록 하는 방안과 정직원과 현장 코디네이터의 순환 보직제 실시 방안 등도 고려될 필요가 있다고 언급되었다(송재봉, 2012). 지역 기반 현장 코디네이터의 경우 당시에는 상대적 저임금이지만, 다른 사업장 수입이 가능하며, 향후 기초단위 지원센터의 설립 등으로 인한 회비 또는 사업 수입이 증가할 것이므로 장기적으로 코디네이터의 근로조건은 개선될 것으로 전망된다.

| 제6부 |

# 결론 및 요약

 연구 배경: 2007년 「사회적기업육성법」 제정 이후 지금까지 정부
는 사회적경제 육성을 위한 사회적기업·협동조합·마을기업·자활기
업 등 사회적경제조직들에 대한 지원사업 수행, 지원을 담당하는 중간
지원조직의 설치 및 운영 등 여러 노력을 기울여왔다. 사회적경제조직
의 수와 규모는 크게 성장하였고, 광역 및 기초지자체 단위에서 설립
된 중간지원조직이 급속도로 늘어나고 있다. 이러한 흐름에서 사회적
경제 전달지원체계의 적정성을 점검하여 원활한 지원 방안을 모색해
야 하는 시점이다.

 연구 목적 및 연구 범위: 이 연구는 사회적경제 활성화를 위한 전달
지원체계를 점검하고 이의 개선 방안을 모색하는 데 있다. 특히 행정
과 당사자조직(사회적기업, 협동조합, 마을기업, 자활기업)의 사이에서 지원
기능을 담당하는 중간지원조직의 현황을 파악하고, 이들 간 통합과 체
계 개선을 모색하고자 한다. 이 연구는 사회적경제의 조직 대상을 사
회적기업, 마을기업, 협동조합, 자활기업의 4가지로 한정하고, 중간지
원조직의 활동이 전개되는 수준을 중앙부처, 광역지자체, 기초지자체
단위로 나눠서 살펴보며, 간접적으로 연관되는 마을공동체, 주민자치,
도시재생의 공공 영역에서의 기능을 함께 검토하고 있다.

 전달지원체계 통합에 대한 검토: 전달지원체계 선행연구에서는 사
회적경제 전달지원체계의 구성요소를 다양하게 분류하고 있다. 이를

종합하면서 이 연구는 전달지원체계의 핵심 구성요소를 중간지원조직, 네트워크, 법, (중앙·광역지자체·기초지자체의 사회적경제) 전담체계·부서등 4가지로 설정하였다. 이 연구는 그중 중간지원조직에 보다 초점을 맞추어 중간지원조직들의 현황과 활동, 관계 등을 분석하고자 한다. 선행연구에서는 네트워크를 전달지원체계의 별도의 구성요소로 간주하지만, 이 연구에서는 중간지원조직 분석의 하위 범주로 설정하여 그 내용을 분석할 것이다. 전달지원체계 개선을 위한 이슈는 크게 보면 기초단위 이슈, 광역단위 이슈, 그리고 중앙부처 단위 이슈로 구분할 수 있다.

연구 방법: 이 연구 목적은 사회적경제 중간지원조직의 현황 분석(제3부 참조)과 개선 방안 마련(제4부)이다. 문헌 연구를 통해 선행연구들을 검토하였다. 현황 분석을 위해 중앙부처, 광역지자체, 기초지자체 수준에서의 중간지원조직 종사자들의 인터뷰를 진행(1~2시간)하였으며, 당사자조직 대상으로 인터뷰(제3부 5장 참조)를 부수적으로 병행하였다.

## 1. 중간지원조직 개선 방향

연구 결과: 선행연구와 중간지원조직 현황 파악 및 당사자조직 인터뷰를 기초로 하여, 이 보고서는, 가) 중간지원조직 개선 방안을 5가지 주제로 설정한다. 1) 고객 접근성 제고, 2) 중간지원조직의 전문성 제고, 3) 네트워크·거버넌스 개선, 4) 민간조직화·재정자립, 5) 구성원 역량제고·처우개선으로 설정하였다. 그리고 나) 사회적경제 전달지원체계 통합과, 다)「사회적경제기본법」제정 방향에 대해 제안하고 있다.

〈표 6-1〉는 이 연구를 통해 도출된 중간지원조직 개선 방안(Ⅵ장 내용)의 주요 내용이다.

### 1) 고객 접근성 제고

사회적경제 중간지원조직이 제공하는 서비스에 대한 당사자조직들의 접근성을 높이기 위해서는 기초지자체 사경센터 설치 확대와, 광역단위 현실에 부합하는 중간지원조직들의 통합 촉진 노력이 필요하다.

2025년까지 전 지역 기초 사경센터 설치 목표: 기초단위에서 중간지원조직의 설립은 생활공간에서의 사회적경제 활성화를 위한 중요 과제이다. 2019년 8월 69개이던 기초지자체 사경센터의 수가 2021년 9월 말 기준으로 114개로 급속히 증가하였다. 이 현상은 사회적경제의 현장인 기초지자체에서의 사회적경제 당사자조직들에 대한 현장 밀착지원이 더 강화된 것을 의미하는 반면 여전히 112개 기초지자체에 사회적경제지원센터가 없음을 의미한다. 2025년까지 전국 112개 시군구에 사회적경제지원센터를 설립 완료하는 목표를 설정해야 한다.

사경센터 부재 지역에 대한 설립 방안: 이의 방안으로 미설립 지역에 다기능센터(마을만들기·사회적경제·귀농귀촌·도시재생) 설립 방안이 가장 바람직하며, 그 외에도 사회적경제 담당관 지정 방안, 광역 내 권역별 사경센터 설치 방안, 인접한 기초지자체와 공동 사경센터 설립 방안, 민간네트워크·민간조직에 대한 사업 위탁 지원 방안 중 지역별로 선택 가능하다.

광역단위 중간지원조직 체계화·통합: 중간지원조직의 분리가 당사자조직에 혼란을 낳고, 정보 사각지대를 만든다는 비판이 있지만 현장에서 통합이 큰 효과를 기대하기 어려울 수 있다는 시각이 있어서 오히려 중간지원조직들 간의 소통·협력 제고와 체계적 역할 분담 강화가 더 시급할 것이다.

중간지원조직 통합 관련 광역 중간지원조직의 경험을 통해 볼 때 통합이란 이질적인 여러 조직들이 일시에 일체화된 하나의 조직으로 변모하기는 어렵다. 서로 느슨하게 연결된 컨소시엄으로서의 중간지원조직을 의미할 수 있다. 중간지원 사업이 지역 내 어느 특정 조직 하나에 의해 독점적으로 수행되기보다는 지역 내 여러 기관의 결합과 협동에 의해 진행되는 것이 진일보한 방식일 수 있다.

**〈표 6-1〉 중간지원조직 개선 방안 요약**

| 대 | 중분류 | 핵심 내용 |
|---|---|---|
| 중간지원조직 | 고객 접근성 제고 | • 2025년까지 모든 기초지자체 사경센터 설치<br>• 구-시-군 단위의 순차적 설치<br>• 다기능센터(마을만들기·사회적경제·귀농귀촌·도시재생), 사경담당관, 공동사경센터, 권역별 센터 선택 |
| | | • 광역단위 중간지원조직들의 통합: 복수 중간지원조직 간 협업·소통 촉진, 광역 사경센터 미설치 지역에 대한 조속한 설치, 3가지 중간지원조직이 별도 존재하는 지역에 대한 중심 네트워크 육성 지원, 마을기업지원기관과 사경센터의 우선적 통합 시도 등 |
| | 네트워크·거버넌스 개선 | • 사회적경제조직들 간 상호거래·협력 지원 및 개별법 협동조합과의 협력 관계 지원<br>• 당사자조직의 대표성 제고 지원<br>• 당사자조직협의체의 중간지원조직 운영 역량 제고 지원 |
| | | • 마을만들기·주민자치·도시재생·공익활동 기능과의 공공협력 네트워크 구축 |
| | | • 당사자조직 중심 좁은 네트워크 또는 폭넓은 네트워크 지향 |
| | | • 중간지원조직 운영위원회의 당사자조직 및 이해관계조직 참여 제고 |
| | 전문성 제고 | • 사회적경제 발전모델 수립 전문성 |
| | | • 사회적경제조직 전산망, 사회적경제 제품 판매 통합 전산 플랫폼, 중간지원조직 간 통합 전산망 |
| | | • 중간지원조직의 특화기능(유통판매·상품기획 등) 분사 촉진 |

| 대 | 중분류 | 핵심 내용 |
|---|---|---|
| 중간지원조직 | 민간조직화 · 재정자립 | • 민간조직화·당사자조직화 장기비전 선언·추구<br>• 직영·민간위탁. 사업위탁에 대한 긍정적 인식 전환 필요. 민간위탁의 경우 대등 위탁계약과 장기 위탁기간, 합리적 평가방식 및 위탁수수료 도입 노력 필요.<br>• 당사자조직협의체 기금 확보 촉진(개발기금) |
| | 역량제고 · 처우개선 | • 중간지원조직 전체 인력관리시스템 확립<br>• 중앙·광역·기초 간 인력 교류·파견·이동 촉진<br>• 당사자조직 및 민간 중간지원조직과의 인력교류<br>• 기초센터 지원을 위한 광역센터 역할 정립<br>• 사회적기업·협동조합·마을기업사업 간 인건비 차이 해소<br>• 사업 간 인건비 해소를 위한 사업 과업요건 및 중간지원조직 직무분석 실시<br>• 비정규직 및 시간선택제임기제 개선 방안 마련 |
| 행정체계 | 사경 정책 조정·통합 | • 4개 부처 간 소통·조율 강화 필요. 57개 중앙부처 사회적경제 정책의 기획·실행·평가 프로세스에서의 통합적 접근 강화 필요 |
| 조례 · 법 | 사회적경제 조례 및 기본법 제정 | • 기초지자체 중 35.8%에서의 조례 제정 필요. 사회적기업 조례, 협동조합 조례를 포괄하는 사회적경제 조례 개정 필요.<br>• 공공기관의 권역별·광역별 중간기관 위탁 배제 명문화 불필요 및 기초지자체 설립·운영 지원 강화 |

    광역단위로 존재하는 사회적기업협동조합 통합지원기관, 마을기업지원기관, 그리고 사경센터의 광역단위 존재 방식은 유형1) 세 기관이 하나의 조직으로 통합운영되고 있는 지역, 유형2) 통합지원기관과 마을기업지원기관은 하나의 조직에 의해 운영되고 사경센터가 별도로 존재하는 지역, 유형3) 사경센터와 마을기업지원기관이 하나의 기관에 의해 운영되고, 통합지원기관만 별도로 존재하는 지역, 유형4) 세 기관 운영 조직이 모두 별도로 존재하는 지역, 유형5) 사경센터가 없고, 통합지원기관과 마을기업지원기관이 따로 존재하는 유형의 5가지로 구분된다.

광역 사경센터가 없는 지역의 경우 사회적경제조직들에 대한 지원이 취약할 수밖에 없으며, 기초 사경센터 설치 촉진도 지체될 것이므로 조속한 사경센터 설립이 요청된다.

　　세 기관이 별도로 존재하는 지역은 세 역할 담당기관의 변동이 잦고, 지역에서 중심이 되는 사회적경제네트워크가 부재하거나 취약한 지역에 해당하므로 네트워크를 지원하여 중심 네트워크로 성장할 수 있도록 하는 지원이 무엇보다 중요하며, 지자체와 중간지원조직은 이에 주력해야 한다.

　　세 기관이 통합된 지역을 제외한 나머지 유형2)의 지역에서는 복수의 중간지원기관들 간의 소통이 보다 원활하게 진행되도록 지원하고 촉진하는 지원정책이 필요하다. 지난 몇 년 간 광역단위 사회적경제 중간지원기관들 간의 통합이 정책 과제로 중시되었으나, 이 연구에서의 인터뷰 등을 진행한 결과 즉각적인 통합 노력은 광역마다 현실에 부합하지 않는 측면이 강하고, 통합 이전의 단계에 집중할 필요가 있음을 발견했다.

　　자원 기반 관점에서 분리·통합: 지원기관이 소규모인 경우 행정인력 제외 시 신규사업·지원사업을 제대로 수행하기 어려워 하나의 사회적경제조직에 통합지원서비스(인재양성, 판로개척, 전문컨설팅)를 제공하려면 사경센터도 여러 지원기관 역할을 최대한 통합시켜 자원을 공유하는 것이 필요하다.

　　광역단위 통합 관련 개선 과제는 1) 광역단위의 사회적경제센터가 없는 곳에 광역센터를 설립하며, 2) 통합지원기관, 마을기업지원기관, 광역사경센터가 모두 분리된 지역의 경우 광역의 중심 사회적경제네트워크를 육성해야 하며, 3) 그 외의 지역에서는 통합보다 광역단위 중간지원조직 간 소통·연계 강화가 최우선이 되어야 하고, 4) 마을기업지원기관에 대한 중앙부처 지원 종료가 예정되어 있으므로 마을기업지원기관과 광역 사경센터 간의 통합을 서둘러야 한다.

## 2) 중간지원조직의 전문성 제고

두 번째는 중간지원조직의 전문성 제고를 위해 사회적경제 발전모델을 제시할 수 있는 역량 구비, 사회적경제 통합 전산망(사회적경제조직 통합 전산망, 사회적경제 제품·서비스 통합마케팅 플랫폼, 중앙·광역·기초 중간지원조직 통합전산망 등) 구축, 그리고 전문성에 기초한 조직 분사의 세 가지를 실행해야 한다.

지역 사회적경제 생태계 발전모델 수립에 전문성 집중: 양적 성장 패러다임에 기반한 발전계획은 불필요한 후유증과 경쟁만을 유발한다. 사회적경제 발전모델에서 사회적기업·협동조합·마을기업·자활기업의 역할, 위상, 상호작용이 반영된 사회적경제 기업 관련 중장기 계획과 목표가 부재하다. 이의 극복이 광역 및 중앙단위 중간지원조직의 가장 큰 과제이다.

우선, 기초단위 생활공간을 중심으로 사경 활성화를 모색해야 하고, 사회적경제 정책발전 단계 구분이 중요한 것이 아니라 지역에서의 사회적경제 활성화 정도가 중요하다. 즉 지역에서 사회적경제 활성화 방안으로 1) 사회적경제조직들의 고유 가치와 성과를 지역사회에 확산시킬 것, 2) 사회적경제조직들 간의 정체성 확립과 협력 증진, 3) 지역 내 다양한 시민사회조직과의 소통 강화 및 협력 증진, 4) 지방정부와의 협치 및 파트너십을 강화, 5) 지역자원 활용과 사회적경제의 지역 주체 형성에 주력, 6) 사회적경제의 지역발전 패러다임에 기초한 지역

사회운동을 실천해야 하는 것 등이다.

지역 발전모델에 따른 중간지원조직의 영향: 지역에서 합의된 사회적경제 발전모델이 있어야 그에 입각하여 법·조례, 전담조직, 중간지원조직, 네트워크 등의 지원체계의 구체적인 내용과 방향이 결정될 것이며, 그에 따라 중간지원조직의 성격, 운영방식, 참여 주체, 주요 활동, 조직구조, 조직운영, 조직변화 방향, 비즈니스모델 등도 달라질 수 있다.

발전모델 결정에서 사경 부문과 정부·지자체 간의 관계: 사회적경제 발전모델 결정에서의 사경 부문과 정부·지자체 간의 관계가 정립되지 못하였다. 현재 사경 부문의 발전모델 실현을 위한 네트워크 구축에서 정부·지자체 부문과의 협력관계를 어느 정도로 중시할 것인지는 중요한 문제이다. 지자체는 지역주민에게 인정받고 안정화된 사회적경제조직을 지역의 파트너로 삼아 협업을 하는 것이 관 주도의 폐해를 줄이는 가장 지름길이다.

도시형·도농형·농촌형에서 사경 부문·공공 부문 파트너십: 사회적경제조직의 밀집도가 보다 높고, NGO의 발전 조건 등이 보다 양호한 시와 구의 경우 민간 주도형 민관시스템 적용(예: 중간지원조직 운영 방식으로서의 지역사회적경제네트워크에의 위탁운영)이 우선 고려될 수 있으며, 농촌지역인 군의 경우 행정주도형 민관시스템 적용(예: 중간지원조직의 직영 방식 채택)이 우선 고려될 수 있을 것이다.

생태계 관점의 지역 기반 질적 성장 발전전략 수립 전문성으로 전환: 지역 정체성에 근거한 사회적경제 발전모델을 만들기 위해 참여 및 숙의과정에서 사회적경제 지역 발전전략 수립에 대한 중간지원조직이 핵심 연결고리로서의 연결 역할이 중요하며 항상적 숙의 메커니즘으로서의 발전모델 개발이 필요하다. 중간지원조직들은 이 과정에서 역할을 수행하며, 전문성을 축적해야 한다.

### (1) 사회적경제 통합전산망 구축·운영을 통한 데이터 확보

사회적경제 조직 간 통합 전산망 미비: 현재 사회적경제조직이 참여하는 사회적경제조직 통합 전산망이 미비하고 중간지원조직들은 사회적경제조직들에 자율공시를 권고하고 있는 수준이다. 통합지원기관에 의해 기초지자체 산하 어떤 사회적기업이 지원받는지의 정보가 기초 사경센터에 제공되지는 않고 있어서 정보 통합 시스템의 구축 필요성이 있다. 그러므로 중앙부처 간에 사업 관련 정보의 공유·공개 수준을 서로 협의하고, 이를 광역단위 및 기초단위 중간지원조직 및 당사자조직들과 합의할 필요가 있다.

사회적경제 제품 통합 유통 플랫폼: 사회적경제기업들의 마케팅, 판로개척, 소비자 분석 등의 목적을 위해 통합 유통 온라인 플랫폼이 필요하다.

중간지원조직 간 통합관리시스템: 현재 중앙·광역·기초 중간지원조직 간의 온라인 통합관리시스템이 미구축된 상태이다, 무수히 많은 기초지자체 사경센터의 홈페이지가 없고, 페이스북이나 인스타그램을 통한 기초적인 온라인 홍보를 진행하고 있다. 홈페이지 경진대회 등을 개최하여 질적 개선을 유도할 필요가 있다. 온라인에서 광역단위 중간지원조직 간의 연결 및 기초단위 사경센터들 간의 연계가 이루어질 수 있도록 하는 것도 시급하다.

통합전산망 구축에 대한 지원: 사회복지 분야 전산망, 자원봉사 분야 전산망 등을 참조하여 사회적경제 관련 통합전산망을 구축할 필요가 있다. 사회적경제조직들에 대한 정보, 사회적경제 제품·서비스 유통관련 정보, 사회적경제네트워크에 대한 정보, 그리고 중간지원조직들 간의 연계 정보는 중간지원조직들의 큰 자산이자 전문성과 정보의 원천이 될 것이다.

### (2)전문성에 기초한 권한 이양과 분사

'중앙 → 광역' 및 '광역 → 기초'로 권한이양: 광역과 기초 간의 관계의 경우 광역에서는 총괄 기획업무에 집중하고, 기초에서는 개별 조직·사업 관리 등 당사자조직에 밀접한 사업에 집중하도록 역할을 구분할 것을 제언한다.

전문성에 기초한 분사: 사회적경제 중간지원조직의 분화와 전문화는 이미 여러 경로로 발생하고 있다. 광역단위 중간지원조직은 전문기능이 분사되기 전까지 끊임없이 전문 기능을 개발하여 분사 가능할 때가 되면 분사시키는 역할을 수행한다.

### 3) 네트워크·거버넌스 개선(강화)

대표성을 지닌 사회적경제협의체가 구성될 수 있도록 중간지원조직은 지원해야 하며, 협의체 역시 대표성과 민주성, 투명성 제고 노력, 그리고 네트워크 강화에 대한 지속적 투자 등을 수행해야 한다. 사회적경제 중간지원조직의 민간위탁이 순조롭지 못한 지역의 경우 사회적경제 네트워크가 구성되어 있지 않거나 역량이 구비되지 않은 경우가 주된 원인이다.

## (1) 사회적기업, 협동조합, 마을기업, 자활기업 네트워크 강화

당사자조직의 대표성 제고 지원: 사회적경제조직들이 수익 수준에 따라 회비를 납부하여 회원 자격을 획득하고, 임원 선출 등 의사결정 권한을 갖는 방식(정병순·황원실, 2018)을 통해 대표성을 획득하는 등의 당사자조직 차원에서의 자구 노력이 필요하며 중간지원조직은 이를 지원해야 한다.

중간지원조직의 운영위원회에 대한 당사자조직 대표들의 참여가 개인 차원에서의 참여에 그치는 경우가 많다. 당사자조직들의 조직적 참여로 발전할 수 있도록 중간지원조직 운영위원회 안건의 사전 공지와 당사자조직 내부에서의 안건 논의 및 그 결과의 중간지원조직 운영위에서의 논의 등이 강화되어야 한다.

당사자조직협의체 위탁운영 역량강화: 위탁경영 효과성을 제고하기 위해서는 모법인의 상근인력 확충과 위탁관리역량 제고가 이루어져야 한다. 지역 내 사회적경제조직들의 가입률, 회비 납부 비율, 운영비의 자체 조달 정도 등을 고려해 지자체에 의한 예산지원과 업무위탁이 이루어져야 한다.

개별법 협동조합과 연계 강화: 협동조합의 모든 활동 프로세스에서 지역의 사회적경제조직들과 어떻게 협업하였으며, 동반성장하기 위해 어떻게 노력하였는가를 세밀하게 평가할 수 있어야 한다.

마을공동체, 주민자치, 도시재생, 공익활동 유관 기능 공공네트워크 강화는 마을만들기, 지역만들기의 행위자로서 사회적경제조직 역할은 원래 사회적경제 분야 중간지원조직에 대한 통합은 사회적기업·협동조합·마을기업·자활기업 관련 중간지원조직의 통합만을 의미하였다. 그러나 마을공동체·도시재생·사회적경제·공익활동지원 등 지역에서의 공동체 기능들의 통합과 분화를 중시해야 한다. 우리나라 중간지원조직들과 지자체들이 사회적경제조직들의 자원 획득을 지원하는 데 과도하게 집중한 측면이 있었으나 앞으로는 당사자조직들이 지역에서 제대로 역할을 수행하도록 지원하는 역할을 더욱 강화해야 한다.

### (2) 사회적경제·시민단체 중심의 연대, 또는 민간기업·공공 영역·시민단체·사경의 넓은 연대

넓은 연대 혹은 좁은 연대: 사회적경제가 공공 부문과 민간기업 부문까지 폭넓게 포괄하고자 하는 네트워크는 최대 범위 네트워크이다. 지역 특성에 기반을 둔 사회적경제 발전전략에 따라 네트워크의 범위를 신축적으로 설정하고 관리하는 지역 사경 부문의 노력이 필요하다.

민간기업과 네트워크 강화: 사회적경제조직들의 생존과 성장을 위해서는 민간기업과의 원활한 네트워크의 구축과 상호협력이 중요하다. 여러 수준별 네트워크에서 이를 적극적으로 구현하는 노력(기업후원, 모기관지원, 일반 기부 등)이 경주되어야 한다. 아울러 사회적경제 전달지원체계와 중간지원조직도 이를 뒷받침하는 역할을 충분히 수행해야 한다.

### 4) 민간조직화·재정자립 방안 추구

중간지원조직은 사회적경제조직으로서 자기인식이 낮고, 직영과 재정지원사업의 영향으로 행정업무 담당자로서 인식이 강한 경향을 보인다. 사회적경제조직으로서 정체성을 조직 전체가 공유하면서 민간 전문조직으로 독립하는 장기 비전을 분명히 하는 것이 필요하다. 민간조직화와 당사자조직화를 장기 목표로 설정하고, 이를 위해 재정지원사업이나 보조금 의존도를 점차 줄여나가야 한다. 직영에서 민간위탁으로 바뀌어야 할 뿐 아니라 운영위탁에서 사업위탁으로의 긍정적 인식 전환이 필요하고, 장기적으로 민간조직화를 위한 기금 조성을 준비해야 한다.

### (1) 민간조직화·당사자조직화 장기 비전 선언·추구

사회적경제 전문조직으로서 장기 비전 공유: 중간지원조직이 사회적경제조직이 아니어도 향후 사회적경제조직으로 점차 변화할 가능성이 있는지, 중간지원조직의 구성원들은 소속 조직이 사회적경제조직이라고 인식하는지, 사회적경제조직으로의 장기적 전환을 기대하는지, 사회적경제 당사자조직들은 중간지원조직들의 민간조직화 또는 당사자조직화를 원하는지 등에 대한 근본적인 질문이 필요하고 그 변화 방향을 공유해야 할 것이다.

중간지원조직으로서 정체성: 행정과 사회적경제 당사자조직들 사이에서 어느 쪽을 주로 지원하는가에 대한 오해와 혼란이 중간지원조직의 안팎에 존재한다. 이는 중간지원조직 자체와 사업들이 사회적경제조직들의 수요와 사회적경제조직들의 노력에 의해 탄생한 것이 아니라는 배경과 연관된다.

당사자조직에 의한 중간지원조직화 촉진: 광역과 기초 모든 단위에서 중간지원조직의 설립 방식을 공공설립 운영 방식에서 점차 연합체형·컨소시엄형·그룹형 방식으로 서둘러서 전환하는 것이 바람직하다.

## (2) 직영 중간지원조직에서 민간 중간지원조직으로 전환: 중간지 원조직의 민간위탁

장기적으로 '공설공영 → 공설민영 → 민설민영'의 발전단계를 밟을 것으로 예상된다. 그러므로 중간지원조직들의 현재 특징들(공설공영, 공설민영 등)은 일시적 특성으로 이해될 필요가 있다.

민간위탁의 조건(위탁관계, 위탁평가, 위탁기간) 변경: 현행 행정기관의 우월적 지위를 보장하는 민간위탁 방식에서 협업 명시 민간위탁 방식으로의 변경이 필요하고, 대등하고 협력적인 민간위탁 관계로 전환이 필요하다. 민간 평가기관에 의한 평가(예: 서울시 NPO지원센터(2019)에서 소개된 일본비영리조직평가센터 사례) 또는 지자체·당사자조직·기타 이해관계자들이 참여하는 성과평가 방식으로 전환될 필요가 있다. 마지막으로, 종사자 이직으로 인한 업무역량 공백 등 단년 계약의 문제점을 고려할 때 3년 이상 계약의 필요성이 있다. 더 나아가 5년 장기 계약도 최근 나타나고 있어 이의 확산이 필요하다.

기본법에서 공공기관 위탁금지 여부: 영국 CDA의 다양한 조직 특성인 지역 사경조직(네트워크)들이 지분을 소유하는 유한회사 방식, 컨설턴트들이 직원협동조합을 설립하는 유한책임파트너십 방식, 지자체 산하기관 방식, 지역사회이익기업(CIC) 방식 등을 참조하여 공공기관 위탁을 되도록 제한함으로써 중간지원조직의 공공기관화를 방지하고, 민간기관화를 촉진하는 계기를 만들어야 할 것이다.

중간지원조직의 비즈니스 모델 및 재정자립 방안: 지금까지 우리나라 사회적경제 관련 중간지원조직들이 자립적인 모습을 보이지 못한 채 정부사업 위탁 수행에 편중된 모습을 보였던 가장 큰 이유는 재원 부족 때문이었다. 제대로 된 중간지원조직으로 자리매김하기 위해서는 공공재원 의존 방식에서 탈피하여 독립적인 민간재원 조성이 시급하다.

보조금과 위탁운영에서 프로젝트성 지원인 사업위탁으로 전환: 중간지원조직 자체에 대한 지원 대신 그 조직이 제공하는 컨설팅 등 서비스에 대한 지원을 강화하는 방식으로의 전환이 필요하다. 즉 사업위탁에 대한 중간지원조직의 보다 전향적인 인식 전환이 필요하다.

다양한 재정자립 방안의 탐색: 수익을 기반으로 중간지원조직을 운영하는 방식, 기금·후원 모금 방식, 사회적경제조직 대상 유료 서비스 제공 방식, 개별법 협동조합 산하 조직으로의 편입 등을 다각도로 검토해야 한다.

기금 조성: 장기적인 관점에서의 민간조직화를 실현하기 위해서는 기금 조성이 필요하며, 이를 촉진하기 위해 자체 조성한 기금에 상응하여 정부가 보조금을 지원하는 방법도 활용 가능하다.


## 5) 구성원 역량제고·처우개선

최근 2년~3년 이내에 신설된 30개 이상의 기초 사경센터의 경우 2~3인의 적은 인력으로 다양한 행정업무를 처리하느라 사회적경제기업 현장지원의 여력이 없는 상황이다. 이로 인하여 기초 사경센터에서는 구성원 역량 개발의 여력이 없으며, 광역단위 사경센터와 한국사회적기업진흥원의 지원이 필요하다.

중간지원조직 인력 역량 제고: 약 1,000명(기초 400명 이상, 광역 400명 이상, 중앙 150명 정도) 정도의 인력이 사회적경제 기초·광역·중앙 중간지원조직 인력이다. 이 인력들이 사회적경제 생태계를 구축하고 활성화하는 데 이바지하는 컨설팅그룹으로서 성장하도록 정부의 정책과 예산 지원이 필요하다.

## (1) 사회적경제센터 간의 상호협력

기초센터 간의 협의체 결성: '전국사회적경제지원센터협의회(가칭)'를 설립하여 중간지원조직들 간의 수평적 네트워크를 강화해야 한다. 한국마을지원센터연합과 한국시민센터협의회의 활동을 참조할 수 있다. 한국사회적기업진흥원과 광역 사경센터, 그리고 기초 사경센터 간의 수직적 협의체계를 강화하여 인력의 역량강화와 인력 순환·이동 촉진이 필요하다.

광역센터에 의한 기초센터 지원: 광역자치단체의 중간지원조직의 경우 개별 사회적경제조직에 직접 지원하기보다는 기초지자체나 커뮤니티 차원의 중간지원조직이 설립되어 사회적경제 조직 대상으로 지원과 컨설팅이 이루어지도록 코디네이터와 가교 구실을 담당하는 것이 바람직하다.

## (2) 인력 처우개선

인건비 격차 해소와 인건비 수준 개선: 현재 광역과 기초에 배분되는 지원금(인건비 포함)으로는 사업을 제대로 하기 어려워 한계가 너무 크며, 사업별 인건비 격차가 있어서 지원금액 상향이 필요하다. 광역 중간지원조직과 기초 중간지원조직 모두에게 구성원들의 장기근속 유도를 통한 개인들의 역량 제고 및 조직에의 전문성 축적은 사회적경제 활성화의 가장 중요한 성공 요인 중 하나이다.

고용안정 및 업무 체계화: 많은 기초 사경센터의 경우 수탁기관이 변하더라도 센터장을 제외한 인력의 경우 고용이 승계되는 고용 방식을 채택하고 있어 센터 구성원들에 대한 고용안정을 보장하고 있다. 하지만 고용 안정성이 있는 직영 방식을 선호한다는 사실 때문에 구성원들의 관점에서만 보상과 고용 이슈에 접근할 경우 사회적경제 부문 전체의 발전과 성장과는 유리된 경로를 밟을 가능성이 있음에 유의할 필요가 있다.

사회적경제 관련 사업의 단기적 계약 특성으로 인해 상당한 규모의 단기 인력이 존재하며, 이들에 대한 고용 연장이 중간지원조직들의 심각한 문제로 등장하였다. 직영의 경우 시간선택제임기제 인력들의 경력 불인정과 승진 차단의 문제가 해결될 필요가 상당하다.

기초·광역·중앙 간 대우 차이: 기초센터와 광역센터, 그리고 중앙단위 중간지원조직 간의 보상과 처우의 격차가 적정하지 않을 경우, 인력의 쏠림 현상이 발생하여 기초단위 사경센터 인력의 공동화 현상이 발생할 가능성이 크다. 중간지원조직 전체 차원에서의 인력의 유입과 이동에 대한 검토가 필요하다.

## 2. 전달지원체계 개선 방향

사회적경제지원센터가 1개 존재하거나 아니면 존재하지 않은 것으로 구분 가능한 기초단위에서는 협동조합·사회적기업·마을기업·자활기업 간의 통합은 현안이 아니다. 사회적경제 기능의 조직적 분리 여부와 마을만들기, 도시재생, 주민자치 등 여러 유관 영역과의 협업 관계 등이 현안이다.

광역단위에서는 마을만들기, 도시재생, 주민자치 등 유관 기능과의 조직적 분리 여부나 협업 관계는 가장 중요한 현안이 아니다. 사회적기업 및 협동조합을 지원하는 통합지원기관, 마을기업지원기관, 광역사경센터, 광역 자활센터 등 사회적경제 조직형태별로 존재하는 중간지원조직들 간의 통합 이슈가 핵심이다.

중앙부처 수준의 경우 「사회적경제기본법」이 통과되지 않는 한 고용노동부의 사회적기업 지원, 기획재정부에 의한 협동조합 지원, 행정안전부에 의한 마을기업 지원, 자활기업에 대한 보건복지부의 지원의 분할이 불가피하다. 따라서 조직적 통합이 아니라 유관 부처 간 협업 시스템의 강화가 핵심 과제이다. 아울러 50개 이상의 사회적경제 관련 정책들의 기획과 진행, 평가의 전 프로세스에 대한 협업과 모니터링이 중요한 과제이다.

사회적경제조직들과 밀접하게 관련되는 개별법에 의한 사경조직들(농협, 신협, 소비자생협 등)과의 통합 시도는 사회적경제조직들과 조직 특성의 유사성을 기준으로 볼 때 마을공동체·주민자치·도시재생보다 더 시급한 과제로 볼 수 있다. 하지만 법적 체계의 상이함과 서로 다른 역사적 경로와 현재의 협력 수준 등을 고려할 때 장기적으로 추진해야 한다.

통합을 실현하기 위해서는 주체들 내부에서 통합과 확장이 필요하다. 당사자조직의 통합과 확장은 4개 조직 간의 통합, 개별법 조직들과의 통합, 유관 기능들과의 통합을 의미한다.

통합과 분화·전문화: 통합의 과정에서 발생하는 많은 분화와 전문화를 함께 고려해야 한다. 즉 사회적금융 전담 중간지원조직의 등장, 판로개척·유통·공공구매 특화 중간지원조직의 등장 등은 모두 통합의 가속화에 상반되는 분화·전문화의 사례이다. 사회적경제 전달지원체계와 중간지원조직의 통합 이슈에 주목할 때 상응하는 분화·전문화

이슈를 함께 고려해야 한다.

## 3. 「사회적경제기본법」 및 조례 개선 방향

1990년 벨기에의 왈룬사회적경제위원회의 사회적경제 정의를 필두로, 캐나다 퀘벡주의 2013년 「사회적경제법」 제정, 프랑스의 2014년 「사회적경제연대법」 제정 등 서구의 여러 나라들은 사회적경제 관련 법을 제정함으로써 사회적경제 육성을 위한 법적 기반을 이미 마련한 바 있다.

이에 반해 우리나라는 2007년 「사회적기업육성법」, 2012년 「협동조합기본법」 등 개별 사회적경제조직 관련 법들은 일부 제정되었으나 통합적인 사회적경제법이 제정되지 못하고 있다. 따라서 사회적경제 활성화를 위한 전달지원체계의 한 축인 법적 기반 마련이 매우 불완전한 초기 단계에 머물러 있다. 중앙부처에서 사회적경제 정책 조율 강화와 「사회적경제기본법」의 조속한 제정은 중간지원조직의 발전을 좌우하는 중요한 과제이다. 지역밀착형 사회적경제 활성화를 위해 기초 지자체 설립·운영 지원에 대한 내용을 추가할 필요성이 있다. 민간자율성을 보장하기 위해 공공기관의 권역별·광역별 중간기관 위탁 배제를 포함하고 있으나, 지역에 따라 공공기관의 위탁이 불가피한 경우가 있으므로 위탁 배제 명문화는 불필요하다.

기초·광역단위 사회적경제 관련 조례 제정과 관련된 과제를 종합하면,

1) 사회적경제 관련 육성지원 조례는 대부분의 광역지자체 차

원에서 이미 제정되었으므로 개선의 초점은 기초지자체이다.

2) 전체 기초지자체 중 35.8%에서는 아직 조례가 제정되지 않아 사회적경제 활성화와 (전국 기초지자체의 50% 수준에 머물러 있는) 중간지원조직 설립 확대를 위해 미 제정 지역(충북, 경남, 부산, 전북, 강원, 충남 등)에서의 조례 제정이 필요하다.

3) 사회적기업 관련 조례, 협동조합 관련 조례, 사회적경제 관련 조례가 지역에서 공존하는 경우가 많아 사회적경제 육성지원 조례로의 통합을 촉진해야 한다.

4) 사회적경제 육성지원 조례뿐 아니라 제품 구매촉진 판로개척 지원 조례 및 사회적경제기금 설치 및 운영 조례 등 사회적경제에 대한 지원 조례가 구체화·세분화·전문화되는 바람직한 경향은 더욱 강화되어야 한다.

## 4. 연구의 의의와 한계

### 1) 이 연구의 의의 1

광역단위와 기초단위 사회적경제 분야 중간지원조직의 현황과 개선 방안을 폭넓게 살펴보았다는 점에서 의미가 있다. 기초·광역·중앙 등의 여러 수준에서의 중간지원조직 개선을 위한 여러 방안을 제시하고 그 내용을 살펴본 것은 향후 사회적경제 전달지원체계의 개선을 위해 유용하게 활용될 수 있을 것이다.

### 2) 이 연구의 의의 2

이전 선행연구에서는 주목하지 않았던 기초단위 사경센터를 집중

분석한 점에 의미를 부여할 수 있다. 2019년 8월 69개였던 기초단위 사회적경제지원센터가 2021년 9월 말 기준 114개로 급증하여 사회적 경제 중간지원조직의 핵심 수준으로 등장함을 보였다. 또한 사경 단독 센터, 사경·마을 공동센터, 타명칭센터(사경 기능은 하위로 포함되는)로 구 분되면서 수도권·비수도권, 도시·도농복합·농촌 등에 따라 크게 다름 을 확인하였다.

### 3) 이 연구의 한계

보다 많은 사경센터 및 당사자조직들의 지원체계 관련 의견을 수렴 하지 못한 점, 센터장 중심의 인터뷰가 중심이어서 중간지원조직의 구 성원의 관점을 반영하지 못한 점, 자활기업 등에 대한 충분한 검토를 하지 못한 점 등의 한계를 지닌다.

강내영, 2008, 새로운 시도, 일본의 중간지원기관 일본 시민사회의 꽃 NPO 지원센터를 가다, 희망제작소.

강민수·김석호, 2014, "캐나다 퀘벡의 지역개발협동조합 CDR", 협동조합 네트워크, 66호, 199-203.

강민수, 2013, "캐나다 퀘벡 사회적경제의 현황과 시사점", 협동조합네트워 크, 60호, 88-97.

강민수, 2015, "프랑스 협동조합의 현황과 과제", 2015 협동조합 주간행사 기념토론회 자료집, 123-134.

강민정, 2017, "사회혁신 생태계의 현황과 발전 방안", Working Paper, 2017-10, 1-31.

강병준, 2014, "거버넌스 관점에서의 사회적 경제조직의 성공요인 분석: 이 해관계자의 인식조사를 중심으로", 공간과사회, 24(3), 5-46.

강인성·안이숙, 2012, "21세기 국가발전과 국민통합을 위한 지방행정체 제 개편에 관한 연구: 성공사례를 중심으로", 한국정책연구, 12(2), 1-21.

강지윤·이태동, 2016, "중간지원조직과 에너지 레짐 전환 : 한국 에너지자 립마을의 사례 비교", 공간과 사회, 55, 139-176.

고경호, 2021, "농촌 마을만들기 거버넌스의 활성화를 위한 주요 쟁점 및 정책 개선방안에 관한 연구: 충남지역 내 민간위탁형 마을만들기 중간지원조직 설치 지역을 사례로", 한국유기농업학회지, 29(1), 51-73.

고경호·김태연, 2016, "민간분야 중간지원조직의 실태와 활성화 방안", 한 국산학기술학회 논문지, 17(5), 294-304.

고광용, 2014, "자치구 마을공동체 네트워크와 중간지원조직의 역할 비교 연구: 서울시 동대문구와 성북구의 비교를 중심으로", 사회과학연구, 26(2), 131-159.

고재경·주정현, 2014, "유럽 에너지자립마을 중간지원조직의 역할과 특성 연구", 환경정책, 22(2), 101-135.

고용노동부, 2021, 2020 회계연도 재정사업 자율평가 결과.

공정경, 2019, "문재인 정부 2년, 사회적경제 제대로 가고 있나: '사회적경제 문재인정부 2년 평가와 과제' 토론회", 라이프인, 5월 22일자.

관계부처 합동, 2019, 지역공동체의 사회적경제 추진역량 제고 방안, 11월.

광주전남연구원, 2018, 전남 사회적경제 육성 기본계획(2018-2023), 12월.

국무조정실, 2021, 문재인 정부 4년 100대 국정과제 추진 실적, 5월.

권지윤·김두순, 2019, "중간지원조직 활동가 교육요구도 분석: 마을 만들기 특화 조직 근무자", 학습자중심교과교육연구, 19(13), 405-429.

권지윤·김두순, 2020, "중간지원조직 활동가 직무수행역량 설정을 위한 델파이 연구", 한국거버넌스학회보, 27(2), 191-215.

기획재정부, 2021, 2020 회계연도 재정사업 자율평가 결과.

길현종·이경희·김혜원·김성용·안승재, 2020, 2019 사회적기업 성과분석, 한국노동연구원.

김기승·주영혁·김정진·김현배·윤동열·이대현, 2020, 2019 기타공공기관 경영실적평가 최종보고서, 고용노동부.

김기승·박해선·이향수·이종수·김병재·이대현, 2021, 2020 기타공공기관 경영실적평가 최종보고서, 고용노동부.

김기태, 2019, "중간지원조직 활성화 방안 - 농촌지역을 중심으로 -", 협동조합네트워크, 76, 157-171.

김기태·정지영·한근진·연제민·조은지·박유진, 2019, 지역조사 및 사회적경제 생태계분석, 한국사회적기업진흥원 연구보고서.

김도균·정선기, 2014, "사회적 경제조직의 활동과 지역의 사회자본 확장: 대전지역의 사례를 중심으로", 사회과학연구, 25(1), 281-306.

김두순·권지윤·배성의, 2020, "마을 만들기 중간지원조직의 역할 – 근거이론 연구방법의 적용", 한국 자치행정학보, 34(1), 91-120.

김보람·최정민, 2017, "중간지원조직과 행정기관 간의 협력관계 연구: 서울시 마을공동체종합지원센터와 서울시를 중심으로", 국정관리연구, 12(3), 1-32.

김상욱, 2014, "[캐나다 퀘벡 시 '생티에'와 '숙의민주주의'] 주민의 아이디어와 연대를 통한 힘 모으기", 월간 주민자치, 36, 100-103.

김상욱, 2015, "[해외사례 – 벨기에 왈룬지방의 '레뚜르니에르'와 '테르'] 제도 뛰어넘은 주민 중심 주거·일자리복지 도심공간재생 및 실업자 노동통합문제도 종합적으로 대처", 월간 주민자치, 39, 36-39.

김성균, 2012, "마을만들기 중간지원조직을 중심으로 한 마을거버넌스 구축방안", 한국미래행정학회보, 1(2), 63-79.

김순양, 2010, "사회적기업에 대한 효율적인 정부지원시스템 구축방안: 정부지원을 위한 기준 설정 및 행정체계 확립을 중심으로", 한국사회정책, 17(2): 201-234.

김신양, 2021, "사회적경제는 어떻게 사회연대경제가 되었나?: 사회적경제의 진부화와 연대경제의 도전", 장원봉 외 편집. 「한국 사회적경제의 거듭남을 위하여: 장원봉과 그를 추모하는 사람들」. 128-154. 서울: 착한책가게.

김영환, 2020, "중간지원조직으로서 도시재생지원센터의 역할과 운영 방안 – 충청북도 사례를 중심으로", 한국산학기술학회논문지, 21(2), 448-459.

김의영·한주희, 2008, "결사체 민주주의의 실험: 성미산 지키기 운동과 마포연대의 사례", 한국정치학회보, 42(3), 143-166.

김재현·장주연·이효정, 2011, "농촌지역활성화를 위한 기업의 지역사회투자활동과 중간지원조직의 역할: 농촌사랑국민운동본부의 1사 1촌 운동을 사례로", 한국경제지리학회지, 14(2), 211-224.

김정섭, 2013a, "농촌 지역사회의 자율성과 협동조합: 홍동면 사례연구", 농촌사회, 23(2), 173-223.

김정섭, 2013b, "커뮤니티 비즈니스와 집합적 학습 – 조력 집단에 대한 성찰", 농촌지도와 개발, 20(2), 603-642.

김정섭·임지은, 2016, "농촌의 사회적경제조직, 실태와 과제", 농촌지도와 개발, 23(1), 53-72.

김정욱·진성만, 2018, "지방자치단체의 비영리공익활동 지원에 관한 연구: 중간지원조직을 통한 공익활동지원으로부터의 함의", 경인행정학회 학술대회자료집, 25-40.

김정욱·진성만·여관현, 2019, "중간지원조직을 통한 지방자치단체의 공익활동 지원과 정책적 함의 -특별시 광역시 중간지원조직의 사례를 중심으로", 한국지방자치학회보, 31(2), 55-79.

김정원, 2009, "사회적기업과 지역시민사회 – 전북지역 사례를 중심으로", 시민과세계, 15, 187-206.

김종걸, 2014, "한국과 일본의 사회적경제 - 사회적기업과 협동조합", 일본학보, 제 100권, 181-197.

김종걸, 2020, 자유로서의 사회적경제, 북사피엔스.

김종동. 2018. "중간지원조직의 협력적 거버넌스 - 마을만들기 사례를 중심으로 -", 2018년 한국미래행정학회 추계학술세미나, 137-147.

김종수, 2011, 유럽 중간지원조직의 운영 현황과 시사점, 충남사회적경제지원센터.

김지수·전대욱·최인수·박재희, 2020, 마을기업 중간지원기관 활성화 연구, 한국지방행정연구원.

김지헌, 2016, "중간지원조직과 거버넌스", 희망이슈(희망제작소), 제 5호, 5월 11일자.

김지헌·박세훈·황재훈·성창엽·안상욱·김동호·진영효·곽희종·이왕건, 2016, "도시재생 활성화를 위한 도시재생지원센터 발전방안 세미나 – 도시재생 중간지원조직 설립 및 운영방안", 국토, 4월호, 94-98.

김진환, 2021, "[퀘벡 사회적경제 이야기] 사회복지국가에서 사회투자국가로, 경제발전 모델의 전환", 라이프인, 8월 2일자 기사.

김진숙·조상미, 2014, "일본, 홍콩, 한국의 사회적기업 지원체계 및 지원방법 비교연구." 한국사회복지학, 66(2): 287-317.

김진영·정석호, 2020, 사회적경제 활성화를 위한 지방정부의 주요 추진과제 Pool 선정: 전문가 델파이 조사를 중심으로, 한국사회적기업진흥원 연구보고서[2020-02].

김태영, 2012, "사회적기업의 지속가능성과 공동체 정신", 도시행정학보, 25(3), 31-64.

김태영, 2016, "사회적경제 영역의 광역단위 중간지원조직 역할 수행 분석: 근거이론 연구방법의 적용", 정부학연구, 22(2), 81-125.

김학실, 2014, "지역경제 위기에 대응한 사회적 경제 지원방향에 관한 연구-사회적 경제 중간지원조직 활동을 중심으로", Crisisonomy, 10(7), 75-97.

김혜경, 2021, "충남 사회적경제 정책 주요내용 및 평가", 충남 사회적경제 주간행사_대화마당, 7월 1일 발표자료.

김혜민, 2010, "일본 커뮤니티 비즈니스 조직의 제도화에 관한 연구: 니가타현 이와후네 지역 사례를 중심으로", 지방행정연구, 24(3), 171-195.

김혜원, 2011a, "사회적기업에 대한 정부 지원 체계 개선 방안 연구", 사회적기업연구, 4(1), 55-80.

김혜원, 2011b, "한국의 사회적기업 지원정책의 개선방안 연구: 일자리 창출 중심의 지원에 대한 비판을 중심으로." 한국사회정책 18(1), 209-238.

김혜인, 2016, "[일본편 – 민관협치 돕는 시민사회 토양과 전문가 역할 일본 NPO법인과 중간지원단체들] 일 민관협치, '참여' 넘어 '참획' 단계로 진화 – NPO지원센터는 지자체 행정조직과 시민들 간 완충지대구실", 월간자치, 54호, 72-78.

나비프로젝트, 2019, 서울시 자치구 사회적경제 통합지원사업 성과분석 보고서, 서울특별시 사회적경제지원센터.

네모토 마사쯔구, 2013, "도농 지역별 삶의 질 분석에 따른 사회적 경제조직의 발전 방향 – 충청북도를 중심으로", 한국지방행정학보, 10(1), 77-93.

노경란·주성재, 2019, "서울 성동구와 은평구의 사회혁신클러스터 형성 특성", 한국경제지리학회지, 22(2), 214-235.

마상진, 2011, "사회적기업 역량강화를 위한 중간지원조직 육성과 네트워크 활성화", 한국농촌경제연구원 기본연구보고서, 2011(12), 1-125.

문순영, 2010, "대구·경북 사회적기업들의 지역사회와의 관계에 관한 연구", 사회과학연구, 26(4), 147-173.

문주상·김완민, 2019, "한국과 일본의 사회적기업 지원체계 및 지원방법 비교 연구", 동북아문화연구, 59호, 347-367.

박대호, 2015, "충북의 사회적경제와 지역네트워크 형성", 사회적기업과 정책연구, 4(2), 1-60.

박상선·김다솜·이문희, 2014, "공급사슬 참여기업의 원칙 공유와 실천이 공급사슬 성과에 미치는 영향과 중간지원 조직의 조절 효과: 협동조합의 사례를 중심으로", 한국생산관리학회 학술대회 논문집, 1-11.

박세훈, 2015, "마을만들기 중간지원조직 운영특성 연구", 도시행정학보, 28(3), 75-104.

박수경·장동현, 2013, "한국 사회적기업의 지원체계 분석." 사회과학연구 24(4): 83-104.

박영선·정병순, 2020, 중간지원조직 공익활동 역량 강화방안, 서울연구원 연구보고서.

박현수·이정현, 2017, 사회적경제 활성화 추진체계 진단. 행정안전부 연구용역보고서.

박혜연, 2018, "현장의 창의성·자율성 보장돼야 사회적경제 활성화"... 중간지원조직 6곳 인터뷰", 더나은미래, 8월 28일자.

박혜연·박민형·한승희, 2018, "현장의 창의성·자율성 보장돼야 사회적경제 활성화", 조선일보, 8월 28일자 인터뷰 기사.

변장섭·나주몽, 2016, "광주지역 사회적경제 조직의 연계 구조에 관한 연구: 사회네트워크분석을 중심으로", 한국지역경제연구, 35, 105-126.

변종순, 2014, 사회적경제 정책과정에 대한 연구 – 정책집행 통합모형과 관료의 인식을 중심으로, 가천대학교 대학원 행정학과 박사학위 논문.

보건보건복지부, 2021, 2020 회계연도 재정사업 자율평가 결과.

(사)마을/(사)시민/서울사회적경제네트워크/서울시NPO지원센터/서울시도시재생지원센터/서울시마을종합지원센터/서울시사회적경제센터/서울시청년활동지원센터/서울혁신센터/서울시청년허브, 2018, 서울시 혁신형 중간지원조직 평가와 전망 토론회 자료집, 10월 25일, 서울시 NPO지원센터 개최.

서울시 NPO지원센터, 2019, 일본 사례연구를 통한 중간지원조직 향후 과제 도출, 정책연구보고서.

서울특별시, 2018, 2018년 서울시 사회적경제지원센터 성과보고서.

서울특별시·서울특별시 사회적경제지원센터, 2020, 혁신, 상생, 협동, 호혜의 사회적경제: 2019 서울시 사회적경제 조직 현황 분석 및 주요 성과 연구.

서정민, 2011, "사회적기업 활성화를 위한 중간지원조직의 현황과 과제", 제 2차 농어촌형 사회적기업 활성화 포럼 토론문, 지역재단, 5-25.

성지은·한규영, 2017, "중간지원조직의 리빙랩 현황과 플랫폼으로서의 발전 가능성 탐색", 기술혁신학회지, 20(4), 915-938.

송두범, 2011, "충남 사회적경제 중간지원조직의 역할과 과제", 충남리뷰, 가을호, 31-39.

송유정, 2019, "사회혁신에서 중간지원조직의 역할-서울혁신파크 사례를 중심으로", 한국행정학회 하계학술발표논문집, 2019, 1099-1138.

송재봉, 2015, "한국 시민공익활동센터(NPO,NGO센터)의 현황과 과제", 충북NGO센터 정보자료실.

신나는조합, 2020, 신나는조합 20주년 백서.

심익섭·이기백, 2015, "기업자원봉사 활성화를 위한 중간지원조직의 역할에 관한 연구", 서울도시연구, 16(3), 209-229.

엄한진·권종희, 2014, "대안운동으로서의 강원지역 사회적경제 - '연대의 경제'론을 중심으로", 경제와사회, 제 104권, 358-392.

엄형식·마상진·이동필, 2011, "유럽의 사회적기업 중간지원조직 현황과 시사점", 한국농촌경제연구원 연구 자료, 2011(11), 1-120.

여혜진, 2014, "근린재생 거버넌스 유형별 중간지원조직 운영특징 연구", 대한건축학회 논문집, 30(9), 57-65.

오단이·정무성, 2015, "지역사회문제 해결을 위해 창업한 사회적기업가가 바라본 한국 중간지원조직 연구", 한국사회복지행정학, 17(1), 189-212.

오수길, 2020, "공동체 활동 중간지원조직의 지원체계에 관한 연구: 고양시 자치공동체지원센터를 중심으로", 한국조직학회보, 16(4), 31-59.

유정규, 2011, "사회적경제와 지역 활성화 전략", (재)지역재단 창립 7주년 기념 심포지움 자료집, 3월 24일, 3-59.

유정규, 2013, "도시재생사업의 성공적 추진을 위한 중간지원조직의 역할과 과제", 부동산자산관리, 1(1), 67-99.

유창복, 2010, "나의 마을살이 10년 - 이제 마을하자!", 진보평론, 43, 55-99.

유창복, 2013, "서울시 마을공동체 지원사업의 배경과 과제 - 서울시 마을공동체 종합지원센터 개설에 즈음하여", 환경철학, 15권, 173-226.

유평준·한상일, 2013, "한국의 사회적 경제 형성과 사회적 혁신에 대한 비교사례연구 - 원주시와 성남시를 중심으로", 한국행정학회 학술발표논문집, 1936-1952.

이강익, 2020a, "사회적경제기본법에서의 지역 중간지원조직에 대한 고민", 강원도사회적경제지원센터, 8월 31일자.

이강익, 2020b, "사회적경제기본법 시대, 지역연대조직과 중간지원조직의 협력 방안", 강원도 사회적경제지원센터, 10월 12일자.

이강익, 2021, "사회적경제 중간지원기관의 위상과 역할 – 강원도 사회적 기업 관련 중간지원조직의 사례를 중심으로", 전국 사회적경제 한마 당 in 충남, 사회적경제 한마당 학술포럼 자료집, 78-95.

이권형, 2011, "기초지방자치단체의 지역 기반 사회적기업 지원체계에 관한 연구: 인천시 남동구 사례를 중심으로", 한국지방자치연구, 13(3), 45-63.

이경미·정원오, 2017. "서울시 사회적경제 생태계의 유형 및 특성 연구: 퍼 지셋 이상형 분석의 적용." 『사회복지정책』 44(1): 135-160.

이기태·하현상, 2016, "마을공동체 활성화를 위한 중간지원조직의 역할-거 래비용이론 관점에서", 한국정책학회보, 25(1), 455-491.

이기태·하현상, 2019. "마을공동체 사업의 성과에 대한 참여자 간 상호작 용의 영향에 대한 분석-중간지원조직의 조절효과를 중심으로", 한 국정책학회보, 28(2), 25-66.

이대수, 2007a, "NGO와 지방행정의 파트너십 구축방안 – 시민 행정의 실 현을 위하여", 경기도 여성국 민간단체 연수 발제문.

이로운넷, 2020, "[인터뷰] 강윤정 충남사회적경제지원센터장 "재무역량 및 시장지향적 해법 키워 생태계 구축", 10월 30일자.

이로운넷, 2021, "이강익센터장 "사회적경제 '그린화' 모델 만들어 지역에 확산", 1월 19일자.

이용재·김봉환, 2013, "사회적기업 자원연계 현황 및 활성화 방안", 한국콘 텐츠학회논문지, 13(6), 227-235.

이은애, 2014, "서울시 사회적경제 생태계 조성의 평가와 과제", 월간 자치 발전 44-51.

이은애, 2017, "사회적경제 전달체계 개편방안", 기획재정부 사회적경제지 원팀 사회적경제 정책 간담회 발표 자료, 11월 24일.

이은애·장지연·송기호·안성환·금민정·박범용·이성찬·송소연, 2016, 2011-2015 서울시 사회적경제 활성화 정책: 5년 성과 및 향후 과제,

서울시 사회적경제지원센터.

이자성, 2011a, "일본 커뮤니티 비즈니스 현황과 NPO 역할에 관한 고찰: 커뮤니티 비즈니스 중간지원조직을 중심으로", NGO 연구, 7(1), 73-107.

이자성, 2011b, "일본 커뮤니티 비즈니스(II)", 경남발전(113), 118-132.

이자성, 2012, "일본 커뮤니티 비즈니스의 현황과 NPO 역할에 관한 고찰: 커뮤니티 비즈니스 중간지원조직을 중심으로", NGO연구, 7(1), 73-101.

이자성, 2018, "일본 사회적기업의 중간지원조직 특징 및 시사점", 지역산업연구, 41(4), 71-96.

이주희, 2019, "퀘벡 노동연대기금의 한국적 적용", 사회적경제와 정책연구, 9(3), 89-121.

이준영·이민영, 2020, 서울시 협동조합 중간지원조직 2곳 통합보다 기능분화전문화가 먼저, 이슈 페이퍼, 서울연구원.

이준영·이정용, 2019a, 서울시 자치구 사회적경제통합지원센터 운영개선방안, 서울연구원.

이준영·이정용, 2019b, 서울시 혁신형 민간위탁 운영모델 구축을 위한 실행방안, 서울연구원.

이지영, 2011, "우리나라 사회적기업 활성화방안 모색- 해외 사례 분석을 중심으로". 한국균형발전연구, 2(3), 31-55.

이찬영·최지혜, 2020, "Z-score를 활용한 사회적기업의 시도별 사회경제적 성과지수: 일자리제공형 사회적기업을 중심으로", 산업경제연구, 33(3), 833-851.

이학연·박치성, 2012, "사회적기업지원 정책이전에 의한 지방자치단체간 정책산출 정도 비교연구: 기초자치단체의 사회적기업 조례와 시행규칙의 이전을 중심으로", 한국정책학회보, 21(3), 183-208.

이해진, 2015, "한국의 사회적경제: 제도의 정치과정과 지역화전략", 지역사회학, 16(1), 135-180.

이홍택·정성훈, 2012, "커뮤니티 비즈니스와 지역발전 – 서울특별시 마포구 성미산마을을 사례로", 한국경제지리학회지, 15(4), 708-720.

일자리위원회·관계부처 합동, 2017, "사회적경제 활성화 방안", 10월.

임경수, 2006, "농산어촌의 내재적 발전을 위한 지도자의 역할", 지역과 농업, 2호, 147-162.

임상연, 2017, "도시재생과 사회적 경제", 한국도시행정학회 학술발표대회 논문집, 116-138.

장대철·하정은·김현미·이명희·이현수·이학래·이지원, 2020, 서울시 사회적경제 정책성과 평가 및 활성화 정책방안 수립연구, 서울시 사회적경제지원센터.

장수찬, 2013, "시민사회 역량강화와 지방정부의 역할: 중간지원기관 전략을 중심으로", NGO 연구, 8, 1-33.

장우진·유근환·김렬. 2011, "사회적기업의 활성화 방안: 충청북도의 제도적·행정적 지원체제를 중심으로", 한국지방자치연구, 12(4), 107-131.

장인봉, 2019, "중간지원조직을 통한 사회적경제 활성화를 위한 이해관계자 인식조사와 정책적 함의 : 의정부 시를 중심으로", 한국지방자치연구, 21(3), 141-164.

장종익, 2012, "협동조합기본법 제정 이후 한국협동조합의 역할과 과제", 동향과전망, 289-320.

장지은·김연복·오민석, 2018, "지역 사회적경제공동체의 활성화를 위한 지원모델에 관한 연구", 지역연구, 34(3), 13-28.

장진하·황규홍·이삼수, 2018, "도시재생사업의 부처협업 추진실태 분석 및 정책 제언", 국토계획, 53(3), 19-36.

전승훈, 2018, "지역문화진흥법에 따른 중간지원조직 운영방안 연구", 차세대융합기술학회논문지, 2(3), 144-147.

전영수, 2015, "새로운 공공(新しい公共)의 경로탐색과 교훈 – 일본의 관민협치 실험과 한계", 일본학보, 103, 207-223.

정문기·전지훈·최문형, 2015, "협동조합을 통한 지역경제 성장 연구: 퀘벡주 사례를 중심으로", 지역발전연구, 24(1), 475-515.

정병순·황원실, 2018, "서울시 중간지원조직 발전방안", 서울연구원 정책과제연구보고서, 2018(6), 1-190.

정수화·이한주·이화진, 2011, "경기도 사회적기업 중간조직의 역할 및 운영방안", 경기복지재단.

정연경·김태영, 2018, "마을공동체와 사회적경제 통합지원센터 운영과정의 쟁점과 과제", 도시행정학보, 31(3), 127-152.

조경훈·최준규, 2016, "사회적경제 중간지원조직 현황 및 성과요인: 경기도 기초단위 중간지원조직을 중심으로", 경인행정학회 동계학술대회 발표논문집, 67-93.

조득신, 2014, "어떤 모습을 원하나요? 사회적경제 기본법!", 세모편지(서울 사회적경제 뉴스레터), 8월 19일자.

조상미·김진숙, 2014, "일본, 홍콩, 한국의 사회적기업 지원체계 및 지원방법 비교연구", 한국사회복지학, 66(2), 287-317.

조상미·김진숙·강철희, 2011, "사회적기업 정책특징 비교 분석 연구: 영국, 프랑스, 이탈리아, 한국을 중심으로." 사회복지정책, 38(2), 1-38.

조상미·박규범, 2015, "사회적기업 지원체계 및 지원방법 우선순위에 관한 연구."『사회복지정책』42(3): 323-345.

조상미·이경미, 2020, "서울시 사회적경제 기업 정책의 경쟁력 분석-다차원 정책 경쟁력 분석틀(MCF)의 적용."『사회복지정책』47(1): 51-83.

조은상, 2016, "유럽의 사회적 경제 고용 현황과 지원 인프라", 유라시아연구, 13(1), 153-172.

조은상·이상준·이의규·신명호, 2007, 사회적기업 활성화를 위한 고용지원센터와 지방자치단체간의 바람직한 역할 방안, 한국직업능력개발원.

조창훈, 2017, "사회적경제 '중간지원조직'은 민관 협력의 전초기지", 한겨레신문, 7월 26일자.

조철민, 2016, "서울 지역 시민사회단체들(CSOs)의 상태와 중간지원조직의 지원활동", 신학과 사회, 30(1), 355-396.

조현경, 2016, "사회적경제의 '홍반장' 구실, 똑소리 나는 중간지원조직으로", 한겨레신문, 6월 13일자.

주수원, 2014, "지역자활센터의 사회적 협동조합 전환에 대한 고찰", 협동조합네트워크, 65, 129-149.

지식경제부, 2011, 커뮤니티 비즈니스센터 중간지원조직 운영매뉴얼, 한국산업기술진흥원.

채종헌·김웅진, 2014, "사회적경제 활성화를 위한 지방정부의 역할: 광역자치단체를 중심으로." 한국행정연구원.

최석현·최준규·박정훈, 2015, 경기도 사회적경제 혁신을 위한 사회연대경제 모델 구축방안, 정책연구 2015-46, 경기연구원.

최준규, 2016, "공동체와 사회적경제 통합지원에 대한 인식 분석: 경기도 따복공동체 정책을 중심으로", 경인행정학회 춘계 학술대회 발표논문집, 5월 26일, 3-14.

최준규, 2021, 경기도 마을공동체지원센터 민간위탁 성과평가 연구, 경기도.

최준규·김용국, 2016, "마을공동체·사회적경제 융합 사례연구: 마을공동체 사례를 중심으로", 경인행정학회 동계 학술대회 발표논문집, 57-78.

최준규·이병호·김용국·김중성·윤소은, 2015, 따복공동체 활성화를 위한 마을공동체·사회적경제 사례연구, 경기연구원, 12월.

최준규·이현우·신이수, 2019, 경기도 사회적경제지원센터 설치 방안 연구, 경기연구원.

최준규·조경훈·윤소은, 2018, "기초자치단체 사회적경제 중간지원조직 현황 및 활성화 방안 연구", 경기연구원 기본연구, 2018(12), 1-129.

최준규·현신, 2014, "지방자치단체 사회적기업 지원정책에 대한 행위자 간 인식 비교: 경기도 예비사회적기업 관리자와 공무원을 중심으로." 『공간과 사회』 24(3): 47-85.

최현선, 2016a, "민관협력을 통한 중간지원조직: 완주 CB 센터와 지역사회

개발", 한국정책학회 동계학술발표논문집, 2016, 611-622.

최현선, 2016b, "마을기업 활성화 방안에 관한 연구", 사회적기업과 정책연구. 4(2), 61-89.

충북연구원, 2019, 충청북도 사회적경제 육성계획, 11월, 연구용역 보고서.

한국마을지원센터연합, 2017, 2017 전국마을중간지원조직 센터장 마을정책 간담회.

한국마을지원센터연합, 2019, 2019년 한국마을지원센터연합 마을 중간지원조직 현황조사, 9월 조사.

한국사회적경제연대회의, 2021, 2020년 사회적경제 정책모니터링 보고서, 2월 24일.

한국사회적기업진흥원, 2021, 문재인정부 사회적경제 정책모음집.

한국자활복지개발원 홈페이지(kdissw.or.kr). 2021-09-15 검색.

행정안전부, 2020, 2020년 마을기업 육성사업 실행지침. 행정안전부.

행정안전부, 2021, 2020 회계연도 재정사업 자율평가 결과.

홍선기·김태환, 2015, "캐나다 퀘벡의 Social Economy Act와 한국의 사회적경제기본법(안)의 비교", 법학논총, 32(2), 159-180.

황세원, 2014, "사회적경제 한마당/지방자치시대 민관 협력시대 열다 토론회", 세모편지(서울 사회적경제 뉴스레터)9월 16일자.

황익주, 2016, 한국의 도시 지역공동체는 어떻게 형성되는가, 현실운동과제, 사회과학총서 1, 서울대학교출판문화원.

KDI(한국개발연구원), 2018, 사회적경제 중장기 발전방안, 기획재정부 연구용역보고서, 8월 30일.

川上總一, 2007, "일본 지방자치단체의 커뮤니티 비즈니스 지원사업에 대한 일 고찰 - 가나가와현 즈시시 사례를 중심으로", 일본학보, 73, 297-308.


Amin, Ash. 2009. "Locating the social economy," in Ash Amin (Ed.), 2009. *The Social Economy: International Perspectives on Economic*

*Solidarity*, pp. 3-21, New York: Zed Books.

Bouchard, Marie J. 2013. "Introduction: The Social Economy in Quebec: A Laboratory of Social Innovation," in Marie J. Bouchard (Ed.), *Innovation and the Social Economy: The Quebec Experience*, pp. 3-24, Toronto: University of Toronto Press.

Collier, Paul. 2018. *The Furue of Capitalism: Facing the New Anxieties*, (김홍식 옮김. 2020. 「자본주의의 미래: 새로운 불안에 맞서다」. 서울: 까치).

Dancause, Luc & Richard Morin. 2013. "Governance and the Associative Sector of the Social Economy: The Partnership between the State and Civil Society in Question," in Marie J. Bouchard (Ed.), *Innovation and the Social Economy: The Quebec Experience*, pp. 97-126, Toronto: University of Toronto Press.

Defourny, Jacques, . 2017. Social Economy. (드푸르니, 자끄, 마르뜨 니센 외. 지음. 김신양, 엄형식 옮김. 2021. 「사회연대경제: 토대」. 서울: 착한책가게).

Ehrenberg, John. 2017. *Civil Society: the Critical History of an Idea* (Second Edition). NY: New York University Press.

가르댕, 로랑 & 장-루이 라빌. 2017. (연대경제. 드푸르니, 자끄, 마르뜨 니센 외. 지음. 김신양, 엄형식 옮김. 2021. 「사회연대경제: 토대」. 서울: 착한책가게).

Johnson, T. & R. Spear. 2010. (조영복 곽선화 류정란 역. 사회적 기업의 국가별 정책과 전략, 부산: 사회적기업연구원).

Juifsdici. 2021. Nancy Neamtan. https://www.juifsdici.ca/en/nancy-neamtan/, 2021년 8월 25일 검색 .

Laville, Jean-Louis. 2009. "Supporting the social and solidarity economy in the European Union," in Ash Amin (Ed.), 2009. *The Social Economy: International Perspectives on Economic Solidarity*, pp. 232-252, New York: Zed Books.

Lévesque, Benoît. 2013. "How the Social Economy Won Recognition in Quebec at the End of the Twentieth Century," in Marie J. Bouchard (Ed.), *Innovation and the Social Economy: The Quebec Experience*, pp. 127-157. Toronto: University of Toronto Press.

Mendell, Marguerite. 2008. *The Social Economy in Quebec: Lessons and Challenges for Internationalizing Co-operation*. Canada, Saskatchewan: Center for the Study of Co-operation, University of Saskatchewan.

Mendell, Marguerite. 2009. "The three pillars of the social economy: the Quebec experience," in Ash Amin (Ed.), 2009. *The Social Economy: International Perspectives on Economic Solidarity*, pp. 176-207, New York: Zed Books.

Mendell, M. & Neatman, N. 2016. "The Social Economy in Quebec: Towards a New Political Economy," in L. Mook, J. Quarter & S. Ryan (Ed.), *Researching the Social Economy*, pp. 63-83, Toronto: University of Toronto Press.

Owen, Robert. 1813. *A New View of Society: Or, Essays on the Formation of Human Character, and the Application of the Principles to Practice*, London.

Pearce, John. 2009. "Social economy: engaging as a third system?" in Ash Amin (Ed.), 2009. *The Social Economy: International Perspectives on Economic Solidarity*, pp. 22-33, New York: Zed Books.

Pestoff, Victor. 1992. "Third sector and co-operative services: An alternative to privatization," *Journal of Consumer Policy*, 15: 21-45.

Polany, Karl. 1944. *Great Transformation*: (홍기빈 옮김. (2009). 「거대한

전환: 우리 시대의 정치, 경제적 기원」. 서울: 도서출판 길).

Sandel, Michael J. 2009. *Justice: What's the Right Thing to Do?*. NY: Penguin Books.

Sandel, Michael J. 2020. *The Tyranny of Merit: What's Become of the Common Good?*, (함규진 역, 공정하다는 착각: 능력주의는 모두에게 같은 기회를 제공하는가, 와이즈베리).

Social Economy Act of Quebec. 2021. Quebec Official Publisher. updated to April 1 2021.

Vaillancourt, Yves with the collaboration of Philippe Leclerc. 2013. "The Co-construction of Public Policy: The Contribution of the Social Economy," in Marie J. Bouchard (Ed.), *Innovation and the Social Economy: The Quebec Experience*, pp. 127-157, Toronto: University of Toronto Press.

국정과제협의회 정책기획시리즈 17

# 사회적경제와 중간조직

| | |
|---|---|
| 발행일 | 2022년 03월 30일 |
| 발행인 | 조대엽 |
| 발행처 | **대통령직속 정책기획위원회**<br>서울특별시 종로구 세종대로 209 정부서울청사 13층<br>대통령직속 정책기획위원회 (02-2100-1499) |
| 판매가 | 27,000원 |
| 편집·인쇄 | 경인문화사 031-955-9300 |
| ISBN | 979-11-978306-0-0  93300 |

본 도서에 게재된 각 논문의 쟁점과 주장은 각 필자의 관점과 견해이며
대통령직속 정책기획위원회의 공식적 견해가 아닙니다.